普通高等院校国际化与创新型人才培养·现代经济学专业课程"十三五"规划系列教材

- **主 任**

  张建华

- **副主任**

  欧阳红兵　江洪洋

- **委 员**（以姓氏拼音为序）

  崔金涛　范红忠　方齐云　刘海云　钱雪松　宋德勇
  孙焱林　唐齐鸣　王少平　徐长生　杨继生　张卫东

 普通高等院校国际化与创新型人才培养
现代经济学专业课程"十三五"规划系列教材

市场营销学

Marketing

主编◎范红忠 何 君

http://www.hustp.com
中国·武汉

内 容 提 要

新时代对企业和相关专业大学生的市场营销理论与实践能力提出了新的要求。深刻领悟并在实践中有效应用市场营销理论与技能,看似简单,实则不易。本教材以培养提升读者的新时代市场营销能力为目标,内容既涵盖了市场营销学教材通常包含的内容,如导论与基本概念、关系营销、战略与竞争、营销调研、市场细分和目标市场、定位与差异化、产品和品牌策略、定价策略、营销渠道、广告、促销与公共关系等,还包含了组织结构与人员激励、文化营销、人员销售、社交风格与销售策略、营销谈判等企业界非常关切又迫切需要的内容。重视案例教学是本教材一个重要特色,引用案例与专业理论相互联系,贯穿教材始终,以期读者全面深刻地领悟并切实掌握市场营销学理论与技能。与本教材配套供教师使用的电子资源也有助于教师引导学生对相关案例进行深入分析。

图书在版编目(CIP)数据

市场营销学/范红忠,何君主编. —武汉:华中科技大学出版社,2019.12
普通高等院校国际化与创新型人才培养·现代经济学专业课程"十三五"规划系列教材
ISBN 978-7-5680-5517-8

Ⅰ.①市… Ⅱ.①范… ②何… Ⅲ.①市场营销学-高等学校-教材 Ⅳ.①F713.50

中国版本图书馆 CIP 数据核字(2019)第 259518 号

市场营销学   范红忠 何 君 主编
Shichang Yingxiaoxue

策划编辑:	周晓方 陈培斌
责任编辑:	唐梦琦
封面设计:	原色设计
责任校对:	张会军
责任监印:	周治超
出版发行:	华中科技大学出版社(中国·武汉) 电话:(027)81321913
	武汉市东湖新技术开发区华工科技园 邮编:430223
录 排:	华中科技大学惠友文印中心
印 刷:	武汉市籍缘印刷厂
开 本:	787mm×1092mm 1/16
印 张:	23 插页:2
字 数:	544 千字
版 次:	2019 年 12 月第 1 版第 1 次印刷
定 价:	68.00 元

本书若有印装质量问题,请向出版社营销中心调换
全国免费服务热线:400-6679-118 竭诚为您服务
版权所有 侵权必究

总序

习近平总书记在全国高校思想政治工作会议上指出,要坚持把立德树人作为中心环节,把思想政治工作贯穿于教育教学的全过程,实现全程育人、全方位育人。根据这一要求,对于致力于建设世界一流大学和一流学科的中国高校来说,其根本任务就是贯彻落实立德树人宗旨,全面促进一流人才培养工作。

为了体现这一宗旨,华中科技大学经济学院制定了教学与人才培养"十三五"规划,基本思路是:贯彻坚守"一流教学,一流人才"的理念,抓好人才分类培养工作,更加重视国际化与创新型拔尖人才的培养。在教学方面,立足中国实际和发展需要,参照国际一流大学经济系本科和研究生课程设置,建立先进的课程体系和制定培养方案,为优秀的学生提供优质的专业教育和丰富的素质教育,培养具有创新能力的领军人才。为此,我们必须推进教学的国际化、数字化、数量化、应用化,改进教学方式,大力推进研讨式、启发型教学,加强实践性环节,着力培养创新型、领导型人才;进一步推进教学内容与方式的改革,规划建设一流的现代经济学专业系列教材,构建起我们自己的中国化的高水平的教材体系(即这些教材应当包含国际前沿的理论、中国的问题和中国的素材)。与此同时,注重规范教学,提高教学质量,建设并继续增加国家级精品课程及教学团队,组织教学与课程系统改革并探索创新人才培养的新模式。此外,还要加强实践环节,广泛建立学生实习实训基地。以此培养出一批具备扎实的马克思主义理论功底、掌握现代经济学分析工具、熟悉国际国内经济实践、能够理论联系实际的高素质人才,以适应国家和社会的需要。总之,这一规划确立的主题和中心工作就是:瞄准"双一流"目标,聚焦人才培养,积极行动,着力探索国际化与创新型人才培养新方案、新模式与新途径。我们也意识到,高质量的课程是科研与教学的交汇点,没有一流的课程,"双一流"就不可能实现。因此,抓教学改革,抓教材建设,就是实施这种探索的重要体现。

那么,如何做好现代经济学专业课程系列的教材编写的工作呢?习近平总书记提出,应按照"立足中国、借鉴国外,挖掘历史、把握当代、关怀人类、面向未来"的思路,着力建设中国特色社会主义的政治经济学。根据习近平总书记系列讲话精神,一是要在经济学科体系的建设上,着力在继承性、民族性、原创性、时代性、系统性、专业性上下功夫。要面向未来,从教材体系的建设入手,从战略层面重视教材建设,总结提炼中国经验,讲好中国故事,教育引导青年学子在为祖国、为人民立德和立言中成就自我、实现价值。要着眼于未来学科建设目标,凝练学科方向,聚焦重大问题,在指导思想、学科体系、学术体系、话语体系等方面充分体现中国特色、中国风格、中国气派。二是要研究中国问题。张培刚先生开创的发展经济学植根于中国建设与发展的伟大实践之中,是华中科技大学经济学科的优势所在。经济学科要继承好、发扬好这个优良传统,要以我国改革发展的伟大实践为观照,从中挖掘新材料、发现新问题、提出新观点、构建新理论,瞄准国家和地方的重大战略需求,做好经济学科中国化、时代化、大众化这篇大文章。

编写本系列教材的思路主要体现在如下几个方面:第一,体现"教书育人"的根本使命,坚持贯彻"一流教学,一流人才"的理念,落实英才培育工程;第二,通过教材建设,集中反映经济学科的前沿进展,汇聚创新的教学材料和方法,建立先进的课程体系和培养方案,培养具有创新能力的领军人才;第三,通过教材建设,推进教学内容与方式的改革,构建具有中国特色的高水平的教材体系,包含国际前沿的理论、关注中国现实的问题和具备中国特色的研究元素;第四,通过教材建设,加强师资队伍建设,向教学一线集中一流师资,起到示范和带动作用,争取培育优秀的课程团队。

本系列教材编写的原则主要有如下三个。第一,出精品原则。确立以"质量为主"的理念,坚持科学性与思想性相结合,致力于策划国家级和省级精品教材,出版高质量、有特色的系列教材。坚持贯彻科学的价值观和发展理念,以正确的观点、方法揭示事物的本质规律,建立科学的知识体系。第二,重创新原则。吸收国内外最新理论研究与实践成果,特别是我国经济学领域的理论研究与实践的经验教训,力求在内容和方法上多有突破,形成特色。第三,实用性原则。教材编写坚持理论联系实际原则,注重联系学生的生活经验及已有的知识、能力、志趣、品德的实际,联系理论知识在工作和社会生活中的实际,联系本学科最新学术成果的实际,通过理论知识的学习和专题研究,培养学生独立分析问题和解决问题的能力。编写的教材既要具有较高学术价值,又要具有便于推广和广泛应用的空间,能为更多的高校采用。

本系列教材编写的规范要求如下。第一,政治规范。必须符合党和国家的大政方针,务必与国家现行政策保持一致,不能有政治错误,不涉及有关宗教、民族和国际性敏感问题的表述。第二,学术规范。教材并非学术专著,对于学术界有争议的学术观点慎重对待,应以目前通行的说法为主。应注意避免在知识产权方面存在纠纷。第三,表述规范。教材编写坚持通俗易懂、亲近读者的文风,尽量避免过于抽象的理论阐述,使用鲜活的案例和流畅的表达方式。

　　本系列教材的定位与特色如下。第一，促进国际化与本土化融合。将国际上先进的经济学理论和教学体系与国内特色的经济实践充分结合，在中国的具体国情和社会现实的基础上，体现出本土化特色。第二，加强中国元素与案例分析。通过对大量典型的、成熟的案例进行分析、研讨、模拟训练，帮助学生拓展眼界、积累经验，培养学生独立分析问题、解决问题、动手操作等能力。第三，内容上力求突破与创新。结合学科最新进展，针对已出版教材的不足之处，结合学生在当前学习和实践中存在的困难、急需解决的问题，积极寻求内容上的突破与创新。第四，注重教学上的衔接与配套。与经济学院引进版核心课程教材内容配套，成为学生学习经济学类核心课程必备的教学参考书。

　　根据总体部署，我们计划在"十三五"期间，将本系列教材按照四大板块进行规划和构架。第一板块：经济学基本原理与方法。包括政治经济学、经济思想史、经济学原理、微观经济学、宏观经济学、计量经济学、国际经济学、发展经济学、中国经济改革与发展、现代管理学等。第二板块：经济学重要分支领域。包括国际贸易、国际金融、产业经济学、劳动经济学、财政学、区域经济学、资源环境经济学等。第三板块：交叉应用与新兴领域。包括幸福经济学、结构金融学、金融工程、市场营销、电子商务、国际商务等。第四板块：创新实践与案例教学。包括各类经济实践和案例应用，如开发性金融、货币银行学案例、公司金融案例、MATLAB与量化投资、国际贸易实务等。当然，在实际的执行中，可能会根据情况变化进行适当的调整。

　　本系列教材建设是一项巨大的系统工程，不少工作是尝试性的，无论是编写系列教材的总体构架和框架设计，还是具体课程的挑选，以及内容的取舍和体例的安排，它们是否恰当，仍有待广大读者来评判和检验。期待大家提出宝贵的意见和建议。

华中科技大学经济学院院长，教授、博士生导师
张建华
2017 年 7 月

不知不觉讲授"国际市场营销学"课程已经 13 年了。我深刻地认识到把"市场营销学"课程讲授好并不是一件容易的事情。根据我的了解，每一个讲授"市场营销学"的大学老师都认为把这一课程讲好是一件比较困难的事情。其主要原因是《市场营销学》教材里面没有数学公式，其相关理论也几乎没有数学公式可以用来表达阐述，学习者很难通过理解一些数学公式来领悟和掌握市场营销学理论，并具备相应的技能。

另一方面，也正因为没有数学公式，学习者似乎认为自己可以毫不费力地看懂《市场营销学》教材，觉得"市场营销学"课程不具有挑战性，因而不够重视对该课程的学习；一些授课老师也觉得市场营销学的理论与技能至少在表面上看似比较简单易懂，在课堂讲授中无法在"学术性""挑战性"上更进一步，无法激发学习者挑战的兴趣。如何让"市场营销学"课程的教材和课堂具有"挑战性""学术性"和"趣味性"，从而让学习者能够深刻领悟和掌握市场营销学的理论，把市场营销学的理论与实践充分联系起来，并在适当的时候灵活地把这些理论应用于实践，是我们长期思考的问题，也是编写这本教材的目的。

我们认为，市场营销学难就难在其理论无法用数学公式来精确表达，导致初学者难以通过借助具体数学公式去领悟、学会和掌握市场营销学理论。市场营销学是一门实践科学。一个人即便能够将市场营销学理论背得滚瓜烂熟，但是如果没有对这些理论的深刻领悟和丰富实践，在具体营销一个产品，或为某个企业做营销策划方案时，很有可能一筹莫展，无从下手。这正如熟背《孙子兵法》，却不一定能够打胜仗一样。因此，"市场营销学"课堂教学的重要性就是把市场营销的理论与实践结合起来，引导学习者在实践案例中深刻领悟理论，并提高应用理论解决实践问题的能力。把理论与实践结合起来是本教材的一个重要特点，其目的是为了让学习者感受到市场营销学的挑战性和学术前沿性，激发学习和掌握市场营销学的兴趣。

新时代对企业和相关专业大学生的市场营销理论与实践能力提出了新的要求。在与不同企业家的接触中，我们深刻认识到文化营销、大客户营销、人员激励等对企业成功进行营销的重要性。虽然每一位成功的企业家都十分重视文化营销的重要性,但是大多数市场营销学教材并未对文化营销予以透彻介绍。关于大客户营销、人员激励等内容,多数教材也有所忽略。本教材对这些营销理论和技能进行了较详细的介绍,并增加了社交风格与销售策略、营销谈判等章节,以期加强本教材与实践的紧密结合。也是基于这一目的,本教材另一作者何君正是来自市场营销实战的一线。

  本教材的编写主旨较多考虑了非市场营销学专业的学习者,诸如经济学、金融学、国际贸易、国际商务、企业管理专业,以及对市场营销感兴趣的其他专业高校学生和读者,他们大都没有专门学习营销调研、战略、谈判等课程,故本教材对此均做了介绍,以便学习者能较为系统掌握市场营销学的理论与技能。

  为了方便教师教学,本教材提供有与纸质教材配套的供教师和学习者使用的数字资源,这些数字资源将有助于教师和学习者对相关案例进行深入分析,从而在一定程度上提高课堂的挑战性、实践性、学术性和趣味性。胡仁平、朱世威、漆一凡、钟翠等同学对这本教材提供了大量的帮助,还有各类培训班尤其是从事市场营销工作的企业家学员们也提供了大量宝贵的修改意见和建议。没有他们创造性的帮助、意见和建议,我们无法顺利完成这本教材。在此特别予以特别感谢。

作者

2019 年 10 月于武汉喻家山

第一章　导论 /1

第一节　市场营销和数学的一种比较 /1
第二节　市场营销的范围 /3
第三节　市场营销的核心概念 /5
第四节　营销组合的基本框架及其发展 /10
第五节　企业经营哲学的发展历程 /13

第二章　价值观、组织结构与人员激励 /18

第一节　价值观 /18
第二节　组织结构 /22
第三节　人员激励 /25

第三章　文化营销 /29

第一节　企业文化解析 /29
第二节　文化营销的基本内容及功能 /33
第三节　企业文化营销实施的基本策略 /36
第四节　企业文化营销的载体 /38

第四章　关系营销 /43

第一节　关系营销及其系统结构 /43
第二节　顾客满意与顾客忠诚 /51
第三节　CRM 顾客关系管理 /55

/66　第五章　战略与竞争

　　第一节　战略计划：三个关键领域和四个组织层次　/67
　　第二节　总部战略计划的制定　/69
　　第三节　业务单位战略计划的制定　/76
　　第四节　行业竞争力量分析　/83
　　第五节　市场竞争战略　/86
　　第六节　企业核心竞争力建设　/95

/100　第六章　营销调研

　　第一节　营销调研的基本理论　/100
　　第二节　营销调研内容和过程管理　/104
　　第三节　营销调研的方法与技巧　/108

/118　第七章　市场细分和目标市场

　　第一节　消费者市场及购买行为　/118
　　第二节　商务市场及购买行为　/127
　　第三节　市场细分战略　/135
　　第四节　目标市场选择战略　/141

/146　第八章　定位和差异化

　　第一节　定位的基本内容　/146
　　第二节　选择市场定位　/151
　　第三节　差异化策略　/157

/163　第九章　产品和品牌策略

　　第一节　产品和产品组合　/163
　　第二节　品牌的本质和内涵　/168
　　第三节　建立品牌识别　/171
　　第四节　产品包装策略　/177

第十章 定价策略 /181

第一节 价格及其重要性 /181
第二节 制定价格的策略 /183
第三节 价格调整策略 /194
第四节 价格管理策略 /199

第十一章 营销渠道 /205

第一节 营销渠道及其类型 /205
第二节 中间商的类型与发展趋势 /207
第三节 营销渠道设计决策 /212
第四节 营销渠道管理 /216

第十二章 网络营销 /223

第一节 网络营销的功能 /223
第二节 网络营销的常用工具 /226
第三节 网络营销常用的方法 /230
第四节 无线网络营销和国际网络营销 /237
第五节 网络营销成功的关键及应注意的问题 /242

第十三章 广告、促销和公共关系 /249

第一节 广告 /250
第二节 销售促进 /262
第三节 公共关系营销 /270

第十四章 人员销售 /277

第一节 人员销售的基本概念 /278
第二节 人员销售的性质 /280
第三节 人员销售的技巧 /283
第四节 销售员心态管理 /302
第五节 营销人员素质建设 /304

/310　第十五章　社交风格与销售策略

/311　第一节　社交风格的分类
/316　第二节　不同社交风格的行为特点
/322　第三节　自我社交风格测试
/324　第四节　灵活应变的能力
/327　第五节　针对不同社交风格客户的销售策略

/333　第十六章　营销谈判

/334　第一节　谈判的概念
/337　第二节　营销谈判概述
/339　第三节　谈判的基础理论
/345　第四节　原则性谈判

第一章 导论

- ☆ 了解市场营销的难度
- ☆ 掌握市场营销的学习方法
- ☆ 了解市场营销的范围
- ☆ 理解市场营销的核心概念
- ☆ 了解市场营销理论的发展
- ☆ 理解不同企业的经营哲学

第一节 市场营销和数学的一种比较

一、市场营销学难在哪里

请思考：

市场营销学和数学分析，哪一门学科更难？

乍一看这个问题，很多人会觉得很可笑，认为市场营销学知识怎么可能会比数学知识难。在市场营销学科的理论上，无论是波特的通用战略，还是科特勒的市场营销经典理论，还是市面上不同版本的市场营销学教材，都不存在复杂的公式，显得尤为浅显易懂。不少人甚至觉得营销学是一门所谓的"酱油"学科，无须上课就可以自学成才。在实践上，许多只上

导入案例
张裕酿酒公司的"危机"

过小学的人甚至文盲也能对市场营销说个一二三来,有些甚至在实践中还较为成功。

学习市场营销学的难度存在于以下几个方面。

(1) 学习市场营销学容易在没有数学公式,也难在没有精确的数学公式。市场营销学是一门科学,更是一门艺术,其理论只是一些抽象的原则和分析框架,当把这些理论应用于具体实践时,需要个人在深刻领会理论精髓的基础上,创造性地应用这些理论。任何人不可能因为记住了营销的理论原理,就能显著地提高营销业绩。而在数学科学中,人们只要记住了求导公式,一般就能求解出导数,但在市场营销学科中不存在这样的理论和公式。

(2) 学习市场营销学的难度不在于对营销理论的记忆,而在于对营销理论的深刻领悟。表面上看,市场营销学理论只是一些简单的原则或框架,但是,把这些简单的理论原则和框架应用于复杂的营销实践时,离不开对营销理论的深刻领悟,对理论领悟越深,营销实践越有可能成功。这正如西医和中医的区别,西医依靠科学实验和仪器设备,判断一个女性是否怀孕,做个简单的检查即可;中医靠悟,中医通过号脉来准确判断一个女性是否怀孕,何其难也?

市场营销学是一门实践科学,即使有人能把市场营销教材中的理论背得滚瓜烂熟,但如果没有对这些理论进行深刻领悟,其在具体营销一种产品、经营一家企业时仍有可能一筹莫展,无从下手。这样的案例在营销实践中屡见不鲜,正如熟背《孙子兵法》的人很多,但常胜将军却不多。

看到这里,我们也就不难理解为何许多成功的商业人士仍会花费大量的时间和金钱来学习和进修营销的课程了。其实,不只商业人士需要学习营销学知识,任何一个组织、机构或者个人都与营销密不可分,营销学的应用范围远比企业经营和产品销售宽得多。政府需要通过营销来建立良好的社会形象,维护社会安定团结;学校需要营销来提高学校声誉,提高生源质量;而个人在日常生活中也时时刻刻进行着营销,例如:与人结识时的自我介绍,求职应聘时的笔试面试,都是个人对自身的营销。因此,学习营销学知识,是现代社会对每一个人的要求。

二、如何学习市场营销

市场营销的学习是困难的,因为它不存在精确的数学公式或放之四海而皆准的模型。学习市场营销学需要灵活的头脑和创造性的思维,既要加深对市场营销理论的认识,更要灵活地、创造性地应用它,必须将理论和实践结合起来,这就需要借助营销实践中的具体案例。

经典案例为我们学习市场营销提供了现实背景,使我们可以应用营销理论进行具体的分析,从而增强我们应用理论工具进行艺术创造的能力。无论是成功的案例还是失败的案例,都值得我们去认真地思考和分析,但简单的、表层的分析对我们的学习是毫无帮助的,我们必须学会透过现象看本质,探究案例背后更深层次的原因,找到企业成功或失败的真正原因,才能提高对市场营销理论的理解和实践能力。深入的案例讨论和分析,是一种有效掌握营销技能的办法。只有对案例进行深入分析,才能领会营销学中抽象的理论原则。

【问题讨论】

某高档品牌女装的客户关系管理

张燕所在的服装公司是某高档女装的省级总代理,该公司在某大型百货商场设立了一个专柜。该专柜有一个店长,下设两个小组,每个小组4人,两个小组轮换上早班和晚班,张燕任其中一个小组的组长。根据公司规定,专柜营销人员没有定价、打折的权力,该品牌每年都有一段时间会进行9折促销,但时间由公司统一规定。

请思考:

张燕应当如何进行客户关系管理?

问题讨论中的案例给了我们一个应用市场营销理论的机会和环境,针对案例中的客户关系管理方法,我们要将自身置于实际的营销环境之中,根据当地的习惯和消费人群的特殊偏好来制定相应的营销策略。

需要注意的是,与经典经济学理论中讨论代表性厂商和代表性顾客的一般性逻辑不同,营销学研究个体的厂商和个体的顾客,强调不同个体之间的个性。市场营销的具体操作要求是:成本约束条件下的更"新"、更"奇"、更"特",从而打动顾客,吸引顾客购买产品。因此,经济学中经常存在普适的定理和规律,但营销学却很少,尤其是广告创意环节。切忌寄希望于找到一个精确、普适的模型,一劳永逸。

第二节 市场营销的范围

在现代生活中,不仅是日用品等传统产品需要进行市场营销,各行各业都将营销当作重要的工具,其概念在以下各方面得到越来越多的应用,具体包括地点、财产权、商品、服务、组织、体验、信息、事件、观念和人物。

一、地点

越来越多的政府通过对某一地点进行营销,希望在人们心目中树立或维持其良好的形象,或改变其不好的形象。它们通过不同的方式来展示自身,最常见的就是制作广告宣传片,我们经常能看到各种各样的纪录片、介绍片和宣传片在电视节目中滚动播出。

专栏 1-1
中国国家形象宣传片

【问题讨论】

若有4种产地——法国、上海、武汉和汉川的香水,请问你分别愿意付多少钱去购买来自这4个产地的香水呢?请给出你的理由。

我们可以通过文化建设对地点进行营销,通过塑造本地特有的文化内涵来吸引人们的注意。例如北京有专门的文化频道,各地都在挖掘独特的文化故事。大家可以简单地想一想为什么武汉的东湖比杭州的西湖的面积大六倍,而西湖的旅游价值却远远超过东湖?关于文化营销的内容,后面会有更加详细的介绍。

对地点进行营销的载体包括广告、故事和艺术作品等。影视文学作品在营销某一地点的过程中起着重要的作用,例如,曾经红遍大江南北的韩国电视剧《大长今》,通过讲述了一代奇女子徐长今通过自己的努力成为朝鲜王朝历史上的首位女性御医,被命名为"大长今",封为正三品堂上官的故事。《大长今》的热播在亚洲掀起了一股"哈韩"的旋风,不仅激发了人们到韩国旅游的热情,还促进了韩国产品的销售。

二、财产权

财产权是指以财产利益为内容,直接体现财产利益的权利,包括真实财产(如房地产)和金融资产(股票和债券)。产权可以买卖,但这种买卖就对市场营销产生了要求,房地产代理商为产权拥有者或出售者工作,或者是自己购买并销售住房和商业房产。投资企业和银行则面向商业机构或个人投资者营销证券供应品。

三、其他营销范围

专栏 1-2
房产成功营销的艺术

商品和服务

商品和服务是最基本,也是最典型的市场营销对象。服务业包括航空服务、旅馆服务、美容美发服务、会计服务、律师服务,以及工程师、医生、汽车租赁服务和保养维修服务等。在后面的内容中,我们会详细分析营销中的商品和服务,此处不再赘述。

组织

各种组织越来越重视对于自身的营销,它们致力于在目标顾客心中建立起强势的、宜人的、独特的品牌形象。例如,一家企业为了获得更好的社会口碑、更多的资金投入以及更好的销售业绩,需要不断向外界展示本企业的美好形象,并运用营销手段来提高公众形象。

体验

体验是指人们用个性化的方式来度过一段时间,并在大脑记忆中留下深刻印象的一种心理感受。随着"体验"成为可以销售的商品,它也成为市场营销的对象。例如,迪士尼梦幻王国营销的对象是:人们在拜访童话王国、登上海盗船或走进鬼屋猎奇中所获得的切身体验。

【问题讨论】

任何企业都在或多或少地销售体验,请思考哪些企业只销售体验?

什么是体验营销？

信息

信息也是一种特殊的商品，可以被生产和营销。例如，我们与其说西门子医疗系统公司销售的是 X 射线或 MRI（磁共振成像）产品，倒不如说它们提供的是关于病人身体健康与否的信息，它们的最终供应品是病人的电子记录，既有声控信息，又有相关实验测试、病状和药物的信息。

事件

事件也是一种特殊的营销对象。例如奥运会，奥林匹克运动会组织委员会先要将奥运会向国民进行营销，让人们知晓并赞成这一活动，此外，还要向世界进行营销，吸引各国人们来参与、观看奥运会。

【问题讨论】

什么是事件营销？

观念

新的消费观念、生活理念、生活习惯和传统的宗教信仰都可以被营销，使他们被大众所接受。例如，抽烟有害健康、依法治国、绿色奥运等观念需要进行广泛的宣传，才能得到社会大众的广泛认同。传教士即是对观念进行营销的典范。

【问题讨论】

为什么说对组织的领导就是对组织观念的领导？

人物

从某种意义上，我们每个人都是一个品牌，都在自觉或不自觉地营销着自己。我们每个人都需要对自己进行营销，恰当的穿着、得体的言谈举止，从而塑造自身的正面形象。例如，一个企业家通过参与慈善活动、登山活动，可以向公众传递诚实、进取、正义、勇敢的个人形象。

【问题讨论】

如何进行人物营销？

第三节　市场营销的核心概念

有人认为市场营销是推销与广告宣传的过程，还有人认为市场营销是把商品送到商店、摆放货架和维持未来销售所需的产品存货。实际上，市场营销包括上述所有的活动，并且其内容涵盖更加丰富。营销的目的是让企业深刻地认识和了解顾客，使产品或服务完全适合顾客的需要而形成产品的自我销售。理想的营销会产生做好准备来购买的顾客，剩下的事就是如何使顾客得到这些产品和服务。现代管理学之父彼得·德鲁克曾经说过："营销的真正目的就是使推销变得多余。"如果将推销形象地比做"人找钱"的过程，那么成功的营销将使企业的经营转变为"钱找人"的过程，即购买者拿着钱争先恐后地找营销者购买。

关于市场营销的定义，国内外学者有很多不同的表述，其在不同的时期也有不同的主流表述。2004年8月，美国市场营销学会（AMA）公布了其对市场营销的最新定义："营销既是一种组织职能，也是为了组织自身及利益相关者的利益而创造、传播、传递客户价值，管理客户关系的一系列过程。"除了AMA，很多学者也对市场营销进行了定义，营销学者菲利普·科特勒对市场营销的描述："市场营销是通过创造和交换产品及价值，从而使个人或群体满足欲望和需要的社会过程和管理过程。"

为了更全面正确地理解市场营销的含义，我们需要了解市场营销学的核心概念，主要包括：细分市场与目标市场；需要、欲望和需求；顾客需求；价值和顾客幸福感；体验与体验管理；顾客满意与忠诚；品牌价值；关系和网络以及供应品。

一、需要、欲望和需求

人们的需要、欲望和需求是市场营销的前提和出发点，三者统称为广义的需求，都含有"想得到"的意思，但又存在着细微的差别。

需要（needs）是人类的基本要求，指人们因为没有得到某些基本满足时的生理和心理状态。人们在生活中有各方面的需要，例如衣、食、住、行以及娱乐、教育、感情的需要。比如关于娱乐生活的需要，我国的旅游产业，创造了大量的就业机会。教育生活也是人们的需要，人们希望得到良好的教育。感情生活也是人们基本的需要，近几年，婚姻介绍所和交友网站等机构都得到了快速的发展。

欲望（wants）是需要的派生，当人们需要某种特定的目标时，需要就变成了欲望，它是人们对一种特定物品的渴求。例如，为了满足"吃"的需要，人们想要吃一顿大餐；为了满足娱乐的需要，人们想要看一场电影；为了满足情感需要，人们想要拥有更多的朋友关怀等。营销虽不能创造需要，但可以创造欲望，激发欲望。

需求（demands）是一个经济学概念，是指人们有能力购买且愿意购买某个具体产品的欲望。当有购买能力时，欲望才能转换为需求。人们或许都想要一栋别墅，但只有具有购买力的人能够且愿意购买。人的欲望可能是很多的，但需求却是有限的，顾客总是将有限的支付能力用在物有所值的购买行为上，最大限度地满足自身的欲望。营销就是要让顾客感到物有所值，甚至物超所值。

二、人类需要和需求的其他分类

根据马斯洛需求层次理论，人的需求包括生理需求、安全需求、社会需求、自我实现需求。但在本书中，我们想强调的是：顾客的体验性需要和需求、形象性需要和需求，以及文化需要和需求。

大多数消费者都希望体验新、奇、特的东西，都渴望体验令自身愉悦的事物。体验性需要和需求源于人们对某件商品或某项服务的体验渴望,旅游和蹦极是最典型的体验性需求。

形象性需要和需求是指人们对社会形象的需要和需求,每个人都希望有着自认为良好的社会形象。例如,为了展示商业成功者的形象,一些人可能希望购买昂贵的轿车和手表。

专栏 1-3
星巴克咖啡:给顾客一种体验式享受

人类具有强烈的文化需要。第一,文化决定了人们做什么、如何做,极大减少了人们的决策成本。例如,对商务礼仪的不同理解和认知,决定了人们将如何进行商务礼仪活动。一个对商务礼仪一无所知的人,在商务礼仪活动中将会不知所措。第二,文化也使人们的生活变得更加丰富、更加多彩,例如传统习俗和节日丰富了人们的生活,拉近了人们之间的距离。在中国,如果没有春节文化,那么人们的生活可能少了一些节日乐趣。实际上,世界上绝大多数民族有着各自的盛大节日,这也是人类文化需要和需求的一种反映。第三,人们需要一些信念和观念,这有助于解释为什么有些人会选择购买昂贵的"开光手表"。

专栏 1-4
吉列公司:关注女性美丽

【问题讨论】

人类为什么需要文化?

三、价值和顾客幸福感

价值是市场营销学的基石。那么,什么是价值呢?我们先来看一个例子。

A 和 B 在茫茫的戈壁上走了 3 天 3 夜,饥渴难耐之时看到不远处的沙滩上有卖水的商店,他们每人手上有 10000 元钱,A 愿意付 10000 元买一瓶水,因为他需要活命,但 B 只愿意付 1000 元,这瓶水对两个人来说,价值分别是多少呢?

在经济学中,商品或服务的价值等于该商品或服务给个人带来的边际效用。如何衡量边际效用?可以用意愿支付价格,即 willing to pay 来衡量价值。每个人对同一件商品的 willing to pay 不同,换言之,这件商品对每个人的价值也就不同。在上面所举的例子中,这瓶水对于 A 的价值是 10000 元,对于 B 的价值是 1000 元。

顾客价值或 willing to pay 是由商品或服务带来顾客的功能利益和情感利益所决定的,顾客成本包括金钱成本、时间成本、精力成本和体力成本。顾客让渡价值等于顾客价值减去顾客成本。顾客让渡价值,也可以称为顾客幸福感,与经济学中的消费者剩余密切相关。由于时间成本、精力成本和体力成本难以度量,消费者剩余常粗略地表示为个人意愿支付价格与实际价格之差。

顾客让渡价值=(功能利益+情感利益)-(金钱成本+时间成本+精力成本+体力成本)

继续讨论上文的例子,如果每瓶水的价格是 100 元,此时 A 的消费者剩余可以表示为 10000－100＝9900 元,而 B 的消费者剩余为 1000－100＝900 元。从上面的例子可知,创造价值,就是创造顾客 willing to pay,创造更高的价值,就是创造更高的顾客 willing to pay。由于商品和服务的功能利益和情感利益在很大程度上由顾客的体验决定,所以创造良好的顾客体验,就是在创造价值。

专栏 1-5
史上最牛年终奖

四、体验与体验管理

体验是顾客在使用产品或服务过程中产生的纯主观感受和反应,这种感受和反应可以是外在的,但更多是内在的,且不易觉察。体验在很大程度上决定着顾客的 willing to pay,也决定了顾客价值。无论多么精心设计的轿车,如果顾客体验不满意,顾客 willing to pay 和顾客价值也不会高,创造更好的顾客体验是公司应不断完善的任务。体验管理是以提高顾客体验为出发点,通过管理企业与顾客的每个接触点,协调售前、售中、售后各个环节,使顾客得到正向体验,从而提高顾客满意、顾客忠诚和企业盈利能力的过程。

体验管理的过程就是价值创造的过程。企业必须重视对顾客体验的管理,只有这样才能提升顾客的 willing to pay。例如,肯德基和麦当劳希望通过对洗手间环境的改善,提升就餐顾客的体验和忠诚,并为自身营造更好的口碑。很多时候,一句话、一个眼神或一个表情就可能会使顾客对企业产生怀疑或不满,最终导致交易失败。为了提高顾客体验,某企业的一个顾客体验管理举措是要求其电话接线员做到:①三声铃响,必有应答;②要让对方"听得见"你的微笑。

五、顾客满意与忠诚

培养忠诚的顾客是企业的核心任务。顾客满意是指顾客购买后形成的愉悦或失望的心理状态。"顾客满意"和"顾客忠诚"既有联系又有区别,两者之间并不是简单的比例关系。根据施乐公司的一项调查中显示:在完全满意和高度满意两种情况下,消费者重复购买的数量比为 6∶1,可见完全满意对于一个企业来说至关重要。顾客满意仅仅是顾客的一种感知——顾客的期望被满足或超越的感知,它来源于一件供应品所设想的效用与人们期望的比较。而顾客忠诚是指顾客对某企业、某品牌的供应品或服务的认可和信赖,它是顾客满意不断强化的结果。顾客忠诚表现出的是顾客的重复购买行为,这是顾客有目的性的、且经过深思熟虑而决定的购买行为。

顾客忠诚可分为两种:虔诚和高度忠诚。虔诚是指顾客愿意为品牌作贡献,即愿意不惜时间不惜金钱地购买某供应品。例如,2013 年,一些中国消费者在国内 iPhone6 手机供不应求的情况下,选择去香港和国外购买,这就是典型的对品牌的虔诚行为。高度忠诚是指顾客不会因为价格因素而随意变换品牌。顾客忠诚是一道无形的壁垒,它可以很好地避免同质竞争、价格竞争。

六、品牌价值

品牌是企业的无形资产。人们可以从多个角度来衡量品牌价值,例如比较有品牌和无品牌的商品,有品牌商品的溢价就是企业的品牌价值。我们这里先介绍品牌价值的定义:品牌价值是指对该品牌忠诚的顾客,在其忠诚的生命周期里购买该品牌的供应品和服务所形成的利润折现值的总和。从这个定义可知,品牌价值是由该品牌忠诚顾客的数量和质量决定的,企业培养忠诚顾客就是在建设或创造品牌价值。人们对某种品牌的认知影响着其购买和消费行为。

在这个案例中,打印店的经营态度表现出一些企业家的通病:他们有所谓的品牌意识,却没有使顾客完全满意的意识,认为使顾客达到基本满意就行了,没有精益求精做到极致的精神,即所谓"工匠精神"。

顾客满意决定顾客忠诚。如果企业家缺乏使顾客完全满意的意识,那么肯定也缺乏忠诚顾客意识,缺乏忠诚顾客意识的企业经常表现出机会主义行为。机会主义行为是指企业利用制度的缺陷,利用顾客和企业之间的信息不对称,进行欺诈而谋取利益的行为。三鹿奶粉的三聚氰胺事件,就是一种机会主义行为。三鹿本是中国乳制品市场的佼佼者,却不珍惜自己的品牌,不注重保持良好的品牌形象,通过投机和欺骗消费者的行为来牟利,最终在违法行为暴露后迅速破产,并给中国乳制品市场留下了长久不散的阴影。

专栏 1-6
打印质量带来的思考

【问题讨论】
什么是品牌意识、完全满意意识和顾客忠诚意识?

案例分析

假如你是一家西服厂的总经理,最近有一批单价3000元的高档西服在生产过程中由于机器故障导致出现了一些小瑕疵。那么以下几种处理方法你应当如何抉择呢?请说明理由。如有其他更好的方法,也请说明。

①将这一批次西服混入其他批次中出售。
②将这一批次西服返厂处理瑕疵后销售。
③将这一批次西服以一套500元的价格降价销售。
④将这一批次西服以一套200元的价格销售给工厂职工。
⑤销毁这一批西服。

七、关系和网络

在现代市场的营销实践中,企业和顾客之间的关系已经超越了简单的交易和交换关系,追求一种长期稳定的合作关系,这种关系以企业的让利、尊重和情感沟通为基础,大大延伸了传统的关系概念,将关系深入非交换领域。

关系营销是指企业与关键的利益相关者建立起彼此满意的长期关系,以便赢得和维持两者之间的商业业务关系。关键的利益相关者包括消费者、员工、营销合作伙伴(渠道商、供应商、分销商、经销商和代理商)和股东等。企业应尊重利益相关者的需求,使各方利益相关者可以各取所需,并制定出可以平衡关键利益相关者收益的政策和战略。为了与这些利益相关者形成密切的关系,就必须了解他们的能力、资源、需要、需求和欲望等。关系营销的根本目的在于降低交易成本,使交易可以从每次都需要协商变成各方都满意的惯例化交易。

关系营销的最终结果是建立起独特的企业资产——营销网络。一般来说,营销网络包括企业以及为其提供支持的利益相关者,企业已经与这些利益相关者建立起互惠互利的商业关系。现在的市场竞争已超出企业竞争的范围,更多的是营销网络之间的竞争。进行关系营销和建立营销网络是非常重要的,对于促进企业的长久发展和降低企业经营成本都有很大帮助。

八、供应品

供应品是指用来满足顾客需求和欲望的物品。人们的需要、欲望和需求都是靠一定的供应品来满足的,市场营销也是对一定供应品进行的营销。供应品包括有形的和无形的产品,有形供应品是为顾客提供服务的载体,无形供应品或服务则是通过人物、地点、活动、组织或观念等进行提供。企业向顾客提供的不只是产品,更是一种价值,这种价值可以被认为是一种供应品,它是产品、服务、信息和体验的组合。许多企业过多地关注他们所提供的具体供应品,而忽略了这些供应品所产生的利益,这是错误的。因为,他们只把自己当作在销售供应品而不是在提供满足人们某种需要的解决方法。

第四节 营销组合的基本框架及其发展

随着经济的发展、生产力和技术的进步、顾客消费观念和消费习惯的改变,营销组合也经历了从"4P"—"4C"—"4R"—"4V"的发展转变。

一、满足顾客需要的"4P"理论

(一)营销组合的"4P"理论

1960年,美国营销学家麦卡锡第一次提出了著名的"4P"营销组合策略,"4P"是指市场营销组合中的四大基本要素,即产品(product)、价格(price)、渠道(place)和促销(promotion)。其中,产品包括产品种类、质量、设计和性能等;价格包括目录价格、折扣和折让;渠道包括覆盖区域、商品分类和销售位置;促销包括广告、销售促进和公共关系。麦卡锡教授认为一次成功和完整的市场营销活动,意味着以合适的供应品、适当的价格、适宜的渠道和适当的促销手段将企业的供应品和服务投放到特定市场的行为。"4P"理论的提出,对现代市场营销理论与实践产生了深刻的影响。至今,它仍然是人们思考营销问题的基本模式。

进入20世纪80年代,菲利普·科特勒提出了新的市场营销组合概念,加入了公共关系(public relation)和政治或权利(political or power),形成了"大市场营销"的"6P"理论。1986年,菲利普·科特勒又在"6P"理论的基础上,补充提出了能有效实施营销组合战略的新"4P"理论:市场调研(probe)、市场细分(partition)、目标市场选择(priority)和市场定位(position),形成了"10P"理论,丰富和完善了市场营销"满足顾客需要"的基本功能。

(二)目标市场和细分市场

在营销组合的"4P"理论中,我们需要注意目标市场和细分市场的概念,它们是市场营销学中基础性的概念,任何营销组合都要建立在这两个概念之上。市场细分是指企业依据消费者的需要和欲望、购买行为和购买习惯等方面的差异,把某一产品的市场整体划分为若干消费者群的市场分类过程,每一个消费者群就是一个细分市场。目标市场是指企业准备进入的细分市场或打算满足具有共同需求或特点的消费者群体。目标市场的选择是在市场细分化的基础上,依据企业对外部环境的分析而进行的,它是对企业有利的市场机会。有关市场细分和目标市场的内容将在本书第七章中进行详细介绍,在此不再赘述。

二、追求顾客满意的"4C"理论

在企业追求"顾客满意"的过程中,1990年,美国营销专家劳特朋提出了以"顾客"为中心的"4C"营销理论。"4C"理论重新设定了市场营销组合的四个基本要素,即顾客(consumer)、成本(cost)、便利(convenience)和沟通(communication)。它强调企业首先应该把满足顾客需求、不断追求高度的顾客满意放在第一位;其次是努力降低顾客的购买成本,包括顾客购买活动中的货币成本和其他成本;再次要充分注意到顾客购买过程中的便利性,而不是从企业的角度来决定销售渠道策略;最后还应以顾客为中心实施有效的营销沟通。后来加上机会(chance)和市场变化(change)演变为"6C"理论。

"4C"理论是在"4P"理论的基础上进一步发展出来的。"4C"理论以顾客为中心,重视顾客导向,这实际上是在现代的营销活动中顾客越来越居主动地位和市场竞争空前激烈的营销的外在条件下的必然要求。

三、建立顾客忠诚的"4R"理论

2001年,美国学者唐·舒尔茨提出了"4R"营销理论,这是在"4C"营销理论的基础上提出的新营销理论。"4R"理论基本上以关系营销为核心设立的,它阐述了四个全新的营销组合要素:关联(relevance)、反应(reaction)、关系(relationship)和回报(retribution)。

"4R"理论强调:企业与顾客在市场变化的动态中应建立长久互动的关系,以防止顾客流失,赢得长期而稳定的市场;面对迅速变化的顾客需求,企业应学会倾听顾客的意见,及时寻找、发现和挖掘顾客的渴望与不满及其可能发生的需求演变,同时建立快速反应机制以对快速变化的市场作出反应;企业与顾客之间应建立长期而稳定的朋友关系,从实现销售转变为实现对顾客的责任与承诺,以维持顾客忠诚;企业应追求市场回报,并将市场回报当作企业进一步发展和保持与市场建立关系的动力与源泉。

四、新经济时代的"4V"营销组合论

20世纪90年代以来,高科技产业迅速崛起,高科技企业、高技术产品与服务不断涌现,互联网、移动通信工具、发达的交通工具和先进的信息技术促进企业和顾客之间的信息不对称状态得到改善,沟通渠道的多元化也推动了越来越多的跨国企业在全球范围内进行资源整合。在这种背景下,营销观念和方式也不断地丰富与发展,并形成独具风格的"4V"营销理论。"4V"理论最早由国内学者吴金明提出,"4V"理论在新经济时代提出了全新的营销组合:差异化(variation)、功能化(versatility)、附加价值(value)和共鸣(vibration)。

首先,"4V"营销理论强调企业要实施差异化营销,一方面使自己与竞争对手区别开来,树立自己的独特形象;另一方面也使顾客之间相互区别,满足顾客的个性化需求。其次,"4V"理论要求产品或服务有更大的柔性,能够针对顾客的具体需求进行组合。最后,"4V"理论更加重视产品或服务中的无形要素,通过品牌、文化等要素满足顾客的情感需求。但需要注意的是,这一理论操作性不强,实际中只能作为企业大致的指导方向。

以下对营销组合中"4P""4C""4R""4V"进行比较,见表1-1。

表1-1 4P、4C、4R、4V的比较

类别		4P		4C		4R		4V
阐释	供应品	服务范围、项目。服务供应品定位和服务品牌等	客户	研究客户需求欲望,并提供相应供应品或服务	关联	紧密联系顾客	差异化	把自己的产品与竞争对手区别开来,让顾客一见钟情
	价格	基本价格、支付方式、佣金折扣等	成本	考虑客户愿意付出的成本、代价是多少	反应	提高对市场的反应速度	功能化	增减功能形成档次区别,顾客根据自己的习惯与承受能力选择不同档次的产品
	渠道	直接渠道和间接渠道	便利	考虑让客户享受第三方物流的便利	关系	重视与顾客的互动关系	附加价值	形成企业文化,提高企业价值
	促销	广告、人员推销、营业推广和公共关系	沟通	积极主动与客户沟通,需要双赢的认同感	回报	回报是营销的源泉	共鸣	通过为顾客提供价值创新使其获得最大程度的满足
时间	1960年	麦卡锡	1990年	劳特朋	2001年	唐·舒尔茨	2001年	吴金明

第五节 企业经营哲学的发展历程

菲利普·科特勒曾经说过:"毫不奇怪,今天能取得胜利的公司必定是那些最能使它们的目标顾客得到满足并感到愉悦的公司。这些公司把市场营销看成是公司的整体哲学,而不仅仅是某一部门的个别职能。"将市场营销看作整个公司经营的哲学,这充分说明了市场营销不仅仅是进行销售,更重要的是将市场营销的理论和策略贯彻到企业的整个经营观念中。

企业的经营哲学经历了不同的发展阶段,总的来说,可以分为四个阶段:推销观念、营销观念、顾客观念和社会营销观念。

一、推销观念

推销观念(selling concept)是很多企业在经营过程中持有的一种观念,随着市场经济和生产效率发展到一定程度,推销观念自然而然地被许多企业所推崇。持这一观念的企业认为,如果在市场上顺其自然地销售,顾客并不会因为产品的质量优良和价格低廉而购买更多的产品,顾客是被动的,他们对产品经常会表现出一种购买惰性或抗衡心理,因此企业必须主动推销和积极促销,通过这种宣传和推销使顾客对产品有更深的理解因而乐于接受,也就能使他们购买更多的产品。可口可乐前副总裁瑟奇·西门(Sergio Zyman)曾说:"营销就是销售更多的商品给更多的人,获得更多的收入,从而赢得更多的利润。"

在市场发展到供过于求、竞争激烈的阶段时,推销观念曾发挥过重要的作用,许多企业都曾使用大量的广告、人员,以及各种促销方法来增加产品的销量。20世纪30年代,不少美国企业就曾在包括中国在内的全世界各地市场组织大规模的推销活动,从而使不少在美国本地市场严重饱和的产品在世界各地打开了市场。例如,在中国推销煤油时,美孚公司就曾组织了推销人员挨家挨户地送煤油灯,使普通的中国老百姓接受了美国人的"洋油",从而打开一个很大的新的市场。

在推销观念中,企业经营者将注意力转向流通领域,将一部分精力和资本投入产品的销售,但推销观念存在以企业为中心的误区,没有把消费者放在企业经营的中心地位。其目的在于说服和诱导顾客购买已经生产出来的产品,当市场供过于求的状况进一步发展,竞争更加激烈,推销能起到的作用也就越来越小。

二、营销观念

营销观念是对推销观念的一种挑战,营销观念开始转向以顾客为中心和"感觉和响应"的哲学,其核心在于从以企业的需要为经营的出发点变为以消费者的需要为经营的出发点来生产产品。营销观念与推销观念在出发点、中心、手段、目的等方面的差异如图1-1 所示。

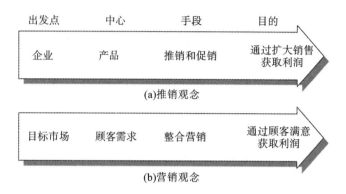

图 1-1　推销观念与营销观念的比较

西奥多·莱维特对这两种观念的比较进行了深刻的总结:推销观念注重卖方需要,营销观念注重买方需要;推销以卖方需要为出发点,考虑如何将产品销售出去变为现金,而营销则考虑如何通过产品以及创造、传送产品和最终消费产品有关的所有事情,来满足顾客的需要。

总的来讲,营销观念包括三个部分,如图 1-2 所示。

图 1-2　营销观念的三个部分

(一)顾客导向为方向

彼得·德鲁克曾说过:顾客的需求是企业整个活动的中心和出发点,企业从事商品生产、商品交换及市场营销的最终目的是促使顾客购买,满足顾客某种需求。顾客导向是在充分满足需求的情况下,将顾客导向营销观贯穿于企业的整个过程,从而达到提高顾客满意度的目的。对于顾客的期望和需求,企业应积极响应并尽可能满足,在现阶段供给远大于需求的市场环境下,顾客对于产品的选择余地非常大,因此他们一定会优先考虑那些最能满足自身需求和期望的商品,企业必须重视对顾客需求的研究。

(二)整合营销为手段

整合营销是一种充分利用企业内外部资源,对各种营销工具和手段的系统化结合,根据环境进行即时性的动态修正,以使交换双方在交换中实现价值增值的营销理念与方法,整合营销要求企业所有的部门都能为顾客服务。整合营销包括两个方面:一是企业内部整合营销,二是企业外部整合营销。企业应该首先实现各种营销手段、营销部门与其他职能部门之间的内部整合,然后以此为基础从广泛的范围中进行价值链上的企业、供应商、分销商和顾客之间的外部整合。

【问题讨论】

内部营销和外部营销哪个更难做好?

内部营销是外部营销的先决条件,它要求企业成功雇佣、训练和尽可能地激励企业员工更好地为顾客服务。内部营销指导企业内部每一个员工以一致的信念为顾客提供服务,塑造顾客对产品、服务以及企业的忠诚度,为企业带来长远、稳定的经济利益。一般而言,企业必须在两个层面上开展内部营销活动:一方面,各种不同的营销部门必须通力合作;另一方面,其他部门也必须关注市场营销,必须考虑顾客利益。

外部营销是指企业与处于产品价值链上游的各原材料供应商、处于价值链下游的各分销商以及消费者之间的整合。外部整合营销仍是以顾客为中心,包括对外宣传、对外销售等与顾客直接接触的部门,强调企业与外部的协作将有助于实现价值最大化,同时也将有助于企业、原材料供应商和分销商的资源、工作实现有效整合,为他们带来经济效益的最大化。

从整合营销的角度,我们可以发现,推销观念将企业内、外部营销割裂开来,而营销观念将企业内、外部进行整合,使企业通过与消费者进行有效的沟通来满足消费者的需求,从而完成企业生产、定价、促销等一系列经营过程,以较低的成本达到较好的营销效果。

企业整合营销的结构和层次可以用整合营销图(见图1-3)来形象地描述。

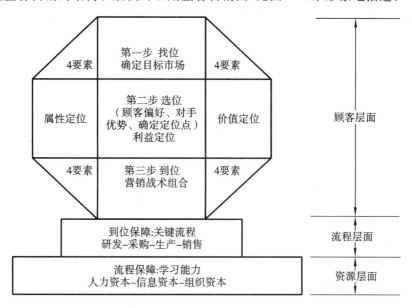

图1-3 整合营销图

(三)长远发展为目的

营销观念更注重企业的长远发展和战略目标的实现。推销观念注重企业当前产品的销售和短期利润,为了获得短期利益甚至不惜使用欺骗和夸大等不良手段蒙蔽顾客。而营销观念则认为顾客的利益与企业的利益是相同的,和企业的战略目标也是同步进行的,不顾及企业的长远发展而进行盲目生产或不当销售,对企业不仅没有帮助,甚至可能葬送企业的未来。当营销人员能够做到以顾客为中心,获得顾客的满意和信任时,便能与顾客维持一种长期而稳定的关系。因此,一些营销学者认为,对于企业来说,稳定的市场份额可能比高额的短期利润更加重要。

专栏 1-7
西部啤酒有限公司的整合营销案例

三、顾客观念

与营销观念不同,顾客观念的起点是个人顾客,通过一对一的营销方式,来捕捉顾客份额、忠诚和生命周期价值,以此来获得利润的可持续增长(见图1-4)。顾客观念在大规模机械生产不发达的时候曾经十分流行,最常见的是量体裁衣:人们自己购买布料,找裁缝按照自己的身体尺码定做衣服。但是,在现在的营销实践中,很多企业也开始进行大规模的定制生产和销售。例如,戴尔公司的个人电脑业务,人们可以通过戴尔公司的官方网站对自己的电脑进行定制,包括颜色、配置和大小等,戴尔公司会根据这些要求来进行生产并销售给顾客。

专栏 1-8
三株公司的帝国崩塌

起点	重点	方法	终点
个人顾客	顾客需求和价值	一对一营销整合和价值链	通过捕捉顾客份额、忠诚和生命周期价值获得可持续的利润增长

图 1-4　顾客观念

四、社会营销观念

社会营销观念的产生是由于20世纪70年代西方资本主义国家出现了能源危机、通货膨胀、失业率提高、环境污染严重、社会生态平衡遭到破坏、假冒伪劣供应品及欺骗性广告等现象,引起了广大消费者的不满,因此出现了保护消费者权益运动及保护生态平衡运动,迫使企业营销活动必须考虑消费者及社会的长远利益。企业的营销活动常常与社会事业联系起来,例如向希望工程捐款、绿色汽车和环保冰箱等。

所谓社会营销观念,是指企业不仅要通过满足消费者的欲望和需要来获得利润,更要满足消费者和整个社会的长远利益,要正确处理消费者欲望、企业利润和社会整体利益之间的关系的矛盾,统筹兼顾,求得三者之间的平衡与协调。这显然有别于单纯的市场营销:一是社会市场营销

专栏 1-9
王老吉:一个亿捐款背后的逻辑

观念不仅要迎合消费者的需要与欲望,而且还要发掘其潜在的需要,兼顾长远利益;二是要考虑社会的整体利益。企业是一种营利性的组织,处于经济循环系统之中,然而企业又不可避免地属于社会生活中的一员,也处于整个社会系统之中。因此,企业的经营活动不仅要受到经济规律的制约,而且也会受到社会规律的制约。

本章小结

市场营销是通过创造和交换产品及价值,从而使个人或群体满足欲望和需要的社会发展过程和管理过程,这一概念是在生产力不断发展、市场从供不应求转变为供过于求,竞争日益激烈的情况下不断转变而来的。市场营销经历了从"4P"到"4V"的发展,随着这种发展,在市场营销的基础上又产生了社会营销、关系营销、网络营销等新的概念和方法。

市场营销的范围包括地点、财产权、商品、服务、组织、体验、信息、事件、观念和人物。核心概念又包括:需要、欲望和需求;顾客需求;价值和顾客幸福感;体验与体验管理;顾客满意与忠诚;品牌价值;关系和网络以及供应品。市场营销的核心概念和营销范围一起构成了整个市场营销的框架,在这一框架下,企业整合内外部资源,发现市场需求,最终实现了企业的长久稳定发展。

思考题

①学习市场营销有何重要意义?我们应当如何学习市场营销?
②为什么说市场营销不是推销?这两者有何区别和联系?
③什么是价值?怎样用价值的概念来说明市场营销的重要性?
④营销的范围有哪些?请举出一个例子来说明营销的范围如何应用。
⑤顾客满意和顾客忠诚有何联系?

本章参考文献

[1]菲利普·科特勒.营销管理(亚洲版)[M].3版.梅清豪,译.北京:中国人民大学出版社,2005.

[2]郭国庆.市场营销学通论[M].3版.北京:中国人民大学出版社,2005.

[3]菲利普·科特勒.市场营销原理[M].9版.赵平,王霞,等译.北京:清华大学出版社,2003.

[4]菲利普·科特勒.营销管理:分析、计划、执行和控制[M].8版.梅汝和,梅清豪,张桁,译.上海:上海人民出版社,1997.

[5]林建煌.营销管理[M].上海:复旦大学出版社,2003.

[6]陈希,诸克军,刘花璐.小议整合营销[J].商场现代化,2006(9).

[7]李飞,王高,杨斌,等.高速成长的营销神话——基于中国10家成功企业的多案例研究[J].管理世界,2009(2).

第二章
价值观、组织结构与人员激励

☆ 了解价值观的定义及其构成
☆ 理解两种极端价值观及其对个人和企业家行为的影响
☆ 了解企业两种典型的组织结构形式以及价值观对组织结构的影响
☆ 掌握两种重要的人员激励制度

导入案例
关于组织结构和激励制度的思考

初看到导入案例,大家会有疑惑:为什么要研究企业的组织结构?企业的组织结构对企业来说有什么作用,以及如何发挥作用?什么因素影响着企业的组织结构?这些问题很有意义,对我们研究企业行为以及帮助企业制定策略都很重要。在本章,我们将介绍企业的价值观、组织结构和人员激励策略,帮助大家回答上述问题。

第一节 价值观

一、价值观的概述

价值观是文化的核心,是指一个人对周围的客观事物(包括人、事、物)的意义、重要性的总评价和总看法,是人们关于好坏、得失、善恶、美丑等具体价值的立场、看法、态度和选择。它一方面表现为价值取向、价值追求,并凝结为一定的价值目标;另一方面表现为价值尺度和准则,成为人们判断事物有无价值及价值大小的评价标准。

真正让企业长盛不衰的,是深深根植于企业员工心中的核心价值观,没有价值观的企业几乎是不存在的。企业的价值观可以解决企业如何生存的问题,是企业在追求成功的过程中所推崇的信念和奉行的准则,是企业员工一致赞同并遵循的关于企业意义的终极判断,是企业用来判断企业运作中大是大非的基本原则,是企业提倡什么、反对什么、赞扬什么、批判什么的指导方针,是企业在经营过程中所有员工都必须遵守的信条。简单来说,是企业大多数员工认同并遵循能够保证企业健康生存的核心理念(见图2-1)。也许有人会辩解很多企业并没有价值观,其唯一的目的就是赚钱,实际上赚钱就是这些企业在生存发展中的价值观,只不过它们的价值观很简单。

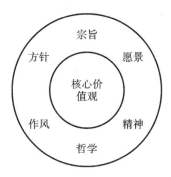

图 2-1　企业价值观的构成

严肃对待价值观问题,认真构建核心价值观的企业往往具有很强的生命力和竞争力,核心价值观是企业发展的第一生产力。在如今经济全球化的浪潮下,企业的技术优势难以保持,因为自身产品和技术会迅速被竞争对手所复制和模仿,但核心价值观是很难被生搬硬套的,它根植于企业的核心思想体系中,是企业员工长期认可并在行动中贯彻执行的,简单地去模仿其他企业的核心价值观,很有可能出现"消化不良"的状况,而无法达到预期的效果。

二、两种极端的价值观

价值观有很多种类,如个人主义和集体主义,政治性价值观、经济性价值观和社会性价值观等,但我们认为不同的分类和描述都是从不同的角度和维度进行分析和认识的。在本书中,我们提出两种极端的价值观——"吃得苦中苦,方为人上人"和"自由、平等、友善",这两者并不是非此即彼的关系,它们只是描述出人们价值观的两个极端现象,人们的价值观落在两者之间的有限范围内,而落点的位置取决于人们对两者的综合认同度。这就好比在数学中,两个端点确定了一条长度有限的线段,线段上的每一个点都是两者的加权平均数一样。

(一)"吃得苦中苦,方为人上人"的价值观

人们总会听到这样的话语:"一定要刻苦努力,以后才能够出人头地。"这就是"吃得苦中苦,方为人上人"这一价值观的直接体现。我们可以从两个角度来认识这一观点:从过程来看,它强调人们要取得一定的成就必须要付出艰辛的努力;从结果来看,就是所谓

的"出人头地",表现为更高的收入和更高的社会地位。仔细想想,大部分中国人自小就接受这样的价值观教育,我们身边也不乏这样的人,他们的效用函数表现为:

$$U = f(收入(富)、地位(贵))$$

(二)"自由、平等、友善"的价值观

"自由、平等、友善"是社会主义核心价值观重要内容。人们经常会听到这样的话语,"去追求你想追求的事物吧""万物皆平等"以及"己所不欲、勿施于人",这正是"自由、平等、友善"的价值观的直接体现。自由是同纪律有机统一的自由,包括纪律和制度等在内的纪律是自由的重要保障,实现人民的自由全面发展和社会公平正义是法律和制度的根本目的。"共同享有人生出彩的机会,共同享有梦想成真的机会,共同享有同祖国与时代一起成长与进步的机会""保证人民平等参与、平等发展的权利""使发展成果更多更公平地惠及全体人民"是自由平等这一价值理念的集中体现。友善是基于自由平等的理念,强调人与人友爱亲和、相互尊重、讲信修睦、热情相待,主张以一种包容开放的心态和胸怀去欣赏他人、接纳他人、关爱他人、帮助他人,建立一种友好和睦、人人平等的人际关系。在自由、平等、友善价值观的主导下,个人的效用函数可表示为:

$$U = f(收入、他人的福利)$$

三、价值观与人的行为

(一)价值观的现实表现

价值观是文化的核心,它对人的行为起着强烈的引导作用,有什么样的价值观就有什么样的行为。人们行为的动机受到价值观的支配和制约,有着"人上人"和"自由、平等、友善"两种极端价值观的人们,其现实行为也有很大的区别。

"人上人"这一价值观的现实行为主要包括以下三个方面。

(1)特别能吃苦。在"人上人"这种观念下,人们将苦难作为一种修行,一种为取得日后成功所必须付出的代价。吃苦耐劳、艰苦朴素是中华民族的传统美德,这一美德也应该得到更好的传承。

(2)攀比性行为,包括购买行为和日常的生活习惯。因为存在"人上人"的概念,人们都渴望去表现出更好的自己,希望自己在某一方面能强于他人,这其实是一种过度表现出的争强好胜的本能。人们经常与别人比较谁的房子大,谁的车子好,谁的工资高,这种比较不断地刺激他们去追求更好的自己。另外一个典型的例子是小孩子之间的攀比,很有趣的一个现象是当公布考试成绩时,很多家长往往比孩子还要紧张,他们生怕小孩子成绩不好,使自己脸上无光。

(3)追求地位的提升,官员成为人们竞相追求的职业。我们经常发现很多生活富足的人希望成为官员,并更多表现为他们希望自己的儿女成为官员,拥有一个更高的社会地位;还有很多人受"学而优则仕"这一观念的影响,一心只想做官,只想吃"皇粮"。这其实不难理解,因为地位(贵)深刻地影响着他们的效用函数。

在另一个极端上,"自由、平等、友善"这一价值观的最重要的现实表现是更自由、更多元的选择以及较少的攀比性行为。

(1) 更自由、更多元的选择，表现在"三百六十行，行行出状元"，人们按照自己的兴趣爱好进行选择，更多的是跟随自己内心的感受，较少受到外界环境的影响。越来越多的人冲破"门当户对"的枷锁，追求婚姻自由；越来越多的人放弃优厚的工资待遇、优越的工作环境，扎根基层，奉献社会。

(2) 较少的攀比性行为。人们都只关注产品或服务的功能性作用，不去追求产品或服务的附加作用，这些行为在西方国家表现得更加明显：人们对奢侈品的消费行为更加理性；家长对子女实行"放养"式的教育方式，任凭其自由发展；德国人的租房率很高，大部分人都选择租房，因为有房住即可，并且买房成本过高。

(二)价值观在文艺作品中的表现

文艺作品源于生活，价值观在现实生活中的表现必然会在文艺作品中得到体现。不少古典文艺作品或反映或讽刺了"吃得苦中苦，做得人上人"的价值观，例如《范进中举》对主人翁范进的"人上人"价值观进行了讽刺：范进寒窗苦读数十年，终于有朝一日跃龙门，正所谓"朝为田舍郎，暮登天子堂"，其在接到通知时居然喜极而疯。在电视剧《甄嬛传》中也对"人上人"的价值观进行了讽刺，在争斗不断的后宫之中，人人都想方设法攀附高位，损人利己。

当然，也有很多文艺作品中表现出"自由、平等、友善"的价值观。例如，电视剧《黄土高天》讲述了陕北黄土高原农民秦学安和乡亲们互帮互助，在党的富农政策的支持下逐渐走向共同富裕的故事，展现了我国社会广大农民自由平等友善的价值理念，使观众深刻感受到我国农民的朴实、勤奋、友善、平等、追求自由的优良品质。

四、价值观与企业家行为

人们的日常行为受到价值观的深刻影响，那么，价值观又是如何影响企业家这一特殊群体的呢？

在"人上人"的价值观理念中，企业家的效用函数为：

$$U = f(企业业绩、员工对他的敬畏感、他对员工的控制力)$$

在这种价值观的引导下，企业家在追求企业业绩的同时，还追求对权力的控制以及员工对他的尊敬和敬畏，他会思考如何加强对员工的控制，如何才能让员工对他产生敬畏。在这个过程中，很有可能会造成资源的浪费，也可能会引发很多的组织内部矛盾，关于这一部分的内容，我们将在第二节中详细介绍。

【问题讨论】

假如你是一个100人组织的领导，你怎样做到让组织员工对你充满敬畏？

在"自由、平等、友善"的价值观中，企业家的效用函数为：

$$U = f(企业业绩、企业内部氛围)$$

在这种价值观的指引下，企业家会思考如何营造和谐、活泼的企业内部氛围，如何扮演好企业的社会角色。企业家注重运用民主的方法调动员工的积极性，发挥他们的主观能动性，同时员工之间和谐相处，大家由衷地接受"能者上、平者让、庸者下"的竞争原则，每个人的能力将得到最大限度的发挥，个人价值也能得到实现。

第二节 组织结构

企业的组织结构,是企业全体员工为实现企业目标,在工作中进行分工协作,在职务范围、责任、权力等方面所形成的结构体系。这一定义说明:

①组织结构的本质是员工的分工协作关系;

②组织结构是实现企业目标的一种手段,设计组织结构的目的是为了实现企业的目标;

③组织结构的内涵是人们在职、责、权方面的结构体系,因此,组织结构又简称为权责结构。

价值观对组织结构具有重要的影响,在"人上人"的价值观理念下,企业家追求对权力的控制以及员工对他的尊敬和敬畏。因此,企业倾向于建立多层结构形式的组织结构,即管理层级较多,而管理幅度较小,我们称之为金字塔型组织结构。在"自由、平等、友善"的价值观理念下,企业家重视构建和谐的内部环境,企业倾向于建立扁平结构形式,即管理层级较少,而管理幅度较大,我们称之为扁平型组织结构。

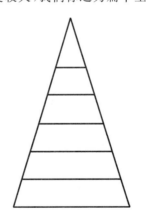

图 2-2 金字塔型组织结构图

一、金字塔型组织结构

金字塔型组织结构起源于组织理论之父韦伯的"行政组织体系"理论,该理论认为人们对领导人物的服从,在于他们占据着传统关系所支持的权力地位,同时领袖人物也受着传统关系的制约,这是一种较为常见的组织结构形式(见图 2-2)。它由经理至员工自上而下地建立起垂直的领导关系,管理幅度逐渐放宽,其特点是上下级权责明确,沟通迅速,管理效率较高。

企业的组织结构保证企业战略目标的实现,有效的组织结构能够保证企业高效的运作,同时最大限度地减少员工在事务性工作上的消耗,企业组织结构是为了实现目标对资源的一种系统性安排。目前我国现有的企业组织结构模型以金字塔型为主,虽然该组织结构形式让人一目了然,但却有如下三个缺陷:

①在金字塔型组织结构中,组织结构之间的纵向关系十分明确,但是横向关系却不清晰;

②在金字塔型组织结构中,我们只能看到企业设置的如"行政部""销售部""财务部""生产部"等业务部门,却不清楚这些部门之间的业务流程以及相互之间的合作与联系;

③金字塔型组织结构尽管可以看到设置了"总经理""生产副总""生产部""市场部"等组织结构,但是企业的组织任务是什么,企业组织结构与组织任务之间是什么关系,这些问题大家都不清楚。

除此之外,金字塔型结构最主要的问题是企业内部氛围紧张。金字塔型组织结构的顶端是企业领导者,中间几层为中层管理者,最下面层次是普通员工,即政策的执行者。在金字塔型组织结构下,人们都希望自己能进行职位的晋升,而企业领导者拥有直接的人事任免权,对员工有很强的控制,因此每个员工在领导者面前都是小心翼翼的态度,有很强烈的敬畏感,甚至有人极力讨好和贿赂领导。同事之间也多为竞争关系,人们可能会采取不正当手段维护自己的利益,企业内部氛围较为紧张。

改革开放以来,国内许多企业取得了长足的发展,涌现出一批知名企业和企业家。然而在许多企业中,维系企业权力基础的是企业领导人的个人超凡权力,他们或因卓越的远识、杰出的才能、非凡的人格魅力,或因"时势造英雄"而成为企业的绝对主宰和精神领袖,并且企业还乐于渲染个人权威,塑造个人英雄。"一人身系天下安危"的格局属于典型的金字塔型组织结构,这种脆弱的权力体系直接影响着企业长远、稳定的后续发展。在企业领导人决策失误或其卸任之后的时代,企业不可避免地将陷入动荡的局面,发展也难以预测。因此,逐步向现代企业制度转化,建立扁平化式的企业组织内部权力体系,才是企业长久稳定发展的保证。

【问题讨论】

有一家小银行总共有20名员工,但其中的工作层级却分为9个等级,最高层是行长,接下来有副行长、办公室主任、信贷员、联行汇兑人员、大客户经理、对公储蓄人员、记账员和出纳员。由于金字塔型组织结构太明显,分级太多,员工只有不断晋升才能获得更多的工资和更高的社会地位,使得员工为了升迁,相互之间勾心斗角,甚至出现将自己收到的假钱偷偷地放在其他人收的钱里面,造成银行内部气氛紧张,员工之间关系微妙。

请思考:

这家小银行出现的这种紧张局面说明了什么问题?下层员工会团结起来同行长斗争吗?

二、扁平型组织结构

随着全球化、信息化进程的不断加快,尤其是知识经济的到来,人们逐渐认识到金字塔型的组织结构已不能适应时代发展的需要,扁平型组织结构模式成为新形势下组织变革的必然选择。扁平型组织结构是在组织内部人数固定的前提下,尽量缩小组织层级,各个层级的人员比较多。在扁平型组织结构中,组织成员多为互惠互利的合作关系,因而有生动活泼的内部氛围,员工之间的关系比较和睦融洽。

扁平型组织结构是企业在对金字塔式进行优化和整合的基础上,采用现代的管理技术和手段重新建立的一种组织结构。与传统的金字塔式相比,扁平型组织结构更显著的特点就是外形扁平、组织层级少、管理幅度大(见图2-3)。

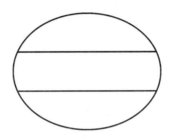

图2-3 扁平型组织结构

扁平型组织结构提倡宽管理幅度,管理幅度的加宽带来管理层级减少,从而有利于信息的传递和快速地响应市场变化。扁平型组织结构更强调系统和团队的合作,它把组织看成由各个业务流程组成的系统,并基于业务流程来重组组织结构。它更强调业务的连续性和组织的系统性,试图把被划分到各个部门的零散的业务重新整合起来。因此,在一定程度上,扁平型组织淡化了职能部门的分割,更强调系统,更注重团队合作。在传统的金字塔型的组织中,工作分配给不同部门的不同个人,个人只关注于自己的工作,相互间很少合作,甚至出现勾心斗角的局面。但扁平型组织采用团队的形式来完成任务,一项任务往往分配给一个或者多个团队,团队成员之间相互协作完成。

扁平型组织结构较宽的管理幅度和更广泛的团队合作决定了企业权力的分散化。金字塔型的组织结构中,企业的决策权和命令权集中在企业的最高领导者手中,企业需要花费大量时间对员工进行监督管理。但在扁平型组织结构中,宽幅度的管理使管理者不得不放权,在团队合作的工作方式下,组织对工作进行协作分工,对权力进行再分配,在执行整个工作流程的过程中,普通员工在一定程度上也参与决策。

扁平型的组织结构是一种柔性化组织,它更强调组织的学习,主要包括组织内部成员之间的学习以及与外部利益相关者之间的学习。在团队合作的过程中,团队成员之间相互学习,形成知识共享、转化和创新。另外,组织扁平化使得管理人员能够及时与供应商、客户、竞争者和其他外部组织保持密切的联系,从而促使组织对外部知识进行选择、吸收,并通过转化、创新知识,形成自己的核心竞争力。

需要注意的是,实施扁平型的组织结构,不仅要考虑企业所处的外部环境,更要认真分析企业是否真正做好了实施扁平化管理的技术、人才和心理准备。若脱离了企业的实际情况和客观实力,盲目追求所谓的先进管理模式,很可能会产生"水土不服",从而导致事与愿违。

第三节 人员激励

现代企业组织讲究团队生产,即由团队内若干个成员协作生产某一种产品,组织内任何一个成员的行为都将影响其他成员的劳动效率。但是,由于最终产品是团队共同努力的结果,每个成员的贡献无法得到精确的计量,就可能导致组织成员的"偷懒"问题,或产生团队内部成员因缺乏努力工作的积极性而产生"搭便车"(free rider)的行为。为了减少和规避这种行为,组织就必须制定相应的制度和激励措施,调动组织内部人员的积极性和创造性,最大限度地激发组织内部人员的潜能,从而实现组织目标。

一、人员激励

人员激励是指一系列引导人们以特定的方式行事的管理活动,它与个人的能力及所处的环境共同决定了个人的绩效,有效的人员激励可以提高组织员工的工作绩效。美国哈佛大学的詹姆士研究发现:"在缺乏激励的环境中,人的潜力只能发挥出20%~30%,如果得到充分的激励,他们的潜力可以发挥出80%~90%,甚至更高。"人员激励通过对员工行为进行有目的的引导,从而服务于企业目标的实现。实践证明,企业若有一个良好的激励机制,其员工会表现为积极向上的精神面貌和高度的工作热情,这正是实现企业目标的关键所在。同时,人员激励也是组织进行人力资源管理的重要手段,它可以吸引和保留人才,并最大限度地发挥人才作用。当前企业竞争更加注重品牌和自主知识产权的核心竞争力建设,这一切都离不开创新型人才的开发和培养,激励是实现这一目标的重要途径和手段。

马斯洛需求层次理论指出:人类有不同的需求,会产生满足这些需求的动机,从而影响到人类的行为,人类的需要体现在不同的层次上,并呈阶梯型逐层上升。当人类较低层次的需求得到满足后,这种需求就失去了对人类行为的激励作用,追求更高一层的需求就成为激励人类行为的驱动力。通过对马斯洛需求层次理论的分析,企业管理人员在制定人员激励制度时要做好四项工作:一是把握员工的需求类型,对症下药;二是抓住员工的主导需求,提纲挈领、有的放矢;三是对各种需求进行分类,采取不同对策逐个加以解决;四是正确引导,使员工的个体需求符合客观条件和企业整体发展的要求。

在营销实践中,如何做好人员激励是一个难题,许多企业家都会觉得,企业内外两方面的利益协调问题是最难处理的问题。这要求企业领导者和管理者要从员工的需求出发,设计相应的激励制度来调动员工的积极性。常见的激励制度包括分配激励制度、用工激励制度和干部人员激励制度。我们在本书中提出两种全新的激励制度:指标式激励和条件式激励。

二、指标式激励

指标式激励是一种以个人的工作业绩与其他员工的工作业绩的相对值为考核标准的激励制度,员工的收入主要取决于他在组织中的职位,而员工的职位晋升取决于员工的相对业绩,不取决于员工的实际工作业绩。指标式激励有利于管理者对企业员工的控制,指标越少,控制力越强,指标即员工可获得的晋升机会。

官僚体系是典型的指标式激励,因为官僚体系是金字塔结构,由下往上,每一层次的岗位数递减。对一个官员而言,更高级别的岗位相当于一个指标,一个官员要晋升高一级的岗位或者说要得到这个指标,往往要同若干个同级别的其他官员竞争,最终谁能获得这个岗位取决于其相对绩效。在公正的条件下,官员的相对绩效是官员相对政绩的优劣,而在不公正的条件下,这个相对绩效很可能变为上级官员对下级官员的满意程度。

指标式激励在我国被广泛采用,在学生阶段,无论是小学升中学,中学升大学,还是到硕士、博士深造,都存在录取的名额限制;在工作阶段,优秀员工的表彰以及员工职位的晋升也存在指标的限制;在日常生活中,小到食堂包子的限购,大到干部的选拔,都存在指标的限制。因此,指标式激励渗透到了人们日常生活的每一个角落。

在指标式激励制度中,组织通过限制指标的数量,鼓励员工竞争,对于企业中的后进员工,鼓励他们迎头赶上;对于企业里的先进员工,勉励他们继续领先,起到榜样的作用。通过鼓励竞争激发员工的工作激情,营造良好的竞争氛围,促进组织业绩的整体提高。但需要注意的是,指标式激励制度有时也会带来很大的问题。Lazear(1989)在 JPE 发表的论文《Pay Equality and Industry Politics》中得出一个重要的定理:如果组织按照相对绩效晋升,将可能导致组织内讧。组织按照完成任务的相对量晋升员工,指标的稀缺必然会导致员工之间的过度竞争。为了获得少有的指标,员工很可能会无所不用其极,甚至采用非常规、不合法的手段。

仍以电视剧《甄嬛传》为例:在后宫之中,从宫女到皇后共十个级别,嫔妃的晋封主要取决于皇帝的宠爱(相对绩效的衡量标准),甚至可以越级晋封和越级罢黜,同时又有"一后、一皇贵妃、二贵妃、四妃、六嫔"(指标)的人数限制。在这样的局面下,后宫之中人人勾心斗角、互相陷害也就不难理解了。

在指标式激励中,指标的激励强度可以用指标的预期收益 U 来表示,U 越大,指标激励的强度越大,指标带来的竞争激烈程度越大。

$$U = \frac{E(I_2 - I_1)}{N}$$

I_2 即获得指标后收益;I_1 即获得指标前收益;$E(I_2 - I_1)$ 即预期收益差;N 即竞争者数量。

从上述公式我们可以看出:①指标的预期收益差越大,指标的激励强度越大;②竞争者数量越少,指标的激励强度越大。再次回想我们介绍过的金字塔型组织结构:较多的层级,较少的层级人数(N 很小);层级之间较大的待遇差异($E(I_2 - I_1)$ 很大),两者都会使指标的激励强度变大,从而增强企业内部的竞争激烈程度。

三、条件式激励

条件式激励是一种以实际绩效为考核标准的激励制度,员工的收入和晋升主要取决于其个人的工作业绩,与其他员工的工作业绩无关。同时,员工的晋升也有严格的条件限制,但与指标式激励制度不同的是:员工只要达到标准就可以晋升,不受指标数量的限制和约束。这种激励制度在营销实践中被广泛地使用,尤其是在销售人员中,例如,大多数企业都采用"底薪加提成"的薪酬制度。

在我们介绍过的扁平型的组织结构中:组织层级少,管理幅度大,层级之间的待遇水平差异不大,员工收入取决于自己的实际业绩,人们更强调组织内部的员工合作而不是激烈的竞争,因此,扁平型的组织结构实际上是一种条件式的激励制度。在扁平型的组织结构中:每一层级人数较多(N 很大);层级之间的待遇差异不大($E(I_2-I_1)$很小)。这就决定了即使存在晋升指标,它的激励强度也不大,企业内部的竞争也不会过于激烈。扁平式组织结构使企业内部氛围更加生动活泼,员工之间关系更加和睦融洽。

条件式激励通过设定相应的标准来激发员工的积极性,这种激励制度的关键在于标准的设置,只有恰当的标准才有激励的效果。标准定得过高,则员工无法完成;标准定得过低,又起不到有效的激励作用。条件式激励的方式通常有奖金、销售额提成、职位晋升等。

四、指标式激励的适用范围

指标式激励制度在我国被广泛地使用,它可以鼓励员工竞争,同时又有可能造成组织内讧,如何确定何时适用指标式激励就成为一个难题。我们认为,在不引起组织内讧的条件下,指标式激励可以经常使用。我们来考虑这样一种情形:某企业在全国拥有销售总公司,分别设有总经理和副总经理的职务,该企业在每个区域设有销售分公司,设有区域经理和区域副经理。对各区域经理可以采用指标式的激励制度,例如若干个区域经理,只有一个晋升为副总经理的指标。此时,各销售分公司在各自特有的销售范围内进行经营,销售范围没有交集,企业内部也就没有滋生组织内讧的土壤。各区域经理获得晋升指标的唯一途径就是提高本区域内的销售量,而这需要更多地研究市场,更好地实施营销策略,有利于在总公司层面营造出"比、学、赶、帮、超"的良性竞争氛围。

【问题讨论】

古代的皇帝是如何让亿万百姓臣服于他的?

为什么人们常讲"无官一身轻"?

举例说明为什么好的制度让"鬼变成人",坏的制度让"人变成鬼"?

专栏 2-1
某企业的组织结构和人员激励

专栏 2-2
鲁广某高档品牌女装的客户关系管理

专栏 2-3
福满楼员工激励

举例说明为什么制度建设是一个组织成败的关键?

两个人合伙经营一家餐馆,需要制定哪些管理制度?

本章小结

价值观是企业文化的核心,是指一个人对周围的客观事物(包括人、事、物)的意义、重要性的总评价和总看法,是人们关于好坏、得失、善恶、美丑等具体价值的立场、看法、态度和选择。"人上人"和"自由、平等、友善"的价值观是人们价值观的两个极端,它们深刻地影响着人的行为和企业家的行为。

企业的组织结构,是企业全体员工为实现企业目标,在工作中进行分工协作,在职务范围、责任、权力方面所形成的结构体系。常见的组织结构有金字塔型组织结构和扁平型组织结构。价值观对组织结构具有重要的影响。在"人上人"价值观的影响下,企业倾向于建立金字塔型的组织结构;在"自由、平等、友善"的价值观理念下,企业倾向于建立扁平型的组织结构。

人员激励是一系列引导人们以特定的方式行事的管理活动,它与个人的能力及其所处的环境共同决定了个人的绩效。有效的人员激励可以调动组织内部人员的积极性和创造性,最大限度地发挥组织内部人员的潜能,从而实现组织目标。常见的激励方式有指标式激励和条件式激励。

思考题

①简述价值观的内涵。

②试分析"人上人"价值观和"自由、平等、友善"价值观对个人及企业家行为的影响。

③试分析"人上人"价值观和"自由、平等、友善"价值观对组织结构的影响。

④试分析"人上人"价值观和"自由、平等、友善"价值观对组织激励制度、员工满意度和组织效率的影响。

⑤什么是指标式激励?什么是条件式激励?

本章参考文献

[1]吴维库.以价值观为本:和谐组织纲领[M].北京:机械工业出版社,2010.

[2]黄金芳,孙杰.现代企业组织激励理论新进展研究[M].北京:人民邮电出版社,2010.

[3]陈阳.市场营销学[M].北京:北京大学出版社,2008.

[4]许玉林.组织设计与管理[M].上海:复旦大学出版社,2003.

[5]董平分.企业价值观管理与企业文化[M].北京:航空工业出版社,2008.

第三章 文化营销

☆ 了解企业文化内涵及其构成层次
☆ 理解文化营销的基本内容及功能
☆ 掌握文化营销实施的基本策略
☆ 理解企业实施文化营销的载体

第一节 企业文化解析

20世纪80年代,企业文化理论的兴起给当代企业管理带来了深刻的影响,从此,价值观和信念等组织的软性因素在管理中的作用受到大力推崇,使管理理论与实践者跳出了只关注技术、结构、战略等硬性因素的成功的传统模式,因此企业文化理论的出现被看作管理思想上的又一次革命。管理活动是人类有意识的活动,必然受到人的价值观、行为准则的影响,这种文化代表的观念从根本上定义了企业的特征,并通过潜移默化的影响存在于全体员工的意识中,给予员工一种认同感,指导着员工的行为,并凭借这种价值观使他们为共同的目标而努力。

导入案例
万科——中国地产界龙头老大

一、企业文化的含义

要了解什么是企业文化,首先要了解什么是文化。文化是一个社会

或一个群体形成的共同的价值观、道德、习俗、信仰和行为准则。文化是历史的人文痕迹,它让人了解过去,助人展望未来,普适性、传承性与变革性是文化的特点,也是其魅力所在。

企业文化并不是孤立存在的,从根本上讲,企业文化也是文化的一种表现形式,或者叫亚文化现象。企业文化脱离不了企业所处的社会文化,很多企业文化所倡导的理念可以从社会文化中寻找到源头。例如,美国很多企业鼓励创新,这就和美国社会倡导的自由文化密切相关,而日本企业强调员工的忠诚度和归属感,这也与日本文化中的武士道精神有很大关系。

关于对文化的定义,各学者的理解不尽相同,但是他们有着这样的共识:承认文化指导人的行为,它形成一种无形的力量,影响人们可以做什么、不可以做什么。因此,企业文化具有以下几个特点:第一,企业文化是企业全体员工参与组织活动而表现出来的一种思维方式和行为方式,一种特定的企业文化表现为整个组织对该价值观的一致认同,并创造了组织的和谐;第二,企业文化是管理者对全体员工进行意识培育的手段,文化决定了企业中每个人在特定环境下如何行动,通过把管理者的管理理念渗透到全体员工之中,引导员工主动、自觉采取与组织要求一致的行动;第三,企业文化是一种看不见的企业方针,是在没有规章制度时影响员工的思考和行为的东西。

总之,企业文化(enterprise culture)是指企业全体员工在长期的生产经营活动中培育形成的共同遵循的最高目标、价值标准、基本信念及行为规范,它是一种管理文化、经济文化及微观组织文化。成功的组织都有一套核心价值观、做事的思维方式和行为方式,它们形成了企业文化,它内在地产生于企业自身,得到全体管理者和员工的认同与维护,并随着企业的发展而日益强化。

二、企业文化的构成层次

对于企业文化的构成,不同的学者存在不同的表达方式。我们认为,企业文化有三个构成层次:表观文化、外层价值观和核心价值观(见图3-1)。其中,表观文化是在企业中那些显而易见的组织结构和流程;外层价值观包括战略、目标和哲学;核心价值观是视为理所当然的无意识的信念、理解和思维,是文化的精髓所在。

(一)表观文化

表观文化是文化第一层,它指的是显而易见的部分,包括企业的组织结构、礼仪仪式、员工行为方式、企业内部活动流程、企业生产制造流程等。在这一层面,文化是非常清晰的,并且具有非常直观的情绪感染力。但是,只看表观,我们并不知道为什么组织会呈现出这样的特征。

(二)外层价值观

外层价值观是文化第二个层次,是企业在经济管理活动中遵循的重要价值理念,受企业核心价值观支配影响。尽管通过对表观和行为方式的体验可以感受到公司的文化,但是这些特征的背后则是一系列价值作用的结果,企业往往通过战略、目标和经营哲学等对企业的文化进行表述性的解释。

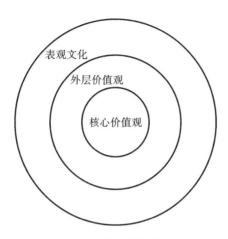

图 3-1　企业文化构成层次

(三)核心价值观

核心价值观是文化的第三个层次,也是企业文化的精髓。这些共同习得的价值观、理念和信仰在最初只存在于公司的领导人或创始人的头脑中,当它们得到成员的认可,并潜移默化地成为人们自觉的行动时才变成共享的价值观。作为企业经营的一套指导原则,核心价值观不需要获得外部的认证,它们对企业内部的员工具有内在的重要价值,是企业哲学中起主导性作用的重要组成部分,也是解决企业在发展过程中如何处理内外矛盾的一系列准则。价值观是文化的核心,是企业文化的基石。价值观通过不同的行为、战略或结构呈现为可以看得见的组织特征,并使之与其他企业区别开来。

三、企业文化的内容

(一)企业理念文化

按照文化现象的"表现形态"来分,可将其划分为物质文化和精神文化。理念文化属于精神文化的一部分,包括人类在认识世界的过程中最为基本的一些观念,比如人的信念、信仰、理想、道德观、价值观等,是人们的观念和思想状态层面的文化。从功能上看,理念文化提供社会定义、设定社会目标,促进社会成员的认同感,是社会稳定和谐的保证。

(二)企业行为文化

行为文化即企业文化的行为层,是指企业员工在企业经营、教育宣传、人际关系活动、文娱体育活动中产生的文化现象。它是企业经营作风、精神风貌、人际关系的动态体现,也是企业精神、企业价值观的折射。企业行为文化建设的好坏,直接关系到企业职工的工作积极性的发挥,关系到企业经营生产活动的开展,关系到整个企业未来的发展方向。企业行为文化集中反映了企业的经营作风、经营目标、员工文化素质、员工的精神面貌等文化特征,它直接影响着企业经营业务的开展和经营活动的成效。

从人员结构上划分,企业行为中又包括企业家的行为、企业模范人物的行为和企业员工的行为。企业在运营过程中,企业家的行为、企业模范人物的行为以及企业全体员工的行为都应有一定的规范,在规范的制定和对规范的履行中,就会形成一定的企业行为文化。例如,在企业管理行为中,就会产生企业的社会责任、企业对消费者的责任、企业对内部成员的责任、企业经营者同企业所有者之间的责任、企业在各种具体经营中所必须承担的责任等问题,承担这些责任就必须有一定的行为规范对此加以保证。

行为识别系统(BI)是企业形象识别系统(CIS)的第二个构成要素,它指的是企业在生产经营的过程中,对所有企业行为、员工操作行为实行系统化、标准化、规范化的统一管理,以便形成统一的企业形象。行为识别系统是动态的识别形式,受企业理念的支配,它包括企业内部的组织、管理、教育以及对社会的一切活动。具体来说,对内的活动有干部教育、员工教育、工作环境的改善、职工福利等;对外的活动有市场调查、产品推广、公共关系、促销活动、沟通对策及公益文化活动等。

(三)企业制度文化

企业文化的制度层又叫企业制度文化,企业制度文化主要包括领导体制、组织机构和管理制度三个方面。在企业中,企业制度文化是人与物、人与企业运营制度的结合部分,它既是人的意识与观念形态的反映,又是由一定物的形式所构成的。同时,企业制度文化的中介性,还表现在它是精神和物质的中介。制度文化既是适应物质文化的固定形式,又是塑造精神文化的主要机制和载体。正是由于制度文化的这种中介的固定、传递功能,因此对企业文化的建设具有重要作用。

企业制度文化的规范性是一种来自员工自身以外的、带有强制性的约束,它规范着企业的每一个人。企业工艺操作规程、厂规厂纪、经济责任制、考核奖惩制度都是企业制度文化的内容。

企业制度文化作为企业文化中人与物、人与企业运营制度的中介和结合,是一种约束企业和员工行为的规范性文化,它使企业在复杂多变、竞争激烈的环境中处于良好的状态,从而保证企业目标的实现。

企业制度文化是企业文化的重要组成部分,制度文化是一定精神文化的产物,它必须适应精神文化的要求。人们总是在一定的价值观的指导下去完善和改革企业的各项制度,企业的组织机构如果不与企业目标的要求相适应,企业目标就无法实现。卓越的企业总是用适应企业目标的组织结构去迎接未来,从而在竞争中获胜。

制度文化又是精神文化的基础和载体,并对企业精神文化起一定的反作用。企业制度的建立,影响着人们选择新的价值观念,成为新的精神文化的基础。企业文化总是沿着精神文化—制度文化—新的精神文化的轨迹不断发展、丰富和提高。

企业制度文化也是企业行为文化得以贯彻的保证。同企业职工生产、学习、娱乐、生活等方面直接发生联系的行为文化建设得如何,企业经营作风是否具有活力、是否严谨,精神风貌是否高昂,人际关系是否和谐,职工文明程度是否得到提高等,无一不与制度文化的保障作用有关。

管理制度是企业文化的重要部分,但并不是全部。根据企业文化的"总和说",企业文化涵盖了企业的物质文化、制度文化和精神文化。管理制度是企业文化的一种外在表现形式,而且体现着企业的内在精神,但企业文化的外在表现不仅仅局限于制度这一种表现形式,企业的内在精神也不可能完全依靠制度来体现。

(四)企业物质文化

物质文化就是以物质形态为载体,以看得见、摸得着、能体会到的物质形态来反映出企业的精神面貌。如金色拱门标志的麦当劳,以其标准化的产品及服务作为其物质的核心内容。

企业物质文化主要包括企业生产的产品和提供的服务,以及企业的工作环境和生活环境。企业生产的产品和提供的服务是企业生产经营的成果,是企业物质文化的首要内容。企业创造的生产环境、企业建筑、企业广告、产品包装与产品设计等,它们都是企业物质文化的主要内容。

第二节 文化营销的基本内容及功能

在营销实践中,企业文化发挥着重要的作用,企业通过文化理念的情感传递,引发消费者的内心共鸣,形成一种可依赖的品牌感受,从而影响着消费者的购买决策。因此,如何把企业文化理念融入产品并有效地传播给消费者变得尤为重要。而文化营销就是基于文化与营销的契合点,有意识地通过发现、甄别、培养或创造某种核心价值观念来达成企业经营目标的一种营销方式。文化营销以消费者为中心,但是它强调物质需要背后的文化内涵,把文化观念融入营销活动的全过程,是文化与营销的一种互动与交融。

文化营销的基本内容包括三个方面:产品文化营销、品牌文化营销和企业文化营销。具体而言就是将企业的产品、品牌和企业自身与特定的文化相联系,赢得消费者的认同,从而达到营销的目的。

一、文化营销的基本内容

(一)产品文化营销

产品是营销组合要素中最直接体现文化价值的要素。产品是文化的载体,文化是产品的灵魂。产品文化营销是文化营销的核心,是把象征人们特有的价值观、行为导向的文化内涵融入产品中,以此满足消费者的心理需求、价值认同与社会识别等人文需要,从情感上触动消费者,促使其购买行为的产生。产品文化营销涉及产品的设计、造型、包装、生产、价格、促销等各个方面,企业在设计生产产品时,要根据目标顾客的文化背景和企业营销策略,把消费者认同的民族文化、地区文化或现代文化融入其中,以满足消费者的文化需要。产品的包装造型既可体现自身的民族地域文化特色,也可体现异国他乡的文化风采;既要继承优秀的传统文化,又要创新发展,融合时代文化风貌,巧妙地利用文

化差异增添产品的魅力。

(二)品牌文化营销

品牌文化营销就是把先进优秀的文化融入品牌中去,提升品牌的价值,厚积品牌资产,建立起一个超值的文化品牌,使某种产品和服务能够区别于竞争对手的产品和服务。最初的品牌仅在于区别不同卖方的产品,同时也给消费者有关此产品的功能特征、利益和服务上由厂家提供的保证。但是,现代品牌已经超越了区分的功能,而成为卖方产品形象和文化的象征,消费者能够因此感受到消费该品牌产品带来的心理上的价值利益。品牌文化营销就是通过对品牌的名称、标志、利益认知、情感属性、个性形象等文化构成要素的分析与组合,形成有关品牌的文化定位和扩展策略等,使企业品牌不断得到人们的认可,拥有持久的品牌力量。品牌文化营销的内容主要包括品牌定位、品牌设计等。

(三)企业文化营销

企业文化作为企业的一种无形资产,它不仅包括企业向市场推出的各种产品和在消费者心目中树立的品牌形象,还包括企业的经营理念、企业员工的共同价值观念和企业内部规章制度、管理风格等。企业文化营销,即在营销过程中,将企业优秀的理念文化、制度文化、行为文化、物质文化通过整合有效地传达给社会,以塑造良好的企业形象,而这反过来又有助于各项营销手段与技巧的顺利实施。

首先,企业领导人必须认识到塑造企业文化的重要性,并从方向上确定企业文化的塑造内容。领导者在企业文化方面发挥的作用,对一个企业来说是十分重要的也是必要的。领导者的性格、气质、能力、个性倾向等方面所决定的领导行为对企业文化建设方向和内容都有显著的影响。没有领导的倡导、参与和指导,一个良好的企业文化是难以形成的。在许多成功的企业中,领导人作为企业价值观与使命的践行者,作为经营思想和战略的制定者,对企业文化建设起着直接的作用。因此,要塑造健康的企业文化,领导者首先必须对企业文化有着比较深刻而全面的认知,并在参考中西方管理文化的基础上进行文化创新、理论创新和实践创新,为本企业的文化建设指引方向。如万科集团 CEO 王石创建了自己的博客,并经常在博客中写到万科为百姓盖绿色节能的住房等文章,让消费者感觉到企业领导人在为百姓着想,由此对公司心生好感,这也为万科集团做大、做强奠定了良好的基础。

其次,整理和提炼企业精神和企业价值观,并以此作为企业文化建设的基本出发点。企业的价值观是指企业在经营过程中所推崇的基本理念和奉行的目标,是企业中绝大多数成员所共有的关于企业意义的终极判断。核心价值观更是企业经营理念、行为准则的基础,是企业文化中各要素的"黏合剂"。因此,企业文化建设的首要工作之一就是必须提炼企业价值观、企业精神等核心层次的企业文化内容。

最后,提炼企业经营理念,阐明企业远景与使命,表明企业对于自身存在的目的和意义以及期望在未来实现的蓝图及设想。明确这些内容有助于形成企业精准、简洁、清晰的个性,是企业作出重大决策的指南;它使员工具有使命感、具有力量,也有助于强化社会对企业的认同,增加企业附加价值。

二、文化营销的功能

(一)共同认知和沟通的建立功能

文化营销能够借助文化的亲和力,在企业与消费者之间建立共同认知,在对产品价值的理解上达成默契和共识,增进双方的交流和沟通,把产品的单纯买卖行为上升到文化价值理念的融合和互动,从而满足消费者的文化诉求,提高企业的经营水平和增强竞争优势。利用文化营销创造共识和一致性,对外可以充分展示企业的文化品位和经营风尚,树立企业的良好形象,达成与目标消费者的有效沟通;对内可以使企业成员更加明确个人的位置、责任、义务及权利,激发主观意识和创造潜能,为企业提供强大的凝聚力和向心力。由于文化营销注重的是价值观念的输出和产品价值的实现,追求顾客价值和认同感,强调通过顺应和创造某种价值观来实现与消费者的沟通和产生共鸣,因此更容易取得最佳的客户满意度。联想标识中"科技创造自由"这句话,既体现了联想的企业价值观,即以科技为基础,注重创造性,又让顾客认识到其创造的巨大价值——"自由",体现了其高超的沟通艺术。

(二)满足消费者情感需求的功能

伴随着科技和经济的发展,消费者生活水平的提高,人们购买商品已不单单是为了满足生活的基本需求,而是购买一种与心理需要产生共鸣的感性产品,即为了满足情感需要。

消费者在消费时更讲究消费的档次和品位,要求商品能给人以美感和遐想,即"文化味"要浓,能集实用、装饰、艺术、欣赏、情感于一体。企业通过文化营销,有意识地将符合消费者的情感需求、象征人们特有的审美情感、体现现代人的价值观、顺应大多数消费者的消费行为导向的文化内涵传达给消费者,在情感上打动消费者,满足消费者的情感需求,使其心情愉悦而积极购买企业的产品,从而大大提高企业产品的竞争力。

(三)产品差异化实现功能

开展文化营销的企业可以通过正在开展的价值活动使企业更具有独特性,或用再造、拓展或整合的方法重构企业价值链,从而形成竞争对手难以模仿的竞争优势。从价值的角度看,在产品中注入丰富的文化内涵,可以使产品的文化价值区别于竞争对手,提高产品的附加值。随着市场经济的发展,人们对商品中蕴藏着的文化意义、文化价值更加重视,以体现自己的文化品位。"孔府家酒"在宣传中强调其酿造于儒家文化的发源地孔府之乡,喝"孔府家酒"可以体现儒雅的品位,这种文化含义使它与其他强调产品口味、品质的白酒产品成功地区分开来。因此,企业要善于让文化与产品结缘,通过文化营销来获得差异性,达到"标新立异"的效果,从而提高顾客的让渡价值,实现高度的顾客满意与牢固的顾客忠诚,使本企业在行业中独树一帜。

(四)企业核心竞争力构筑功能

核心竞争力,是本企业所持有的而其他企业不具备的技术、服务、管理等方面的能力。强大的研发梯队、驰名的品牌、优质的服务以及先进的管理模式等都可以成为一个企业的核心竞争力，而文化营销的兴起为企业构筑自身的核心竞争力提供了新的途径。企业通过展示和灌输自身内外部所共识的价值观念，充分表达企业对目标顾客、对社会发展和对公众所负的责任，从而树立企业独特的良好的外部形象，达成与目标消费者的有效沟通，使消费者先接受企业本身，对企业产生信任感、建立忠诚度，然后自然而然地就会接受企业生产的产品或提供的服务，这将是其他任何企业都难以与之竞争、与之媲美的。文化营销渗透进厂商的经营行为和顾客的消费行为，必然成为企业更加牢固的核心优势，更加有效地提升企业产品的竞争力。

（五）国际竞争力提升功能

经济全球化的发展使全球范围内许多企业都必须打破地域局限来进行跨地区、跨国界的商务活动。企业在经营活动中不仅要面临本土企业日趋激烈的竞争，还要迎接国外公司的进入所带来的更为严峻的挑战，而通过文化营销则有助于企业应对这种挑战。一方面，实施文化营销可以促使企业大力挖掘本土文化资源，创造文化差异化产品，吸引更多来自国内外的消费者，以文化营销手段激发他们的文化冲动，满足他们对异域文化产品进行消费的心理需求。另一方面，我们的企业和产品也要走向国际市场，通过认真地调查研究目标市场国的文化环境，驾驭文化差异、适应新环境和创新营销手段来进行跨国文化营销，以在激烈的国际市场竞争中迅速突围。

第三节　企业文化营销实施的基本策略

文化营销的成功实施是一个复杂的系统工程，需要企业整合诸方面的营销策略来参与进行。文化营销策略渗透到营销的全过程，主要包括产品策略、品牌策略、价格策略和促销策略四个方面，如图 3-2 所示。

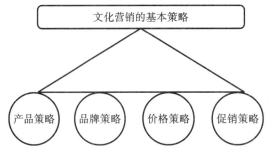

图 3-2　企业文化营销实施的基本策略

一、文化营销的产品策略

现代产品是有形与无形、物质和精神、虚幻和现实等多方面因素的对立统一,是一个有机的整体,它不仅要满足消费者物质生理的需求,更要给予他们在心理上、精神上的满足。文化营销作为一种追求真善美的价值活动,正好适应了这种产品概念和消费趋势,使产品有可能超越其物质意义而成为某种精神的象征、心理甚至感觉的符号,从精神方面充实和丰富了产品的价值,企业在文化营销中实施产品策略的过程,就是以产品为载体传递文化的过程。正如耐克的总裁所言:"将运动精神植入人心,耐克代表的不仅是运动鞋,更代表了体育运动,代表了运动精神、运动文化。"所以,企业要在产品策略中取得成功,就要在市场定位、产品设计、产品包装等产品系统的各个层面上渗透文化理念,坚信自己不是在单纯地销售产品,而是在营销某种价值观念。在营销实践中我们需要将文化价值观念植入产品之中,提升产品的价值,以文化力重整企业产品营销,在产品市场定位、开发设计和产品包装方面都力求文化与产品策略的完美结合。

二、文化营销的品牌策略

在现代市场营销学中,品牌不仅仅是为了便于识别,还蕴含着企业的价值观念,并成为产品形象和文化的象征,以其独特的形象给消费者留下深刻的印象,消费者对品牌的重视也就在于品牌能够带来的文化价值和心理利益。

专栏 3-1
阿萨姆奶茶

文化营销的品牌策略就是要把产品所拥有的文化内涵融入品牌中去,使文化成为品牌的灵魂,以更持久的方式把产品的文化内涵转变为企业的品牌内涵,厚积品牌资产,建立起一个超值的文化品牌,引导顾客的购买倾向,促进产品的销售,因此,实现文化与品牌的连接是非常重要的。企业利用文化营销创造产品价值的过程,就是通过品牌形象的塑造增加附着在产品功能属性上的顾客感知价值的过程。"农夫山泉"之所以能在众多矿泉水和纯净水产品中异军突起,主要就在于该品牌赋予消费者一种返璞归真、田园生活的感觉,从而吻合了大多数城市消费者渴望自然、热爱绿色的文化心理。另一方面,通过品牌形象的确立,建立与顾客之间的双向沟通,让企业自身及其产品在顾客心中形成稳定的印象,并通过其文化力去赢得消费者和社会公众对其产品的认同感,从而过渡成一种相互信任的关系。在顾客消费产品的始终,保持顾客对产品有好的印象和感觉。在今后的消费过程中,顾客可以凭借这种对企业品牌的信任,减少购买商品过程中的对比成本、体验成本和货币成本等,从而降低在顾客价值构成因素中的感知付出。

专栏 3-2
海尔 25 年品牌之路:砸冰箱——砸出"零缺陷"

三、文化营销的价格策略

价格制定讲究科学性和艺术性。在市场营销组合中,价格是"4Ps"营销理论中的一个重要因素。在传统的营销观念中,企业常常在成本的基础上加上一定的盈利作为一种惯用的定价策略,其结果是形成思维定势,不考虑消费者的收入水平、消费者文化心理及价格倾向,使企业的营销管理大打折扣。但是,如果在营销中融入了文化因素,提高了客户的让渡价值,使客户从产品载体上感受到其蕴含的文化价值,便可以超越传统的定价方式。文化营销认为,顾客购买的是整体消费利益,价格的最终决定因素不再仅仅取决于成本,产品的文化价值形象也许会成为主要的决定因素(正如在许多纯服务性的行业中,产品价格和人们对产品价值的感觉是直接相关的)。产品提供的价值,既包括使用价值,也包括文化价值。文化价值是顾客的一种心理体验,其价值大小的确定应以顾客的认知为基准,即以消费者对产品价值的理解为依据,而不是按照生产者的成本来定价,价格的最终确定应该以客户感受到的产品与文化的价值总和为准线。不同的消费者有不同的价值观,形成不同的消费个性,对某种产品的价值理解也就不一样。企业在对消费者的理解价格有正确估计的情况下,可制定出适合不同消费者的价格。价格是同价值相关的,即使产品的价格比成本超出许多,但与产品和其内在的文化价值相比,只要目标客户在心理上能够接受,这就是合适的价格。

专栏 3-3
哈根达斯冰淇淋

四、文化营销的促销策略

促销是企业通过市场传播传递企业或产品的形象、性能及特征等信息,帮助用户或消费者认识产品及产品能给他们带来的利益,引起顾客的注意,从而产生兴趣,并实施购买的过程。促销主要包括广告、人员推销、销售促进和公共关系等工具和手段。随着社会的全面进步,人们的消费观念、水平和层次的提高,在促销过程中,文化感召力的作用在不断提升,促使其成为促销的利器。同样的商品,同样的价位,不同的促销策略,会取得截然不同的营销业绩。巧妙的文化促销策略能够拓展促销空间,在企业与顾客间建立相互信任与忠诚的情感模式,打开顾客心扉,激发客户的购买欲望。

专栏 3-4
金六福:中国"福文化"的传播者

第四节 企业文化营销的载体

企业文化营销可以进一步分为企业内部文化营销和企业外部文化营销。企业内部的文化营销是指企业为了在企业内部有效地传播和宣传企业文化所采取一系列措施,其目的在于促进企业内部员工对于企业文化的理解和认可,保持良好的组织氛围,使员工的价值观与企业的价值观相一致,使全体员工对企业文化产生强烈的认同感、荣誉感和归属感。企业外部的文化营销是指在营销实践中,将企业优秀的理念文化、制度文化、行为文化、物质文化等文化理念通过整合,有效地传达给社会,让企业外部人员认同和接受企业文化理念,进而对企业的产品和品牌产生信任感。

企业文化在公司内、外部的营销需要借助一定的工具和渠道为载体。在实践中,企业文化营销的载体往往有多种形式,每种传播载体都有其不同的特点和作用,需要灵活地加以运用。

载体一:产品与服务

产品与服务是企业文化营销的主要渠道。产品与服务是根据文化环境的不同而进行有差异的设计,使之符合消费者的消费个性和消费价值,从而成为以物质消费为依托、以文化消费为目的的产品与服务。作为文化或精神的一种现实体现的产品,与人的情感世界有多种结合点。它可以是观念上的、形体上的,也可以是美学上的、知识上的等。而产品的"文化因子"不是附加在产品上的,而是渗透在产品中的,与产品是有机统一的。产品不是文化因子的简单堆砌,而是从产品的角度去挖掘文化因素,从文化因素的角度拓宽产品的系统创造,其标志是消费者能从产品中体会到文化的韵味,从而吸引顾客,开拓市场。

载体二:广告

广告是塑造和提升企业品牌形象的最常用的手段,也是企业进行文化营销常用的工具。企业通过广告传递企业的形象或产品的性能及特征等信息,帮助用户或消费者认识产品及产品能给他们带来的利益,同时在广告中凸现产品与文化需求之间的联系,唤醒顾客的心理需求,并通过反复播放,刺激强化其产品形象。文化色彩强烈的营销广告,大多数取得了显著的市场效果。诞生于1924年的万宝路香烟,起初只是妇女的消遣品,销路也一直平平。针对这种情况,一个广告公司提出了一个大胆的设想:让万宝路成为一个具有男子汉气概的香烟,于是设计了一个硬铮铮的美国牛仔的广告形象,牛仔上马的姿势,坐在马上的形态,无不显示出男子汉的阳刚之美。万宝路借助于美国牛仔的广告形象,一举成为世界名牌。由此可见,万宝路香烟的真正魅力在于它的广告建立了"万宝路—男子汉"之间的联系,打开了顾客的心扉,激发了客户的购买欲望。

专栏 3-5
鲁花花生油:用文化包装产品

载体三:故事

故事是离人的心灵最近的一种东西,动人的情节,呼之欲出的形象,它是打开人的心灵最有效的工具,也是人类沟通的主要形式。企业生产出来的产品若想赢得消费者的青睐,要善于用故事打动他们。讲故事是企业文化实战中最强有力的工具,也是企业文化营销的重要载体。故事来源于生活、简单、形象、生动,辅之以有意识的刻画和引导,会具有相当大的感染力和渗透力。再借助正式和非正式的传播渠道,影响范围之大,速度之快,都是其他营销手段所不能匹敌的。

载体四:网络传播

网络传播是一种有效、快捷、能充分互动的传播方式,企业文化营销也同样需要借助网络这个先进的载体。企业的网络文化营销可以分为局域网营销和互联网营销,局域网营销属于企业内部文化营销的范畴,而互联网营销则属于企业外部文化营销的范畴。

专栏 3-6
杭州西湖

在局域网营销中,可开辟专门的资料下载、意见交流区、论坛等各版块,组织大家就企业文化和企业管理进行交流,并由人力资源部负责意见的收集、分析和提供处理建议。同时,也可以设置总经理信箱(包括意见箱和电子邮件),公布在公司内刊、宣传栏和局域网上,以更好地收集员工的建设性建议,为企业的发展服务。

互联网作为展示公司形象和企业文化营销的媒介,公司主页可包括企业简介、行业动态、公司新闻、组织结构、企业哲学等诸多方面。企业也可以利用媒体进行征文或者其他方式来进行宣传。

载体五:企业内刊

企业内刊是指企业内部刊物,不能公开销售,但可公开赠阅。内刊的内容一般包括集团公司重大新闻、决议、企业风采、领导发言、先进人物事迹、哲理故事、员工心声等。通过内刊,企业可以促进内部沟通,倡导和营销企业文化,营造良好的企业氛围;对外可以彰显企业的个性与形象,打造企业的知名度与美誉度。

专栏 3-7
内刊与企业文化

通过企业内刊营销企业文化,要从企业的战略高度去策划选题,做到有规划、有步骤,而不是做一期是一期,缺乏清晰的方向和思路。具体到每一期上,要做到主题突出、形式生动多样、内容丰富,既有可读性、趣味性,又有很好的文化教育意义。

载体六:仪式

专栏 3-8
一切从头开始——通用电气的另类入职仪式

仪式是企业最易接受的,也是现在应用最广泛的企业文化营销形式。典型的仪式包括公司晨训、朗诵誓词、典礼等。通过仪式的宣导,可以使员工逐渐接受公司的企业文化,并把它作为自己的价值观和信仰。有时,企业为了表达对某些事物的崇敬和重视,经常举行一些特殊的仪式来表达企业的真实情感,这些特殊的仪式主要包括升旗仪式、新厂房与新车间开工奠基仪式、新员工加盟仪式、庆功仪式、授奖仪式、老员工退休辞别仪式等。

载体七:标志性建筑物

专栏 3-9
标志性建筑物中的企业文化

企业的标志性建筑物既包括企业外部的建筑造型、公司旗帜、企业门面、企业招牌、公共标识牌、广告塔、企业 logo、庭院美化等,也包括企业内部各部门标识牌、楼层标识牌、企业形象牌、广告牌、pop 广告、货架标牌等。企业可以对这些标志性建筑物加以巧妙设计,将其作为企业文化营销的有效途径。

本章小结

企业文化(enterprise culture)是指企业全体员工在长期的生产经营活动中培育形成的共同遵循的最高目标、价值标准、基本信念和行为规范,它是一种管理文化、经济文化及微观组织文化的结合体。企业文化有三个构成层次:表观文化、外层价值观和核心价值观。其中:表观文化是企业中那些显而易见的组织结构和流程;外层价值观包括战略、目标和哲学;核心价值观是视为理所当然的无意识的信念、理解和思维,是文化的精髓。

文化营销是基于文化与营销的契合点,有意识地通过发现、甄别、培养或创造某种核心价值观念来达成企业经营目标的一种营销方式。文化营销的基本内容包括三个方面:产品文化营销、品牌文化营销和企业文化营销。具体而言就是将企业的产品、品牌和企业自身与特定的文化因素相联系,赢得消费者的认同,从而达到营销的目的。文化营销功能表现在五个方面:共同认知和沟通的建立功能;满足消费者情感需求的功能;产品差异化实现功能;企业核心竞争力构筑功能;国际竞争力提升功能。

文化营销的成功实施是一个复杂的系统工程,需要企业整合诸方面的营销策略来参与进行。文化营销策略渗透到营销的全过程,主要包括产品策略、品牌策略、价格策略和促销策略等四个方面。

企业文化在公司内外的营销需要借助一定的工具和渠道为载体。在实践中,企业文化营销的载体往往有多种形式,如产品与服务、广告、故事、标志建筑物、企业内刊、网络传播、仪式等。每种传播载体都有其不同的特点和作用,需要灵活地加以运用。

思考题

① 简述企业文化内涵及其构成层次。
② 文化营销包含哪些内容?
③ 文化营销有哪些功能?
④ 试分析文化营销实施的基本策略。
⑤ 简述企业文化营销实施的载体。

本章参考文献

[1] 王兰云. 企业文化与竞争优势[M]. 北京:经济科学出版社,2009.

[2] 韦华伟. 文化驱动企业[M]. 北京:人民邮电出版社,2009.

[3] 李光斗. 故事营销[M]. 北京:机械工业出版社,2009.

[4] 钟程. 文化营销研究[D]. 武汉:武汉理工大学硕士论

文,2007.

[5] Robert B. Woodruff. Customer Value . the nest source for competitive advantage[J]. Journal of the Academy of Marketing Seience,1997(3).

[6]谢宝剑,何苏华.对文化营销模式的探讨[J].经济师,2003(2).

[7]刘喜梅.二十一世纪营销——文化营销[J].商业文化,1999(6).

[8] Harvir S Bansal. The impact of internal marketing activities on external marketing outcomes [J]. Journal of Quality Management,2001(14).

[9]刘宁.论营销策略中的文化营销[J].北方经贸,2004(5).

[10]谢宝剑,何苏华.对文化营销模式的探讨[J].经济师,2003(2).

第四章 关系营销

☆ 理解关系营销的内涵
☆ 理解关系营销和交易营销的区别
☆ 理解关系营销的六大市场及相应的营销策略
☆ 掌握顾客满意和顾客忠诚的相关理论
☆ 掌握CRM(顾客关系管理)的定义、内涵、功能和实施步骤

以人为核心的世界无处不存在关系,人与自然的关系、人与社会的关系以及人与人的关系等。企业置身于这样的社会大环境中,自然也不可避免地与关系打交道,将关系理论与营销理论结合,便形成了关系营销。营销是一个与消费者、竞争者、供应商、分销商、政府机构等发生互动作用的过程。本章将对关系营销进行初步的介绍,从关系营销的基本概念和系统结构谈起,深入顾客满意和忠诚理论,然后对顾客关系管理(CRM)的一般理论和应用系统进行介绍。

导入案例
富商的诞生——关系营销的奥秘

第一节 关系营销及其系统结构

一、关系营销的产生

关系营销是在传统营销理论的基础上,融合多个社会学科的思想建立和发展起来的

现代营销理论。传统观念认为,市场营销的内核是一种交换过程,在此过程中,双方或多方互换价值以满足彼此的需求,这种观念可以称之为"以交易为基础的营销观"。随着世界经济环境的变化和发展,尤其是买方市场的形成和以互联网为标志的信息技术的突飞猛进,这种观念越来越多地受到质疑,短期交易的想法日益被长期关系的概念所取代。寻求与客户建立和维系一种长期的战略合作伙伴关系是使交易双方获得双赢的最大保障,在此基础上,关系营销应运而生。

1983年,美国得克萨斯州A&M大学的伦纳德·L.贝瑞教授率先提出了关系营销的概念,他在美国市场营销学会的一份报告中对关系营销作出了如下定义:"关系营销是吸引、维持和增强客户关系。"在1996年,他又对其作出更为全面的定义:"关系营销是为了满足企业和相关利益者的目标而进行的识别、建立、维持、促进同消费者的关系并在必要时终止关系的过程,这只有通过交换和承诺才能实现。"

此后,科特勒、摩根、亨利等市场营销学专家都对关系营销进行了探讨和研究,关系营销的理论经过他们的研究有了很大的发展。

二、关系营销的内涵

美国著名企业家查理斯·詹德曼说:"公司不是创造购买,而是要建立各种关系。"海尔集团CEO张瑞敏也说:"在中国一个企业想要成功,第一是要靠关系,第二是要靠关系,第三还是要靠关系。"

关系是指人与人或人与事物之间某种性质的联系。在社会学中,关系是指人际关系。关系随着人类社会的诞生而出现,随着社会的发展而发展。随着社会分工的出现,人们之间的种种联系因为利益牵涉而更加持久,随着人们交往活动的增加,关系呈网状迅速扩散,人们之间的关系的平均持续时间下降。但只要有人在,就有不以人的意志为转移的关系存在,只要有人的交往,就存在着关系的发生、发展、终止等变化。

关于关系营销的内涵有几种观点。

第一种:最普通、最简易的看法是将关系营销界定为买卖之间依赖关系的营销。

第二种:认为关系营销是识别、建立、维护和巩固企业与顾客及其他利益相关人之间的关系的活动,并通过企业的努力,以成熟的交换及履行承诺的方式,使活动设计各方面的目标在关系营销活动中实现。

第三种:认为关系营销是个人和群体在创造与其他个人和群体交换产品和价值的同时,建立双方更亲密的相互依赖关系,以满足社会需求和欲望的一种社会的和管理的过程。

菲利普·科特勒认为关系营销就是要与关键的利益相关者建立起彼此满意的长期关系,以便赢得和维持商业业务。关系营销中包括四个关键的利益相关者,分别是顾客、员工、营销合作伙伴(渠道商、供应商、分销商、经销商和代理商)和金融界的成员(股东、投资者和分析者)。其他的利益相关者还包括政府机构、竞争者、其他公众等。

营销者应该尊重利益相关者(Stakeholder)的需求,使各个利益相关者可以各取所需,并制定出可以平衡关键利益相关者的政策和战略。为了与这些利益相关者形成密切的关系,就必须要了解他们的能力、资源、需要、目标和欲望。

关系营销的最终结果就是要建立起独特的公司资产——营销网络(Marketing

Network)。一般而言,营销网络包括企业以及为其提供支持的利益相关者——顾客、雇员、渠道商、供应商、分销商、经销商、代理商、研究人员、同行企业、社区公众、媒体、政府、消费者组织、环境保护团体等。企业的生存与发展与这些利益相关者息息相关,只要与关键的利益相关者建立起高效的关系网络,利润便会随之而来。

三、关系营销与交易营销的区别

交易营销倾向于遵循如下的过程:寻找潜在客户、谈判、交货、付款、结束交易。交易营销的实质是卖方提供一种产品或服务来向买方换取货币,实现商品价值,是"买卖双方价值的交换"。在交易营销的观念中,企业与顾客之间是一种纯粹的交易关系,双方的接触只是在交易的过程中,你买我卖,交易完成后双方不再保持其他关系和往来。企业运用产品、价格、渠道、促销等各种营销要素以及各要素组合的直接目的,通过影响、劝说购买决策人,以达成交易,实现购买。只要达到这一目的,其他目的都变得不重要。显而易见,在交易营销的观念中,企业完全是从自身利益出发来考虑的,买卖双方是一种基本对立的关系,而不是互利合作的关系。这种交易方式往往是一次性的,这种交易过程是一种"零和博弈",双方都尽可能地为己方争取最大限度的利益,压低对方的利益。此种营销方式很容易给双方带来大量的遗留问题,如售后服务质量下降等。在交易营销中,除产品和企业的市场形象之外,企业很难采取其他有效措施与顾客保持持久的关系。

而在关系营销下,突破了"4P"营销理论的框架,把企业的营销活动扩展到一个更广、更深的领域。它依据"建立良好的关系,有利交易自会随之而来"的基本原理,不再把市场营销看成是个别的、不连续的、短暂的、突然开始的、匆匆结束的一个个纯粹的交易活动,而是看作一种连续的、长期的、稳定的、互利的伙伴关系,并通过建立、发展、保持这种良好的关系来获得长远的利益。它不再从交易的一方出发,而是从双方关系的角度出发来分析市场营销。企业与顾客保持广泛、密切的关系,价格不再是最主要的竞争手段,竞争者很难破坏企业与顾客之间的关系。

关系营销相比于传统的交易营销有着较大的区别,主要表现在以下的各个方面,如表4-1所示。

①交易营销的核心是交易,企业通过诱使对方发生交易活动而从中获利;而关系营销的核心是关系,企业通过建立双方良好的合作关系并从中获利。

②交易营销把其视野局限于目标市场上,即各种顾客群;而关系营销所涉及的范围则广得多,包括顾客、供应商、分销商、竞争对手、银行、政府及内部员工等。

③交易营销强调市场占有率;关系营销则强调顾客忠诚度。

④交易营销围绕着如何获得顾客;而关系营销更加强调如何保持顾客。

⑤交易营销不太强调顾客服务,往往只有少量的承诺;而关系营销高度强调顾客服务,经常有充分的顾客承诺。

⑥交易营销是有限的顾客参与和礼节性的顾客联系;而关系营销则强调高度的顾客参与和紧密的顾客联系。

⑦交易营销认为产品质量应是生产部门所关心的;关系营销则认为所有部门都应关心质量问题。

表 4-1　交易营销与关系营销的区别

类别	交易营销	关系营销
基本目标	单一的交易	关系
营销管理的追求	追求单项交易利润最大化	追求与对方互利关系最佳化
基本战略	争取新顾客	维持和保留老顾客
企业着眼点	短期利益	长期利益
企业风险	大	小
对价格的看法	主要的竞争手段	非主要竞争手段
企业与顾客的关系	不牢固	比较牢固
顾客满意的尺度	市场占有率	顾客忠诚度
对服务的重视	较少强调顾客服务	高度强调顾客服务,并在提高服务质量的基础上培育顾客忠诚
对产品质量的重视	认为产品质量应是生产部门所关心的	认为所有部门都应当关心质量问题
质量的标准	产出的质量	交流的质量
决策过程的重点	重点在售前活动	重点在售后决策和行动
顾客的参与程度	有限的顾客参与	高度的顾客参与
与顾客接触的密度	较低的顾客联系	紧密的顾客联系
对顾客的承诺	少量的顾客承诺	充分的顾客承诺
内部营销的重要性	没有或仅有有限的重要性	具有充分的战略重要性
雇员素质对商业成功的重要性	较低	很高
生产的重点	大规模生产	大规模个性化
适合的顾客	眼光短浅和低转化率	眼光长远和高转化率

专栏 4-1
连锁超市客户关系管理案例

专栏 4-2
万科的客户关系管理案例

四、关系营销的六大市场

如今,关系营销的实践范围已不断扩大,虽然营销过程的焦点仍是顾客,但对营销的研究已从单纯的顾客关系扩展到了企业与供应商、中间商、竞争者、政府和社区等各方之间的关系研究。这样,关系营销的市场范围就从顾客市场扩展到了内部市场、竞争者市场、影响者市场、分销商市场、供应商市场,即六大市场模型(six markets model),如图 4-1 所示,大大地拓展了传统市场营销的涵义和范围。

关于六大市场模型,本书将作一一介绍。其中,竞争者市场将在本书"战略与竞争"章节进行详细讨论,影响者市场将在"广告促销与公共关系"章节进行详细讨论,分销商市场和供应商市场将在"渠道"章节进行详细讨论,内部市场已在"价值观、组织结构与人员激励"章节进行详细讨论。因此,本章在简要介绍关系营销基本理论之后,将主要就顾客市场的

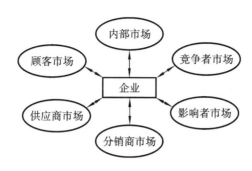

图 4-1　六大市场模型

关系营销——顾客关系管理进行详细介绍。

(一)顾客市场

顾客是企业生存和发展的基础,企业之间的竞争实质上就是争夺顾客。要建立与维持同顾客之间的良好关系,必须真正树立以顾客为中心的观念,一切从消费者出发,并将此观念贯穿到企业生产经营的全过程中。曾几何时,市场营销逐渐升级为一场企业之间的战争,消费者渐渐被排除在这一竞争领域之外而受到冷落。而如今,随着关系营销观念的兴起,以顾客为中心的观念又重新得以回归。

顾客市场的关系营销可被分为五种不同程度的关系水平:

①基本型,营销人员把产品销售出去就不再与顾客接触;

②被动型,营销人员鼓动顾客在遇到问题或有意见时与公司联系;

③负责型,营销人员在商品售出后,主动询问顾客对商品的意见;

④能动型,营销人员不断地向顾客询问改进产品用途的建议或者关于新产品的有用信息;

⑤伙伴型,公司与顾客共同努力,寻求顾客合理开支的方法,或者帮助顾客更好地进行购买,或按照顾客的要求来设计新的产品。

(二)供应商市场

供应商是指向生产企业提供各种生产要素,包括原材料、能源、机器设备、零部件、工具、技术和劳动服务的企业和部门。任何一个企业都不可能独自解决自己生产所需的所有资源,例如:生产1辆汽车大约需要上万个零配件,任何一个企业都不可能单独生产全部的零部件,必须通过与其供应商进行专业分工,协作生产。美国克莱斯勒公司制造汽车使用的零部件有2/3是从外部获得,它从1140个不同的供应商手里购买6万个不同的部件。由此可见,企业与供应商之间必须结成紧密的合作网络,进行必要的资源交换。此外,企业在市场上的声誉也是部分地来自与供应商所形成的关系。例如,当 IBM 决定在其个人电脑上使用微软公司的操作系统时,微软公司在软件行业的声誉便急速上升。

企业的供应商可能有成百上千家,与所有的供应商建立同样的密切

专栏 4-3
大众汽车公司如何留住客户

关系显然是不切实际的,也没有任何必要,一个可行的办法是对供应商进行分类管理。有些企业将供应商划分为四类,从底层向上依次为:新近建立联系的供应商、三级供应商、二级供应商和首选供应商。企业会用一套正式的评估程序随时对供应商的表现进行评估,并根据评估结果决定是否提升或降低该供应商的评级。也有的企业根据供应商对本企业的重要性和本企业对供应商的重要性,对供应商进行矩阵分类,如表4-2所示。

表 4-2 供应商分类表

制造商	供应商	
	重要	不重要
重要	伙伴型供应商	重点商业型供应商
不重要	优先型供应商	商业型供应商

本采购业务对于供应商来说非常重要,但对于企业并不十分重要,这样的供应商无疑有利于企业,是企业的"优先型供应商"。如果本采购业务对于供应商无关紧要,但对企业却是十分重要,这样的供应商就是需要改进提高的"重点商业型供应商"。那些对于供应商和企业来说均不是很重要的采购业务,相应的供应商可以很方便地选择更换,那么这些采购业务对应的供应商就是普通的"商业型供应商"。如果该采购业务对于供应商来说非常重要,而供应商自身又有很强的产品开发能力,同时该采购业务对于企业也很重要,那么这样的供应商就是"伙伴型供应商"。

与"伙伴型供应商"的关系是企业与供应商之间达成的最高层次的合作关系,它是指供需双方在相互信任的基础上,为了实现共同的目标而采取的共担风险、共享利益的长期合作关系。通过与供应商建立长期的合作伙伴关系,可以缩短供应商的供应周期,增强供应商的灵活性;可以减少企业的原材料、零部件的库存数量,降低管理费用,加快资金周转;提高原材料、零部件的质量;可以加强与供应商之间的沟通,改善订单的处理过程,提高材料需求的准确度;可以共享供应商的技术与革新成果,加快产品开发速度,缩短产品开发周期;可以与供应商共享管理经验,推动企业整体管理水平的提高。

专栏 4-4
本田公司与其供应商的合作伙伴关系

建立长期合作伙伴关系的步骤如下。第一,采购部门要在对供应市场进行调研的基础上,对有关部门的采购物品进行分析、分类,根据供应商分类模型,确定"伙伴型供应商"的对象。第二,根据对"伙伴型供应商"关系的要求,明确具体的目标及考核指标,制定可以达成目标的行动计划。这些行动计划必须在公司内部相关部门进行充分交流并达成一致,同时要完全取得供应商的参与认可,并经双方代表签字。第三,通过供应商会议、供应商访问等形式对计划的实施进行组织和进度跟进,内容包括对质量、交换、降低成本、新产品、新技术开发等方面的改进进行跟踪考核,定期检查进度,及时调整行动。第四,在公司内部还要制定供应商月度考评、系统审核等机制跟踪供应商的综合表现,及时反馈并提出改进要求。

(三)其他四大市场介绍

1. 分销商市场

分销商是制造商和顾客之间的中间环节,比企业更直接地面对顾客。在分销商市场上,零售商和批发商的支持对于产品的成功至关重要。IBM 公司曾花费一亿美元为其 PCjr 产品做广告,结果还是以失败而告终,原因在于作为第三方的供应商和零售商反对该产品。IBM 公司投入了大量的资源争取顾客,而忽略了与零售商、经销商等对产品的销售起关键作用的个人或组织建立积极的关系,扼杀 PCjr 的正是分销商一类的市场基础设施。

在分销商市场上,渠道成员给予企业的支持对于产品的成功是至关重要的,目前大多数制造商的产品仍然是通过批发和零售商销售的。企业为了占领市场,必须与渠道建立良好的、长期的、紧密的合作伙伴关系,保证产品更好的销售。通用汽车公司批发商关系部门经理哈沃德·克里斯特曾经说:"没有成功的批发商组织,就不可能有通用汽车公司的发展和进步。同样,如果批发商不是经销某成功的制造商的产品,他们也注定不会取得成功。制造商与批发商必须相互依存、相互补充。质量优良、富有竞争力的产品加上公平合理的推销政策使通用汽车公司保证了经销商们的利益。"这段话不仅表明了经销商的重要性,也说明了制造商与经销商关系的紧密性。

企业与分销商之间必须保持良好的信息沟通,了解对方的经营状况和未来规划,树立长期合作的信念。企业需要在以下方面作出努力:为分销商提供满意的产品;为分销商提供全面的服务;与分销商进行信息沟通。

2. 内部市场

内部营销起源于这样一种观念,即把员工看作是企业的内部市场。任何一家企业,要想让外部顾客满意,首先得让内部员工满意。只有工作满意的员工,才可能以更高的效率和更饱满的热情为外部顾客提供更加优质的服务,并最终让外部顾客感到满意。内部市场不只是企业营销部门的营销人员和直接为外部顾客提供服务的其他服务人员,它包括企业所有的员工。因为在为顾客创造价值的生产过程中,任何一个环节的低效率或低质量都会影响最终的顾客价值。内部营销的最终目的正是通过员工协作实现资源价值的最大化,并使员工能够而且愿意以顾客导向的方式进行工作。

3. 竞争者市场

在以往的营销观念中,企业与企业之间的竞争是一场不宣而战的特殊战争,是你死我活的竞争。在这种营销观念的指导下,企业为寻求营销上的成功,往往不择手段地置对方于死地,有时为了取得竞争上的优势,不惜采取低价倾销的方法。这样做的结果往往会造成两败俱伤,同时也不利于社会经济的共同繁荣和进步。在这种情况下,人们开始重新审视企业之间的关系。一些市场营销专家认识到,在当今市场竞争日趋激烈的形势下,视竞争对手为仇敌,彼此之间势不两立的竞争原则已非上策。企业之间不仅存在着竞争,而且也存在着合作的可能,有时,通过加强合作更有利于企业营销目标的实现。例如:在英国,可口可乐公司和 Sainsbury 公司(一家拥有自己品牌可乐的英国零售商)在可乐市场中是竞争对手,但为了联手扩大碳酸饮料的整体市场,两家公司在产品管理和推广方面又进行着积极的合作。

【问题讨论】

几年前,长虹集团想利用控制彩色显像管供应的手段钳制其他竞争对手,却遭到行业的联手抵制,最后落得自己搬起石头砸自己的脚的下场。在严重损害行业利润的同时,自身也受到沉重打击。

请思考:

长虹集团应当如何建立和维持良好的竞争者关系,以利于自身发展?

4. 影响者市场

金融机构、投资人、股东、分析师、信用评估机构、新闻媒体、政府、社区,以及诸如消费者权益保护组织、环保组织等各种各样的社会压力团体,对于企业的生存和发展都会产生重要的影响。因此,企业有必要把它们作为一个市场来对待,并制定以公共关系为主要手段的营销策略。

5. 处理六方市场经营网络之间的关系

专栏 4-5 来自公众的力量——企业的公共关系管理

"经营网络"是近年来被人们分析和评论最多的企业经营现象,由组成网络的成员企业分别贡献出自己的生产技能和生产经营能力来完成向最终客户提供产品或服务的目标。较之由单一的企业来独自完成同样的经营目标,这种由各成员企业间相互协作的经营模式可以更有效地创造更大的经济效益,以往的"价值链"理论被扩展为涵盖面更广的"价值网络"。

如今的商品竞争已经不再是单一企业间的竞争,而是供应链或经营网络之间的竞争。例如:三星和苹果手机之间的竞争已经不仅仅是这两家企业之间的竞争,而是它们各自所代表的两大经营网络和背后众多结成战略联盟和合作伙伴关系的企业之间的竞争。企业要想取得长久的竞争优势,就必须建立一个低成本、高效率的经营网络,并协调处理好该网络中各高度专业化的企业之间的关系。

每一个经营网络都需要一个"网络指挥家"或是一家"核心"企业在众多成员企业的协作中处于主导地位,Cisco 系统公司就是一个这样的网络指挥家。该公司是全球顶尖的数据网络设备供应商,并在全球建立了一个由不同的合作伙伴组成的经营网络,为公司生产大部分的产品提供设备。Cisco 所承接的大部分业务都是通过互联网,并几乎在第一时间内将相关的信息传递给自己的网络合作伙伴,其分担着部分供应商的经营成本,有时会为他们购买某些产品配件。Cisco 公司的主要供应商的经理甚至把办公地点就设在 Cisco 公司内,使他们能够更加便利地参加 Cisco 公司的生产会议和参与制订新产品的设计开发计划。

经营网络中存在着各种纵向联系(供应商—制造商—经销商—消费者)和横向联系(企业与竞争对手之间),企业与企业之间的界限也变得模糊。舍斯(Sheth)认为在价值网络中,企业与企业之间的关系可以从不同的角度分为四类,如图 4-2 所示。由于商业环境的迅速变化,市场也变得越来越不稳定,经营网络的组成形式也应该变得更加灵活。

战略的角度	战略联盟关系	合作伙伴关系
经营管理的角度	业务关系	合作关系
	为了特定项目 而建立的关系	长久发展 中的关系

图 4-2　企业间关系分类

在经营网络中,对企业与相关各方之间的关系进行综合管理的思维模式可遵循关系价值管理模型,如图 4-3 所示。该模型主要由两大类经营管理流程所组成:一大类是企业的核心价值流程,包括四个前后相连、以价值为参考标准的行动步骤;另一大类是围绕在核心价值流程周围,和企业有密切关系的其他相关各方与企业间的互动流程。

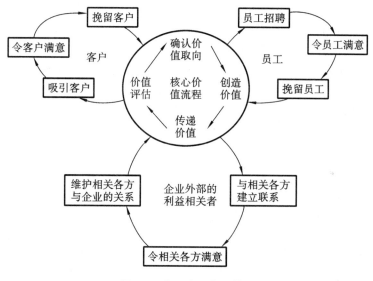

图 4-3　关系价值管理模型

第二节　顾客满意与顾客忠诚

在第一章的导论中,我们已经简单地介绍了顾客满意、顾客忠诚以及两者之间的关系。在本节,我们将深入讨论两者之间的关系以及忠诚的价值等问题。

一、顾客满意

顾客满意是指顾客对其期望得到满足的过程的心理感觉。据最新的研究表明,争取一位新顾客所需花费的费用往往是留住一位老顾客所需费用的 5 倍。一个公司平均每年丢失 10% 的老顾客,如果将其顾客流失率降低 5%,其利润能增加 25%～85%,顾客利润率主要来自老顾客的生命周期。由此可见,企业在争取新顾客的同时,还必须重视与老顾客关系的维系,培育和发展顾客忠诚。

留住老顾客,需要不断地提高顾客满意度。其中,服务承担着关键的任务,很多企业通过加强售前、售中、售后服务,提高服务质量,维系顾客关系。企业可以通过与顾客互动、开发忠诚项目(频繁奖励项目和俱乐部营销项目)、个性化营销、数据库营销等多种形式,更好地满足顾客需求,增加顾客信任,密切双方关系。随着信息技术的不断发展,为企业留住老顾客提供了更加便利的工具,企业可以借助数据库、网络、电话等与顾客保持紧密联系。

任何一家企业都不可能做到让所有顾客满意,研究表明:96% 的不满意顾客不会投诉,他们仅仅是停止购买,而在亚洲,这一比例更高。54% 到 70% 的投诉顾客,如果投诉得到解决,他们还会再次同该企业做生意;如果顾客感到投诉很快得到解决,这一数字会上升到 95%;当顾客的问题得到妥善解决后,他们每个人就会把处理的情况告诉他们身边的 5 个人。所以说,在维系老顾客方面,最好的办法就是尽量方便顾客进行投诉,并及时妥善地处理顾客投诉。

二、顾客忠诚

顾客满意与顾客忠诚之间有高度的正相关关系,这种关系的取向会因为行业的不同而不同。顾客忠诚和顾客满意不是同义词,从营销管理的角度来看,顾客只有获得高满意度,才会有牢固的忠诚。如果将顾客满意度的范围定义在 1～5 之间,那么当顾客满意度不到 2 时,顾客可能会放弃该企业,甚至传播该企业的负面信息;当顾客满意度在 2～4 之间时,顾客很容易产生品牌转换;当顾客满意度为 5 时,顾客会对该企业非常忠诚,并向他人推荐该企业。

顾客忠诚的最直接表现就是再购和重购,然而,他们带给企业的真正利益绝不止"掏钱"这么简单。那么,忠诚顾客的价值到底是什么?

① 更久地忠诚于品牌。顾客忠诚带来的不仅是理性的偏好,而且还有情感上的依赖,所以这种关系会比纯粹的理性的交易关系维持更久。

② 提高购买产品的数量和等级。忠诚顾客会对该品牌有高度的信任,这种信任会向该企业的其他产品扩张,当消费者想要购买更高等级的产品时,就降低了他对风险的评估。

③ 为企业和它的产品说好话。这就是我们已经多次讨论过的口碑效应。

④ 由于交易的惯例化而降低了交易成本。如前所述,争取一位新顾客所需花费的费用往往是留住一位老顾客所需费用的 5 倍。

⑤ 更易接受新产品并推广它。顾客接受新产品是有风险的,在服务行业这种风险更高,只有对品牌忠诚的老顾客才会将这种风险评估得更低一些,因为他们完全有理由将

他们对老产品的信任转移至新产品。

顾客忠诚的衡量标准：顾客重复购买次数、顾客购买时间、顾客对价格的敏感程度、顾客对竞争产品的态度、顾客对企业产品质量问题的承受能力。

在关系营销中,怎样才能获得顾客忠诚呢？发现正当需求—满足需求并保证顾客满意—营造顾客忠诚,构成了关系营销中的三部曲如下。

①企业要分析顾客需求,顾客需求满足与否的衡量标准是顾客的满意程度。满意的顾客会为企业带来有形的好处(如重复购买该企业产品)和无形利益(如宣传企业形象)。有营销学者提出了导致顾客全面满意的七个因素及其相互间的关系：欲望、感知绩效、期望、欲望一致、期望一致、属性满意、信息满意；欲望和感知绩效生成欲望一致,期望和感知绩效生成期望一致,然后生成属性满意和信息满意,最后导致全面满意。

②从模式中可以看出,期望和欲望与感知绩效的差异程度是产生满意感的来源,当顾客可感知的效果低于期望时,顾客会不满意；当可感知效果等于期望时,顾客能够满意；只有当可感知效果超过期望时,顾客才会非常满意乃至完全满意。所以,企业可采取下面的方法来取得顾客满意：提供满意的产品和服务；提供附加利益；提供信息通道。

③顾客维系：市场竞争的实质是争夺顾客资源,维系原有顾客。减少顾客的叛离,要比争取新顾客更为有效。维系顾客不仅仅需要维持顾客的满意程度,还必须分析顾客产生满意感受的最终原因,从而有针对性地采取措施来维系顾客。

三、建立顾客关系的三种营销工具

根据企业培养顾客忠诚度的联结方式、类型和数量,贝瑞和帕拉苏拉曼将创造顾客关系的工具分为三个层次,级别越高,潜在的回报也就越高。

(一)一级关系营销

在顾客市场中经常被称作频繁市场营销或频率市场营销,这是最低层次的关系营销工具。企业通过价格和其他财务上的价值让渡吸引顾客与企业建立长期交易关系,维持关系的重要手段是利用价格刺激对目标公众增加财务利益。20%的顾客贡献了公司利润的80%,因此,公司应当更加注重对高价值顾客的关系创造和维护,主要形式是对那些频繁购买以及稳定购买的顾客给予财务奖励的营销计划,例如：中国国航、南航、东航等航空公司的"里程累计项目",顾客累积的飞行里程达到一定标准之后,通过免费兑换机票、享受贵宾服务等形式奖励那些经常乘坐该公司航班的顾客。一级关系营销的另一种常用形式是对不满意的顾客承诺给予合理的财务补偿,例如：新加坡奥迪公司承诺,如果顾客购买汽车后一

专栏 4-6
一杯胡萝卜汁的神奇效应——关系营销的艺术

年内不满意,可以按原价退款。

(二)二级关系营销

指企业不仅用财务上的价值让渡吸引顾客,而且尽量了解各个顾客的需要和愿望,并使服务个性化和人格化,增加社交利益,在建立关系方面优于价格刺激。二级关系营销把人与人之间的营销和企业与人之间的营销结合起来,公司把顾客看作是客户。多奈利、贝瑞和汤姆森是这样描述两者之间的区别的:对于一个机构来讲,顾客也许是不知名的,而客户则不可能是不知名的;顾客是针对一群人或者一个大的细分市场的一部分而言的,客户则是针对个人而言的;顾客是由任何可能的人来提供服务,而客户是被那些指派给他们的专职人员来提供服务和处理问题的。与顾客建立关系的主要形式是建立顾客组织,包括顾客档案和正式的、非正式的俱乐部以及顾客协会等。

(三)三级关系营销

指企业和顾客相互依赖对方的结构变化,双方成为合作伙伴关系。增加结构性联系利益,同时附加财务利益和社会利益。结构性联系要求提供这样的服务:它对关系客户有价值,但不能通过其他来源而得到。这些服务通常以技术为基础,并被设计成一个传递系统,而不是仅仅依靠个人建立关系的行为,从而为客户提供高效率的服务。在存在专用性资产和重复交易的条件下,如果一方放弃这一关系将会付出转移成本,关系的维持具有价值,从而形成"双边锁定"。良好的结构性关系将会提高客户转向竞争者的机会成本,同时也将增加客户脱离竞争者而转向本企业的利益,特别是当面临激烈的价格竞争时,结构性联系能为扩大现在的社会联系提供一个非价格动力。因为,无论是财务性联系,还是社会性联系,都只能支撑价格的小额涨幅。当面对较大的价格差别时,交易双方难以维持低层次的销售关系,只有提供买方需要的技术服务和支持等深层次联系才能吸引到客户。特别是在产业市场上,由于产业服务通常是技术性组合,成本高、困难大,很难由顾客自己解决,这些特点有利于建立关系双方的结构性合作。中国移动在全国各大高校推出的校园 V 网业务,办理该业务的移动用户,只需要每月支付很少的话费就可以获得一个校园手机网络内部的短号,其他使用该业务的同学或朋友只要拨打这个短号,就可以获得不限时的免费通话服务。这一业务不仅增加了消费者的财务利益,也让使用 V 网业务的用户自动形成了一个团体,由于这个团体的成员非常多,因此身处该团体内就能获得社交利益,朋友之间就可以有更多的交流,而不用担心话费超支。但如果某位用户要转移到中国联通或中国电信,就会为这一行为付出高昂的代价,不仅损失金钱,也可能损失社交关系。

【问题讨论】

在导论和第二章中我们都提到了鲁广女装专柜的案例,请根据本章知识,讨论在该案例中应当如何进行顾客关系管理。

第三节
CRM 顾客关系管理

企业希望维持与顾客之间的良好关系,就要对顾客的信息和资料进行收集、分析和管理,例如你常去一家早点店,老板就可能记住你的喜好,你刚进早点店大门,他就会给你提供几个备选的食物,因为早点店的老板已经记住了你的资料。但当企业规模扩大,例如沃尔玛超市每日顾客成千上万,想要通过传统的人力记忆来进行顾客关系管理就不太现实了,甚至使用一些简单的统计软件也不可能完成整套的顾客关系的维护流程。同时,随着信息技术的发展,企业的营销渠道不断拓宽,要长时期地保留顾客就必须将这些渠道综合起来,使企业对不同渠道的顾客有更加全面的了解。这时候,就需要一套科学的顾客关系管理系统对顾客市场的关系进行管理。

一、CRM 的产生

最早发展 CRM 顾客关系管理的国家是美国,它来自 20 世纪 80 年代初所谓的"接触管理"(contact management),即专门收集顾客与企业联系的所有信息。随着之后关系营销理论的提出,人们对市场营销理论的研究又迈上了一个新台阶,到 20 世纪 90 年代则演变成包括电话服务中心支持资料分析的顾客关怀(customer care)。直至 1999 年,加特纳(Gartner Group)公司提出了 CRM 的概念。

(一)接触管理

从 20 世纪 80 年代初开始,美国就有了以专门收集顾客与企业联系信息的接触管理。到 20 世纪 80 年代中期,为了降低成本、提高效率、增强企业竞争力,许多企业进行了业务流程的重新设计。为了对业务流程的重组提供技术支持,许多企业采用了企业资源计划 ERP(enterprise resource planning)。一方面,ERP 提高了企业内部业务流程的自动化程度,使员工从日常事务中解放出来;另一方面,ERP 的实施也促进了对原有业务流程的优化。由此,企业完成了提高内部运作效率和质量的任务,可以有更多的精力关注企业与外部相关利益者的互动,以便抓住更多的商业机会。然而,由于 ERP 更多的是关注企业的内部流程,外部顾客所反映的问题不能得到及时合理的解决,于是 CRM 应运而生。最初 CRM 的应用范围较窄,主要是针对部门间的解决方案,如销售自动化(sales force automation,SFA)和顾客服务与支持(customer service & support,CS&S)。

(二)顾客关怀

20 世纪 90 年代初,接触管理演变成包括电话服务中心、顾客数据库以及具有数据分析能力的顾客服务功能在内的顾客关怀。顾客关怀贯穿了市场营销的所有环节,包括顾客服务(向顾客提供产品信息和服务建议等)、产品质量(应符合有关标准、适合顾客使用、保证安全可靠)、服务质量(指与企业接触的过程中顾客的体验),以及售后服务(包括售后的查询和投诉,以及维护和修理)。

(三)呼叫中心

20世纪90年代中期,一些企业开始将SFA和CS&S两个系统合并起来,再加上营销策划(marketing)、现场服务(field service),并合成计算机电话集成技术(CTI),形成集销售和服务于一体的呼叫中心(call center)。这是一种具备交互功能的整体解决方案,它将企业内部数据处理、销售跟踪、外部市场、顾客服务等融为一体,为企业营销和销售人员提供及时全面的顾客信息。通过这样的解决方案,能够清晰地了解顾客的需求和购买情况,方便为顾客提供相应的服务。

(四)CRM的理念与战略

从20世纪90年代后期至今,在呼叫中心基础上,进一步加强整个系统的数据管理能力和分析能力,并添加新功能模块,才逐步形成了今天所熟知的CRM。特别是在加特纳公司正式提出CRM概念以后,CRM逐渐受到学者、企业和政府的高度重视,被提升到企业的管理理念的战略高度。CRM的目的在于建立一个系统,使企业在顾客服务、市场竞争、销售及支持方面形成彼此协调的全新的关系实体,为企业带来长久的竞争优势。

二、CRM的定义及内涵

CRM(customer relationship management)即顾客关系管理,从字面上来看,是指企业利用CRM来管理与顾客之间的关系。提出者加特纳公司定义CRM是代表增进赢利、收入和顾客满意度而设计的企业范围内的商业战略。加特纳强调的是CRM是一种商业战略而不是一套系统,它涉及的范围是整个企业而不是一个部门,它的战略目标是增进盈利和销售收入,提升客户满意度。

IBM的观念认为,CRM通过提高产品的性能,增强顾客服务,提高顾客价值和顾客满意度,建立长期、稳定、相互信任的密切关系,从而帮助企业吸引新顾客、维系老顾客。对企业来说,CRM涉及企业前台和后台,需要整个企业的信息集成和功能配合。

盖洛普公司(Gallup)将CRM定义为"策略+管理+IT",这是一个简单的公式,却蕴涵着复杂的定义,策略指战略、管理指战术、IT指工具,三个方面缺一不可。该定义与加特纳公司给CRM的定义相通,只不过更加简单。

中国顾客关系管理研究中心CRCC(CRM Research Center of China)从管理哲学、经营管理、技术方法三个层面对CRM进行界定:CRM是先进的管理与信息科技相结合的典范,是企业为提高核心竞争力,重新树立以顾客为中心的发展战略,并在此基础上开展的包括判断、选择、争取、发展和保持顾客所须实施的全部商业过程,是企业以顾客关系为重点,通过开展系统化的顾客研究,优化企业组织体系和业务过程,提高顾客满意度和忠诚度,提高企业效率和利润水平的管理实践;也是企业在不断改进与顾客关系相关的全部业务流程,努力实现电子化、自动化的运营过程中所创造和使用的IT技术、软硬件及优化方法、集成方案等的总和。

从上述有关CRM的定义来看,CRM是一个综合性的概念,包括管理理念、管理模式和技术系统三个层次的内涵。

1. CRM是一种管理理念

CRM首先体现的是一种管理理念,其核心思想是将企业的顾客,包括最终顾客、分销商和合作伙伴视为最重要的企业资产。通过完善的顾客服务和深入的顾客分析来满足顾客的个性化需求,提高顾客的满意度和忠诚度,进而保证企业的终生价值和企业利润增长的实现。它吸收了"数据库营销""关系营销""一对一营销"等最新管理思想的精华,通过满足顾客的特殊需求,特别是满足最有价值的顾客的特殊需求来建立和保持长期稳定的顾客关系。顾客同企业之间的每一次交易都使这种关系更加稳固,从而使企业在同顾客的长期交往中获得更多的利润。CRM的目的就是要通过与客户之间的个性化交流来掌握其个性化需求,并在此基础上为其提供个性化的产品和服务,不断增加企业交付给顾客的价值,提高顾客的满意度和忠诚度,最终实现企业和顾客的双赢。

从这种角度来理解CRM是实施CRM的基础,它在理念的层面上建立起了导向和原则,主张摒弃原先以利润为直接目的的做法,将利润视为顾客高度忠诚的自然结果。

2. CRM是一种管理模式

CRM也是一种旨在改善企业与顾客之间关系的新型管理模式,可以应用于企业的市场营销、销售、服务与技术支持等与顾客相关的领域。通过向企业的销售、市场营销和为顾客服务的专业人员提供全面的、个性化的顾客资料,强化其跟踪服务与信息分析的能力,帮助他们与顾客和生意伙伴之间建立和维持一种亲密信任的关系,为顾客提供更便捷周到的优质服务。在提高服务质量的同时,还通过信息共享和优化商业流程来有效降低企业的经营成本。成功的CRM可以帮助企业建立一套运作模式,随时发现和捕捉顾客的异常行为,并及时启动适当的营销活动。

3. CRM是一种技术系统

CRM是信息技术、软硬件系统集成的管理办法和应用解决方案的总和,它既是帮助企业组织管理顾客关系的方法和手段,又是一系列实现销售、营销、顾客服务流程自动化的软件乃至硬件系统。CRM将最佳的商业实践与数据挖掘、工作流程、呼叫中心、企业应用集成等信息技术紧密地结合在一起,为企业的营销、销售、顾客服务和决策支持等领域提供了一个智能化的解决方案。作为一个解决方案,CRM逐步集成互联网和电子商务、多媒体技术、数据仓库、数据挖掘、专家系统和人工智能等当今最先进的信息技术领域。

企业要想成功地实施CRM,就必须将CRM的实施上升到战略高度,制定战略规划。CRM战略应与企业战略规划相适应,是企业发展战略的组成部分,并将其融入企业文化,成为企业内部共同认可的远景。

一个完整有效的CRM战略必须包括以下五个方面的内容,如图4-4所示。CRM战略的形成、导入和应用是一个不断自我更新的循环过程,包括知识发现、CRM战略计划、顾客互动、分析与改进等。在日趋激烈的市场竞争、多元化和复杂的市场环境的因素的作用下,企业必须基于对环境的认识、对自身的审视、对战略的实践检验,不断地调整和改进企业的CRM战略。

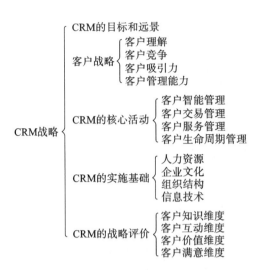

图 4-4　CRM 战略的内容

三、CRM 的功能

CRM 主要具有互动管理、营运管理、决策支持、系统整合四种功能，通过这四种功能的有效组合，基本可以满足企业对 CRM 功能的整体要求。

（一）互动管理

随着互联网技术的发展以及电子商务的广泛应用，客户与企业之间的互动渠道越来越多，从传统的面对面互动和电话拜访，到现在流行的 E-mail、Web 或是自动语音系统等，良好的 CRM 可以有效地管理各个互动渠道，使互动渠道的运用更加高效。同时，通过对顾客资料的分析与顾客价值的评价，可以依照顾客的分类等级来选择、创造与顾客互动的新模式，进而有效地降低营运成本。此外，CRM 系统还可以记录各个互动渠道所获取的顾客资料，方便相关人员的查询，从而提升顾客服务质量和企业整体的工作效率。

（二）营运管理

营运管理主要包括营销管理、销售管理、顾客服务与支持三大核心功能。

1. 营销管理

营销管理的核心是营销自动化（marketing automation，MA）。营销自动化为营销提供独特的能力，如营销活动计划的编制和执行、执行计划结果的分析、清单的生产和管理、市场预测、营销资料管理、营销知识提供、对有需求的顾客进行跟踪分析和管理、营销程序化事务的自动生成等。传统的数据库营销是静态的，经常需要好几个月的时间才能对一次市场营销战役的结果做出一个分析统计的表格，而在此期间可能已经失去了很多宝贵的商业机会，而营销自动化是以多个营销战役交叉为基础建立的，能够对顾客的活动及时地作出反应，更好地抓住各种商业机会。因此，与传统的数据库功能相比，顾客关系管理模式下的营销自动化更加及时快捷。

2. 销售管理

销售管理的核心是销售自动化（sales force automation，SFA）。销售自动化是 CRM

所有功能中增长最快的一个领域,也是当前 CRM 中应用最广泛的一种功能,它可实现移动销售、账户管理、合同管理、定额管理、创新管理、销售预测、盈利分析,以及向销售部门提供顾客和竞争对手的信息等功能。虽然销售自动化是 CRM 功能中应用最广泛的,但同时也是最困难的一个步骤,这不仅仅是因为它的动态性(不断变化的销售模型、地理位置、产品配置等),而且还因为销售部门的观念阻碍销售自动化的过程。

3.顾客服务与支持

顾客服务与支持(customer service & support,CS&S)主要集中在售后服务方面,但也提供一些售前信息,如产品、广告等。在多数情况下,顾客保持和获利能力依赖于企业提供的服务质量,因此顾客服务与支持非常重要。顾客服务与支持的主要功能包括现场服务(field service,FS)、顾客关怀、纠纷处理、订单跟踪、问题解决方案提供、维修行为安排和调度等。其中,现场服务是目前顾客服务与支持中应用最广泛的一个功能,它可以确保顾客在最短的时间内获得企业所提供的优质服务。另外,通过顾客服务与支持、销售自动化和营销自动化的有效结合,能够为企业提供更多的商机,向现有顾客交叉销售更多的产品。

(三)决策支持

完整的 CRM 强调顾客资料的一致性与完整性,CRM 决策功能中的数据仓库与数据挖掘技术可将顾客资料进行系统的存储与管理,不仅方便 CRM 营运功能的执行和运用,同时可以通过在线分析、数据挖掘等资料分析工具对顾客、交易与产品等相关资料进行解读,了解顾客对企业的贡献度和顾客的偏好与需求,甚至预测顾客未来的消费行为模式与商品结构,并将结果作为营销策略的决策依据。

(四)系统整合

CRM 系统只有对企业的生产、财务和物流等业务流程管理系统进行整合,才能在顾客服务及资料分析方面发挥出实质性的功效。整合前端和后端的资料,企业才能更全面地了解与顾客的互动及交易资料,分析出顾客对企业的贡献度,并决定是否值得继续为该顾客提高专属服务质量等。系统整合的重点是与企业资源计划(ERP)和供应链管理(SCM)之间的整合,实现企业内外部流程的协同。

CRM 解决方案界定为七个方面:

①顾客概况分析(profiling),包括顾客所属的细分市场、层级、爱好、习惯及该顾客的诚信与风险等;

②顾客忠诚度分析(persistency),即分析顾客对某个产品、品牌或机构的忠实程度,以及持续购买程度和变动情况等;

③顾客利润分析(profitability),指对不同顾客所购买的产品或服务的边际利润、总利润和净利润等数据的分析;

专栏 4-7
IT 业的 CRM
实践——联想公司

④业绩分析(performance),这是指不同顾客所购买的产品或服务,按其种类、购买渠道、销售地点、合约年限等指标划分的销售金额;

⑤顾客预估分析(prospecting),也就是对顾客的数量、类别、行为特点等情况的未来发展趋势进行分析和预测,并得出划分、获得顾客及发展顾客关系的手段;

⑥产品分析(product),即就有关产品或服务设计、产品关联性和供应链设计等方面向有关部门提出分析结论和建议;

⑦顾客沟通分析(promotion),包括就传播工作的各个方面,如广告、营业推广、公共关系和人员销售等活动提出分析结论和建议。

四、CRM 系统

集成了 CRM 管理思想和最新技术的 CRM 系统,是帮助企业最终实现以顾客为中心的管理模式的重要手段。目前业界对 CRM 系统产品的分类有各种不同的标准,例如,按照 CRM 系统功能分类:运营型 CRM、协作型 CRM、分析型 CRM。按目标企业性质分类:适用不同企业规模的 CRM 系统(企业级 CRM、中端 CRM、中小企业 CRM)及适用不同行业性质的 CRM 系统。还有按应用集成度分类、按系统实现的技术特点和体系架构进行分类等。

在 CRM 系统中,企业之间的业务差别较大,系统功能侧重点有所不同,但都包含基本的功能模块,一般的 CRM 系统功能模块可划分为营销管理、销售管理、服务管理、呼叫中心等模块。呼叫中心与营销、销售和服务管理有密切关系。

营销管理模块:对直接的市场营销活动加以计划、执行、监视和分析。

销售管理模块:用来帮助决策者管理销售业务,它包括的主要功能是额度管理、销售力量管理和地域管理。

服务管理模块:目标是提高那些与顾客支持、现场服务和仓库修理相关的业务流程的自动化程度并加以优化,可完成现场服务分配、现有顾客管理、顾客产品全生命周期管理、服务技术人员档案、地域管理等。通过与企业资源计划(ERP)的集成,可进行集中式的雇员定义、订单管理、后勤、部件管理、采购、质量管理、成本跟踪、发票、会计等。

呼叫中心管理模块:目标是利用电话来促进销售、营销和服务。主要包括呼入呼出电话处理、互联网回呼、呼叫中心运营管理、图形用户界面软件电话、应用系统弹出屏幕、友好电话转移、路由选择等。

专栏 4-8
汽车行业的 CRM 实践
——上海通用汽车公司

五、CRM 实施

(一)CRM 系统的实施方法

CRM 的实施方法主要有以下几个步骤。

①确立业务计划:企业在考虑部署 CRM 方案之前,首先确定利用这一新系统实现的具体的营销目标,即企业应了解这一系统的价值。例如,提高顾客满意度、缩短产品销售周期及增加合同的成交率等。

②建立 CRM 员工队伍:为成功地实现 CRM 方案,管理者还须对企业业务进行统筹考虑,并建立一支有效的员工队伍。每一个准备使用 CRM 销售系统方案的部门均须选出一名代表加入该员工队伍。

③评估销售、服务过程:在评估一个 CRM 方案的可行性之前,使用者须多花费一些时间,详细规划和分析自身具体的业务流程。为此,须广泛地征求员工意见,了解他们对销售、服务过程的理解和需求,确保企业高层管理人员的参与,以确立最佳方案。

④明确实际需求:充分了解企业的业务运作情况后,接下来须从销售和服务人员的角度出发,确定其所需功能,并让最终使用者寻找出对其有益且他所希望使用的功能。就产品的销售而言,企业中存在着两大用户群:销售管理人员和销售人员。其中,销售管理人员对于市场预测、销售渠道管理以及销售报告的提交感兴趣;而销售人员则希望迅速生成精确的销售额和销售建议、产品目录以及顾客资料等。

⑤选择供应商:确保所选择的供应商对你的企业所要解决的问题有充分的理解,了解其方案可以提供的功能及应如何使用其 CRM 方案,确保该供应商所提交的每一处软硬设施都有详尽的文字说明。

⑥开发与部署:CRM 方案的设计需要企业与供应商两方面共同努力。为使这一方案得到迅速实现,企业应该最先部署当前最为需要的功能,然后再分阶段不断地向其中添加新功能。其中,应优先考虑使用这一系统的员工需求,并针对某一用户群对这一系统进行测试。另外,企业还应针对其 CRM 方案制定相应的培训计划。

(二)实施 CRM 系统的注意事项

CRM 系统的确能在管理顾客关系上有很好的效果,但其并不能适用于所有的企业。首先,CRM 系统的实施要考虑企业现阶段是否达到 CRM 开始产生效益的最低客户量。CRM 的运作本身是有成本的,如果企业的客户基础比较薄弱,那么 CRM 能带来的收益可能无法弥补 CRM 运作的费用,在这种情况下实施 CRM 是非常不明智的。在考虑是否实施的时候,企业需要进行成本收益分析,来确定 CRM 是否能为企业带来正效益。

其次,CRM 系统的实施要考虑企业的资金状况。由于 CRM 系统对资金的需求量比较大,在投资前,中小企业应认真考虑企业的资金链能否承受巨额资金的投入。根据国外的经验,就整个 CRM 项目的费用而言,软件一般占三分之一,咨询、实施、培训的费用占三分之二。另外,还要特别考虑到系统升级和改变系统所需的费用。由于 CRM 软件具有模块组装的特性,正好符合中小企业通常习惯的渐进式投资方式,所以可缩短投资回报周期,从而在最大程度上缓解资金的需求压力。当然,目前一些中小企业有一个新的选择,那就是在线 CRM。在线 CRM 的一次性投入较少,企业可以按月付费给软件提供商来使用它。但在线 CRM 的缺点也是很明显的,就是无法进行专门定制,对于那些特殊流程比较多的企业,在线 CRM 并不是一个好的选择。

最后,CRM 系统的实施要了解 IT 基础设施和软件应用情况。每个企业都处于技术应用周期的特定位置，企业的起点和应用需求有较大的差异。在投资 CRM 系统之前，企业需了解公司硬件系统和电子邮件服务器、局域网和广域网等必备的 IT 基础设施，以及前期投入的软件应用情况。如果企业目前的 IT 基础设施和软件应用不足以支撑 CRM 实施的话，就需要先对 IT 基础设施进行补充，再进行 CRM 系统的实施。

CRM 系统的实施还需要受到企业营销管理高层的足够重视，以及各营销角色养成基于 CRM 管理平台的工作习惯。

本章小结

关系营销建立的是先进的关系网和科学的关系学，实施关系营销是一个系统的工程。由于关系营销理论还不够完善和统一，因此，我们在运用关系营销的过程中，还须综合各种营销方法的精髓，实现企业所要达到的社会效益和经济效益。在交易营销中，交易双方只是一种单纯的交易关系，而在关系营销中，企业与各方建立的是一种长期的、广泛的、深入的关系。关系营销的最终目的是建立起关系网络。

关系网络中包含六大市场，分别是顾客市场、供应商市场、分销商市场、内部市场、竞争者市场、影响者市场。每一个市场的关系建立和维护都对企业的发展非常重要。

关系营销的中心是顾客忠诚，而顾客忠诚是由顾客满意所决定的。

CRM 的目的在于建立一个系统，使企业在客户服务、市场竞争、销售及支持方面形成彼此协调的全新的关系实体，为企业带来长久的竞争优势。CRM 包括管理理念、管理模式和技术系统三个层次的内涵。CRM 主要具有互动管理、营运管理、决策支持、系统整合四种功能，通过这四种功能的有效组合，基本可以满足企业对 CRM 功能的整体要求。一般来说，CRM 系统中都包含营销管理、销售管理、服务管理、呼叫中心等模块。

CRM 系统能够为企业的管理和关系营销带来很好的效果，但实践证明，并不是所有的企业都适合使用 CRM，企业需要根据自身的具体情况选择是否建设 CRM 系统，并确定合适的 CRM 系统，使企业战略、人员选择、培训、硬件、激励机制等各方面协调一致，并完成 CRM 系统最终的运作。

思考题

①简述关系营销的定义和内涵。
②关系营销的中心是什么？为什么？
③企业应当如何培养顾客忠诚？
④简述三种关系营销工具。
⑤关系营销与交易营销相比，有何优点？

⑥关系营销网络有哪六大市场？分别简述六大市场的重要性。

⑦用调查数据说明，公司为什么应该重视顾客投诉？

⑧用调查数据说明，公司为什么应该维系顾客？

⑨简述顾客关系建设的五种水平。

⑩企业有哪些方式建立分销商市场关系？

⑪企业应当如何建立供应商关系？

⑫企业应当怎样建立内部关系？建立内部关系有何重要性？

⑬简述 CRM 的定义及内涵。

⑭CRM 有哪些功能？

⑮CRM 系统由哪些部分组成？各部分有什么功能？

⑯如何建设 CRM 系统？应当注意哪些事项？

案例题

马狮百货集团关系营销案例

马狮百货集团是英国最大且盈利能力最高的跨国零售集团，以每平方英尺（1 平方英尺约为 0.093 平方米）的销售额计算，伦敦马狮公司的商店每年都比世界上任何一个零售商赚取的利润更多。马狮百货在世界各地有 2400 多家连锁店，"圣米高"牌货品在 30 多个国家出售，出口货品数量在英国零售商中居首位。《今日管理》的总编罗伯特·海勒曾评论："从来没有企业能像马狮百货那样，令顾客、供应商及竞争对手都心悦诚服。在英国和美国都难找到一种商品牌子像'圣米高'如此家喻户晓，备受推崇。"这句话正是对马狮在关系营销上取得成功的生动写照。

早在 20 世纪 30 年代，马狮的顾客以劳动阶层为主，马狮认为顾客真正需要的并不是"零售服务"，而是一些他们有能力购买且品质优越的货品，于是马狮把其宗旨定为"为目标顾客提供他们有能力购买的高品质商品"。马狮认为顾客真正需要的是质量高而价格不贵的日用生活品，而当时这样的货品在市场上并不存在。于是马狮建立起自己的设计队伍，与供应商密切配合，一起设计或重新设计各种产品。为了保证提供给顾客的是高品质的货品，马狮实行依照规格进行采购的方法，即先详细制定要求的标准，然后让制造商——依循制造。由于马狮能够严格坚持这种依规格采购之法，使得其货品具备优良的品质，并能一直保持下去。

马狮要给顾客提供的不仅是高品质的货品，而且是人人力所能及的货品,要让顾客因购买了物有所值甚至是物超所值的货品而感到满意,因而马狮实行的是以顾客能接受的价格来确定生产成本的方法。为此,马狮把大量的资金投入货品的技术设计和研发中,而不是广告宣传。通过实现某种形式的规模经济来降低生产成本,同时不断推行行政改革,提高行政效率以降低整个企业的经营成本。

  此外,马狮采用"不问因由"的退款政策,只要顾客对货品感到不满意,不管什么原因都可以退换或退款。这样做的目的是要让顾客觉得从马狮购买的货品都是可以信赖的,而且对其物有所值不抱有丝毫的怀疑。

  在与供应商的关系上,马狮尽可能地为其提供帮助。如果马狮从某个供应商处采购的货品比批发商处更便宜,其节约的资金部分,马狮将其转让给供应商作为改善货品品质的投入。这样一来,在货品价格不变的情况下,使得零售商提高产品标准的要求与供应商实际提高产品的品质取得了一致,最终使顾客获得"物超所值"的货品,提高了顾客满意度和增强了企业货品对顾客的吸引力。同时,货品品质提高从而增加销售,马狮与其供应商共同获益,进一步密切了合作关系。从马狮与其供应商的合作时间上便可得知这是一种何等重要和稳定的关系,与马狮最早建立合作关系的供应商时间已超过100年,供应马狮货品超过50年的供应商也有60家以上,超过30年的则不少于100家。

  在与内部员工的关系上,马狮向来把员工作为最重要的资产,同时也深信,这些资产是成功压倒竞争对手的关键因素,因此,马狮把建立与员工之间的相互信赖关系、激发员工的工作热情和潜力作为管理的重要任务。在人事管理上,马狮不仅为不同阶层的员工提供周详和组织严谨的训练,而且为每位员工提供平等优厚的福利待遇,并且做到真心关怀每一位员工。马狮的一位高级负责人曾说:"我们关心我们的员工,不只是提供福利而已。"这句话概括了马狮为员工提供福利所持的信念的精髓:关心员工是目标,福利和其他措施都只是其中一些手段,最终目的是与员工建立起良好的人际关系,而不是以物质打动他们。这种关心通过各级经理、人事经理和高级管理人员真心实意的关怀而得到体现。

  马狮把这种细致关心员工的作风化作公司的哲学思想,不因管理层的更替而有所变化,并由全体管理层人员专心致志地持久奉行。这种对员工真实细致的关心必然激发员工对工作的热情,使马狮得以实现全面而彻底的品质保证制度,而这正是马狮与顾客建立长期稳固信任关系的基石。

请思考：

①试联系关系营销的相关内容分析马狮公司的具体表现。

②马狮公司的关系营销能对我国的零售企业在应对跨国竞争对手的竞争时给予哪些启示？

本章参考文献

[1] James C. Anderson, Håkan Håkansson, Jan Johanson. Dyadic Bussiness Relationships within a Business Network Context[J]. Journal of Marketing, 1995.

[2] 李培亮. 物流作业方法[M]. 广州：广东经济出版社, 2003.

[3] 郭毅, 侯丽敏, 戚海峰, 等. 基于关系视角的营销理论[M]. 上海：华东理工大学出版社, 2006.

[4] 熊超群, 潘其俊. 公关策划实务[M]. 广州：广东经济出版社, 2003.

[5] 林建宗. 客户关系管理[M]. 北京：清华大学出版社, 2011.

[6] 马刚, 李洪心, 杨兴凯. 客户关系管理[M]. 大连：东北财经大学出版社, 2008.

第五章
战略与竞争

- ☆ 理解战略计划的基本领域和层次
- ☆ 掌握在总部层面如何开展战略计划工作
- ☆ 掌握在业务单位层面如何开展计划工作
- ☆ 掌握如何实施和控制战略
- ☆ 理解市场上的五种竞争力量
- ☆ 学习市场领导者、市场挑战者、市场追随者和市场补缺者各自不同的竞争战略
- ☆ 了解如何平衡顾客与竞争导向

导入案例
"好孩子"的
发展战略

没有战略的企业是没有前途的,科特勒曾说:"战略的正确性比它是否能立即盈利更重要。"在动态的市场环境中,企业不仅要创造顾客,满足他们的欲望,还要积极主动地适应不断变化的市场。战略计划是指企业在面对激烈的市场竞争时,为自身的生存和发展进行的谋划活动。企业处于竞争激烈的市场经济环境中,竞争是市场经济的基本特征,它推动市场经济的运行。企业必须认真研究竞争者,结合自身的实际情况,有的放矢地制定竞争战略,这样才能在激烈的竞争中生存和发展。在本章,我们将介绍企业在不同的层次上如何制定战略,以及企业如何参与市场竞争等问题。

第一节 战略计划：三个关键领域和四个组织层次

一、战略计划的内涵

战略一词原指军事方面的重大部署,但现在已经在商业管理领域得到广泛使用。企业战略计划是指企业使自身的经营目标、资源状况与其所在的市场环境相互协调的管理过程。企业在经营的过程中不仅要进行有效的市场管理,以顾客为中心,提高顾客满意度和顾客忠诚,更要积极应对市场环境的变化,将各种理念付诸实施,这就少不了制定战略计划,实施战略管理。

二、战略计划的三个领域和四个层次

一般来说,企业的战略计划主要运用在三个关键领域,并存在四个不同等级的层次。战略计划的三个关键领域包括：

①把企业的各项业务及潜在业务作为一个投资组合来管理；
②精确测定每项业务的市场增长率和确定企业的定位及适合性；
③建立战略,对每一项企业业务都制定一个战略计划,以求实现既定目标。

在大型企业中,战略计划通常分为以下的四个层次。

1. 公司层战略计划

它是战略决策的最高层次,从宏观层面把握全局,负责设计整个企业的战略计划,指导企业的运作。企业总部决定进入和放弃哪些业务,并根据现实情况、未来预期以及期望目标来决定资源的分配。公司层战略计划关系着企业的发展,由企业高层决定,一个企业在同一时期只能有一种公司层战略计划。

2. 部门层战略计划

它是企业战略计划的中级层次,每个部门必须按照企业的宏观统筹进行安排,根据本部门业务的实际情况,将企业高层给予的资源合理地分配给其下属的业务单位。同时,部门层战略计划在一定程度上也会影响公司层战略计划。

公司层战略计划和部门层战略计划可以统称为总部战略计划。

3. 业务单位层战略计划

企业根据不同的业务将基层组织分为不同的业务单位,业务单位也要制订战略计划,合理使用分配到的资源,以便在未来的发展中实现获利。

4. 产品层战略计划

对每个业务单位的各种产品也要制定营销计划,以达到上层战略计划所预定的目标。具体产品的营销计划涉及很多方面,包括定价、广告、促销、渠道和定位等,这也是本书要重点介绍的内容,我们将在后面的章节中进行详细阐述。

企业营销计划是指导和协调营销实践的中心工具,在企业实施战略计划的过程中起到了关键的作用。例如,营销经理在实施战略计划的过程中至关重要,他在确定企业的使命中负有领导的责任;分析环境、竞争和企业形势;制定目标、方向和策略;拟订产品的市场分销渠道和质量计划,从而执行企业的战略计划。营销计划可以分为两个层次:战略营销计划和战术营销计划。战略营销计划是企业在分析市场机会的基础上提出的价值建议;战术营销计划则描绘了一个特定时期的营销战术,包括产品特征、促销、商品化、定价、销售渠道和服务等。

三、企业管理的三要素

企业的营销计划从制定到实施并不是某一个部门能独立完成的,需要企业的多个部门协同合作才能保证其顺利实施并达到既定目标,如图 5-1 所示,这就涉及企业管理的三要素:计划、执行和控制。计划指战略计划,包括公司计划、部门计划、业务计划和产品计划;执行包括配套的组织工作和具体的执行操作;控制包括衡量结果、诊断结果和采取修正措施。一个完整的管理策划流程包含这三个基本环节。很多企业在制定管理策划时将战略计划部分写得很详尽,却忽略执行和控制环节,这是常见但又不能忽视的问题。企业在制定管理策划的过程中必须充分考虑到具体的执行和控制反馈环节,很多因素影响着这两个环节的操作,也会影响到整个管理策划的实施效果。

一般来说,三要素之间是前后继起的关系,战略计划决定着后续的执行和控制环节,但需要注意的是,执行和控制环节也反作用于战略计划的制定,企业需要通过观察执行和控制效果来及时调整自身的战略计划。

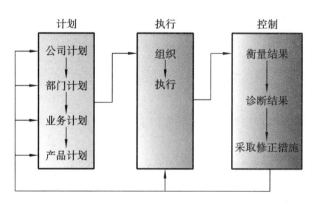

图 5-1 企业管理三要素

第二节 总部战略计划的制定

总部战略计划包括公司层面和部门层面的战略计划,每一个企业制定的战略由于管理风格和制度的不同而存在一定的差异,例如,有的企业将权力大幅度下放到部门和具体业务单位,只确定大体的方针和目标,不制定具体的销售额、利润等数据目标;有的企业则制定详细的战略计划和精确的目标布置给下属部门。

一般来说,企业在制定总部战略计划时主要包括四方面内容:①确定企业使命;②区分并建立战略业务单位;③为战略业务单位配置资源;④计划新业务和放弃老业务。

一、确定企业使命

企业使命是企业的存在宣言,它阐明了企业存在的目的、前进方向及生存的意义等根本性问题。企业使命是企业核心价值观的体现,更是企业根本的、最有价值的、崇高的责任和任务。企业使命体现了企业员工的行为共识,是引导和激发员工持之以恒地为企业不断实现新的发展和超越而努力奋斗的动力之源。

企业使命如此重要,那么企业应当如何确定企业使命呢?管理学大师彼得·德鲁克针对这一问题给出了理论框架:"我们的企业是干什么的?我们的顾客是谁?我们对顾客的价值是什么?我们的业务将是什么?我们的业务应当是什么?"这五个问题组成了确立企业使命的完整框架。这些问题看起来似乎很简单,但它们却关系着企业能否良好经营甚至关系着企业能否继续存在。一个成功的企业必定能很好地回答这些问题,并在经营过程中不断地向自己重复提问这些问题。企业使命不会随意发生变化,但当它不再适合时,企业必须重新确定一个有利于自身长久发展的企业使命。

专栏 5-1
影响企业使命的因素

使命说明书又称使命宣言,是指一个组织的意图和存在原因,旨在将企业使命清晰化。在战略管理理论和实践中,使命说明书向企业成员明确阐述相关目标和机会等问题,为企业的战略决策指明方向和提供依据。使命说明书引导广大分散的员工各自地、但却一致地朝着同一个组织目标而进行工作。

一般来说,一份有效的使命说明书有以下三个明显的特点。

①集中在有限的目标上。

②强调企业想要遵守的主要政策和价值观。政策规定了企业如何处理它与关系人之间的关系,也将个人自主的范围加以限制,以便员工能对主要的目标行动一致。价值观有些表现为规章制度以约束员工的行为,有些则成为企业文化,更深层次地影响着员工的行为。

③明确一个企业要参与的主要竞争领域。竞争领域主要包括行业、产品与应用、能力、市场细分、垂直渠道和地理区域。

专栏 5-2
部分著名企业使命说明书

二、区分并建立战略业务单位

大多数企业都同时经营若干项业务,例如,武钢集团在经营钢铁产业的同时正在积极开拓养殖业和服务业。即使只从事某一行业的企业在本行业里也有很多分支业务,例如"宝洁"同时经营着洗发水、沐浴露、牙膏、香皂等不同类型的日用产品。因此,为了便于战略管理,企业有必要对组成企业活动领域的各种业务从性质上进行区别。

战略业务单位是指企业值得为其专门制定经营战略的最小经营单位,它可能是企业的一个或几个部门,也有可能是企业里经营的一类产品或某种品牌的产品。战略业务单位必须具备下面的几个基本特征:

①有自己的任务,可以是一项独立业务,也可以是一组相互关联的业务,在计划工作上能与企业其他业务分开而单独作业;

②有共同的性质和要求,这样才能为其专门制定经营战略;

③掌握有一定的资源,能够相对独立或有区别地开展业务活动;

④有自己的竞争对手,这样的战略业务单位才有存在的意义;

⑤有自己的管理人员,负责战略计划和利润业绩,并且把控影响利润的大多数因素。

战略业务单位的经营过程不是简单的产品生产过程,我们在导论中分析过顾客满意和顾客导向的作用,战略业务单位应当以满足顾客需求为目标,只有顾客的需求才是永久支撑企业实现长远发展的力量。"立邦漆"的经营目的就不只是生产和销售油漆,而是致力于环境与人之间的协调发展,丰富人们日益美好的生活。

三、为战略业务单位配置资源

在大多数情况下,企业有很多战略业务单位,但资源是有限的,同时各个战略业务单位的经营现状和前景也不一样。此时,企业必须评估各战略业务单位的业务情况,分析它们的前景和潜力,考虑如何在各战略业务单位中合理配置有限的人力、物力和财力资源,这就是人们常说的投资分析或战略分析。常用的投资分析方法有"波士顿咨询公司增长—份额矩阵模型"和"通用电气公司模型"。

(一)波士顿咨询公司增长—份额矩阵模型

1. 理论框架

波士顿咨询公司增长—份额矩阵(BCG growth share matrix)是由波士顿咨询集团(boston consulting group)的布鲁士·汉德森(Bruce Henderson)于20个世纪70年代发现的投资组合模型。该模型认为投资收益的增长和生产利润的增长情况相似,均依赖于战略业务单位在特定市场的增长率。当该战略业务单位占据一定的市场份额时,可以用增长矩阵对所占份额进行描述,如图5-2所示。

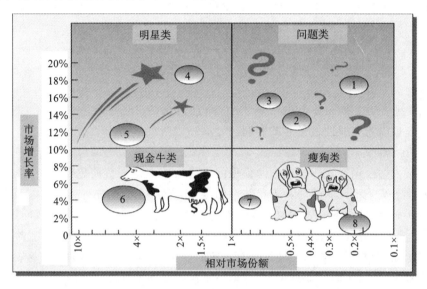

图5-2 波士顿咨询公司增长—份额矩阵

在该矩阵中,横坐标表示该业务的相对市场份额。相对市场份额是指本企业的该项业务的市场份额与市场上除了本企业之外的最大竞争者的市场份额之比,大于1则表示本企业为市场份额最大者,小于1则表示本企业不是市场份额最大者。例如,0.5表示本企业的该项业务的市场份额是市场上的最大竞争者的市场份额的50%;而4表示本企业是该项业务占市场份额最大的企业,市场份额是第二大企业市场份额的4倍。纵坐标表示该业务的市场增长率,分界线用来区分市场增长率的高低,在图5-2所示的矩阵中,市场增长率高于10%为高增长率,低于10%为低增长率。

通过横纵两个坐标中的分界点,我们可以对该矩阵进行划分:在高速增长市场上占据很高份额的业务被称为"明星";在低速增长市场上占据很高份额的业务被称为"现金牛";在高速增长市场上占据很少份额的业务被称为"问题";在低速增长市场上占据很低份额的业务被称为"瘦狗"。

1)问题类业务

问题类业务是指市场增长率高但市场份额不高的业务。一般来说,每项业务都是从问题类业务开始发展的,企业希望进入某一高速增长的市场,但不可能马上成为市场领导者。问题类业务要求投入较多的资源来保证最初对厂房、技术、人员和设备的投资和对市场领导者发起挑战。企业若对问题类业务进行投资必须慎之又慎。

2）明星类业务

问题类业务经过一段时间的成功经营,成功地挑战了市场领导者后,它将会变成明星类业务,明星类业务是高速增长的市场上的领导者。但需要注意的是,由于处在一个高速增长的市场之中,企业不得不继续投入大量的资源来应对市场的发展和其他竞争者的挑战。因此明星类业务在短期内不一定能够给企业带来正的现金收入,但确实会成为企业未来的"财源"。

3）现金牛类业务

业务经过一段时间的发展,市场增长率有所下降,当市场增长率下降到10%以下时,如果企业仍能维持住市场领导者的地位,那么明星类业务就会变成现金牛类业务。此时,企业不必继续大量投资来维持市场领导者地位,由于规模经济效应,现金牛类业务能够不断给企业带来现金收入,同时还可以支持企业的其他战略业务单位。

4）瘦狗类业务

瘦狗类业务处在增长率低的市场之中,而且企业在市场中所占的份额也较小,这样的业务一般难以为企业创造较多的利润。

2. 适用战略

波士顿咨询公司增长—份额矩阵模型的最终目的不是进行简单的业务分类,而是针对不同的业务实施不同的战略。需要注意的是,随着市场环境的不断变化以及经营策略效果的逐渐显著,各业务所处的位置也会发生改变:明星类业务可能会变成问题类,而瘦狗类业务通过合理的经营也可能变成现金牛类。因此,企业在制定和实施战略时既要审视现在的处境,也要对未来的发展情况有一定的预见,最终制定出合理的业务战略。

一般来说,针对不同的业务类型,有以下不同的发展战略。

①发展战略:发展战略适用于有前途的问题类业务和明星类业务,以提高业务的相对市场份额为目标,甚至不惜牺牲短期利益,需要进行大量的资源投入。

②维持战略:维持战略适用于强大的现金牛类业务,以维持业务所占的相对市场份额,获得大量的正现金流。持续稳健的现金流对企业来说非常重要,资金链的断裂意味着破产倒闭。常用的方法是只对设备进行折旧和维护,进行简单再生产但不需扩大规模。

③收获战略:收获战略适用于处境不佳的现金牛业务,以获取短期效益为目标,不考虑长期效益。企业往往逐步缩小生产规模,只对设备进行简单的修复,不进行更换以防增加成本,尽可能获取更多的正向现金流。

④放弃战略:放弃战略适用于瘦狗类和没有前途的问题类业务,以减少企业的损失为目标,通过清理、撤销企业的某些经营单位,减轻负担,把有限的资源用于收益较高的业务。

企业在应用波士顿咨询公司增长—份额矩阵模型进行投资分析时,要考虑战略业务单位的生命周期,重点分析每项业务的不同潜量与目标的要求,得到切实的适合自身发展的分析结果。一个企业常见的错误包含以下两个方面。

①要求所有的战略业务单位都要达到同样的增长率或投资报酬率。

②给现金牛类业务留存的资金太少或太多;给瘦狗类业务投入大量资金;保留太多

的问题类业务并给每项业务均进行投资;问题类业务没有得到足够的支持以获得细分优势,或者对其业务放弃得太快。

【问题讨论】

你能举例说明一个公司从"明星类"跳过"现金牛类"直接到"瘦狗类"的状况吗?

3. 投资分析结果

我们运用波士顿咨询公司增长—份额矩阵模型对某项业务进行投资分析以后,一般要形成规范的文本分析报告,其中包括分析过程、分析结果和政策建议。在政策建议中通常需要用到优先发展、大力发展、重点维持和适当放弃等词语来加以强调和重视。不同的词语表达的意思也千差万别,我们在使用时要认真研究、准确使用。

【问题讨论】

在某地区的发展规划中,第一章的标题有三个选择方案:发展概况、发展总论和发展现状,你觉得哪一个更好?

波士顿咨询公司增长—份额矩阵模型的优点在于提供了一个简单的投资分析框架,市场增长率和相对市场份额的数据都一目了然,方便我们进行分析。同时得到的结果也十分明显,但也正是因为过于简单,而有一定的局限性。两个单一的指标并不能全面反映企业的经营状况,这就需要我们去寻找更加系统的投资分析工具。

(二)通用电气公司模型

通用电气公司模型又称多因素业务矩阵或GE矩阵模型。美国通用电气公司(GE)于20世纪70年代在波士顿咨询公司增长—份额矩阵模型的基础上,开发了新的投资组合分析方法——GE矩阵。GE矩阵也提供了产业吸引力和业务优势之间的类似比较,与BCG不同的是:市场吸引力由总体市场规模、市场增长率、竞争强度、技术壁垒、能源要求和环境影响等因素综合衡量;业务优势由市场占有率、产品质量、品牌声誉和分销能力等因素综合构成。多指标衡量的方法使企业可以通过增减某些因素或改变它们的权重,来适应不同产业的特殊要求,具备更大的灵活性。

通用电气公司(GE)模型的使用一般包括以下五个步骤。

①根据企业的实际情况,或依据产品(包括服务),或依据地域,对企业的业务进行划分,形成战略业务单位,针对每一个战略业务单位进行内外部环境分析。

②确定评价因素及每个因素的权重。确定市场吸引力和企业业务优势的主要评价指标及每一个指标所占的权重。这些评价指标没有通用标准,可以根据企业所处的行业特点、企业发展阶段、行业竞争状况进行确定。但一般来说,市场吸引力主要由行业的发展潜力和盈利能力决定,企业的业务优势主要由企业的财务资源、人力资源、技术能力和经验、无形资源与能力等来决定。

③进行评估打分。根据行业分析结果,对各战略业务单位的市场吸引力和业务优势进行评估和打分,并加权求和,得到每一项战略业务单元的市场吸引力和业务优势的最终得分。

④将战略业务单位标在GE矩阵上。根据每个战略业务单位的市场吸引力和业务优势总得分,将每个战略业务单位用圆圈标在GE矩阵上。在标注时,注意圆圈的大小表示

战略业务单位的市场总量规模,扇形反映企业的市场占有率。

⑤对各战略业务单位策略进行说明。根据每个战略业务单位在 GE 矩阵上的位置,对各个战略业务单位的发展战略和指导思想进行系统说明和阐述。

企业管理层还可以预测每一个战略业务单位在今后若干年的预期位置,这包括分析每个产品所处的产品生命周期,以及预期的竞争者战略、新技术、经济事件等,这种预期可以在矩阵中用向量表示出来。

企业的目标不一定是为每个战略业务单位制定一个增加销售额的战略,可能只是想使用较少的营销费用来维持现有的水平或从这项业务中逐步回笼资金。因此,企业管理层的任务是根据设定的目标为每一项战略业务单位制定合适的战略计划,一旦确定了战略计划,就要高效地实施该计划。

专栏 5-3
通用电气公司(GE)模型在石油勘探领域的运用

市场吸引力和业务优势对评估一项业务具有十分重要的意义。企业如果进入富有吸引力的市场,并拥有在这一市场中获胜的各种力量,就能获得成功;若缺少一个条件,就难以获得显著的效果。例如,一家实力雄厚的企业不可能在一个夕阳市场中大展宏图,一家羸弱的企业也不可能在一个朝阳市场中大有作为。GE 矩阵正是以产业吸引力和业务优势为基础进行战略规划和投资分析,从这两个维度评估现有业务(或事业单位),每个维度分为三个等级,共有九个方格,以表示两个维度上不同级别的组合,如图5-3所示。

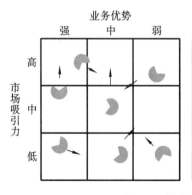

图 5-3 通用电气公司模型

如图 5-3 所示,不同的业务根据其市场吸引力和业务优势的高低强弱被划分为九个不同的类型。①落在左上角三个区域的市场可以看作是成长发展型的市场,值得企业进行投资,应加强市场渗透、市场开发和产品开发,或者采取前向、后向、横向一体化的行动。②对于对角线上的细分市场,应该采取专业化或聚焦市场,以维持市场地位和保持盈利,购并、市场渗透和产品开发是此类市场经常采取的行动。③右下角三个区域的细分市场,是应该收获或放弃的市场,可以减少投资,并尽可能从中得到收获。

四、计划新业务和放弃老业务

企业在对现有业务制定战略计划的同时,还要考虑如何发展新的业务。在规划新增业务时,企业应当首先在现有业务范围内寻找进一步发展的可能性,然后分析建立和从事某些与目前业务有关联的新业务是否可行,最后才能考虑进入与目前业务关联不大但市场吸引力大的业务。与这三个步骤相对应的有以下三种业务单位的成长战略。

(一)密集式成长战略

密集式成长战略是指企业在现有的业务范围内寻找新的市场机会。安索夫的产品市场拓展方格就是一种探索新的密集式增长机会的有效方法,如表5-1所示。

表 5-1 产品市场拓展方格

项目	新产品	现有产品
新市场	多样化战略	市场开发策略
现有市场	产品开发策略	市场渗透策略

1. 市场渗透战略

该战略是指企业通过各种途径在现有市场上积极扩大现有产品的占有率,主要途径有三种:①通过提高顾客购买次数和购买量来促使现有顾客增加购买产品,如牙膏厂商向顾客宣传应当增加刷牙次数;②吸引竞争者的顾客,比如通过更好的服务来争取其他企业的顾客;③吸引潜在顾客,例如通过广泛的广告宣传来吸引从未使用过该产品的顾客。

2. 市场开发战略

该战略是指将现有产品推广到新的市场,通常有两种方式:①在现有区域内寻找新的细分市场,如中央空调厂商将中央空调顾客从写字楼、商场等办公区和商业场所扩展到家庭住宅;②开辟新的区域,如华为公司将各种通信设施和终端向非洲等新市场进行推广。

3. 产品开发战略

该战略是指向现有市场提供全新的产品或者更新换代的产品,如苹果公司的 iPhone 平均一年提供一款升级换代版的新手机,凭借这些新的产品,苹果公司成功地抓住顾客,满足了顾客的需求,保持高销量。

4. 多样化战略

当然,企业还可以考虑在新的市场上提供新的产品,中兴公司为了进入欧洲手机市场,专门为英国市场设计了一款比国内同款产品规格更高的手机,取得了很好的效果。

(二)一体化增长战略

一体化增长战略是指企业利用与现有业务有直接联系的市场机会来寻求发展的一种战略,对供应链的重新整合可以提高效率和效益。该战略主要包括前向一体化、后向一体化和水平一体化三种,如图5-4所示。

1. 前向一体化

该战略是指企业对下游分销系统或下游企业进行收购和兼并,收购兼并经销商或新建经销公司,或收购新建下游企业,例如金矿开采公司控制贵金属首饰制造公司等。

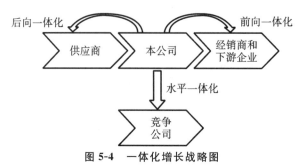

图 5-4 一体化增长战略图

2. 后向一体化

该战略是指企业通过收购或兼并上游原材料供应企业来控制供应系统,实行供产一体化。实现"供产一体化"的战略,可以有效地避免供应商对企业经营进行控制。

3. 水平一体化

该战略是指企业对同类型其他企业进行控制,或实行联合经营来减少直接竞争,扩大生产规模,获得新的技术,共同利用机会。

(三)多样化增长战略

当在现有的业务之外也存在很好的市场机会时,企业可以考虑实行多样化增长战略,多样化增长战略是指企业在现有业务范围之外寻求发展机会。多样化战略也分为以下三种类型。

1. 同心多样化

面对新市场、新顾客,企业以原有的业务为基础增加新业务。企业在扩展业务范围的同时也没有脱离业务主线,依然能够利用原来的优势和技术。

2. 水平多样化

针对现有的顾客和市场,开发新产品、新技术和新业务。这样做的风险比同心多样化更大,但是也可以利用公司原业务的品牌优势更好地发展新业务。

3. 综合多样化

进入与现有技术和市场没有关系的新业务、新市场,该战略的风险最大。如武钢集团投资 390 亿进入养殖业。

第三节 业务单位战略计划的制定

一、业务单位战略计划制定过程和业务任务

业务单位战略计划的制定过程主要包括八个步骤,其具体步骤如图 5-5 所示,其中的

关键步骤是 SWOT 分析和战略制定。

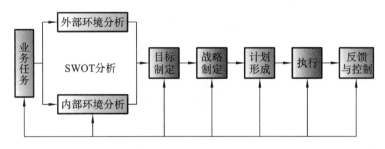

图 5-5　业务单位战略计划制定过程

总部战略需要各个业务单位的共同努力才能实现,因此,每个业务单位都应当根据企业的总部战略确定自己的业务任务。业务任务确定了每个业务单位的经营范围和标准,主要包括三个方面的内容:①满足哪些需求;②面向哪些顾客;③提供什么产品、技术。例如,一个汽车制造商,可将其业务活动范围确定为给中、低收入的家庭(顾客)提供省油、节能(技术)的"舒适型"汽车(产品),以满足他们对低成本交通的需求。

二、SWOT 分析

SWOT 分析是一种根据企业自身的内在条件进行分析,找出自身的优势、劣势及核心竞争力之所在的企业战略分析方法。其中战略内部因素("能够做的"):S 代表 strength(优势),W 代表 weakness(弱势);外部因素("可能做的"):O 代表 opportunity(机会),T 代表 threat(威胁)。SWOT 分析直接关系到业务单位战略计划的质量,是业务战略计划中的重要内容。

SWOT 分析可以帮助企业选择战略行动,提高完成目标和任务的可能性。该模型主要由外部分析和内部分析两部分组成,而内部分析和外部分析都存在着积极和消极两个方面,因此就形成了下面的矩阵,如表 5-2 所示。

表 5-2　SWOT 分析矩阵

类别	内部环境	外部环境
积极方面	优势	机会
消极方面	劣势	威胁

(一)外部环境分析

外部环境的分析不仅要监测影响该业务的主要宏观环境,还要对影响业务的微观环境进行分析,例如消费者、竞争者、上下游企业等。通过对这两个方面的分析,能够得到完整的机会和威胁,才能了解该行业在现在和未来是否具有吸引力。

对外部环境的分析可以采用波特五力模型来完成,这一内容我们将在下一节详细介绍。

矩阵分析法也是外部环境分析中常用到的方法。企业首先将有关环境事件的影响分为机会和威胁两类,分别画出机会矩阵和威胁矩阵,最后形成机会威胁综合矩阵来对外部环境进行评估。在机会/威胁矩阵中,横坐标表示事件发生概率,纵坐标表示事件发生带来的吸引/威胁,根据各事件的相应数据在矩阵上定点,如图 5-6 所示。

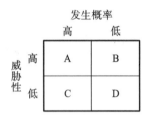

机会矩阵:
A:吸引力高且发生概率高,企业多利用该类事件
B:吸引力高但发生概率低,企业创造条件争取该类事件
C:吸引力低但发生概率高,企业多开发该类事件
D:吸引力低且发生概率低,企业应该回避该类事件

威胁矩阵:
A:威胁性大且发生概率高,企业要重视该类事件
B:威胁性大但发生概率低,企业要警惕该类事件
C:威胁性小但发生概率高,企业要给予必要的关注
D:威胁性小且发生概率低,企业基本可以忽略该类事件

图 5-6 机会威胁矩阵

在综合分析了机会/威胁矩阵之后,我们可以得到四种外部环境的分析结果:①机会多、威胁少的行业是最理想的行业;②机会和威胁都存在的是有风险的行业;③机会和威胁都很少的是成熟的行业;④机会少、威胁多的是困难的行业,应当谨慎地考虑是否进入该行业。

在判断一个业务的机会和威胁时,我们不能凭空臆想业务中存在的机会和威胁,需要借助一定的工具来判断和确定外部环境中存在的机会和威胁,例如企业管理者可以通过"顾客价值分析"来分析业务的机会和威胁。

顾客价值分析的基本步骤是:
①识别顾客价值的主要属性,即选定顾客价值的评判标准;
②评价不同属性重要性的额定值,即分别给每个属性赋予一定的权重;
③对企业和竞争者在不同属性上的性能进行分等重要度评估;
④与主要竞争对手比较,针对每个属性研究某一特定细分市场的顾客如何评价企业绩效;
⑤检测不断变化中的顾客特性。

顾客价值分析实质上就是用顾客价值模型对顾客的偏好进行分析。例如理发业务,首先要确定顾客注重理发店的哪些关键的属性,比如:技术、服务态度、服务项目、使用产品、环境等,然后分别给每个属性赋予一定的权重,再对企业和竞争者在不同属性上的性能进行分等重要度评估,并进行比较,最后就可以从中检测出顾客的偏好,分析出顾客价值所在。

(二)内部环境分析

每个企业都要定期检查自己的优势和劣势,这可以通过"绩效优势/劣势分析检查表"的方式进行,如表 5-3 所示,考察企业的四种相关能力的绩效和重要性。

表 5-3 绩效优势/劣势分析检查表

	绩效					重要性		
	特强	稍强	中等	稍弱	特弱	高	中	低
营销能力								
资金能力								
制造能力								
组织能力								

(1)企业的营销能力包括①企业信誉、②市场份额、③顾客满意、④顾客维系、⑤产品质量、⑥服务质量、⑦定价效果、⑧分销效果、⑨促销效果、⑩销售员效果、⑪创新效果、⑫地理覆盖区域。

(2)企业的资金能力包括①资金成本/来源、②现金流量、③资金稳定。

(3)企业的制造能力包括①设备、②规模经济、③生产能力、④甘愿奉献的劳动力、⑤按时交货的能力、⑥技术和制造工艺。

(4)企业的组织能力包括①有远见的领导、②具有奉献精神的员工、③创业导向、④弹性/适应能力。

竞争力分析:首先在营销能力、资金能力、制造能力、组织能力这四个层面上进行分析,分别对表 5-3 中的各个项目进行打分,然后就可以得到一个总分,通过与竞争对手进行对比分析,就可以检测出本企业的优势和劣势,这就相当于对公司的核心竞争力进行分析。

企业应充分发挥自身优势,回避劣势,但需要注意的是,企业不应去纠正自身的所有劣势,也不应对自身优势全部加以利用。企业还要研究自身未来的发展是局限在已有优势的机会中,还是去获取和发展其他优势,经过分析从而找到更好的发展机会。有时企业发展缓慢并非由于缺乏优势,而是各部门之间不能很好地协调配合。

三、目标制定

在 SWOT 分析完成后,企业可以根据对机会、威胁、优势、劣势的综合分析,将分析结果在特定的坐标系中进行定位,如图 5-7 所示,并以此为依据为业务单位制定战略计划目标。

大多数业务单位都是几个目标的组合,往往包括利润率、销售增长额、市场份额提高、风险的分散、创新和声誉等。企业设定的各种目标必须满足以下四个条件:①目标必须按轻重缓急有层次地安排;②在可能的条件下,目标应该用数量表示;③目标水平应该客观现实;④各项目标之间应该协调一致。

专栏 5-4
某炼油厂的
SWOT 分析

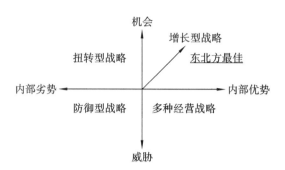

图 5-7 业务单位分析结果及最佳目标

四、战略制定

目标说明要向何处发展,战略则说明了要如何达到目标。在确定了目标、明确了发展方向之后,企业要制定相应的战略去实现目标。

(一)战略形式

美国哈佛大学商学院著名的战略管理学家迈克尔·波特(Michael E. Porter)提出了三种通用竞争战略:①全面成本领先战略;②差异化战略;③集中化战略。企业可以从这三种战略中选择一种作为其主导战略,要么把成本控制在低于竞争者的程度;要么在产品和服务中形成与众不同的特色,让顾客感觉到比竞争者更多的价值;要么致力于服务某一特定的细分市场、某一特定的产品种类或某一特定的地理范围。

1. 全面成本领先战略

全面成本领先战略也称低成本战略,是指企业通过有效的途径降低成本,使企业的全部成本低于竞争对手的成本,甚至是在同行业中最低,从而获取竞争优势的一种战略。例如,家乐福和沃尔玛等零售巨头,它们通过有效的途径降低了自身的成本,从而以"天天低价"作为卖点,吸引消费者购买。

全面成本领先战略的战略性价值取决于它的持久性,如果企业的成本优势相对于竞争者来说是难以模仿的核心竞争力,其持久性就能够存在。全面成本领先战略所需要的成本优势主要通过两种方法获得:一是控制成本驱动因素,企业可以在总成本中占有很大比例的价值活动的成本驱动因素方面获得优势;二是重构价值链,企业可以采用效率更高的方式来设计、生产和分销产品。全面成本领先战略适用于以下状况:

①现有的竞争企业之间的价格竞争非常激烈;
②企业所处行业的产品基本上是标准化或者同质化的;
③实现产品差异化的途径很少;
④多数消费者使用产品的方式相同;
⑤消费者的转换成本很低;
⑥消费者具有较大的降价谈判能力。

专栏 5-5
"戴尔"成本管理模式分析

2. 差异化战略

差异化战略是指为使企业的产品或服务与竞争对手有明显的区别并形成与众不同的特点而采取的一种战略。这种战略的核心是实现某种对顾客有价值的独特性，它主要表现在产品的设计、技术工艺、产品形象、服务方式以及企业品牌等方面。企业若在这些方面出类拔萃，可以有效地与竞争者区别开来，从而赢得顾客的信任，降低顾客对价格的敏感程度，获得不亚于成本领先企业的效益，例如，海尔集团强调自己的产品是"高质优价"的。企业实施差异化战略可以从四个方面入手：产品差异化、服务差异化、人员差异化以及形象差异化，这一部分内容我们将在本书第八章中做详细介绍。

差异化战略适用于以下条件：

①企业有很多途径创造出与竞争对手之间的差异，并且这种差异被顾客认为是有价值的；

②顾客对产品或服务的需求和使用要求是多种多样的，即顾客需求是有差别的；

③采用类似差异化途径的竞争对手很少，即真正能够保证企业是"差异化"的很少；

④技术变革很快，市场上的竞争手段主要集中在不断地推出新的产品特色上。

差异化战略的实施需要一定的前提，即企业有足够的综合实力，包括研发实力、营销实力和资金实力。因为无论是创造产品的差异性还是保持产品的差异性，都是以提高成本为代价的，都需要大量的资金投入。

专栏 5-6
海底捞的服务差异化战略

3. 集中化战略

成本领先战略和差异化战略都是企业的全面战略，即针对全国市场甚至更大的世界市场范围。集中化战略是指企业以某种特殊的顾客群、某产品线的一个细分区段或某一个地区市场为主攻目标，在局部市场上采取成本领先或差异化战略来争取较大市场份额的战略思想。集中化战略常常是成本领先战略和差别化战略在特殊顾客群范围内的体现，最典型且常见的例子是分布在人们居住的小区周围的小型超市，它们服务特定的人群和地区。

集中化战略适用于中小企业，有利于企业整合人力、物力、财力等资源，集中力量办大事，进行专业化生产，在小市场上取得规模经济效益。这种战略的风险在于局部市场发生变化，例如需求变化或强大的竞争者进入，企业就有可能受到冲击。根据集中化战略的目的和方法，集中化战略可分为两类：集中差异化和集中成本领先。集中化战略适用于以下条件：

①具有完全不同的用户群，这些用户或有不同的需求，或以不同的方式使用产品；

②在相同的目标细分市场中,其他竞争对手不打算实行重点集中战略;

③企业的资源不允许其追求广泛的细分市场;

④行业中各细分部门在规模、成长率、获利能力方面存在很大的差异,致使某些细分部门比其他部门更具有吸引力。

【问题讨论】

许多企业认为如果它们从事和其竞争对手相似的业务,但比这些竞争对手做得好,它们就可以获得竞争上的优势,并且这种优势能够持续很长时间。你同意这种观点吗?

(二)战略的实质与实现

成本领先、差异化和集中化战略都是具体的战略形式,在业务单位层面上,战略的实质是什么呢?迈克尔·波特(Michael E. Porter)认为:战略是"创造出一个独一无二的且有价值的定位,包括一系列不同的行动来实现其定位"。在当今的营销实践中,竞争对手可以通过利用对标等手段快速模拟有效经营公司的经营方法,从而削弱经营有效性所带来的好处。但是,具有战略优势的企业往往通过采取与竞争对手不同的行动,或者相似的行动但以不同的方式来保护自己的优势。

战略是创造出一个独一无二的且有价值的定位,并用一系列不同的行动来实现其定位。企业可以通过很多不同的方法来实现其战略定位,包括企业内部核心流程的管理、企业外部关系营销管理和价值链管理,正如我们在专栏中介绍的"戴尔"和"海底捞"一样,涉及企业内部制度建设、员工激励、各部门之间的协同合作以及企业与顾客、供应商和分销商,甚至与供应商的供应商联系等方方面面。这些内容我们在第四章中作过详细介绍,在此不再赘述。

战略定位实现的一个重要途径是战略定位的传播,有很多途径可以用来传播企业的定位,其中最主要的是广告。通过广告,企业将企业自身、品牌和产品的定位有效地传递给消费者,得到消费者的认同,唤起消费者内心的共鸣,从而吸引消费者进行购买。例如,洋河蓝色经典系列产品通过广告,突出自身儒雅的文化特点,吸引着高雅之士;相反,衡水老白干则表现出自身粗犷、豪迈的个性,也吸引着真汉子、真英雄。

五、战略计划的形成与执行、反馈与控制

业务战略单位在形成了自身的战略方案之后,需要制定一系列的支持性计划,来保证战略计划的顺利进行。例如,如果企业决策取得技术优势,就必须通过相应的计划来支持其研究与开发部门,尽力收集可能影响本企业相关的最新技术的信息,开发先进的尖端产品,训练销售人员,使他们了解技术,制定广告计划,宣传本企业的先进技术地位等。

麦肯锡公司(McKinsey & Company)认为,主要有七个方面的因素影响着企业战略计划的执行,包括三个"硬件"(战略、结构和系统)以及四个"软件"(作风、人员、技能和共同的价值观),如图5-8所示。

战略是指企业的总体和业务单位层面的战略计划;结构是指企业的组织结构;系统是指企业内部的管理系统;作风是指企业员工的行为和思想风格;技能是指企业员工具

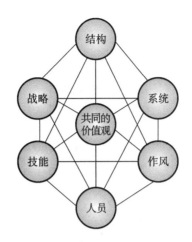

图 5-8　麦肯锡公司的 7-S 结构

备和掌握的基本技能；人员是指企业应雇佣能力强的员工；共同的价值观是指企业员工拥有的指导性价值和使命。

六、战略计划的反馈与控制

在战略计划的执行过程中，企业一方面要对战略实施进行控制，并对结果进行跟踪，另一方面要对企业的内外部环境进行监测，一旦战略执行结果与预期的不符合，或者经济环境发生变化时，企业应重新分析、评估并修订它的执行、计划、战略，甚至是目标。正所谓：做恰当的事，比恰当地做事更为重要。

第四节　行业竞争力量分析

我们介绍了企业如何制定相应的战略计划，规划自身的生存和发展，但需要注意的是，企业处于不断变化、竞争激烈的市场经济之中，所有战略的制定和实施都会影响到市场中的竞争者，同时竞争者的战略计划也会反作用于本企业。这就要求企业对某一行业进行分析，对行业内的竞争环境进行分析，对行业内具体的竞争对手进行分析，正所谓"知己知彼，百战不殆"。接下来，我们将介绍企业如何进行行业分析，不同地位的企业面对竞争时可以采取哪些策略。

行业内的竞争状况直接影响到企业战略计划的实施效果，也直接关系到企业的生存和发展状况。对于如何分析行业内的竞争形势，迈克尔·波特在20世纪80年代提出了"波特五力模型"，从五个方面有效地分析企业所在行业的具体竞争环境和细分市场吸引力。这五种竞争力量分别是:供应商的议价能力、购买者的议价能力、潜在竞争者进入的能力、替代品的替代能力、行业内竞争者现在的竞争能力,如图 5-9 所示。

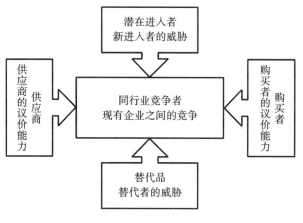

图 5-9　波特五力模型

一、同行业竞争者

大部分的行业中的企业,相互之间紧密联系又相互竞争。竞争战略作为企业整体战略的一部分,其目标是使本企业获得相对于竞争对手的优势,所以彼此之间必然会产生冲突与对抗,这就构成了现有企业之间的竞争。现有企业之间的竞争常常表现在价格、广告、产品介绍、售后服务等方面,其竞争强度与许多因素有关。行业内的竞争主要表现为份额竞争、均衡竞争、差别竞争和多元化竞争等方式。

根据波特的观点,行业内的竞争强度与下列因素相关。

1. 竞争者数量和彼此的相对力量

当行业内的竞争者数量众多,而且在规模和能力方面较为均衡,竞争程度会更加激烈。

2. 行业增长速度

行业增长速度越快,企业面对行业内的竞争压力就越小,而当行业增长速度放缓后,行业内的各个企业对市场份额的竞争就会变得更加激烈。

3. 产品或服务的差异化程度

当产品的差异化程度很高时,行业内的竞争手段主要表现在非价格方面,因而价格竞争不会很激烈。

4. 固定成本水平

行业内存在剩余生产能力时,过高的固定成本会对企业产生巨大的压力,因此企业会使用价格战等竞争手段来利用剩余生产能力。

5. 退出壁垒的高低

行业退出壁垒越高,行业内竞争越激烈。

6. 竞争者多样性

多样性的竞争者很难在行业内的竞争规则上达成一致,因此竞争会变得更加激烈。

二、潜在进入者

潜在进入者在进入行业后给行业带来新生产能力、新资源的同时,也会与现有企业发生原材料与市场份额的竞争,导致行业中现有企业的盈利水平降低,甚至会危及现有企业的生存。竞争性进入威胁的严重程度取决于两方面的因素:进入新领域的壁垒大小与预期现有企业对于新进入者的反应情况。

进入障碍主要包括规模经济、产品差异、资本需要、转换成本、销售渠道开拓、政府行为与政策、不受规模支配的成本劣势、自然资源和地理环境等方面,其中有些障碍是很难借助复制或仿造的方式实现突破的。预期现有企业对于新进入者的反应情况,主要是指现有企业采取报复行动的可能性,取决于有关企业的财力情况、报复记录、固定资产规模、行业增长速度等。在潜在进入者竞争性进入之前,行业中现有企业就已经联合起来,采取一致行动来提高进入壁垒。总之,潜在进入者的威胁大小,主要取决于进入行业所能带来的潜在利益、所花费的代价与所要承担的风险这三者的权衡比较。

一般来说,多数企业进入新行业是采取设立新企业的办法,但大型企业往往采取兼并或并购行业内现有企业的办法来进入新行业。这两种进入方法,都加剧了行业内的竞争。

三、替代品

替代品是指那些能给顾客提供相同或相近效用的其他产品。两个处于同行业或相关行业中的企业,会由于所生产的产品互为替代品而成为竞争对手,这种源于替代品的竞争会以各种形式影响着行业内现有企业的竞争战略。

首先,现有企业的产品价格以及盈利潜力的提高,将由于存在替代品而受到限制;其次,替代品生产者的进入,使得现有企业必须提高产品质量,或者通过降低成本来降低售价,或者使产品更具特色,否则其销量与利润增长的目标就会受挫;最后,替代品生产者的竞争强度,受产品顾客转换成本高低的影响。总之,替代品价格越低、质量越好、用户转换成本越低,其所产生的竞争压力就越强。而这种来自替代品生产者的竞争压力,可以通过考察替代品销售增长率、替代品厂家生产能力与盈利扩张情况来加以描述。

一般来说,企业生产的产品专业化程度和技术水平越高,顾客的转换成本越高,它被其他产品所替代的可能性就越小。企业需密切注意替代品生产者带来的竞争压力,最根本的措施是提高企业产品质量和服务水平,同时降低产品成本。

四、供应商

原材料、生产设备及其他生产要素供应商的议价能力会影响行业的竞争激烈程度,因为他们是生产企业的源头。供应商往往会自发地组织在一起,通过集中定价以及控制供应品的生产量来维持要素市场的价格和利润,这样可以提高集体议价能力,避免同行业竞争,加强对生产企业的控制。生产企业多采用与供应商建立合作关系或者开拓多条供应渠道的方式来争取主动权,以降低受供应商的影响程度。

以下情况通常会增强供应商的议价能力:

①供应商行业集中化程度较高；
②供应商的产品或服务差异化程度较高；
③供应商产品的主要客户是企业；
④供应商倾向一体化，与生产企业形成直接竞争；
⑤生产行业对供应商不重要，不属于供应商主要客户。

五、购买者

与供应商类似，销售企业的购买者的议价能力也会影响行业内的竞争格局。在日常的营销实践中，购买者都会采取相应的措施来提高自身的议价能力。例如，要求销售企业提供较高的产品质量或服务质量，迫使销售企业在现有产品的价格上作出让步。购买方议价能力的提高会降低行业的总体吸引力和盈利水平。

满足以下条件的购买者会具有较强的议价力量：
①购买者的总数较少，而每个购买者的购买量较大，占卖方销售量的很大比例；
②卖方行业由大量规模较小的企业所组成；
③购买者所购买的是标准化产品，同时向多个销售企业购买产品是可行的；
④购买者有能力实现后向一体化，而卖主很难实现前向一体化。

购买者议价能力的强弱主要受可供选择的品牌数量、产品同质性、购买数量的大小以及购买成本等因素的影响。销售企业在面对购买者时，最有效的方法是通过提高本企业产品的质量或提供独特的效用来提高购买者的转换成本，提高自身的议价能力。

需要注意的是，替代品的出现会改变企业与供应商和购买者之间的议价能力。

【问题讨论】
1. 假设你是耐克公司的CEO，试对你所在的行业竞争情况和市场吸引力进行分析。
2. 面对当前的行业竞争，耐克能采取什么手段，提升自身的企业实力？

第五节 市场竞争战略

在竞争激烈的经济环境中，每一个企业都在具体的行业中扮演着不同的角色，占据着不同的位置。一般来说，市场中的企业大致包括四种类型，如图5-10所示。不同类型的企业自然需要不同的竞争战略。

一、市场领导者战略

市场领导者是指在某一行业中，占有最大的市场份额，在产品开发、价格制定、分销

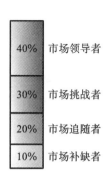

图 5-10 假设的市场结构

和促销等方面处于领导地位的企业。一般来说,大多数的行业都有一个被公认的市场领导者企业,它通常在价格变化、新产品引进、分销覆盖和促销强度上对其他公司起着领导作用,它是整个行业市场竞争的导向者,也是受其他企业挑战和模仿的对象。竞争者常常会联合起来进攻一个没有取得垄断地位的市场领导者,争夺市场份额,改变市场的竞争格局。因此市场领导者必须时刻警惕并采取恰当的战略来应对竞争者的挑战,维护自身形象,保持在行业中的地位和市场份额。市场领导者企业想要继续保持第一位的优势,可以在三条战线上进行努力:扩大总市场、保护市场份额、扩大市场份额。

(一)扩大总市场

当总市场扩大时,市场领导者会获得最多的收益,因为它在市场份额、价格制定等方面占据主导地位。扩大总市场一般可通过三种方法实现。

1. 发掘新用户

对新用户的发掘可以采取市场渗透战略、新市场战略、地理扩展战略等三种战略:①市场渗透战略是针对想用但还未使用本行业产品的用户所进行的,促使他们尝试购买此类产品,将潜在顾客转变为现实顾客;②新市场战略是另辟蹊径,在原有市场的需求达到饱和之后设法进入新的市场,扩大原有产品的使用范围,例如,吉列公司推出的女性剃刀;③地理扩展战略是寻找并开发尚未使用本产品的地域,例如,开发国外市场和农村市场等。

2. 开发新用途

市场领导者企业应当对本企业产品的功能和用途进行深度发掘,发现和推广产品的多种用途,来扩大总市场需求。新的用途往往能够再次吸引一大批顾客,通过很小的改进和宣传投入就能为企业带来巨大的收益。例如,最初的手机只是用来打电话和发短信的工具,现在的手机已经集娱乐、办公和通信功能于一身,甚至有人戏言:丢了手机就像丢了魂一样。

专栏 5-7
不干胶定律

3.增加使用量

现有顾客对产品使用得越多,产品的消耗就越大,对产品的需求也就越大。因此,以适当的方式引导顾客更多地使用产品,也就意味着产品市场的扩大。有的企业通过"缺陷设计"的方法来增加顾客的使用量,这是一种"笨办法",它会降低顾客的满意度和忠诚度,对企业而言得不偿失。"好办法"则是"有计划的放弃",企业不断地进行产品升级,让顾客主动地进行更新换代。企业可以通过三条途径来增加使用量:提高使用频率、增加每次的使用量以及增加使用场所。

(二)保护市场份额

市场领导者企业想要保持领导者地位,在扩大市场总需求的同时,还要运用有效的防御手段来保护自己的市场份额,避免被竞争对手蚕食。例如,在世界运动产品市场上,耐克应当时刻提防阿迪达斯。市场领导者企业不可能不被竞争者攻击,因此,市场领导者企业想要保护自己的市场份额,必须拥有强劲的、与市场领导者地位相匹配的实力,同时还应当采取一些战略防御手段。近年来,一些军事思想已经逐步渗透到市场领导者的防御战略制定中。防御战略归纳起来有以下几种,如图5-11所示。

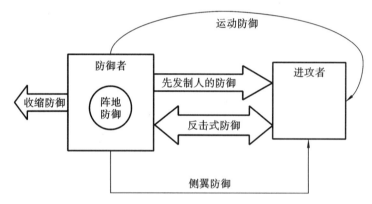

图5-11 防御战略的类型

1.阵地防御

企业在它目前的经营领域周围建立牢固的防线,以此抵御对手的攻击,例如拓宽分销渠道或制定较低的价格。阵地防御是最基本的防御方式,属于静态防御,在很多时候是有效的也是必要的。例如,"胖东来"是许昌著名的超市连锁品牌,它通过广告、增开店铺等方式在许昌当地建立起了强大的品牌威力,成功地抵制了外国零售巨头的进入。

但是,单纯依靠阵地防御是很难取得胜利的,例如:福特公司就曾一度采用这种"阵地防御"的方式来保护其T型车,结果这家实力雄厚的公司一度濒临破产。遭受攻击的市场领导者企业集中全部资源去建筑"防御工事"来进行防御是愚蠢的,是不具备可持续性的,它必须不断地进行技术创新、产品创新和开发、拓展自己的业务范围。

2.侧翼防御

明智的竞争者总是针对竞争对手的弱点来发起进攻,因此,市场领导者企业要保护其侧翼的薄弱环节。市场领导者企业通过一定的侧翼防御,不仅可以辅助正面阵地的防御策略,必要时还可以将其作为反攻的出击基地。例如,大型连锁超市在日用品和食品等方面占有领导地位,但却受到快餐店以及折扣商店的威胁,为此,很多大型连锁超市选择提供速食商品和无品牌日用品来防御快餐店和折扣商店的进攻。

3.先发制人的防御

相对于静态、被动的阵地防御,市场领导者企业可以采取更为积极的防御战略——先发制人的防御,是指市场领导者企业在竞争对手发动进攻之前,抢先发动攻击以挫败竞争对手。这种以攻为守战略的出发点是:预防胜于治疗,防患于未然的方式将收到事半功倍的效果。企业采取先发制人的防御方法有很多,例如:企业在市场中开展游击活动,随机打击对手,使每一个对手惶惶不安;确定一个宏大的市场包围范围;发出市场信号威胁对手等。这种以攻为守的策略是利用心理攻势来阻止竞争者的进攻,而不发动实际攻击。

4.反击式防御

反击式防御是指在竞争对手发动攻击以后,市场领导者企业采取主动的进攻策略,以争取更多的主导权和控制权。企业既可以迅速反击,也可以延时反击,有时企业在反击以前会稍作停顿,全面地了解竞争者,发现其过失,并寻找反击突破口。反击式防御策略的主要方式有:①正面还击,侧翼包抄,侵入攻击者的主要地区,例如,当年富士进入美国影像材料市场时,柯达迅速进入日本市场;②侧翼反击,寻找竞争对手的薄弱环节加以攻击;③包围反击,同时实施正面攻击和侧翼攻击;④进行有效的政治公关,获得政府的支持,例如联合利华曾在与宝洁的竞争中获得了上海市政府的支持,成功地在华东市场阻击了竞争对手。

5.运动防御

运动防御是指市场领导者企业不仅积极地防御现有的市场,还将经营活动范围扩展到一些有前景的领域。例如,某企业将其经营范围从"地板材料"扩展到"房间装饰材料",这就使企业的业务扩展到相邻的行业,它有助于企业综合发展和提高自卫能力。此外,企业也可以将其资金分散到彼此之间不相关的行业经营,这种做法可以让企业在战略上有更多的回旋余地。但在实施运动防御时应当注意遵循目标原则(追求清晰可赢的目标)和密集原则(集中力量针对竞争对手的弱点)。

6.收缩防御

一些大型企业由于资源过于分散,竞争势力减弱,在面对多个竞争者时,无力保住所有的细分市场,竞争者可能会一步一步吞食本企业的市场。在这种情况下,市场领导企业可以采用收缩防御战略(战略性撤退),即放弃一些已失去竞争力的市场,集中资源在本企业具备较强竞争力的领域进行经营。例如,IBM将自己的PC业务出售给联想集团,着力发展自身的优势业务。

(三)扩大市场份额

市场领导者企业可以通过其市场占有率的再度扩张而成长,在许多市场上,市场占有率很小的增长就意味着销售额的巨大增加。例如,在美国的咖啡市场上,若市场占有率增加1个百分点,其价值就是4800万美元。据一项研究表明,如果企业拥有40%以上的市场份额,它便可赢得30%的平均投资报酬率,这一数字三倍于市场份额在10%以下的企业。GE决定在其每一个市场中至少处于第一或第二的位置,否则就退出这个市场。它摆脱了自身的电脑业务和空调业务,因为它不能在这些行业中取得领先地位。奔驰获得了高额利润,它在其所服务的豪华汽车市场上是一个高份额的公司,尽管它在整个汽车市场上所占的份额并不高。

提高市场占有率对市场领导者企业的优势和实力来讲,并不是困难的事情,而且具有极大的诱惑力。但需要注意的是,只有在产品的成本边际递减或消费者愿意为高品质高份额的产品付出更高的价格时,提高市场占有率才会带来高收益。此外,不适当的营销策略或过分追求高的市场占有率可能会导致企业收益不足以弥补提高市场占有率付出的成本,如图5-12所示。同时,市场领导者企业应当注意在提高市场占有率的时候不会遭受反垄断审查和制裁。

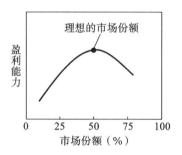

图 5-12 市场份额与盈利能力关系图

专栏 5-8
格兰仕集团
与美的集团
的攻防战

一般来说,扩大市场份额有以下几种方法:进行产品更新、升级;提高产品和服务的质量;实行多品牌营销;大量的广告投入;锻造品牌影响力等。

二、市场挑战者战略

在市场上占第二、三位或之后的企业被称为市场居次者和市场追随者,其中有能力向市场领导者或其他竞争对手发起攻击以夺取更多的市场份额的企业就是市场挑战者。

市场挑战者通常会寻找合适的战略目标和竞争对手,然后制定一个总体的进攻战略,积极有步骤地实现市场份额的扩大。例如,"苹果"和"三星"在手机市场上都曾充当过市场挑战者,不断地蚕食大量的市场份额,最终将市场领导者诺基亚拉下第一的宝座。

(一)确定战略目标和对手

市场挑战者的战略目标大多是扩大自己的市场份额、争取市场领导者地位、增加利润,但也有少数挑战者定位于固守现有的市场份额,以确保自身的业务安全。市场挑战者在明确战略目标后,必须确定主要的竞争对手。市场挑战者可以选择下列几种类型的攻击目标。

1.攻击市场领导者

这是一种既有风险又具有潜在价值的战略,一旦成功,市场挑战者企业的市场地位将会发生根本性的改变,因此颇具吸引力。企业在采用这一战略时,应十分谨慎、周密地策划以提高成功的可能性。

攻击市场领导者需要满足以下基本条件:①拥有持久的竞争优势,比如成本优势或创新优势,可以创造价格优势和高额利润,扩大市场份额;②接近市场领导者,市场挑战者必须有某种办法部分或全部地抵消市场领导者的其他固有优势;③具备阻挡市场领导者报复的办法,如果没有阻挡报复的办法,市场领导者一旦采用进攻性的报复,挑战者就得不偿失。

2.攻击目前经营不善和财力拮据的企业

市场挑战者企业可以进攻一些业务经营不善或者财力不足的企业,采取相应的方法吸引它们的顾客,夺取它们的市场份额。

3.攻击实力较弱的小企业

当某些中、小企业出现经营困难时,市场挑战者企业可以通过兼并、收购等方式,夺取这些企业的市场份额,壮大自身的实力和扩大市场占有率。这种情况在我国经济转轨时期比较普遍。

(二)选择合适的总体进攻战略

市场挑战者企业在确定战略目标和挑战对手之后,需要选择适当的总体进攻战略。我们同样地将军事思想引入进攻战略的制定中,挑战者的进攻战略可以是以下几种。

1.正面进攻

正面进攻是指市场挑战者企业在竞争对手的强项上与其展开正面交锋,这往往需要强大的实力作为保障。在这种情况下,挑战者必须在产品、价格、广告和渠道等方面超过竞争对手。常用的方法有:提高产品质量、降低价格以及大规模高密度的广告,正面进攻常与包围进攻一起使用。

2.侧翼进攻

挑战者企业为了避免与竞争对手在正面发生冲突,通常会寻找其弱点进行攻击,主要是在竞争对手市场力量薄弱的地区和细分市场,挑战者可以通过分析对手在各个地理市场和细分市场上的实力和业绩来选取突破口和攻击点。侧翼进攻需要的资源少于正面进攻,而且成功率高于正面进攻,特别适用于资源较少的攻击者。

3.包围进攻

包围进攻是指挑战者在多个方面、几条战线上同时对竞争者展开进攻,使其忙于应付,难以集中力量抵抗,趁机夺取对手的市场。包围进攻常与正面进攻配合使用,正所谓:"三分攻之,七分围之。"这也需要有强大的资源优势保障,例如,小松制作就曾扬言"包围卡特皮勒",并企图从多条战线上发起挑战。

4.迂回进攻

迂回进攻是指挑战者企业完全避开竞争对手现有的主营市场,进攻对手尚未涉足的业务领域,这是最间接的进攻战略。与侧翼进攻相比,迂回进攻更强调渠道上的创新,主要有三种方法:实行产品和市场多角化经营,发展新技术产品,取代技术落后的产品。其中,在技术领域实现技术飞跃——技术蛙跳是最有效的迂回进攻方法。

5. 游击进攻

游击进攻是指挑战者企业对竞争对手的相关领域进行小规模、间断式的进攻,骚扰对手并打击其士气,逐渐积累自身经验,并积攒力量为大规模的进攻做准备,等待时机成熟之后发起进攻,最终获得永久性胜利。游击进攻有袭扰性、试探性和积累性的特点。这种进攻战略适用于小企业攻击大企业,是以小博大的战略;也适用于大型企业进入新的投资领域(行业和地区)。常用的方法是有选择的降价、开展密集的促销活动或偶尔采取的法律措施等。但需要注意到的是,多次的游击进攻能形成有效的累积冲击,但若要彻底击败对手还远远不够,仍然需要进行强有力的攻击。

(三)特定进攻战略

1. 价格折扣策略

市场挑战者企业以较低的价格提供与市场领导者品质相当的产品。当然,要使价格折扣策略奏效,必须符合下列条件:购买者必须相信该企业的产品和服务可以与市场领导者媲美。

2. 廉价品策略

市场挑战者企业提供中等或者质量稍低,但是价格低得多的产品。这种战略只是在有足够数量的对价格感兴趣的购买者的细分市场上可行,而且这种策略只能是过渡性的,因为产品质量毕竟不够高。通过这一策略所建立的市场营销优势是不能持久的,企业必须逐渐提高产品质量,才能在长时间内向市场领导者挑战。

3. 名牌产品策略

市场挑战者企业可以努力创造一种名优产品,虽然价格很高,但也有可能把市场领导者的同类产品和市场份额挤掉一部分。

4. 产品扩张策略

市场挑战者企业紧跟市场领导者的脚步,创制出许多不同种类的新产品,这是产品创新策略的变相形式。这种策略能否成功决定于对新产品市场的预测是否合理,也决定于"领袖企业"和其他势均力敌的企业反应是否迅速和有效,并以同样的方法和策略"回敬"挑战企业。

5. 产品创新策略

产品扩张策略主要是向广度发展的产品发展策略,而产品创新策略主要是向深度发展的产品发展策略,即企业在新产品方面进行不断的创新,精益求精。

6. 降低制造成本的策略

这是一种结合定价策略、成本管理以及技术研究等因素的产品发展策略。市场挑战者企业可以靠有效的材料采购、较低的人工成本和更加现代化的生产设备,求得比竞争对手更低的制造成本。企业用较低的成本制定出更具进攻性的价格来获取市场份额。

7. 改善服务的策略

市场挑战者企业可以找到一些新的或者更好的服务方法来服务顾客。

8. 分销渠道创新策略

市场挑战者企业可以发现或发展一个新的分销渠道,以增加市场份额。

9. 密集广告促销策略

部分市场挑战者企业可以依靠他们的广告和促销手段,向市场领导者发动攻击,当然这一策略的成功必须基于挑战者的产品或广告信息有胜过竞争对手的优越之处。

【问题讨论】

①假设某企业正从众多产品中选择一款作为出口产品,该决策属于哪一个层面的战略决策?

②假设某企业打算出口陶瓷产品,正在选择某一中东国家作为目标市场,该决策属于哪一个层面的战略决策?

③假设该企业要进入一个中东市场(土耳其),它要做些什么准备?相应的步骤是什么?

专栏 5-9
伊利进入华南市场

三、市场跟随者战略

企业在进攻其他竞争者的时候,可能会获得更大的市场份额,也可能会遭到竞争者的报复,特别是攻击市场领导者时,甚至会招致毁灭性的打击。因此,大多数市场上的居次者和追随者并不会对市场领导者和其他竞争者展开攻击,也不会扰乱市场局面,而是保持对市场领导者的追随,保持现有的市场格局。市场跟随者是指在产品、技术、价格和渠道等领域模仿和跟随市场领导者的企业。它们往往在资金实力、创新能力上比较薄弱,因此会效仿市场领导者,提供与之相似的产品或服务,而且也不会主动争夺市场份额,其市场份额是高度稳定的。市场跟随者通常不会遭到其他竞争者的报复性攻击,但常常是市场挑战者的进攻目标。

市场跟随者常常存在于特定的环境之中:①创新的模仿,行业内的产品是可以模仿的,消费者能够接受模仿的产品,这样的产品模仿才能赢利;②资本密集的同质产品行业,产品差异化和形象差异化的机会很低,服务质量相仿,价格敏感性很高。

市场跟随者企业尽管是对市场领导者进行跟随和模仿,但也会根据自己的优势和能力确定以下跟随战略。

1. 仿制战略

仿制战略是指市场跟随者企业简单地复制市场领导者的产品和包装,并将其出售给一些品质较低或非法的经销商。例如盗版光碟、盗版图书、假冒手表等都属于仿制战略,这种战略是简单的伪造,通常是违法的,不利于企业的发展。

2. 紧跟战略

紧跟战略是指市场跟随者企业在对市场领导者的产品、包装、渠道、牌等进行模仿,模仿的同时进行少许的差别化处理,采取这类战略的企业往往被看作市场领导者的寄生虫。很多知名企业都受到过这种战略的困扰,例如"周住牌"对"雕牌"的紧跟,"康帅傅"对"康师傅"的紧跟等。

3. 模仿战略

模仿战略是指市场跟随者企业效仿市场领导者的产品或其他方面,但在价格、包装和广告上保持一定的差异。市场领导者不会注意到这类模仿者,而模仿者也不会进攻领导者。在产品同质性比较强的行业,模仿战略比较普遍,因为高同质性的产品和服务不易实现差异化战略。

4. 改变战略

改变战略是指市场跟随者企业在市场领导者产品的基础上对产品进行改变或者改进,使其更适合某一特定市场。改变者在某些方面发挥自己的优势和独创性,并将其销售给不同的市场。该战略是一个消化、吸收和再创新的过程,改变者在模仿的基础上进行创新,在积蓄足够的力量后,很多企业都成长为市场挑战者甚至市场领导者。"腾讯"就是在市场领导者(MSN)的产品基础上进行创新和完善,凭借其产品符合中国人使用习惯的特点,成长为中国互联网行业的巨头和领导者。

四、市场补缺者战略

市场补缺者是指专门服务于总体市场中规模较小或者大企业不感兴趣的细分市场的企业。很多小企业自身实力较弱,为了避免与大企业竞争,它们往往拾遗补缺、见缝插针,通过向特定市场提供高附加值的产品得到高利润和高增长。现在,越来越多的大型企业也建立起业务单位或者子公司,服务于利基市场。耐克公司就通过设计不同种类的鞋,包括登高鞋、跑步鞋、篮球鞋、骑车鞋和足球鞋来占领利基市场。

市场补缺者战略的关键是实现专业化。通常有以下途径来实现专业化。

专栏 5-10
利基市场

① 专注于最终用户:企业专门服务于某一特定类型的顾客。

② 专注于垂直层次:企业专业化于某些垂直层次的产品,如一个铝业公司可能会提炼铝,生产铝制零件,最后生产各种铝制产品。

③ 专注于某个顾客:企业将销售对象限定于某一个或很少的几个主要顾客。

④ 专注于特定区域:企业将销售集中于某一个地方、某一个地区或某一局部区域。

⑤ 专注于单独产品:企业只生产一种产品线或者一种产品。

⑥ 专注于特色产品:企业专门生产某种特色产品。

⑦ 专注于定制产品:企业专门为顾客定制产品,如定制马克杯的公司、定制文化衫的公司等。

⑧ 专注于特定质量和价格:企业专注于生产某一特定的高质量高价

格或低质量低价格的产品,如兰博基尼公司专注于生产高价格高品质跑车。

⑨专注于服务:企业能够提供其他竞争者没有或无法达到的服务。

⑩专注于某一渠道:企业只专注于某一特定分销渠道,并为该渠道定制产品。

市场补缺企业不能只抓住一个利基市场不放,而应当不断地寻找新的补缺点,多种补缺总比单一补缺更受欢迎。市场补缺者的主要任务是:①创造利基市场;②寻找新的补缺点;③保护利基市场。通过多个补缺点的积累发展实力,市场补缺者企业就能变得更加强大。

在"导论"和"关系营销"两章中,我们讨论了企业的顾客管理理论,本章中我们又讨论了企业的战略和竞争理论。那么,在顾客导向和竞争导向中该怎样取舍,就成了企业必须面对的难题。过分的关注竞争者,忽略顾客需求是本末倒置,科特勒曾说:"一个人的最大错误是围绕着竞争者转,你关注顾客,你就会得到一切。"因为顾客才是企业的衣食父母,企业所有的生产和销售过程都是为了满足顾客的需求,但过分的关注顾客需求,忽略竞争者状况也会带来一定的问题。企业都是处在激烈的竞争环境中,它们都需要针对竞争者的策略,并结合自身状况制定营销策略,否则就是"盲人摸象"。因此,企业必须在顾客导向和竞争导向中寻得平衡,这样才能实现持续、健康的发展。

第六节 企业核心竞争力建设

企业持续竞争的源泉和基础在于核心竞争力。核心竞争力是两位管理科学家加里·哈默尔(Gary Hamel)和普拉哈拉德(Prahalad)于1990年在《哈佛商业评论》发表的《企业核心能力》一文中提出的,核心竞争力和企业能力理论在企业发展和企业战略研究等领域迅速占据了主导地位,成为指导企业经营和管理的重要思想之一。它的产生代表了一种企业发展的观点:企业的发展由自身所拥有的与众不同的资源所决定,企业应该围绕这些资源构建自己的能力体系,以实现自己的竞争优势。

根据麦肯锡咨询公司的观点,核心竞争力是指某一组织内部一系列互补的技能和知识的结合,它具有使一项或多项业务达到竞争领域一流水平的能力。核心竞争力由洞察预见能力和前线执行能力构成。洞察预见能力主要来源于科学技术知识、独有的数据、产品的创造性、卓越的分析和推理能力等;前线执行能力产生于这样一种情形,即最终产品或服务的质量会因前线工作人员的工作质量而发生改变。企业核心竞争力是企业的整体资源,它涉及企业的技术、人才、管理、文化和凝聚力等各方面,是企业各部门和全体员工的共同行为。一般来说,企业的核心竞争力有三方面的特点:①它是企业一项具有竞争优势的资源;②竞争对手难以模仿;③该优势资源在应用上有一定的广度。

在本章中,我们仅从战略计划和市场竞争两个方面阐述如何建设企业核心竞争力。

一、战略计划方面

在战略计划方面,核心竞争力的建设有以下几个步骤。

(一)研究顾客需求和顾客行为决策

研究顾客需求和顾客行为决策,可以确定顾客价值模型和企业成功的关键属性,每个特定企业的目标顾客对于该企业产品的购买行为都是不同的。例如,顾客对墨镜的购买行为和对汽车的购买行为完全不一样,不同的购买行为会导致顾客价值模型和决定企业成功的关键属性存在很大的差异,因此,企业要调查消费者需求和购买行为。

(二)分析竞争者

通过分析竞争者,明确本企业和竞争者的优势和劣势,来创造市场。对竞争者优势和劣势的分析,可以通过一定的财务指标和统计指标着手,包括销售量、市场占有率、投资收益率、现金流和生产能力等指标。企业往往通过正式或非正式的渠道获得这些信息,有时一些取自非正式渠道的信息更具有价值,但需要注意的是,企业采取非正式渠道来收集信息时不能触及法律的红线。心理占有率和情感占有率对分析竞争者的优、劣势也是很有帮助的。企业需要找到竞争者的薄弱环节,强化自身在这一方面的实力,扬长避短、避实就虚。

(三)确定企业形象和核心竞争力的建设方向

确定企业形象和核心竞争力的建设方向实际上是在对公司进行定位(我们将在第八章进行详细介绍)。宝洁公司通过它的系列品牌,打造了实力强大的、卓越的、超一流的日用工业品生产商的企业形象;可口可乐公司在可口可乐、雪碧、芬达等多种饮品品牌的基础上形成了生产富有可口可乐公司特色的、充满美国文化的、实力雄厚的、生产质量卓越的超级跨国公司的企业形象。当可口可乐公司推出一种新的饮品,消费者都会愿意去品尝,因为他们认为这是可口可乐公司的产品,一定不会差到哪里去。

(四)进行内部营销

企业进行内部营销,并在企业内部建立核心竞争力。菲利浦·科特勒(Philip Kotler)定义内部营销是成功地雇佣、训练和尽可能激励员工很好地为顾客服务的工作。内部营销是一项管理战略,其核心是培养员工的顾客服务意识,在将产品和服务通过营销活动推向外部市场之前,先对内部员工进行营销。任何一家企业都应该意识到,企业中存在着一个内部员工市场,内部营销作为一种管理过程,能以两种方式将企业的各种功能结合起来。首先,内部营销能够保证企业所有级别的员工理解并体验企业的业务及各种活动;其次,它能保证所有员工有足够的激励并以服务导向的方式进行工作。内部营销强调的是:企业在成功达到与外部市场有关的目标之前,必须有效地进行组织与员工之间的内部交换过程。

(五)形象传播和外部营销

在完成以上工作后,企业内部对如何建设核心竞争力会有一个完整的思路,此时应当对企业的形象进行传播和外部营销,使顾客和社会认同企业的核心竞争力,使核心竞争力实实在在地为企业产品销售和发展服务。

二、市场竞争方面

在参与市场竞争方面,企业的核心竞争力不仅来源于对竞争对手的分析,例如收集竞争对手的市场信息、及时掌握对手的动态等,还来源于资源竞争分析,明确企业有哪些有价值的资源可以用于构建核心竞争力,如果有合适的资源则具体应该怎样运用。

从企业内部和竞争者的角度出发建立核心竞争力是有用的,但更重要的是以顾客为导向,以市场为导向,了解顾客的真正需要和市场环境的变化,并以此为基础来决定竞争策略。这样建立起来的核心竞争力才能够被顾客和市场接受,否则终将被市场淘汰。例如20世纪50年代,王安电脑公司曾经红火一时,但最后却倒闭,一个主要原因就是当年的王安对市场的评估出现了战略性的错误。当时王安认为在未来的三五年内,国际电脑市场会以小型机和中型机为基础,而不是家庭PC机,然而事实恰恰相反,家庭电脑成为电脑市场的主流。由于对市场的理解出现了错误,企业的战略也随之出现偏差,而竞争对手却把握住了时机,王安电脑公司最终被挤出了市场。

专栏 5-11
华为的核心竞争力

本章小结

科特勒曾说:"战略的正确性比它是否能立即盈利更重要。"企业战略计划有三个主要领域和四个层次,四个层次分别是:公司层、部门层、行业层和产品层。

企业在制定总部战略计划的时候要从以下四个方面着手:确定公司使命;区分并建立战略业务单位;为各个战略业务单位配置资源;计划新业务和放弃老业务。波士顿咨询公司增长—份额矩阵模型和通用电气公司模型是评估战略业务单位的良好工具。

企业通常使用SWOT模型分析行业的内部环境和外部环境,并使用波特通用战略来确定每个业务的发展战略。

波特五力模型可以有效地分析企业的竞争环境。五力分别是:供应商的议价能力、购买者的议价能力、潜在竞争者进入的能力、替代品的替代能力和行业内竞争者现在的竞争能力。

市场领导者应当时刻警惕挑战者的攻击,保护自己的市场份额,并通过扩大市场总需求来获得更高的利润。市场挑战者可以选择五种总体进攻战略向领导者和其他竞争者挑战:正面、侧翼、包围、迂回、游击。还可以使用如价格折扣、改进服务等特定的进攻战略来实施进攻。市场追随者企业通过对市场领导者企业的产品或服务进行模仿或改进来获得稳定的市场份额。补缺者则选择没有大企业竞争的利基市场来进行经营,补缺的关键是专业化于某一个方面。

企业应当注重市场环境和顾客需求,制定合适的战略,并且使用合适的方式参与竞争,建立自身的核心竞争力。

思考题

①战略计划的三个主要领域是什么?
②一所大学里的战略业务单位是什么,为什么?
③总结波士顿咨询公司模型和通用电气公司模型,并比较其异同点。
④新进入业务单位有哪些成长策略?
⑤市场领导者应该在哪三条战线上努力?
⑥市场领导者可以运用哪些防御战略?试举例说明。
⑦如何寻找利基市场?

应用题

①请列出三个你认为最好的使命说明书,并解释为什么认为它们最好。
②使用 SWOT 分析模型分析你作为一个学生有什么优势、劣势、机会和威胁。
③请你为波特通用战略的每一个战略找到一个适用的案例。
④使用波特五种竞争力模型来分析耐克所在细分市场的吸引力,并说明耐克应如何采取行动?
⑤未来的工作单位是你的顾客,而你自己既是管理层又是产品,请问你的核心竞争力在哪里呢?你又将如何保持和发展自己的核心竞争力?
⑥你觉得红罐王老吉在进行市场推广之前,需要做哪些准备?步骤是什么?

本章参考文献

[1]苗新月.市场营销——理论与实务[M].北京:清华大学出版社,2008.

[2]菲利普·科特勒.营销管理(亚洲版)[M].3版.梅清豪,译.北京:中国人民大学出版社,2005.

[3]张国良,赵素萍.企业使命管理精要探析[J].企业经济,2010(9).

[4]邓路,符正平.全球500强企业使命宣言的实证研究[J].现代管理科学,2007(6).

[5]吴健安.市场营销学[M].3版.北京:高等教育出版

社,2007.

[6] 江庆来.活用 GE 矩阵.致信网[EB/OL]. http://www.mie168.com/manage/2008-02/224554.htm,2008.

[7] 黄凯.战略管理——竞争与创新(第二版)[M].北京：北京师范大学出版社,2008:32.

[8] 周正祥.市场领导者战略.价值中国网.

第六章 营销调研

☆ 学习营销调研的定义、不同类型及范围
☆ 了解营销调研的重要意义
☆ 掌握营销调研的主要内容
☆ 掌握营销调研的基本步骤
☆ 掌握常见的抽样方法和一手资料收集方法

导入案例
可口可乐更
改配方铸成
大错

在导入案例中,可口可乐通过对消费者进行口味试验,决定更改可口可乐的配方,却最终铸成大错,引起了消费者的强烈反对,也给了竞争对手一个良好的发展机会。在企业制定营销决策之前,进行市场营销调研非常重要。营销实践表明,有效的营销管理需要详细、准确的市场信息,而这些信息都需要营销调研来提供,没有市场营销调研,企业的决策就如同无本之木、无源之水。同时,企业进行市场营销调研时,也要有规范的程序和科学的方法,否则可能使企业误入歧途。这一章,我们将主要阐述营销调研的基本理论以及营销调研的实施方法。

第一节 营销调研的基本理论

一、营销调研的定义

营销调研是企业为进行营销决策而使用科学的方法,系统收集并利用市场情报资料的过程。它由市场调查和市场研究两个部分组成,不仅要通过市场调研收集准确的信息,更要对收集到的信息进行分析和研究,用调查结果来指导企业进行决策。

在理解营销调研的定义时,我们需要注意以下几点。

1. 营销调研的目标指向性

营销调研通过收集企业所需要的信息和资料,指导决策来解决企业所面临的问题。目的是使企业的决策更加准确可靠,使营销组合的效果更加显著。

2. 营销调研的系统性

市场营销调研是一个系统性很强的过程,它要通过设计详细的方案,按照一定的程序去收集和处理相关信息,由一系列完善全面的步骤和规范组成,是一项周密策划、精心组织、科学实施的工作。

3. 营销调研的科学性和客观性

现代市场营销调研的方法随着科学的发展变得越来越先进,也需要更多的科学技术的支持。此外,在营销调研中,研究人员应当以客观中立的态度对待过程和数据,不对任何结果抱有成见;同时对资料的搜集应力求完整,并进行系统的分析。

4. 营销调研的时效性

营销调研只有在一定时期内才具备有效性,因为市场会随着时间的推移、经济的发展、政策的调整而不断地发生变化,顾客的需求也会发生变化。这就要求企业不断地进行市场营销调研,以发现新的机会和需求。

有效的营销调研可以让企业全面了解市场情况和顾客的需求,并进行合适的市场营销决策。在导入案例中,可口可乐公司正是因为营销调研的内容不完善、过程不规范,没有全面地认识到顾客的需求,片面地认为口味决定一切,最终得到了惨痛的教训。

二、营销调研的类型

对市场营销调研进行分类可以更好地组织和管理营销调研活动。按照不同的分类标准可对市场营销调研进行不同的分类,我们主要介绍按照调研的性质和研究目的的分类方法。

(一)探索性调研

探索性调研是企业在遇到新的情况和问题时进行的市场调研活动,其目的是了解与所研究问题有关的某些方面的情况,寻找制定营销方案的根据,探索性调研的结果往往只是试验性和暂时性的。例如,一家年轻的公司,起初生意很不错,但是进行了一段时间的经营之后,出现了业绩明显下降的情况,这时候,该公司就应当进行市场营销调研,找出业绩下降的问题的原因,是出现了新的竞争者,还是已有的竞争者生产了新的更好的产品,甚至可能是消费者已经对该公司的产品没什么兴趣了。

探索性调研具有灵活、多样的特点,常用的方法包括搜集二手资料、请教内行和专家、参照以往案例等。

(二)描述性调研

描述性调研是对市场相关的各种资料和信息进行搜集,并对这些资料和信息进行分析研究,通过研究的结果了解市场发展和变化的趋势,从而指导企业的市场营销决策。现实生活中的大多数调研都属于描述性调研,描述性调研比探索性调研更深入了一步,因此也对市场营销调研的计划、各项准备工作等提出了更高的要求,以便调研工作顺利进行。

描述性调研是对具体问题作如实反映的调研方法,其假设条件是研究人员对调查问题有一定的提前了解,能够描述不同消费者群体在需求、态度、行为等方面的差异。描述性调研常被用于下述情况:描述相关群体的特征;确定消费者对产品或服务特征的理解和反映;确定各种变量与市场营销问题的关联程度等。

(三)因果性调研

因果性调研是在描述性调研的基础上,解释和鉴别企业内外部各项因素对企业经营状况的影响程度大小的一种调研过程,如市场环境、产品质量、产品产量、产品数量等因素。例如,一家笔记本电脑生产厂商可能会对产品价格、产品配置、产品设计等不同方面进行调查,分析这些方面对产品的销售产生了怎么样的影响,并根据分析结果对产品的不同方面进行侧重,力求以最少的成本达到最好的营销效果。

因果性调研要求研究人员具备相关的专业知识,能够判断当一种情况出现之后,另一种情况是否会接着发生,并能说明其原因。研究人员往往根据假设的因果关系作营销决策,再通过实际的因果关系研究来验证其有效性。

(四)预测性调研

预测性调研是指通过收集、分析、研究现有的市场数据,运用相关的数学方法和统计软件,估计某种现象变化趋势的调研方法。企业存在于市场之中,市场环境的变化往往能决定一个企业的兴衰甚至存亡,因此对市场环境进行预测是至关重要的,只有对未来的市场有一个准确的认识,才能避免出现重大的经营风险。预测性调研是描述性调研的进一步深入,在描述性调研中得到的市场发展和变化的趋势的基础上描绘市场未来可能的情况。

上述四种调研方法相互联系、相互渗透:探索性调研主要是发现问题;描述性调研主要是说明问题;因果性调研主要是分析问题;预测性调研主要是估计问题发展的趋势。

此外,营销调研还可以按照调研样本产生的方式划分为普查、重点调研和抽样调研等;按照资料来源划分为文案调查和实地调查;按照实施范围划分为专题性市场营销调研和综合性市场营销调研。

三、营销调研的意义和功能

从营销调研的定义和分类中可以看出,通过市场营销调研,企业可以对市场和消费者的需求有一个完整的认识,有针对性地、有侧重地制定市场营销决策。如果没有市场营销调研,企业的营销决策将成为空中楼阁。一般来说,营销调研主要作用于以下的三个领域。

1. 市场领域

营销调研可以帮助企业确定市场对产品的容纳数量,了解市场的容量和性质。通过营销调研,企业可以进行市场细分和目标市场的选择,并确定合理的营销目标。

2. 产品领域

营销调研可以对产品在市场上的受欢迎程度、竞争者产品、消费者的意见和建议等进行收集,并通过这些信息对产品进行更新换代和改进。

3. 分销领域

营销调研可以对日益复杂的分销方法和策略进行分析,提出整改意见和建议。通过营销调研,可以分析销售人员的激励制度,分析广告媒体的优劣以及对各地区市场间的取舍和侧重。

营销调研作用于上述三个领域,其具体作用主要表现在以下几个方面。

首先,有利于企业制定科学的营销决策。企业在制定市场营销决策时,需要了解市场环境、竞争者状况和自身状况,而这些都必须通过市场营销调研来实现。营销调研对市场资料和消费者信息的客观收集和科学分析,为企业制定营销决策提供了一个真实可信的依据。

专栏 6-1
营销调研与决策成效

其次,有利于企业开拓新市场。新市场的开拓,需要了解企业现有市场、潜在市场和未来市场的情况,以及顾客的需求情况;需要掌握开发的新产品或服务的特点是什么、向谁提供、如何提供的问题;需要设计产品的规格、包装、质量和价格;需要设计产品的分销途径等。通过市场营销调研,企业可以获得回答这些问题的信息资料,并作出相关决策。

再次,有利于企业提高市场竞争力。现在的市场竞争是信息的竞争,谁掌握的信息多,谁利用信息的效率高,谁就将拥有别人所不及的优势。知己知彼,方能百战不殆,掌握了竞争对手的经营策略、分销渠道、促销手段等信息,就能开展具有针对性的营销活动,提高自身的竞争力。这些信息的获得往往要通过企业的市场调研,尤其是那些关键的、特定的信息。一般来说,拥有强大市场调研能力的企业就是最具竞争能力的企业。

最后,有利于企业监控其市场营销策略的实施。对企业来说,制定的任何一个营销策略都不是一劳永逸的,随着外部经济环境的变化,即使是在当时非常有用的策略,也可能跟新环境不相适应,甚至成为企业发展的障碍。此时,企业通过市场营销调研、分析研究可以评估市场营销策略的适用性和实施情况,研究经济环境的变化如何影响原有的营销策略。同时,把握市场的变化,对企业的营销策略进行监控和调整,开展更为有效的营销活动。

第二节 营销调研内容和过程管理

一、营销调研的内容

可口可乐公司的营销调研之所以失败,主要原因是其营销调研的内容不完善、过程不规范,只有全面的营销调研才能为企业营销决策提供准确的分析依据。一般来说,市场营销调研的内容包括以下几个方面:产品信息、市场信息、消费者信息、竞争者信息、顾客满意度信息和营销环境信息,如图 6-1 所示,但每一次的营销调研并不需要包含这全部的内容,应根据具体的调研实际来选择和设定。

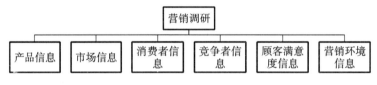

图 6-1 营销调研内容

(一)产品信息

营销调研的产品信息是指市场上与企业现有产品和即将开发产品的设计、开发、供应和销售相关的资料情报。这些资料情报可以帮助企业营销者了解产品在市场上的供求关系以及存在的机会和挑战,有利于企业制定合适的产品策略。产品信息主要包括:

①现有产品的全新用途;

②现有产品销售情况的趋势;

③竞争者对现有产品的改进情况;

④产品改进对销售的促进程度;

⑤新产品的开发情况;

⑥产品的包装、促销等外在情况。

(二)市场信息

变化是市场不改变的主题,把握市场信息,可以帮助企业及时地应对威胁,抓住机遇。市场信息主要包括:顾客数量和收入水平;价格水平波动;进出口量的变化;中间商的构成和竞争环境的变化等信息。研究市场信息的主要目的在于对市场需求进行分析和预测,包括估计产品或服务的市场现有规模和潜在规模、测算产品或服务的市场占有率、分析本企业在行业竞争中所占的位置等,这些可以帮助企业制定最佳的营销组合策略,进入有利可图的目标市场。

(三)消费者信息

消费者是企业开展经营活动的出发点,消费者信息主要包括消费者的人文特征和购买行为两个方面,这些信息是营销调研的中心内容,对于企业制定营销战略和计划有着非常重要的作用。企业不仅要研究消费者购买什么、为什么购买、何时何地购买,更要分析不同的消费者购买行为的差异以及产生这些差异的原因,包括:消费者的购买行为和习惯的信息;消费者购买动机的影响因素;消费者个体特征与购买行为之间的关系。

(四)竞争者信息

企业所有营销活动的目标是比竞争者更好地满足消费者的需求,这就要求企业在研究消费者信息的同时,还要掌握竞争者的情况,利用合法、合理的手段和技术收集竞争者的情报和有关信息,主要包括竞争者的数量、产品的差异化、服务的差异化、品牌的差异化、未来的发展趋势等,分析它们的优劣势,进而制定未来的营销策略。

收集竞争者信息的途径包括:通过竞争者的经销商;调查竞争者的终端管理;收集竞争者发布的广告等。

(五)顾客满意度信息

关于顾客满意和顾客忠诚的重要性本书已经进行了反复的强调,只有"完全满意"的顾客才会成为"忠诚顾客"。然而,中国企业家普遍缺乏让顾客得到完全满意的意识,因此,调查研究顾客满意度十分必要。现在,对顾客满意度的研究也越来越受到企业的重视,顾客满意度研究要求企业测量顾客的满意度水平,同时探讨影响顾客满意度的主要因素。

顾客满意度信息的收集往往不需要企业组织专门的营销调研活动,它可以在日常生活中进行。最常见的是在银行办理业务后,银行都会询问顾客对此次服务是否满意。

(六)营销环境信息

营销环境包括微观环境和宏观环境,任何环境的变化都有可能会影响企业的营销决策,它们通过直接或间接的方式给企业的营销活动产生影响和制约。微观环境信息包括企业营销渠道、顾客、竞争者和社会公众等。宏观环境信息主要包括经济形势、经济政策的变化、经济增长点的变化、政治环境和社会环境、法律法规的变化和执行情况、科技水平的提高等。企业必须清楚准确地认识自身所处的环境,使自己适应外部的环境。企业的市场环境调研多用于开拓新市场的项目。

专栏 6-2
"伊利进入华南市场"的营销调研

二、营销调研的过程

营销调研在企业的经营和决策制定方面起着非常重要的作用,是企业作出科学判断的事实基础。为了得到科学严谨、完备准确的营销调研信息,调研的过程也要有一定的规范。营销调研的过程包括六个阶段,如图 6-4 所示,在调研开始时必须明确问题和调研目标,然后根据调研目标进行小范围的探索和验证,设计合理的调研方案,根据方案收集各种资料并整理分析得到调研结果。

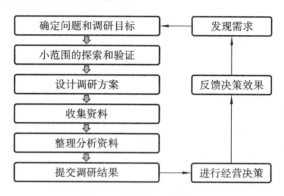

图 6-2 营销调研的过程

(一)确定问题和调研目标

营销调研的第一步是发现并确定调研所要解决的问题,这是市场营销调研过程中最为重要的步骤。确定了问题,调研人员才能集中精力去收集解决问题所需要的准确信息。相反,若营销问题不明确,会妨碍调研人员的工作,影响调研效率,这就要求企业在明确调研的问题时,既不能过于宽泛,也不能过于狭窄。例如,某企业希望通过营销调研为其产品定价,调研问题若定为"该产品应如何定价?"则过于宽泛,调研人员会收集到很多无关紧要的信息;若定为"该产品价格定为 10 元是否合适?"则过于狭窄,研究人员会提出疑问:"为什么不是 15 元或是 20 元?"合适的问题可以定为"竞争企业如何为类似的产品定价?消费者可以接受的价格范围是多少?"。

企业在确定调研所要解决的问题之后,要形成特定的市场营销调研目标,这一目标可以指导调研人员进行营销调研活动。仍以某企业为其产品定价为例,该企业的调研目标是:参考竞争者的定价策略,考虑消费者的价格接受程度,结合企业产品自身的质量、成本为产品制定合适的价格。

专栏 6-3
卡西欧公司
市场调研目标设计

(二)探索调研

探索调研是指企业通过掌握资料的有关方对所要调研的问题进行探讨,并通过分析来自其他信息渠道的数据资料找到具体问题的根源。当企业明确了调研问题,确定了调研目标之后,就可以进行探索调研。例如,生产企业可以与它的批发商和零售商讨论如何设置有效的分销渠道;销售经理可以询问销售人员对消费者需求的看法;采购人员通过与送货卡车司机这些运输行家进行交谈可了解企业的送货效率等。此外,探索调研还包括评估企业的记录,从企业内部记录中找到有价值的资料,内部资料通常来源于三个方面:销售业绩记录、财务报告和营销成本分析。

(三)设计调研方案

在确定营销问题、目标,并进行探索性调研之后,企业还要规划和设计调研方案,安排调研工作。营销调研方案是营销调研工作的行动纲领,它保证了市场营销调研工作的顺利进行。一般来说,调研方案主要包括以下内容。

1. 调研目的和调研内容

这两部分我们已经在前面的内容中做过介绍,调研目的主要是根据调研所要解决的问题来确定。调研内容主要包括六个方面,它根据调研的目标进行设置,内容的多少取决于其重要程度、经费预算和问题的具体内容和要求等。内容越多,调研更加全面,更具科学性和准确性。同时,也需要企业投入大量的经费,增加了企业的成本。

2. 调研对象

调研对象是调研人员具体接触的被访者。企业需要设计如何选择调研对象和选择多少调研对象,因为它决定着调查范围的大小、费用的多少以及调研结论的推广范围等。

3. 资料来源

市场营销调研资料按照获得方式的不同分为一手资料和二手资料,这在调研方案中要进行明确地界定。一般来说,在调研的初期阶段,主要是收集二手资料。一手资料的收集主要是为了获得专门的信息。

4. 资料收集方法

不同来源的资料需要用不同的方法来获得。一手资料需要企业通过具体的调研活动来获得,而二手资料则可以通过查阅相关资料获得,这一部分内容将在下一节中详细介绍。

5. 抽样方案

营销调研大多采用抽样的形式进行,这就需要先确定调研的总体,进而决定样本的性质、容量和抽样方法,调研的目的和要求往往决定了企业选择使用哪种抽样方案。这一部分内容也将在下一节中进行详细介绍。

6. 调研经费

调研人员应对调研活动所需的经费进行估算,包括资料印刷费、差旅费、咨询费和人员薪金等。需要注意的是:一方面要避免因时间拖延而造成费用上升,另一方面也不能为了缩减调研费用而降低调研质量。

(四)收集资料

收集资料是指企业采用各种调查方法,按照设计好的调研方案收集所需要的资料。它是市场营销调研的具体操作阶段,需要耗费大量的人力、物力和财力,也是调研活动能否顺利进行、调研方案能否达到预期结果的关键。

在这一阶段中,不同角色的调研人员所承担的责任和任务各不相同。调研组织者要做好外部协调和内部的组织工作,确保调研活动的顺利进行;具体的资料收集者要根据不同的资料收集方法与被调查者进行接触,按照调研方案和调研计划的要求,严格控制

接触中的每一个细节,以获得准确、完整的信息资料。这要求企业对资料收集者进行专门的培训,以保证调研工作的质量,培训的内容主要包括了解企业的调研方案、掌握相关的业务知识和基本的调研技巧等。

(五)整理、分析资料

市场营销调研的效果和水平不仅依靠收集资料的准确性和全面性,更依赖于对资料的处理和分析水平。企业对资料进行整理和分析,是希望通过对数据资料进行解释并从中得到科学的结论。企业通过营销调研得到的各项资料,大多是分散的、零星的、不系统的,这就要求企业对其进行整理,形成我们熟悉的、系统的资料以便进行分析;对整理后的资料做统计分析是指运用统计学的有关原理和方法,来研究市场实践中的数量特征和数量关系,以揭示市场现象。现在,越来越多的统计分析需要用到专业的统计软件。

(六)提交调研结果

营销调研的最后一步是从整理后的资料中提炼出调研结果,并以一定的形式向决策者提交调研结果,以便决策者进行市场预测并做出经营决策,这也是企业进行市场营销调研的根本目的。

一般来说,提交调研结果要使用调研报告,调研报告可以分为书面报告和口头报告,最常用的是书面调研报告。调研报告是市场营销调研的成果,应根据调研的问题和目标,提出建设性的意见,同时,调研报告应力求简洁、准确、完整、客观。调研报告的基本内容包括市场营销调研的基本情况、调研结论和主要内容的阐述和政策建议等。调研报告的基本结构为:①开头,包括调研报告的题目、目录和摘要;②正文,正文是报告的主体,它由绪论和研究分析组成;③结尾,包括调研的结论、相关的建议和参考文献;④附录,附录部分包括相关的图表、引用资料和研究方法的说明。

第三节 营销调研的方法与技巧

在设计营销调研方案中,要确定很多的内容,都需要特定的方法和技巧。这一节中,我们将介绍这些方法和技巧,主要包括确定调查对象的方法以及收集资料的方法。

一、确定调研对象的方法

调研对象是调研人员所具体接触的被访者。一方面,调查对象的选定受诸多因素的影响;另一方面,调查对象是否具有代表性也直接影响着调查资料的准确性。调查对象的确定方法主要有以下三种。

(一)普查

普查是为了某种特定的目的而专门组织的一次性的全面调查,它是对总体中的每一个成员进行调查,以便取得全面、精确的资料。普查涉及面广,指标多,工作量大,时间性强。普查是调查某一人群的所有成员,所以在确定调查对象上比较简单,所获得的资料也较为全面,可以知道全部调查对象的相关情况,准确性高。但是,我们也应该注意到普查也存在一些问题,如工作量大、花费大、组织工作复杂;调查内容有限;易产生重复和遗漏现象;调查的精确度和调查质量不易控制等。一般来说,普查主要应用于政治性调研,由政府部门进行组织和实施。

(二)典型调查

典型调查是根据调查目的和要求,在对调查对象进行初步分析的基础上,有意识地选取少数具有代表性的典型对象进行深入细致的研究,并以此推论总体特征的调查方法。典型调查方法需要注意正确选择典型,注意点与面的结合。典型虽然是同类事物中具有代表性的部分或单位,但毕竟是普遍中的特殊,一般中的个别。因此,对于典型的情况及调查结论,要注意哪些属于特殊情况,哪些可以代表一般情况,并将定性分析与定量分析相结合。进行典型调查时,不仅要通过定性分析找出事物的本质和发展规律,还要借助定量分析,从数量上对调查对象的各个方面进行分析,以提高分析的科学性和准确性。

(三)抽样调查

以上介绍的两种方法,由于其自身的特点,都很少应用于企业的市场调研活动中。在营销实践中,企业多采用抽样调查的方式来确定调查对象。抽样调查是一种非全面调查,是指从需要调查的总体中抽出一部分个体作为样本,然后对样本进行调查,并根据对样本调查所得到的结果来推断总体特征的一种调研方法。与普查相比,该方法组织简单、费用低、耗时短;与典型调查相比,该方法更为客观公正,样本代表性强。一般来说,在调查之前,企业要明确抽样误差需要控制的允许范围,这样就可以了解调查精确度。

常用的抽样方法分为随机抽样和非随机抽样两种。

1. 随机抽样

随机抽样也称概率抽样,是按照随机的原则,保证总体中每个个体都有同等机会被抽中的抽样方法。它用概率的方式客观地选择调查对象,建立在科学的基础上,排除了调查人员的主观因素。根据所采用的技术不同,随机抽样又可以分为简单随机抽样、分层抽样、系统抽样、整群抽样、多阶段抽样等。

1)简单随机抽样

简单随机抽样是最基本,也是最简单的抽样方法,是指在调查对象总体中不进行任何有目的的选择,只是按照随机原则用纯粹偶然的方法抽取样本的抽样方式,适用于个体之间差异不大且均匀的总体。简单随机抽样的具体做法有两种:①抽签法,将总体的全部单位逐一作签,搅拌均匀后进行抽取;②随机数字表法,将总体所有单位编号,然后从随机数字表中一个随机起点(任一排或一列),开始从左向右或从右向左、向上或向下抽取,直到达到所需的样本容量为止。

简单随机抽样必须有一个完整的抽样框,即总体各单位的清单。当总体太大时,这一过程的工作量也十分巨大,并且在很多时候根本无法得到总体名单。因此,在对大规模企业的调研中很少采用简单随机抽样的方法。

2) 分层抽样

分层抽样是指按照某种特征将总体分为若干个子总体(层),然后从每层中随机抽取一个子样本来组成总体样本的方法。该方法适用于个体之间特征差异大,且分布不均匀的情况,是分层技术与简单随机抽样的结合。对总体进行分层的变量称为分层变量,它一般是调查中要加以测量的变量或与其高度相关的变量。常见的分层变量有性别、年龄、教育、职业等,但在分层中需要注意:①必须有清楚的分层界限,每个个体都能归属于一定的层,不能遗漏,不能重复,也不能交叉;②必须知道各层中的个体数目以及各层占总体的比重;③分层的数目不宜过多,在确定各层样本数的时候,多采用分层定比的方法,即根据各层中单位数量占总体单位数量的比例来确定随机抽取各层的样本数量。

例如,某企业要调查某地 1000 家酒店的营业情况,其中子总体(层)为:高档酒店 100 家,中档酒店 200 家,低档酒店 700 家。如果样本数确定为 200 个,则各层应抽取的样本数为:高档酒店有 $100/1000 \times 200 = 20$ 个;中档酒店有 $200/1000 \times 200 = 40$ 个;低档酒店则有 $700/1000 \times 200 = 140$ 个。

3) 系统抽样

系统抽样又称等距抽样,是简单随机抽样的变种。在系统抽样中,先将总体从 $1 \sim N$ 相继编号,并计算抽样距离 $K = N/n$。式中 N 为总体单位总数,n 为样本容量。然后从 $1 \sim K$ 中抽取一随机数 $k1$,作为样本的第一个单位,接着取 $k1 + K$,$k1 + 2K$……,直至抽够 n 个单位为止。系统抽样是随机抽样中使用最广泛的抽样技术之一,与简单随机抽样相比,其成本低、难度小,并且耗时短。

但需要注意的是,系统抽样要防止周期性偏差,因为它会降低样本的代表性。例如,军队人员的名单通常按班排列,10 人一班,班长排第 1 名,若抽样距离也取 10 时,则样本或全由士兵组成或全由班长组成。

4) 整群抽样

整群抽样又称聚类抽样,是指将总体按照某种标准分群,每个群为一个抽样单位,用随机的方法从中抽取若干群,对抽出来的群中的所有单位进行调查的抽样方法,该方法主要应用于同质性较强的总体。整群抽样与分层抽样在形式上有相似之处,但实际上差别很大。分层抽样要求各层之间的差异较大,层内个体或单元之间的差异较小,而整群抽样要求群与群之间的差异比较小,群内个体或单元差异大。分层抽样时各群(层)都有样本,整群抽样时只有部分群有样本。整群抽样可以节约大量的财力、人力,但需要注意的是,整群抽样的代表性低于简单随机抽样。

例如,某企业要对武汉家庭进行消费者调查,它可以把武汉按照行政区域划分为洪山区、江岸区、东西湖区等,然后抽取所需要的样本进行调研。

5) 多阶段抽样

前四种抽样方法均为一次性直接从总体中抽出样本,称为单阶段抽样。多阶段抽样则是将抽样过程分为几个阶段,结合使用上述方法中的两种或数种抽样方法。例如,先用整群抽样法从武汉市所有中学中抽出样本学校,再用整群抽样法从样本学校中抽选样本班级,最后用系统或简单随机抽样法从样本班级的学生中抽出样本学生。多阶段抽样用于研究总体广泛且分散的调研情况时,可以减少调研费用,但由于每一阶段的抽样都会产生误差,经过多阶段抽样产生的样本,误差也会相应增大。

2. 非随机抽样

非随机抽样是指在抽样时不遵循随机原则,而是由研究人员根据调研目的和要求,以及调研人员的主观经验或其他条件来抽取样本的抽样方法。从定义中,我们知道非随机抽样带有主观性,会影响对总体进行推断的可靠性。但与随机抽样相比,该类抽样方法操作简单、省时省力,因此在许多营销实践中,该类调查方法仍非常有用。非随机抽样方法包括偶遇抽样、配额抽样和滚雪球抽样。

1) 偶遇抽样

偶遇抽样是指调研人员根据现实情况,以自己方便的形式抽取偶然遇到的人作为调查对象,常见的街头随机访问、杂志内问卷调查等都属于偶遇抽样。偶遇抽样的理论依据是总体中每一个样本是同质的,因而对哪一个个体进行调查都是一样的。

偶遇抽样是非随机抽样中最简便、成本最小的方法,但需要注意的是,在营销实践中,并非每一个个体都是相同的,它们往往有较大的差异。这时,偶遇抽样就不能代表总体和推断总体。因此,偶遇抽样的使用需要十分的谨慎和小心。

2) 配额抽样

配额抽样又称定额抽样,是指依据调查总体中的某些属性特征将总体划分成若干层,并按一定的标准分配各层的样本数额,然后由抽样者在配额限度内主观地任意抽取样本的方法。配额抽样与分层抽样类似,都保证了样本的组成与总体的组成是一致的。但不同之处在于,分层抽样在层内是按随机原则进行抽样的,配额抽样则是根据调研人员的主观经验进行抽样的。

采用配额抽样法抽选样本,有简便易行、成本低、耗时短的优点,并能保证样本在总体中分布均匀。但由于仍存在调研人员的主观经验,所以该方法也存在一些不足之处,例如:抽样人员可能为了方便起见,或由于资料不足等一系列难题而导致样本的选择偏重于某一层;抽样过程中未采用随机原则,不能估计抽样误差等。这就要求调研人员有很好的调研经验,尽量避免受到这些不足之处的片面影响。

3) 滚雪球抽样

滚雪球抽样又称推荐抽样,是指调研人员先对少数几个可以确定的调查者进行调查,再通过这些样本个体去认识更多的调查者,如此进行下去,样本数像滚雪球一样越滚越大,直到调查到所需要的样本数的调研方

专栏 6-4
新产品的顾客意见调查

法。该方法适用于数量不大且分布不集中的总体或者调研人员所掌握的样本数量有限的情况。

滚雪球抽样方法的优点是可以有针对性地找到调查对象，抽样误差小，调研经费比较省，缺点是调查对象之间必须存在一定的联系，并且愿意提供这种联系，同时，这种抽样方法耗时较长。

二、收集资料的方法

市场营销调研从本质上来说是对市场信息和资料进行收集，并进行整理和分析的过程，调研资料的质量决定了整个调研工作的水平和效果。而在资料收集的过程中最费时，也是最难掌握的就是用什么方法来收集资料。本节我们将主要介绍这一问题。

(一)调研资料的分类

我们已经简单地介绍过调研资料按照其获得来源可以分为一手资料和二手资料。在此，我们将对两者进行详细的介绍和比较。

一手资料又称初级资料，它是指调研人员通过现场调查，直接从有关调研对象处获得的资料。一手资料的来源十分广泛，可以是社会生活中的任一职业、任一个人，这就要求企业和调研人员选择合适的资料收集方法。此外，一手资料是调研人员根据特定的目的而专门进行收集的，所以其目的性、针对性和适用性都很强。但需要注意的是，一手资料的收集需要花费大量的人力、物力和财力。同时，很多资料是难以获得的，仅凭借企业自身的力量很难获得的。

二手资料又称次级资料，是指经过他人收集、记录、整理所积累的各种数据和资料。二手资料的来源也比较广泛，可以是政府机构或权威机构组织的普查，也可以是报纸、杂志所收集的资料，还包括各类市场调研机构收集的商业资料。与一手资料的收集相比，收集二手资料的优点很明显：省时省力省钱。但二手资料也有其局限性：一是相关性差，很多资料需要经过进一步的处理，甚至很多收集到的资料与调研人员所需要的资料完全不相关；二是时效性差，公布出来的资料很快就会过时；三是可获得性差，企业所需要的资料在已有的二手资料中不存在，或者是存在也无法获得。

通过上述分析，企业选择收集一手资料还是二手资料，一般取决于成本、准确性和有效性等因素。在营销实践中，很多企业同时使用一手资料和二手资料，以便充分地回答营销问题。

(二)二手资料的收集方法

二手资料的收集方法主要是文案调研法。文案调研法是指调研人员对现有的资料进行收集、分析、研究和利用的调研活动。使用文案调研法应遵循先易后难、由近及远、先内部后外部的原则。二手资料包括两种来源：内部资料和外部资料。

1. 企业内部二手资料

内部二手资料是指来自企业或者企业内相关部门的数据。企业内各个部门承担着企业的基本职能，负责企业的相关业务，它们所积累的报表、订货单和客户资料等都是重要的二手资料。

①财务部门。财务部门承担着对企业经营活动的数量关系进行记录、核算,对资金进行筹措、核算,以及对利润和成本进行核算等职能,其保存的二手资料包括会计账目和销售记录等。例如,财务部门编制的销售和成本资料,有助于企业进行市场研究,有助于评价企业在同行业竞争中所处的位置。

②生产部门。生产部门承担着企业产品的开发、设计、生产、新技术开发等职能。其积累的设计方案、报告等二手资料有助于企业评价某一新产品、制定新的生产计划和进行产品改进。

③业务经营部门。业务经营部门承担着企业的市场销售业务。通过对该部门保存的销售资料、发票和购销合同等二手资料的分析,可以了解企业主要的营销活动、顾客需求等内容。

④档案管理部门。企业的档案管理部门,承担着保管企业重要资料的职能。它所保管的企业规章制度、重要文件、工作总结以及以往的合同文本等资料,都能够反映出企业的概况,这些都是企业重要的二手资料来源。

在众多的资料收集方法中,收集企业内部二手资料的花费是最少的,也是最方便的。这就要求企业对内部数据进行记录和整理,加强内部信息系统的建设和维护。

2.企业外部二手资料

企业外部二手资料是指来自企业外部的各种信息资料的总称。在营销实践中,企业的二手资料,尤其是关于市场环境和消费者需求的二手资料大多来源于企业外部。企业外部二手资料的主要来源有三处:公共机构、商业数据资料和网络资料。

1)公共机构

官方的、半官方或民间性质的公共机构都是企业外部二手资料的重要来源,企业的调研人员必须熟悉这些公共机构以及它们能够提供的信息资料的种类。

①政府部门。现如今,政府已经不只简单地充当"守夜人"的角色,它更多地参与到经济活动中,不仅对部分企业进行直接管理,还通过相关政策的制定和实施引导企业以及市场经济的走势。因此,各级政府的财政、税务、银行、贸易等部门提供的各种政策法规、财政和金融信息都是企业重要的信息来源。

②行业协会。行业协会是某一行业的代表,代表某一特定行业的利益。它会公布本行业的相关市场信息和有关行业情报,例如,本行业的统计数据、市场分析报告、市场行情报告、产业研究和商业评论等。这些信息专业性强、可靠度高,是企业外部二手资料的重要来源。

③公共图书馆和高校内的专业图书馆。我国大部分城市都拥有综合性的公共图书馆,其中收藏着各种文献资料,以及所有公开出版的书籍、杂志和报刊等。专业图书馆多分布在科研院所和高等院校,主要收藏与专业研究有关的资料和信息。

④新闻媒体发布的信息资料。国家以及各省市的电台、电视台媒体都会播放各种各样的广告,传递大量的产品信息;各种各样的财经节目也会发送大量的市场信息。这一渠道往往传播信息量大、涉及范围广、传播速度快。

2)商业数据资料

除了公共机构提供的数据资料外,越来越多的咨询企业也开始提供相关的商业数据。

①国内外的各种博览会、展销会、交易会和订货会。这些会议一般都伴随着新产品、新技术、新设备和新材料的发布或生产。通过参加这些会议,取得会议上发放的文件和材料可以收集大量的市场信息,还可以直接获取样本、产品说明书等资料。

②工商企业名录。工商企业名录是指企业在工商部门登记的信息,包括企业的法人、企业的名称、地址、注册资金等。企业调研人员可以通过工商企业名录寻找潜在客户、中间商或竞争者的信息资料。一般来说,工商企业名录包括两种类型:按地域划分,包括某一特定地域内的所有企业的名录;按产品、行业划分,包括某一特定行业、某产品系列与某类市场的企业名录。

3) 网络资料

随着社会的进步和科技的发展,网络已经成为人类社会生活中越来越重要的组成部分。各大网站都包含大量的信息资料,比其他任何形式包含的信息都多。网络使人们收集信息变得更加容易,其特征是容易进入、查询速度快、数据容量大,同其他资源连接方便,许多国外专家把互联网称为"二手资料的新时代"。所以,各种网站、数据库的信息资料已经成为市场调研人员收集信息资料不可或缺的来源。但需要注意的是,网络提供的很多信息资料是无用的、有偏颇的、过时的。这就要求企业的调研人员能够熟练、准确地从网络中收集企业所需要的信息。

在文案调查法中,尤其是在收集企业外部二手资料时,经常会碰到一系列的困难和障碍,即出现找到了合适的信息资料却无法获得的情况,这就需要应用不同的方法和方式获得。常用的方法包括:查找、索要、收听、咨询、购买和互换。其中,部分方法需要花费一定的时间,部分方法需要花费一定的金钱,操作和实施方法相对简单,在此不再赘述。

(三)一手资料的收集方法

一手资料的收集方法主要有三种:访问法、观察法和实验法。

1. 访问法

访问法是指企业调研人员通过面谈、书信或电话等方式向被调查者了解市场动向、收集市场信息的调研方法。访问法是收集一手资料最常用、最基本的方法。在应用访问法进行市场调研时,通常需要用到调查问卷,调查问卷设计的好坏直接影响到市场调研的质量和准确性。访问法根据其具体的操作方式和环境也分为四种类型:面谈访问法、电话访问法、邮寄访问法和留置问卷访问法。

1) 面谈访问法

面谈访问法是指企业调研人员与被调查者直接接触,依据调查问卷或调查提纲当面获取信息资料的方法。面谈访问法是最直接的访问方法,它操作简单方便,访问过程灵活自由,调研人员不仅可以听取被调查者的回答和意见,还可以通过观察其态度或表情的变化,获取更加深入、更加全面的信息。面谈访问法常用的选取访问对象的方法有入户访问、街头拦截及邀请特定人员进行小组讨论等。

2) 电话访问法

电话访问法是指调研人员通过电话与被调查者进行交谈以获取信息资料的调研方法。电话访问法要求拥有一定的电话普及率,我国目前已经具备这一条件。电话访问法在西方发达国家的应用较为广泛,电话访问的使用率在美国已经达到60%。

电话访问法最大的优点就是用电话代替了面谈,所以收集信息的时间成本和金钱成本都比较低,同时收集速度也大大加快。当然,电话访问法也存在很多不足,例如,电话访问时间一般较短,不能进行深入访问,不能展示实体产品,调研人员无法看到被调查者的表情、姿态等形体语言,不容易产生信任感,容易被拒绝等。因此,该方法经常用于被调查者比较熟悉或者调查问题比较简单的市场营销调研。

3) 邮寄访问法

邮寄访问法是指企业将事先设计好的调查问卷,通过邮寄的方式送到被调查者手中,由被调查者根据特定要求填写后寄回的调研方法。调查问卷的发放形式主要有随产品发放、随广告发放及随报纸发放等。

邮寄调查法的主要优点包括调查对象广泛、调查费用低廉、调查时间自由以及被调查者匿名性强等。但是,邮寄调查法也存在回收率低、缺乏对调查对象的控制、回收时间长及问卷信息不准确等问题,调研的结果往往难以控制。

4) 留置问卷访问法

留置问卷访问法是指调研人员将调查表或调查问卷送到被调查者手中,详细说明调研目的、填写要求后,由被调查者自行填写,再由调研人员定期回收的调研方法。留置问卷访问法结合了面谈访问法和邮寄访问法的特点,既要求调研人员上门进行访问,又给调查者足够的时间来思考和回答问题。该方法问卷回收率较高,被调查者意见不易受到调研人员的影响,但因调研人员需登门两次,成本较高、耗时较长,同时还存在其他邮寄访问法的不足之处。可以说,留置问卷访问法是一种比较折中的调查方法。

2. 观察法

观察法是指调研人员根据一定的调研目的、调研提纲或观察表,观察被调查者的实际活动,以获取一手资料的调研方法。观察法是市场调研中非常重要的方法之一,它与日常的随意观察有本质区别,它是有目的的、有计划的、系统的和可以重复的观察,调研人员能够切身体会市场变化的实际过程以及当时的市场环境。同时,在运用观察法时,调研人员不与被调查者发生接触,而是采用诸如眼睛、耳朵等感觉器官去感知被调查对象,这就需要使用一定的仪器和手段来加以辅助,例如照相机、录音机和录像机等。

观察法的优点主要有以下几个方面:被调查者处于自然的活动状态下,其活动不受外在因素的干扰,因而获得的信息更加真实,更加客观可靠;观察法可以收集到一些无法言表的材料,避免因为相关人员的表达能力强弱而产生误差。当然,同其他市场调研方法一样,观察法也有其自身的局限性:一是观察法观察到的信息只能是表面的,类似于被调查动机、心态等内在的思想往往无法观察到;二是对时间要求比较严格,观察法只能在事情发生时进行观察才有效果,过时不候;三是对某些市场行为或市场环境变化的观察需要持续很久,花费时间较长,成本较高;四是观察法对调研人员的素质提出了很高的要求,通常需要他们拥有良好的记忆力和敏锐的观察力。

在市场营销调研的实际中,企业往往需要按照调研的要求以及受成本等因素的限制来选择合适的观察法。根据不同的角度,可以对观察法进行多种细分。例如,按照是否使用现代化仪器的标准可分为人工观察和仪器观察;按照事先是否制定好观察计划的标准可分为结构式观察和无结构式观察,等等。

专栏 6-5
观察的效力

3. 实验法

实验法是指在影响调查问题的众多因素中,调研人员有目的、有意识的选择一个或两个因素,在控制其他因素保持不变的条件下,对这一两个因素进行控制性实验,以此来获取需要的市场信息。实验法是市场营销调研中收集一手资料的重要方法,它将自然科学中的实验方法应用到市场营销之中,在给定条件下,对市场经济活动的内容加以验证、调查和分析。

实验法多用于观察企业产品在改变质量、外观包装、促销广告和售价等因素时,市场信息以及消费者需求如何变化。例如,某企业想对某产品进行提价,此时便可以应用实验法。具体方法是在前两个星期将提价后的产品放在甲、乙两个商店进行出售,将未提价的产品放在丙、丁两个商店进行出售;两个星期过后将提价前后产品互相调换,分别观察并记录两种产品的销量情况。若实验结果是提价后的产品销量反而比提价前的产品销量更多,该企业便可以对该产品进行提价销售。

专栏 6-6
江中健胃消食片的销售推广之路

根据实验场所的不同,实验法可以分为实验室实验法和现场实验法。两者的根本区别在于实验环境:实验室实验法的环境是在调研人员的严格控制下,现场实验法的环境则是现实的营销环境。一般来说,在营销实践中,用实验室实验法的实验结果来推断实际情况会产生较大的误差,因为实验环境与实际环境之间本身就有很大的差别。现场实验法虽然缺乏对各种变量的控制,但其在真实环境中进行,得到的调查结论易于推广、预测效力较高,所以经常被用于市场调研中。

实验法是企业表现出来的一种积极主动的市场态度,是企业认识市场环境的一种有效的方法。实验法有科学的理论依据,通过控制一个或几个变量来观察市场现象。同时,在实验中取得的数据比较客观,有较强的说服力。当然,实验法也存在一定的局限性和缺点:在营销实践中,并不容易找到与社会经济因素相似的实验场所;在实验中,很多因素是难以控制的,这有可能会影响到实验的准确性;实验法所需时间往往较长,成本较高。

本章小结

营销调研是企业为进行营销决策而使用科学方法系统收集并利用市场情报资料的过程,它由市场调查和市场研究两个部分组成。按照调研的性质和研究目的的不同,营销调研可以分为探索性调研、描述性调研、因果性调研和预测性调研。营销调研对企业营销组合策略的制定有着重要的影响意义,有效的营销调研可以让企业全面认识市场情况和顾客需求,制定合适的市场营销决策。

市场营销调研的内容一般包括以下几个方面:产品信息、市场信息、消费者信息、竞争者信息、顾客满意度信息和营销环境信息。营销调研的过程包括六个阶段,在调研开始时必须明确问题和调研目标,然后根据调研目的进行小范围的探索和验证,设计合理的调研方案,根据方案收集各种资料并进行分析以得到调研结果。

营销调研中调查对象的选取以及调查方法的选取是营销调研成败的关键,确定调查对象的方法有普查、典型调查和抽样调查。调研资料可以分为一手资料和二手资料,不同种类的资料收集方法不同,二手资料多采用文案调研法;一手资料的收集则相对复杂,主要有访问法、观察法和实验法。

思考题

①什么是营销调研?如何对营销调研进行分类?
②企业营销调研包括哪些内容?
③营销调研的基本步骤是什么?
④如何确定营销调研对象?
⑤调研资料应如何进行分类,分别如何获得?

本章参考文献

[1]李仉辉,项巨力.市场营销学[M].上海:立信会计出版社,2006.

[2]王秀娥,夏冬.市场调查与预测[M].北京:清华大学出版社,2012.

[3]景奉杰,曾伏娥.市场营销调研[M].2版.北京:高等教育出版社,2010.

[4]路易斯 E.布恩,大卫 L.库尔茨.当代市场营销学[M].赵银德,译.北京:机械工业出版社,2005:131.

[5]蔡继荣.市场营销调研学[M].广州:中山大学出版社,2009.

第七章
市场细分和目标市场

☆ 了解市场细分的概念和作用
☆ 掌握消费者市场分析的一般方法
☆ 掌握商务市场分析的一般方法
☆ 了解市场细分的标准
☆ 掌握目标市场选择和进入的方法
☆ 具备分析消费者市场、商务市场和选择目标市场的能力

导入案例
红罐王老吉
为何获得成功？

顾客是一个庞大、复杂的群体，其消费心理和购买特点都存在很大的差别，不同的顾客对不同种类的产品，即使是对同一类产品的需求和购买也存在差异。任何企业都不可能满足市场上的所有需求，因此，市场细分和目标市场战略就显得至关重要。企业的顾客包括消费者顾客和商务顾客两类，企业根据特定的变量对消费者市场和商务市场进行细分，进入相应的市场满足顾客需求。要想满足顾客的需求，我们首先要对顾客进行科学的分析，了解消费者市场和商务市场的基本特点和购买行为。本章将对消费者市场购买和商务市场购买进行分析，进而探讨企业如何进行市场细分，选择目标市场。

第一节 消费者市场及购买行为

为了更好地进行市场细分和选择目标市场，企业需要了解顾客的购买特征。在本

节,我们将首先分析消费者市场的购买行为,在下一节,我们分析商务市场的购买行为。

一、消费者市场

(一)消费者市场的概念

按照顾客购买目的和用途的不同,市场可分为消费者市场和商务市场两大类。消费者市场又称生活资料市场、最终消费市场,是指个人或家庭为了满足生活需要而购买或租用产品和服务的市场。它是消费品生产经营企业营销活动的出发点和归宿点,是市场体系的基础,并起着决定性作用。

(二)消费者市场的特点

1. 基数大、分布广

消费品市场的基本购买单位是个人和家庭,数量众多,分布广泛,因此营销范围也十分广阔。

2. 需求差异大

每一个消费者因为年龄、职业、收入、受教育情况和基本价值观的不同,对产品的需求也不尽相同。即使是同一款产品,消费者对产品颜色、规格和款式的要求也存在差别。

3. 小型购买、购买频率高

消费者为了满足个人和家庭的日常生活需要,除了部分耐用品(家用电器、汽车等)外,购买的大多是小型日常消费品(毛巾、电池和食用油等)。这类购买行为规模小、频率高,往往需要重复购买。

4. 非专业性购买

大多数消费者在购买消费品时缺乏专门的产品知识,在电子产品和汽车的购买上尤为明显。他们容易受产品广告、包装或其他促销方法的影响,而导致冲动购买。企业应杜绝利用消费者的非专业性来欺骗消费者的机会主义行为。

(三)消费者购买行为模式

研究消费者行为需要了解消费者如何利用自己有限的可支配资源(时间、金钱、体力)来获得有关消费品,这需要回答下面七个主要问题(6W1H):

①谁构成消费者市场?(who)——购买者(occupants)
②消费者购买什么?(what)——购买对象(objects)
③消费者为何购买?(why)——购买目的(objectives)
④购买活动由谁参与?(who)——购买组织(organizations)
⑤消费者怎样购买?(how)——购买方式(operations)
⑥消费者在何时购买?(when)——购买时间(occasions)
⑦消费者在何地购买?(where)——购买地点(outlets)

这些问题往往要通过广泛而深入的市场调查来获得答案,企业则必须在此基础上去发现消费者的购买行为规律,有的放矢地开展营销活动。例如,某企业计划推出一款新的电子产品,它必须分析和研究以下问题:该产品的目标消费者是谁?目标消费者购买什么样的产品?消费者为什么要购买这种产品?哪些人参与这一产品的购买?消费者怎样购买这种产品？消费者在什么时间购买这种产品？消费者在什么地点购买这种产品？

认识消费者行为，要从认识刺激—反应模式开始，如图7-1所示。营销和其他外部环境刺激消费者意识，消费者根据自己的特征处理这些信息，最后作出一定的购买决策。

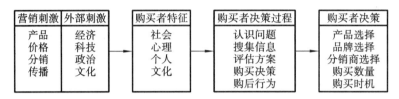

图 7-1　消费者购买行为模式

在这一购买行为模式中，"营销刺激"和各种"外部刺激"是可以观察到的，购买者最后的决策和选择也是可以观察到的，但是购买者如何根据各种刺激来进行判断和决策的过程却是不可知的。而对于消费者购买行为的研究主要也就包括这两个部分，这些内容我们将在本节后半段作详细阐述。

（四）消费者购买行为的类型

关于消费者购买行为的类型，有很多种划分方法。我们根据消费者在购买决策过程中的心理特征把消费者的购买行为分为以下几个类型。

专栏 7-1
消费行为的
"三大铁律"

1. 理智型

理智型购买是指消费者经过深思熟虑，而非仅凭感情便作出购买决策的购买行为。这类购买者在购买产品前通常广泛搜集信息，全面了解产品的有关信息，了解各品牌之间的差异。因而在购买过程中反复挑选、反复比较，很少受周围环境和他人意见的影响。

2. 情感型

情感型购买是指消费者容易受到感情支配而作出购买决策的购买行为。很多因素可以引发这类购买者的感情购买：①感觉上的感染力，例如精致毛线衫的保温效果可能不如羊毛衫，但其手感和质地给人更舒服的感觉；②祈求平安、长寿的心愿，因此人们常常购买维生素、氨基酸等补品；③显示威望和地位的渴望，例如购买豪华的住宅、昂贵的收藏品和高级轿车，这类购买者也更容易受促销和能够引发情感共鸣的广告的诱导。

3. 冲动型

冲动型购买是指消费者在购买产品时有很大的随意性，容易受外界环境的影响而迅速作出购买决策的购买行为。这类购买者通常不深入搜集产品信息和比较品牌差异，甚至没有明确的购物目标。他们往往在无意中发现商品，引起了兴趣就决定购买，在购买过程中也容易受商品的包装和他人意见的影响。

4. 习惯型

习惯型购买是指消费者根据自己对商品的偏好而作出购买决策的购

买行为。这类购买者往往对某一品牌有着执着的信任和偏爱,购买时不会进行反复比较和挑选,也很少受周围环境和他人意见的影响。

5. 模仿型

模仿型购买是指消费者模仿他人的购买行为,从而作出购买决策的购买行为。这类购买者有很强的从众心理,经常被别人的生活方式所吸引,他们的购买决策受到周围环境和他人意见的强烈影响。对希望购买的商品缺乏必要的了解,因此在购买过程中很难在比较的基础上做出自己的判断。

消费者的购买行为根据不同的标准还有很多不同的分类方法,比如以购买者参与程度和产品品牌差异为标准,消费者购买行为可以分为复杂性购买行为、减少失调感的购买行为、寻求多样性的购买行为和习惯性的购买行为。

二、影响消费者购买的因素

影响消费者购买行为的主要因素是购买者特征,而购买者特征可以区分为文化、社会、个人和心理四大因素。接下来,我们将分别介绍这四大因素如何影响消费者的购买行为。

(一)文化因素

文化因素对消费者的购买行为的影响最为广泛和深刻,包括文化、亚文化和社会阶层三个层面的影响,我们主要介绍文化和亚文化。

1. 文化

文化是人类从社会实践中建立起来的价值观念、道德理想、知识体系和其他有意义的象征的综合体,它是人类欲望和行为最基本的决定因素,包括语言、法律、宗教、科学、艺术和道德规范,文化具有普适性、变革性、包容性和传承性等特点。文化对消费者具有潜移默化的影响,它影响着消费者的生活方式,进而影响着消费者的消费心理和购买行为。例如,很多国家都过圣诞节,但在庆祝方式的细节上却各不相同,在荷兰,圣诞老人12月6日到来,在英国,圣诞老人在12月24或25日到来,而希腊则要再晚一些。

2. 亚文化

亚文化是指存在于较大社会中的一些较小群体所特有的文化。在一个大文化背景中,包含了若干个不同的亚文化群,每一个亚文化都会坚持其所在的文化群体中的主要信念、价值观和行为模式,同时又有自己独特的生活方式和行为规范。亚文化对消费者购买行为的影响更为直接也更为重要。不同的亚文化群体构成了重要的细分市场,这就要求企业密切关注和研究社会文化,以便确定目标市场,定制营销方案。

亚文化中有许多不同的类型,其中影响消费者购买行为最显著的有以下四大类:①民族亚文化群,每个民族在自身的发展过程中都会形成相同的生活习惯,这会影响到消费者的需求,例如,第一代和第二代美籍华裔,他们在食品、服饰和文化娱乐方面,仍然保留着中华民族的传统;②宗教亚文化群,世界上存在很多种宗教,它们特有的信仰、偏好和禁忌形成了一种亚文化,在生活习惯和购买行为上表现出许多特征,例如,中东地区大部分国家信仰伊斯兰教,不吃猪肉,人们自然不会购买猪肉;③种族亚文化群,不同种族有着不同的文化传统和生活习惯,例如,黄种人吃饭用筷子,白种人吃饭用刀叉;④地域亚文化群体,同一民族,由于居住、生长环境不同,也会形成不同的地域亚文化,并表现在语言和生活习惯方面的差异,例如,我国北方人爱喝白酒,南方人则爱喝黄酒或很少喝酒。

专栏 7-2
美籍亚裔人的购买模式

(二)社会因素

消费者的生活习惯是在特定的社会环境中形成的,各种社会因素是影响消费者购买行为的重要因素。我们可以通过分析特定的社会因素来对市场消费群体进行识别和归类,影响消费者购买行为的社会因素包括家庭、参照群体、身份和地位。

据调查,家庭几乎控制了60%的消费行为,衣、食、住、行、文化娱乐和旅游都是以家庭为单位消费的,家庭成员对消费者的购买行为产生直接或间接的影响,家庭成员在各种产品和服务的购买行动中扮演的角色和发挥的作用也是有差别的。一般来说,丈夫在决定是否购买方面有较大的影响,妻子在决定所购买的颜色、款式等外观特征方面有较大的影响。企业营销人员应认真研究特定的家庭模式,分析不同家庭成员在购买不同产品中的影响力,并采取相应的营销措施来影响购买选择。

人们在一生中会从属于许多群体,在不同的群体中,人们的身份和地位也不相同,这会影响到他们的购买行为。一个人可能是上市公司的董事长,但他也是父母的儿子,妻子的丈夫。作为董事长,他坐奔驰车,穿昂贵的西服,住豪华的别墅;作为儿子,他为父母购买营养品,陪父母外出旅游。

参照群体是指直接或间接影响一个人的价值观或其对商品及服务态度的个人或群体。参照群体一般有两种形式:①成员群体,消费者已经是该群体的成员,并受到直接的影响;②向往群体,这是指人们希望加入的某一群体,消费者不一定属于这一群体,但其成员的态度、行为对消费者有着很大的影响。参照群体为人们提供了行动的对象和标准,直接影响到人们的需求和购买行为。青少年的同伴影响他们听什么音乐,看什么电视;而组织群体则影响成年人穿什么衣服。在这些场合中,群体提供给个人如何行为的信息并迫使个人遵从群体的规范。需要注意的是,专家、偶像甚至街坊四邻的力量都会影响到人们的消费行为,他们在某种程度上起着"意见领袖"的作用。

专栏 7-3
企业营销中不可忽视的"意见领袖"

(三)个人因素

消费者的购买行为还受到许多个人特性的影响,包括年龄、经济状况、职业、个性与自我观念和受教育情况,我们将主要介绍个性与自我观念这两个因素。

个性是指个人的性格特征,它使个人对环境作出相对一致且持久的反应。例如,人们的性格中自信或自卑、内向或外向、活泼或沉稳、倔强或顺从等特点,直接或间接地影响着自身的购买行为。自我形象可以理解为自我定位,是描述人们自己如何看待自己,或别人如何看待自己的一种方法。品牌个性是指某特定品牌所呈现出来的一组独特的人格特征,自我形象对消费行为产生影响的一个重要表现在于:消费者通常倾向于选择那些品牌个性与自我形象相匹配的产品品牌。这就要求企业赋予产品和品牌一定的个性化特征,并使其与目标市场消费者的自我形象相吻合。

阿克(Aaker)通过对品牌个性的研究确认了以下7种品牌个性。

①坦诚——诚实、有益和愉快,如Hello Kitty。

②刺激——大胆、勇敢、生机勃勃、富有想象力和时尚,如音乐电视(MTV)。

③能力——可靠、聪明和成功,如索尼。

④教养——上流社会的、有魅力的,如资生堂。

⑤坚韧——积极的、坚强的,如天霸。

⑥激情——感情强烈、有灵性、神秘的,如飒拉。

⑦平静——和谐、平衡和自然,如雅马哈。

(四)心理因素

影响消费者购买行为的心理因素,是指消费者的自身心理活动。因为消费者的个性千差万别,影响消费者的心理因素也很复杂,主要包括需要、认知、信念和态度三个方面。

1. 需要

需要是消费者购买行为的起点,也是企业营销的出发点。当需要达到足够的强度水平时,就产生了动机,动机能产生足够的压力来驱使人们行动。根据消费者不同的需求特点,企业在营销中把市场细分为若干市场,生产和销售不同种类的产品。

最著名的需要理论是由美国著名心理学家亚伯拉罕·马斯洛(Abraham Maslow)在1954年提出的"需求层次论"。该理论认为人的需要是按迫切程度的层级排列的,按重要程度依次排列为生理需求、安全需求、社会需求、尊重需求和自我实现需求,如图7-2所示。人们在满足了一个需要后,才会努力满足下一个需要。例如人们在解决温饱问题之后,才会去购买高档耐用品,进而去进行享受消费。

实践证明,马斯洛的需求层次理论对于研究和认识消费者的动机和购买行为是十分有用的。企业营销者在制定营销组合、进行营销决策时,要善于运用和借鉴这种理论。

2. 认知

认知是个人选择、组织并解释接收的信息,以便创造一个有意义的个人世界的过程。消费者在形成购买动机之后,便会采取购买行为,但是采取什么样的购买行为,则由其对产品的认知程度所决定。一位购买者可能认为一名说话很多的推销员欠诚恳,而另一位购买者却可能认为该推销员很热情。在营销实践中人们的认知比真实更重要。

因为人们的认知不同,所以企业营销者在给目标市场传递信息的过程中要反复传递,避免信息被忽略,从而引起广大消费者的注意,使他们对本企业的产品留下深刻的印象。

3. 信念和态度

通过学习和实践,人们树立了一定的信念和态度,而信念和态度又会影响到人们的

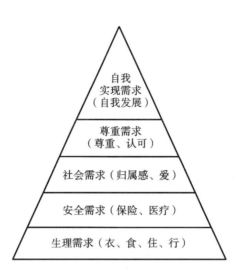

图 7-2 马斯洛需求层次

购买行为。信念是指人们对某种事物比较固定的看法,例如,消费者普遍认为德国汽车质量好,日本汽车省油。一些信念建立在科学的基础上,另一些信念却可能建立在偏见的基础上。对企业来说,信念构成了产品和品牌的形象,人们通常是根据自己的信念行动的。因此,企业应了解消费者对产品的信念,影响消费者的购买行为。

态度是指人们长期保持的关于某种事物或观念的是非观、好恶观。态度是消费者在长期的学习和社会交往的过程中形成的,不易改变。消费者一旦形成对某种产品或品牌的态度,就倾向于根据态度作出重复的购买决策,不会花太多的时间去进行比较、分析和判断。因此,企业不能企图改变顾客的态度,而是应该设计适当的产品去迎合顾客的态度。

综上所述,消费者的购买行为是文化、社会、个人及心理等因素综合作用的结果,企业营销者应充分考虑这些因素来制定合适的营销策略。

三、消费者购买决策过程

消费者购买决策过程是指消费者购买行为或购买活动的具体内容、步骤、程度和阶段。每个消费者的购买决策过程不尽相同,但一般来说,消费者购买行为要经历五个阶段,如图 7-3 所示,即产生需求、搜集信息、评估选择、购买决策和购后行为。从中可知,消费者的购买决策过程并不只有实际购买这一阶段,而在这个阶段之前就开始了,一直持续到实际购买之后。因此,企业的营销人员要关注消费者的整个购买过程。

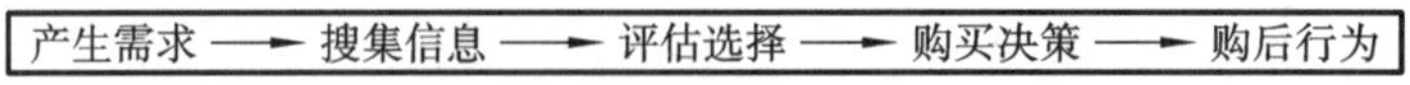

产生需求 —— 搜集信息 —— 评估选择 —— 购买决策 —— 购后行为

图 7-3 消费者购买决策过程

(一)产生需求

消费者的需求认知是各种内、外刺激的反应函数,不同的刺激因素都能引起需求。消费者的需求一般源于两个方面:①内在生理活动引起的,如饥饿和干渴;②外部刺激引起的,如马路上飘香的面包味和引人注目的促销广告,消费者的大部分需求是由外部刺激引起的。总之,需求认知反映出消费者的当前境况和某些理想目标之间的差异,这种差异产生了购买的动机。需求认知决定了消费者从某一品牌中所要搜寻的利益以及消费者的心理状态,这些是搜寻和处理信息之前消费者对购买哪种品牌的思想准备。

企业营销者需要了解消费者在什么环境下产生需求,识别一些会使消费者产生兴趣的刺激因素,通过适当的营销策略来唤起和强化消费者的需求。

(二)搜集信息

一般来说,产生需求的消费者并不会马上作出购买决策,他们往往先搜集相关产品和品牌信息,信息搜集的多少取决于购买行为的复杂程度。消费者的主要信息来源有四种:①个人来源,从与朋友、邻居和同事等个人的交往中获得信息;②商业来源,从广告、销售员、产品包装、产品说明书和展销会中获得信息;③公共来源,从电视、广播和报纸杂志等大众传播媒体中获得信息;④经验来源,从自己亲身接触和使用产品的过程中获得信息。商业来源是消费者获取信息的主要来源,但个人来源和公共来源是消费者获取信息最有效的来源。

消费者搜集信息的过程是一个层层筛选的过程,在众多的品牌中,通过信息搜集筛选出几个备选品牌。例如,张三想买一辆汽车,第一个方框表示张三可能购买的所有品牌(全部品牌),而他只认识其中的一部分(知晓品牌),而在这一部分品牌中,只有更小的一部分满足张三的购买标准(考虑品牌)。随着搜集的信息增多,只有少数品牌能保留下来作为重点选择(选择品牌)。最后,张三将从这些品牌中作出最后的选择,如图7-4所示。

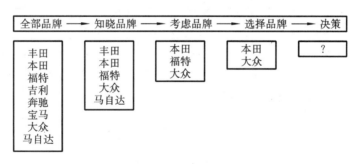

图7-4　消费者信息搜集过程

企业应同时利用商业来源、公共来源、个人来源和经验来源,多渠道加强信息的影响力。同时,企业应使它的品牌进入顾客的知晓品牌、考虑品牌和选择品牌中。企业还要研究顾客选择品牌中的其他品牌,以便制定竞争计划。

(三)评估选择

消费者从不同的渠道获得相关信息后,还要对信息进行分析、评估和比较,主要涉及以下四个方面的信息。

1. 产品属性

产品属性是指产品能够满足消费者需要的特性,消费者一般将某一种产品看成是一系列特定属性的组合。以购买汽车为例,张三关心的属性可能是价格、舒适性、油耗量和品牌。

2. 效用要求

效用要求是指消费者希望产品每一属性的效用功能达到的标准,它是产品的每一属性消费者能接受的下限。以购买汽车为例,张三对价格、舒适性、油耗量和品牌都有一个标准,四个属性至少要达到张三制定的标准中 7 分、6 分、6 分和 5 分的水准。

3. 品牌信念

品牌信念是指消费者关于某品牌优劣程度的总体看法。消费者根据每一品牌的不同属性是否达到自己要求的标准来给予评价,这些评价构成了他对该品牌的总体看法。以购买汽车为例,张三对"本田"品牌的打的分值为 8 分、6 分、8 分和 6 分,对"大众"则是 7 分、7 分、6 分和 8 分。需要注意的是,消费者由于个人经验和认知过程中的偏差,其品牌信念可能与产品的真实属性不一致。

4. 评价方法

最后,消费者要选择一种评价方法,确立一定的评价标准,在最后的选择品牌中进行甄选。常用的方法是期望价值法,即对不同的属性赋予权重,然后计算每一品牌的期望价值,通过比较期望价值来进行购买。例如张三对价格、舒适性、油耗量和品牌四种属性的权重分别是 0.2、0.2、0.2 和 0.4,则"本田"车的期望价值为 6.8,"大众"车的期望价值为 7.2。由此,我们可以推断他更偏好于"大众"汽车。

(四)购买决策

消费者在经过评估选择后,会在各品牌之间形成一种基本的偏好,并初步形成购买意向,比如张三偏好购买"大众"汽车。然而,在真正将购买意向转化为实际购买行动时,还会受到以下两方面的影响:①其他人的态度,消费者的购买意图会因他人的态度而增强或减弱;②意外情况,消费者的购买意向与预期收入、预期价格和预期质量密切相关,如果这些条件受到意外因素的冲击(失业、产品涨价、与销售人员发生言语冲突等),消费者的购买意向就会发生变化,一般会推迟或取消原来的购买决定。

【问题讨论】

人们的购买决策经常受到什么人的影响,你能想到哪些购买决策受他人影响的事例?

在确定购买意向后,消费者还得决定何时购买、何地购买、购买多少数量、使用何种支付方式等具体的购买方式。购买决策是消费者购买行为中最重要的阶段,企业营销者在这一阶段既要提供更多、更详细的商品信息来消除消费者的疑虑,又要提供多种销售服务,以方便消费者进行购买。

(五)购后行为

现代市场营销十分重视对顾客购后过程的研究,购后行为包括购后使用和购后评价两个部分。购后使用是指消费者在购买商品或服务之后,进入使用过程以满足需求。这一过程比较简单,我们主要介绍购后评价这一部分。

消费者通过使用会对所购买的产品拥有更深刻的认识,形成对产品和此次购买的评价。消费者根据自己从销售企业、朋友和其他信息来源获得的信息形成他们的预期效用,只有当实际消费效用超过预期效用时,才会产生完全满意,完全满意才得以形成品牌忠诚。当产品的实际消费效用不能达到预期效果时,可能会产生不满意。

消费者对产品是否满意直接影响到他们日后的购买行为。完全满意的顾客会进行重复购买,并向他人宣传该品牌的优点。不满意的消费者不仅会要求退货,进行抱怨,还可能导致消极的品牌态度,而这种品牌态度会通过消费者的传播被放大。

通过以上的分析,我们认识了影响消费者购买的主要因素和消费者的购买决策过程,这有助于我们洞悉消费者的购买行为,企业也可以此为依据制定行之有效的市场营销策略。

第二节 商务市场及购买行为

除了以个人和家庭为单位的消费者顾客之外,商务顾客也是企业的重要顾客,主要包括生产企业、商业企业、社会团体和政府机构等,它们构成了原材料、零部件、机器设备和服务的庞大市场。

一、商务市场的分类及特点

商务市场是指由那些以购买商品和服务为目的,生产其他的产品和服务,以供销售、租赁或供应他人的组织而组成的市场,它与消费者市场相对应。按买主来进行划分,消费者市场是个人市场,商务市场是法人市场。

(一)商务市场的分类

商务市场包括生产者市场、中间商市场、非营利组织市场和政府市场。

1. 生产者市场

生产者市场是指用于制造其他产品或服务,购买产品或服务的各种产业组织所形成的市场。组成生产者市场的产业有农业、林业、渔业、采矿业、制造业、建筑业和运输业等产业。

2. 中间商市场

中间商市场也称转卖者市场,是指购买产品用于转售或租赁以获得利润的单位和个人。中间商市场由各种批发商和零售商构成,批发商是指购买产品和服务并将其转卖给其他批发商、零售商和非营利性组织,但不面向最终消费者的中间商组织;零售商是指把产品或服务直接销售给最终消费者的中间商组织。

3. 非营利组织市场

非营利组织市场是指为了维持正常运作和履行公共职能而购买产品和服务的各类非营利组织所构成的市场。非营利组织是指不以营利为目的、不从事营利性活动的组织,例如学校、医院、监狱和其他为公众提供商品和服务的部门,但不包括各级政府部门。

4. 政府市场

政府市场是指因执行政府职能而购买或租用产品的各级政府和下属部门所组成的市场。在大部分国家,政府是产品和劳务的主要购买者,它是非营利性商务市场购买的典型代表。

(二)商务市场购买的特点

与消费者市场相比,商务市场具有以下鲜明的特点。

1. 购买者数量少,购买规模大

与消费者市场相比,商务市场的购买者虽数量少,但规模大。在商务市场中,购买者多为企业,每次购买的规模都很大,有时一张订单的金额就能达到几千万元甚至数亿元。

2. 购买者地理集中

由于各产业的布局与自然资源、地理环境、能源供应和交通条件各种因素密切相关,不同的产业常集中在一定的区域,商务市场的购买者也往往集中在某些区域。例如,我国的重工业主要集中在东北地区和华北地区,轻工业主要集中在长江三角洲和珠江三角洲地区。

3. 需求的派生性

派生需求也称引申需求,是指对某产品或服务的需求来源于对另一种产品或服务的需求。在商务市场上的购买需求最终是由对消费品的需求导致的,例如,消费者对服装的需求引起服装厂对布料和制造设备的需求,进而引起布料厂对棉花的需求。消费者市场需求的变化直接影响到商务市场的需求变化。

4. 需求的价格弹性小

商务市场上对产品和服务的需求总量受价格变动的影响小。一般来说,在需求链上距离终端消费者越远的产品,其需求价格弹性越小。原材料距离消费者最远,所以其需求弹性最小。例如,在服装行业的总体需求不变的情况下,棉花价格下降,服装厂也不会大量购买,除非原材料成本是服装制造的主要成本;棉花价格提高,服装厂也不会减少购买,除非服装厂发现了棉花的替代品或发现了能够节约成本的方法。

5. 需求波动大

商务市场需求的波动幅度大于消费者市场的波动幅度,尤其是对一些新企业和新设备而言。如前所述,商务市场的需求具有派生性,消费品需求的销量变动能导致商务市场需求的大幅变化,这种现象在经济学中被称为"加速原理"。例如,有时消费品需求只变动10%,却能使下一阶段工业需求变动200%。

6. 理性化、专业化购买

消费者市场的购买者一般不了解产品的专业知识,并且在购买过程中容易受到外在因素的影响。商务市场的采购人员大都受过专业训练,他们具备相关的产品知识、市场信息和购买经验,采购过程遵守一定的程序规范,较少掺入个人感情,不易受外界因素的干扰。

7. 注重人员销售

商务企业通常利用人员销售而不是通过广告宣传产品和品牌。好的销售代理商能够演示并说明产品的特征和用途,重要的是,人员销售可以及时获得顾客反馈,调整企业原有的营销策略,而这种反馈是不可能通过广告获得的。

8. 直接购买

商务市场的购买者往往直接向生产企业购买所需要的产品或原材料,并不通过任何中间商,尤其是价格高和技术复杂的项目。

9. 租赁

商务市场中经常通过租赁的方式获得所需产品,例如,大型机床、车辆、飞机等产品价格昂贵,并且技术更新很快,企业通过融资进行完全购买非常困难,所以,越来越多的企业选择采用租赁的方式获得。

二、商务市场的购买决策

商务市场包括生产者市场、中间商市场、非营利组织市场和政府市场。其中,生产者组织和中间商组织均为营利性组织,它们在购买类型、购买决策制定和购买过程中十分相似,我们将两者一起放入生产者市场购买决策中进行分析;非营利组织和政府均为非营利性组织,有其特殊性与共性,我们将其归为政府市场,并将在后文中对政府市场购买决策进行详细介绍。

(一) 生产者市场的购买类型

生产者企业在进行购买时,有完善且系统的购买过程,这些决策的数量和复杂程度取决于生产者市场购买的类型。一般来说,生产者市场购买类型分为三类:直接重购、修正重购和全新购买。

1. 直接重购

直接重购是指企业的采购部门根据过去的购买经验,从以往的供应商名单中选择供货企业,直接重新订购使用过的产品,这是最简单的购买类型,有一定的例行程序。直接重购的产品主要是那些频繁购买而且需要不断补充的产品,例如原材料、办公用品和零部件。在这种购买类型中,已经被列入供应商名单的企业应尽力保持产品和服务的质量,提高采购者的满意程度。而未被列入供应商名单的企业则试图提供新产品或满意的服务,以便吸引采购者进行购买。

2. 修正重购

修正重购是指生产企业在改变某些采购产品的价格、规格或其他交易条件后再进行购买的行为。企业会与原来的供应商协商新的供货协议,甚至更换供应商。与直接重购相比,这种类型的购买行为比较复杂,参与购买决策的人数较多。修正重购给"名单"外的供货企业提供了市场机会,对"名单"内的企业造成了威胁。

3. 全新购买

全新购买是指生产企业第一次购买某种产品或服务。这是最复杂的购买类型,新购产品大多是不常购买的产品,例如大型的生产设备、计算机和新的厂房等。全新购买的成本越高,风险越大,需要参与购买决策过程的人数和需要掌握的市场信息越多。企业采购者要考虑如下问题:产品规格、产品数量、价格范围、交货时间和地点、支付方式、可供选择的供应商等。对所有的供应商来说,全新购买既是机会,也是挑战,他们应采用多种传播工具,尽可能多地向生产企业提供市场信息,以便更好地完成销售任务。

专栏 7-4
某机械厂修正钢材购买合同

(二)采购中心

采购组织的决策单位被称为采购中心,采购中心是指所有参与购买决策过程的个人和集体,他们具有某种共同目标并一起承担由决策所引发的各种风险。采购中心通常由不同的部门和执行不同职能的人员构成,采购中心通常包括以下七种成员。

发起者:要求购买的人,他们可能是企业内的使用者,也可能是其他人。

使用者:企业内部未来将使用产品或服务的成员,一般来说,使用者最先提出购买建议,并协助确定产品的品种、规格和价格。

影响者:企业内、外部影响购买决策的人,他们协助企业的决策者确定产品的规格和购买条件,提供方案评价的情报信息。技术人员是企业中最主要的影响者。

决策者:企业中有权力决定产品要求和供应商的人。

批准者:有权力批准决策者或采购者提出方案的人。

采购者:有权力并有相关知识来按照采购方案选择供应商,并商谈采购条款的人员。在比较复杂的购买过程中,采购者一般包括高层管理人员。

控制者:有权力阻止销售员或信息与采购中心成员接触的人,他们可以控制信息流向采购中心,如购买企业的采购代表、技术人员等。

当然,并不是所有企业在购买产品时都必须有上述七种人员参与购买决策,企业采购中心的规模根据购买不同的产品而确定。例如,购买大型机器设备就比购买电子计算机需要更多的决策者。需要注意的是,如果一个企业的采购中心人员较多时,供货企业的营销者很难接触到每一位成员。此时,他们需要了解谁是主要的决策参与者,这些参与者如何影响购买决策,以及每一位参与者的评估标准到底是什么?

(三)影响生产者市场购买的因素

同消费者市场购买一样,生产者市场的购买行为也受到多种因素的影响。其中最主要,也是最常见的有四类:环境因素、组织因素、人际因素和个人因素。

1. 环境因素

环境因素是影响生产者购买的最主要因素,主要包括当前的市场需求、对未来经济的预期、技术进步的速度、政治法律情况和市场竞争。

当经济不景气或预期经济不景气时,生产企业就会减少投资、减产减员,甚至停产。反之,企业会扩大投资、增加产量,从而增加购买量;生产者市场是消费者市场的派生需求,技术进步速度越快,产品更新越快,消费者市场的购买增加,可以带动生产企业对原材料产业的产品购买;在全球经济条件下,一国的政治和法律情况也会对生产者市场购买产生重要的影响,例如,进出口的限制就会影响国际市场上的商品采购。

供应企业的营销者必须密切关注这些环境因素的变化,以及它们对生产企业采购者产生的影响,这样才能及时抓住商机。

2. 组织因素

每一个采购组织都有自己特定的目标、政策、程序、组织结构和管理制度,这些组织因素决定了该采购组织的购买行为、原则和程序。企业中不同的采购制度会造成不同的购买行为,以购买决策权的集中或分散为例,对某大型百货商场而言,是采用集中购买的方式进货还是将进货权下放到各柜台,两种采购行为就会有很大的差别,前者多采用临时招标的方式,后者多采用长期合同的方式。

企业选择供应商和品牌应遵循一些特定的原则和政策,这也是影响生产企业进行购买的重要因素。例如,尽量选择当地供应商和老供应商,任何一个企业都应有两个以上的供应商等。

3. 人际因素

人际因素是指企业内部的人事关系,包括权职、地位、感染力和说服力。企业的"采购中心"是由企业各个部门和各个不同层次的人员构成的,这些"采购中心"的成员之间地位不同,感染力和说服力也都有差别,他们在采购决策中扮演着不同的角色,因而对购买决策的影响力也不尽相同。纷繁复杂的人际关系可能导致购买决策不一致、人员关系紧张等现象,这些现象对生产者市场买卖双方的影响都是巨大的。

供货企业的营销者必须及时、全面地了解购买企业的"采购中心"中的所有成员及他们的决策方式和相互影响程度等情况,有的放矢地加以影响。

4. 个人因素

个人因素主要来自个人的年龄、收入、教育程度、性格和对风险的态度,每一位参与者在制定购买决策时都会受到个人因素的影响。例如,大部分受过专门培训和教育的采购者在选择供应商之前都会对竞争性方案进行周密的比较。与影响消费者购买行为的个人因素相似,在个人因素中应特别注意文化因素,不同国家或者地区之间的文化差异很大,要尽量了解不同地域的社会文化标准。例如,我国东北人性格豪爽,在洽谈过程中一般喜欢直率地表达意见,而南方人性格细腻,在交易过程中表达意见的方式就比较委婉。

综上所述,供货企业的营销者必须了解和掌握市场环境的变化,及其对生产企业购买者的购买行为可能产生的影响,并结合生产企业顾客的组织状况、人际状况和"采购中心"中参与者的个人特点,及时准确地调整自己的营销方案。

(四)生产者市场的购买决策过程

与消费者市场的购买决策过程类似,生产者市场的购买也要经历一个复杂的过程。一般来说,完整的生产者市场购买决策的过程包括8个阶段,但不同的购买类型所要求的购买过程各不相同,直接重购和修正重购可能会跳过某些阶段,但全新购买则需要经历所有阶段,如表7-1所示。

表 7-1 采购方格框架:购买类型和购买阶段

购买阶段	购买类型		
	全新购买	修正重购	直接重购
识别问题	是	可能	否
确定需求	是	可能	否
决定规格	是	是	是
寻找供应商	是	可能	否
征求供应商建议	是	可能	否
选择供应商	是	可能	否
签订合约	是	可能	否
评估绩效	是	是	是

1. 识别问题

识别问题是指购买者发现自己的问题,寻求某种途径来解决问题。识别问题是购买者购买决策的起点,当企业认识到通过得到某一产品或服务可以解决某一问题或某种需求时,采购过程就开始了。识别问题既可以由内部刺激引起,如企业需要新设备和原材料,或者需要购买新的零部件;也可以由外部刺激引起,如被展销会或新颖的广告所吸引,发现了质量更好、价格更低的产品。

2. 确定需求

确定需求是指生产企业在察觉某项需求之后,确定所需产品的数量和特征。对于简单的采购,如标准化的产品,采购人员可以直接决定;若非标准化等复杂的产品的采购,则需要由采购人员和其他人员,包括工程师、使用者、技术人员和高层管理人员共同决定。

在这一阶段,供应企业营销者应向购买者介绍产品特性,协助买方确定需求。

3. 决定规格

在确定需求以后,企业购买者通常会委派一个价值分析工程组来说明所购产品的品种、性能、特征、数量和服务,制定详细的技术说明书以作为采购人员的采购依据。

产品价值分析是一种降低成本的方法,通过价值分析,对产品各部件加以仔细研究,确定能否对它进行重新设计或实行标准化,并运用更便宜的生产方法来生产产品。这一阶段给那些原本没有参加产品交易的供应商提供了机会,他们可以通过向采购人员展示更好的工艺来争取进入市场。

4. 寻找供应商

寻找供应商是指采购人员根据产品技术说明书的要求，对供应商进行研究，他们可以通过检查交易目录、咨询其他企业、观看广告以及参加贸易展览会等方法，来寻找最理想的供应商，现在寻找供应商最常用的办法是通过互联网来搜索获取。一般来说，全新购买或者购买的产品越复杂，采购者为此花费的时间就会越长。

因此，对于供货企业来说，它们应设法将企业名称列在主要的商业目录上，争取在市场上拥有一个较好的声誉，以便获得生产企业购买者的青睐。

5. 征求供应商建议

征求供应商建议是指企业购买者邀请相关的供应商提交供应建议书，建议书的内容主要包括供应商提供的产品目录和价格表，以及产品在质量、性能、规格、技术和服务等方面的详细情况。对于复杂和花费较大的项目，企业购买者通常要求所有供应商均提供详细的书面建议，购买者经过选择淘汰掉一批后，再请余下的供应商提出正式的供应建议书。

需要注意的是，建议书不只是技术文件，更是一种市场营销文件，这种文件能突出企业的能力和优势，以便在竞争中脱颖而出。

6. 选择供应商

生产者企业将对收到的供应建议书进行分析和审查，从中确定一个或几个满意的供应商。在选择过程中，采购中心通常按照一定的标准和属性对产品进行评价，包括产品的质量、价格、企业信誉、交货能力、售后服务、技术支持及咨询、地理位置、历史业绩等。其中，各属性的重要性随着购买类型的不同而不同。

专栏 7-5
施乐公司的供应商资格认证制度

在做出最后的选择之前，购买者通常会和选中的供应商谈判以获得更低的价格和更好的供货条件。购买者还要决定与多少家供应商进行合作，有的企业偏好与一家大的供应商合作，这样可以获得更低的价格；有的企业偏好与几家供应商共同合作，这样可以避免受制于人。

7. 签订合约

签订合约是指生产者企业与选定的供应商签订最终的供货合同，在合同里写明技术说明，以及所需产品的规格、数目、交货时间、退货政策、担保书等内容。企业通常签订长期有效的合同来建立一种长期的关系，避免重复签约的麻烦。这就要求供应商承诺在一定时间内，只要购买者需要，就按照协议价格随时供货，存货由卖方负责保存，这种供货方式被称为"无库存采购计划"。这种方式使得供应商和生产购买者之间的关系变得更加紧密，并且对供需双方均有好处。对供应方而言，可以保证稳定的销售额，并在一定程度上避免竞争；对采购方而言，最大的好处是可以减少库存。

8.评估绩效

评估绩效是企业购买者在购买一段时间后,对各个供应商的绩效进行评估。常用的评估方法有:直接询问最终使用者的评估意见;按照一定的标准对供应商进行评估。根据评估结果,企业可以决定是继续向该供应商购买产品,还是修正或停止向该供应商购买产品。

因此,供应商的任务是要关注产品的采购者和使用者是否使用统一标准进行绩效评估,以保证评估的客观性和准确性。

三、政府市场的购买决策

(一)政府市场购买的含义

政府市场的购买简称政府采购,《中华人民共和国采购法》对政府采购的定义是:"政府采购是指各级国家机关、事业单位和团体组织,使用财政性资金采购依法制定的集中采购目录以内的或者采购限额标准以上的货物、工程和服务的行为。"政府市场是商务市场中一个特殊的且又十分重要的市场。

从上述政府采购的定义,我们可以了解一些政府采购的基本因素。

1.政府采购的主体

政府采购的主体是各级国家机关、事业单位和团体组织,而不是一般的个人或企业,这一点有别于消费者市场和生产者市场。

2.政府采购的目的

政府采购主体的性质,决定了其采购的目的既不像消费者那样为了满足生活需要,也不像企业那样为了营利,而是为了满足政府开展日常的政务活动和为社会公众提供公共服务。

3.政府采购的资金来源

政府采购的资金来源,是财政性的资金,包括预算内资金和预算外资金。这也是为何需要利用相关法律对政府采购进行必要监管的主要原因。

4.政府采购的基本原则

政府采购应遵循一定的基本原则:①公平、公正、公开原则,政府采购的主体、目的和资金来源决定了政府采购必须按照法律贯彻执行,接受群众的监督,切实维护社会公共利益;②节约原则,政府采购应遵循节约原则,制定采购物品的标准,严格执行标准;③计划性原则,政府采购应遵循计划性原则,相关部门先根据预算编制并公布采购计划,然后再进行采购。

专栏 7-6
政府采购
制度

(二)政府市场购买的特点

与消费者个人和企业采购相比,政府采购具有自身的特点。

1.公共性

政府采购是公共财政的重要内容和表现形式,属公共财政范畴,政府采购资金来源于财政性资金,政府采购的服务对象是政府及公共部门。因此,在这个意义上来说,政府采购是公共采购。

2. 调节性

调节经济发展是政府采购的一大功能。政府采购由于范围广、规模大,在一定程度上能左右经济发展形势,直接影响经济活动效益,弥补市场对资源配置的不足,实现政府对经济总量和结构性调整的要求。

3. 集中性

集中性是政府采购最为显著的特点,在一定意义上来说,政府采购就是集中采购。①实行国库集中支付改革,需要实行商品、服务和工程统一集中采购;②只有实行集中采购,才能实现采购规模效益;③实行集中采购,有利于采购监督;④政府对经济的宏观调控,需要有集中采购手段的支持。

4. 强制性

政府采购是一种政府行为,有法律作保障,因此,政府采购具有强制性的特点。①政府采购讲求有法可依,其依据是《中华人民共和国政府采购法》;②政府可以通过对采购资金的控制,并辅之以其他经济手段、监督手段乃至行政手段,促使政府机关及公共部门参与政府采购,由政府采购部门统一集中采购所需要的商品、服务和工程。

专栏 7-7
政府采购方式

第三节 市场细分战略

菲利普·科特勒曾指出:"公司正在把力量集中在对其产品最有兴趣的顾客上(步枪法),而不是分散地使用营销力量(猎枪法)。"企业的营销策略一般包括三个步骤:①确定有若干不同需要和偏好的购买者群体,并描述它们的轮廓(市场细分);②选择一个或几个准备进入的细分市场(市场目标化);③为每一个目标市场建立和传播公司的市场供应品所具备的关键特征与利益(市场定位)。本节,我们将介绍市场细分和目标市场策略,市场定位的相关内容将在第八章进行介绍。

一、市场细分的概念

市场细分是美国营销学家温德尔·斯密(Wendell R. Smith)于20世纪50年代中期在总结西方企业营销实践的基础上提出的。市场细分是指企业根据顾客在需求、购买行为等方面的差异性,把整体市场(异质市场)按照一定标准划分为若干个顾客群(同质市场)的过程。每一个顾客群就是一个细分市场,同一细分市场的顾客存在着较多的共性,不同细分市场之间则具有较大的差异性。

在理解市场细分的概念时,需要注意以下几点。

①市场细分不是对产品进行分类,而是对顾客进行分类,是根据顾客对同类产品的需求差异性进行的分类,企业致力于对需求差异进行梳理、分类,发掘出拥有相同或相似需求的顾客。例如,服装市场分为童装、男装和女装市场。

②顾客对产品的需求特征不是一成不变的,它随着社会、文化和经济的发展不断变化,企业可以通过营销手段努力的影响它。这同时也表明,任何一个企业都不可能满足市场上所有顾客的需求,它们必须从整体市场中选择确定一个或者几个子市场。

③企业不能创造细分市场,只能辨别不同的细分市场,并决定将哪些子市场作为目标市场。

二、市场细分的作用

市场细分是营销学的基础,没有市场细分就没有目标市场选择,也就不存在目标市场营销。几乎所有取得成功的企业,都实行了市场细分的策略。例如,可口可乐公司最初只生产一种饮料来应付整个软饮料市场,如今,可口可乐公司了解到顾客对口味和热量等因素的多样化需求,针对不同的细分市场提供不同的产品。除了传统的软饮料之外,还包括功能型饮料、茶饮料、果汁饮料和矿泉水等。

一般来说,实行市场细分策略对企业有着十分重要的作用。

1. 有利于企业发现新的市场机会

通过市场细分,企业可以发现顾客的哪些需求已经得到了满足,哪些需求还没有得到满足。此外,还可以发现哪些产品的竞争激烈,哪些产品的竞争较小,这些需求未得到满足的或竞争并不激烈的市场正是企业新的市场机会。

市场细分对中小企业尤为重要。中小企业技术水平不高,整体实力有限,无法跟实力雄厚的大企业正面抗衡,它们可以挖掘大企业无暇顾及的细分市场,在某一局部市场获得较好的经济效益。

2. 有利于企业提高竞争能力

进行市场细分之后,企业在每一个细分市场上的竞争对手其优势和劣势就很明显地暴露出来了,企业可以扬长避短、发挥优势,通过集中企业的人力、物力和财力,用以有限的资源争取更多的潜在顾客的做法,来取得最大的经营效益,从而提高企业的竞争能力。

3. 有利于企业制定市场营销组合策略

市场营销组合是企业综合考虑产品、价格、促销形式和销售渠道等因素而制定的市场营销方案。针对每一特定的市场,都有其最佳组合形式,这种最佳组合只能是市场细分的结果。例如,高档的丝绸制品应该配合高价策略,在高档的大型百货公司或专卖店进行销售。否则,低价的丝绸制品充斥着街边小店、杂货店,甚至是跳蚤市场,不仅降低了丝绸制品的高贵身段,更不可能获得顾客的青睐。因此,企业在制定营销组合策略时需认真考虑市场细分的状况。

三、细分消费者市场的变量

一般来说,消费者市场细分的变量有两大类:①消费者的基本特征变量,如地理因素、人文因素和心理因素等;②消费者的行为因素,如使用时机、态度、使用率和品牌忠诚度等。细分消费者市场的方法主要有地理细分、人文细分、心理细分、行为细分和利益细分,如表7-2所示。

表 7-2 消费者细分市场的主要因素及细分

类型	要素	典型的细分市场
地理	国家或地区 国内地区 城镇人口规模 人口密度 气候	北美、西欧、中东、太平洋沿海、东亚、南亚等 华北、华东、华南、华中等 1万以下、2万~5万、5万~10万、10万~100万、100万以上 都市、城郊、农村 寒带、热带、亚热带等
人文	年龄 性别 家庭规模 年收入 职业 教育程度	6岁以下、6~11岁、12~19岁、20~30岁、31~50岁、51~64岁、65岁以上 男、女 1~2口、3~4口、5口以上 1万元以下、1万~2万元、2万~5万元、5万~10万元、10万~20万元、20万元以上 技术人员、管理人员、自由职业、官员、农民、学生、退休人员 文盲、小学、中学、大专、本科、本科以上
	宗教、民族、国籍等	
心理	社会阶层 生活方式 个性 价值观	工人阶级、中产阶级、高产阶级 文化导向、运动导向、户外导向 内向的、善于交际的、以自我为中心的、无私奉献的等 进取者、传统型人、利他人、温情人、及时行乐者、创造型人
行为	时机和场合 追求的利益 使用者情况 使用率 品牌忠诚度 购买的准备阶段 态度	一般时机、特殊时机 价格低廉、质量过硬、显示身份、服务周到等 从未使用、以前使用过、初次使用、经常使用等 不常用、一般使用、经常使用 无、一般、强烈、绝对等 不注意、注意、了解、感兴趣、打算购买等 热衷、肯定、无所谓、否定、敌视等
利益	口味、保健	益智等

(一)地理细分

地理细分是指按照消费者所在的地理区域以及相关地理条件(如城市大小、气候、人口密度等)将整个市场划分为几个同质的部分,处在不同地理位置和环境下的消费者,对同一类产品往往会呈现出较大差别的需求特征,这是一种传统的划分方法。虽然相同的地理位置不一定能保证消费者的购买决策一致,但相对于其他要素而言,同一地理环境条件下的消费者需求行为特征通常具有一定的相似性。例如,不同气候带的消费者对防暑降温、御寒保暖之类的产品都有相同的需求;奢侈品产品必须在大城市进行销售等。

专栏 7-8
中国市场营销的地区差异

(二)人文细分

地理因素是一种静态的细分因素,比较容易辨别与分析。但是,生活在同一地理环境的消费者,其需求特征仍然会有很大的差异。人文细分是指按照人口统计变量,如年龄、性别、家庭规模、收入、职业等因素来界定消费者群体。按人文因素来细分市场是最常用的途径,人文因素比其他因素更容易测量,并且它与消费者的欲望、偏好等具有密切的联系。依据人文变量细分市场,可以是单变量细分,例如只以"性别"因素来细分化妆品市场;但大多数企业通常采用多变量细分,即依据两个以上的人文变量来细分市场,例如以"性别""年龄"和"收入"等因素来细分化妆品市场。

在运用人文因素细分市场时,有些变量需要特别注意。

1. 年龄

年龄变量包含两层含义:生理年龄和心理年龄,大多数企业都过于强调根据生理年龄进行市场细分,但消费者的需求特征还受到心理因素的影响。例如,美国福特公司按年龄细分市场,生产了针对年轻人的"野马"汽车,但是,许多中老年人也购买了该款汽车,因为他们觉得驾驶该款式车会使他们显得年轻。这就说明"野马"汽车的目标市场不仅是生理年龄年轻的人,也应该包括心理年龄年轻的人。

2. 代际

越来越多的企业利用"代际"来细分市场,每一代人不同的成长环境会对他们的生活方式和消费方式产生深远的影响。例如,出生于20世纪50年代的中国人,经历过经济困难时期,其生活方式偏向于追求安稳和舒适,这代人多储蓄、消费较少;但20世纪70年代之后,特别是20世纪80年代出生的"开放的一代",他们目睹了中国巨大的经济变革,逐步开放的社会和不断引入的西方产品和西方文化,对他们产生深刻的影响,他们中的一些人往往追求刺激、自我的生活。

(三)心理细分

心理细分是指按照消费者的个性、生活方式等心理变量进行市场细分的方法。心理因素对消费者的需求和购买行为往往起着决定性的作用,尤其是在富裕的国家和地区,消费者购买商品已经不限于满足基本的生活需要,心理因素对购买行为的影响作用更加突出。

生活方式是指一个人想要的生活模式,由于每个人的文化、阶层、职业和经历各不相同,人们所追求的生活方式也就不相同,有的追求朴实恬静,有的追求新潮时髦,有的追求高贵典雅,他们对产品的偏好和需求就会有很大的差异,尤其是在服装、化妆品、家具和旅游等行业。例如,很多人酷爱钓鱼活动,他们可能会花费数千元甚至上万元来购买钓鱼装备,这种行为在平常人看来可能是难以理解的。

(四)行为细分

行为细分是指根据消费者购买或使用某种产品的时机、场合、使用者情况、使用率、品牌忠诚度等因素来细分市场,是基于消费者与产品之间的关系特征把一个消费整体划分为几个同质群体的过程。消费者行为是一种能够察觉到的外在过程,比他们的心理活动更容易察觉和判断。因此,行为因素是更为重要的市场细分标准。

专栏 7-9
"酷儿"酷在哪里?

其中,时机是一个重要的细分标准,对企业而言,存在很多重要的时机,比如春节、情人节等节假日,很多企业全年就指望其中一两个月的销售量;场合也是一个重要的细分标准,导入案例中的红罐王老吉就是按照使用时机和场合对市场进行了细分。

(五)利益细分

利益细分是指根据消费者所追求的利益的不同来细分市场。这一细分市场不是根据消费者的不同特点,而是在一种产品能够提供什么特殊效用、给购买者带来什么特定利益的基础上开发出来的。例如,在牙膏市场上,有人追求基本的利益,有人追求牙齿保健的利益,还有人追求治疗的利益。进行利益细分的关键在于通过调研来掌握消费者在这一类产品上追求的不同预期利益。

四、有效的市场细分

对企业而言,并非对市场的任何细分都是有效的。例如,生产洗发水的企业可以按照顾客头发长短进行细分,但显然头发的长短和洗发水的购买之间无明显关系,这种市场细分是不合理的。市场细分要对企业制定营销策略有实际意义,有效的市场细分的原则包括以下几个方面。

专栏 7-10
智强乳业集团特定细分市场营销策略

(一)可衡量性

可衡量性是指各个细分市场的特征,包括购买者和市场规模是能够加以衡量和推算的。也就是说,企业可以获得细分市场中充足的有关消费者特征的资料,否则它将无从测量和进行细分。

(二)可盈利性

可盈利性是指所选择的细分市场有足够的规模,有足够的需求并且有一定的潜力,企业可以获得长期稳定的利润。需要注意的是,需求量是相对于本企业的产品而言的,并不是泛指一般的人口和购买力。

(三)可进入性

可进入性是指企业有能力进入所选择的细分市场并占有一定的市场份额。最典型的例子是有些产品可以根据使用者类型细分为民用和军用两个细分市场,但在大部分国家,军用产品只能由国家军工企业进行生产,一般企业不能够进入军用品市场,这样的市场细分就没有任何意义。

(四)可区分性

可区分性是指不同细分市场的特征可清楚地加以区分。如果两个细分市场对同一种营销组合的变化作出相同的反应,那么它们就不能构成两个细分市场。

(五)可操作性

可操作性是指企业可以为吸引和服务细分市场而系统地提出有效计划。若一家企业按照某一标准细分出很多市场,但却没有能力为每一个细分市场制定单独的营销策略,那么该企业的市场细分也没有任何意义。可操作性要求企业具有一定的资金能力、营销能力、制造能力和组织能力。

五、细分商务市场的变量

许多细分消费者市场的变量,同样适用于商务市场细分,例如地理因素、追求的利益、使用者状况、使用数量、品牌忠诚度等。但也有一些只适用于商务市场的细分变量,博纳玛(Bonoma)和夏皮罗(Shapiro)系统地列出了细分商务市场的主要变量,如表 7-3 所示,包括人文变量、经营变量、采购方法和情境因素。

表 7-3 商务市场的主要细分变量

人文变量	行业:我们应把重点放在购买这种产品的哪些行业? 公司规模:我们应把重点放在多大规模的公司? 地点:我们应把重点放在哪些地区?
经营变量	技术:我们应把重点放在哪些顾客重视的技术上? 使用者/非使用者情况:我们应把重点放在大量、中度、少量使用者,还是非使用者? 顾客能力:我们应把重点放在需要很多服务的顾客,还是只需要很少服务的顾客?
采购方法	采购职能组织:我们应把重点放在采购组织高度集中的公司,还是采购组织高度分散的公司? 权力结构:我们应把重点放在技术主导公司、财务主导公司,还是其他公司? 现有关系的性质:我们应把重点放在与我们有牢固关系的公司,还是追求最理想的公司? 总采购政策:我们应把重点放在乐于采用租赁、服务合同、系统采购的公司,还是秘密投标等贸易方式的公司? 购买标准:我们应把重点放在追求质量的公司、重视服务的公司,还是注重价格的公司?
情境因素	紧急情况:我们应把重点放在那些要求迅速交货的公司,还是提供服务的公司? 特别用途:我们是否应把重点放在那些人员与价值观与本公司相似的公司? 订货量:我们应把重点放在大宗订货,还是少量订货? 购销双方的相似点:我们是否应把重点放在那些人员和价值观念与本公司相似的公司? 对待风险的态度:我们应把重点放在敢于冒风险的顾客,还是避免风险的顾客? 忠诚度:我们是否应把重点放在那些对供应商非常忠诚的公司?

下面，我们将举例说明怎样运用这些变量对商务市场进行细分。

第一，企业规模。在商务市场中，购买数量、付款方式和用户条件等因素都受到企业规模的影响。一般来说，大客户数量少，但购买力强；小客户数量多，但购买力弱，购买力高度集中在少数大客户手中。因此销售企业必须建立适合分别与大客户和小客户打交道的制度。

第二，地点。商务市场根据地点细分市场，与消费者市场情形有所不同，不注重单个企业所在地点，而是强调产业的地域集中性，例如浙江温州的服装厂、东北的机械厂、上海的纺织厂等，商务市场比消费者市场更加集中。销售企业根据顾客的地理位置细分市场，选择客户比较集中的地区作为自己的目标市场，能够节约成本，提高企业的竞争力。

销售企业通过一系列的程序细分商务市场，一般分为两个阶段：宏观市场细分，包括最终使用市场、产品用途和用户规模；微观市场细分，即对顾客进行细分。以某木材市场为例，如图 7-5 所示，它先进入家具制造业，选择加工木市场作为目标市场，接着选择中等用户规模的客户，最后该企业选择着重于产品品质这一细分市场。

专栏 7-11
戴尔公司的市场细分

专栏 7-12
宏碁广告中体现的市场细分

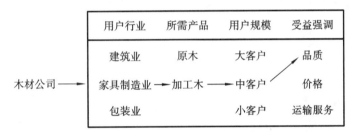

图 7-5 某木材公司细分市场过程

第四节 目标市场选择战略

在本章中，我们已经论述了市场细分的若干方法，在市场细分之后，企业营销者要决定进入哪些目标市场，以及如何进入这些目标市场？

一、选择目标市场

企业首先要选择进入一个适合的目标市场，这需要遵循一定的步骤和规范。

（一）评估细分市场潜力

根据细分市场的有效性原则，在明确了富有潜力的细分市场后，企业营销者应研究每个细分市场的潜在消费者,将市场细分和市场机会分析结合起来,对细分市场的市场潜力作出预测。市场潜力设定了各竞争者从细分市场中可获得的需求上限,市场潜力与市场份额的乘积决定了单个公司的最大潜在销售量。

企业可以采用"波特五力模型"来评估细分市场的潜力,包括行业内部竞争者的威胁、新进入者的威胁、替代品的威胁、购买者的威胁和供应商的威胁,这五种力量决定了整个行业、市场或其中任何一个细分市场所具有的长期内在吸引力。

(二)分析细分市场竞争优势

在对细分市场的前景进行评估后,企业还应对各细分市场的竞争优势进行分析。只有企业在细分市场中具备了核心竞争力,才能在该领域中站稳脚跟。企业的核心竞争力是企业生存与发展的基础,如果不能在某一方面具备一定的特殊优势,任何人或者企业都不可能有所作为。因此,核心竞争力是企业选择目标市场的首要因素。企业的核心竞争力主要体现在它的原产地、技术、品牌、成本、渠道以及各种内部资源(人力资源、资金资源、物质资源、信息资源等)的优势等方面。

(三)分析细分市场的需求水平

一旦评估了各细分市场的潜力以及企业在各细分市场中的竞争优势,企业就必须预测可能的市场份额,对细分市场的需求水平进行评估。企业必须对竞争对手在目标市场中的地位进行分析,设计出针对这些细分市场的具体营销策略。通过落实营销策略,公司可以确定实现目标所需的资源投资水平,也就是公司满足各个细分市场潜在需求所应投入的成本。

(四)确定目标市场

经过前三步对不同细分市场的分析评估后,企业开始着手进行对目标市场的选择。目标市场选择的本质是综合前三步对每个细分市场的前景、优势以及市场容量进行分析评估后得出的最优选择:为企业选择一个既有发展前景,又在该领域有足够的竞争优势的细分市场作为目标市场,并且该细分市场的需求水平足以使企业达到规模经济。

二、目标市场战略

企业花费大量的时间和精力选择出合适的目标市场后,接下来便是制定相应的、适当的营销战略,使公司所提供的产品可以很好地与目标市场需求相融合。常用的目标市场进入战略有以下四种。

(一)无差异营销

无差异营销是指企业把整体市场当作一个大的目标市场,不进行市场细分,用一种产品及统一的市场营销组合对待整体市场。如果目标市场中顾客的需求共性远大于个性,企业就可以忽略他们之间的需求差异,推出一种产品,运用一种市场营销组合,试图吸引尽可能多的顾客来为整个市场服务。无差异营销能够节约成本,狭窄的产品线能降低生产、库存和运输的成本,同时还可以减少广告促销的费用。从生产者的角度来看,无差异营销是效率非常高的,但是这种策略存在天生的不足,一种产品受到顾客的长期青睐毕竟罕见,除非市场供应极度匮乏。采取这种策略容易受到攻击,一旦行业中大家都采用这种策略,这个领域便会出现激烈竞争,而较小的细分市场需要却难以得到满足。

一般来说,无差异营销策略适用于市场同质性高并且购买者广泛需要,能够大规模进行生产且大量销售的市场,例如食盐和面粉。

(二)差异化营销

如果目标市场的需求个性远大于需求共性,企业就会运用多种不同的营销组合来营销多种产品,满足多个目标市场的需求,那么该企业所实施的战略就是差异化营销。由于对各个目标市场都给予了应有的关注,增加了顾客的满意度和忠诚顾客的数量,差异化营销较无差异营销能给企业带来更多的销售额。例如,宝洁公司针对不同发质和不同层次的购买者的需求开发出不同的洗发水系列,包括沙宣、海飞丝、飘柔和潘婷等品牌。

对不同的目标市场分别采用不同的市场营销计划需要额外的市场调研、预算、销售分析等,从而加大了企业的生产成本。同时,也需要对不同的目标市场进行相应的广告促销,进一步加重了企业的负担。因此,企业在决定是否采用差异化营销策略时,应该权衡自身实力,准确定位,找准最适合的营销策略。资金不足、技术薄弱的中小企业应慎重采用该策略。

(三)密集性营销

密集性营销也叫作利基营销,指企业将整体市场分割为若干细分市场后,只选择其中一个或少数细分市场作为目标市场,由于经营对象单一、集中,企业可以对该细分市场进行深入了解,从而建立较高的渗透率。成功的利基市场选取可以使企业获得丰厚的回报。这种方法通常比较适用于那些财力难以与竞争对手相比的小公司或者从事专业化产品生产和服务的公司。

但是,这种营销模式风险较大。由于目标市场容量有限,一旦市场情况突然变坏,如消费者偏好发生改变或者出现强有力的竞争者等,企业就可能陷入危机。因此,很多企业将目标市场分散在多个细分市场上,从而降低经营风险。

专栏 7-13 大公司早期的密集性营销

(四)定制营销

定制营销按照一种非常基础性的标准来确定潜在客户,如按具体职业、生活方式等标准。它是市场细分的极限,承认每个顾客的需求个性大于共性,每个顾客个体都是一个与众不同的细分市场,应当分别予以满足。定制营销针对的目标市场不是顾客群体,其基础是顾客个体。定制营销能极大地满足顾客的个性化需求,提高企业的竞争力,以销定产减少库存积压,同时有利于促进企业不断地创新。当然,定制营销也并非十全十美,首先,定制服务导致市场营销工作的复杂化,经营成本的增加及经营风险的加大。其次,技术的进步和信息的快速传播,使产品的差异日趋淡化,今日的特殊产品及服务,到明天可能就大众化了。产品、服务独特性的长期维护工作因而变得极为不易。如果企业投入过多的精力和资金去开发一个过小又无法通过专业化经营来获取利益的市场,那么就会像

专栏 7-14 明星定制——Vera Wang 美式奢华

利基营销一样,定制营销也会出现问题。

三、目标市场营销策略的选择标准

四种目标市场营销策略没有优劣之分,在特定的情况下,每一种营销战略都被证实是十分有效的。决定具体市场战略的基本因素主要有以下的四个方面。

(一)企业资源

资源有限的企业可能不得不选择密集型营销的市场战略。一些小企业由于财力、信息、销售人员等方面的不足,被迫选择小的目标市场。而实力雄厚的大企业则可以根据需要,使用差异化或者无差异化的市场战略。

(二)产品的同质性

如果公司销售的产品被消费者认为是同质产品,如食盐、钢铁、电力等,那么这种公司就适用于无差异化营销。如果产品设计变化较多,如服装、汽车、家用电器等,差异化营销或者密集性营销就会更加适宜。

(三)产品所处的生命周期阶段

产品在生命周期的不同阶段,企业所选择的营销策略也会随之而改变。在初始阶段,无差异营销策略有利于企业有效地建立起市场对该产品的初始需求。而产品进入成熟期后,竞争压力就会迫使企业进行改进,这也要求企业对该目标市场的营销战略进行相应的调整,一般可以选择差异化战略,或者运用密集性战略开拓新的市场。

(四)竞争对手的策略

竞争对手的营销策略也会对目标市场的进入战略产生影响。如果竞争对手积极地培养较小的细分市场,实行差异化市场战略,那么企业如果采取无差异化市场战略将难以与之抗衡。此时,企业应当寻找新的突破口,采用差异化或密集性营销策略。

消费者市场,是指个人或家庭为了满足生活需要而购买或租用产品和服务的市场。根据消费者在购买决策过程中的心理特征可以把消费者的购买行为分为理智型、情感型、冲动型、习惯型和模仿型。影响消费者购买行为的因素主要有文化因素、社会因素、个人因素和心理因素。消费者的购买行为要经历产生需求、搜集信息、评估选择、购买决策和购后行为五个阶段。

商务市场是指由那些以购买商品和服务为目的,生产其他产品和服务,供销售、租赁或供应他人的所有组织组成的市场,包括生产者市场、中间商市场、非营利组织市场和政府市场。生产者购买行为分为直接重购、修正重购和全新购买三种类型。环境因素、组织因素、人际因素和个人因素是影响生产者购买的主要因素。生产者一般的购买过程分为识别问题、确定需求、决定规格、寻找供应商、征求供应商建议、选择供应商、签订合约和评估绩效等八个步骤。政府采购有公共性、调节性、集中性和强制性等特点。

市场细分是指企业根据消费者在需求、购买行为等方面的差异性,把整体市场(异质市场)按照一定标准划分为若干个消费者群(同质市场)的过程。市场细分有利于企业发现新的市场机会,有利于企业提高竞争能力,有利于企业制定市场营销组合策略。

有效的市场细分的标志是可衡量性、可盈利性、可进入性、可区分性和可操作性。细分消费者市场的方法主要有地理细分、人文细分、心理细分、行为细分和利益细分。细分商务市场的主要变量,包括人文变量、经营变量、采购方法和情境因素。

企业选择目标市场要经历评估细分市场潜力、分析细分市场竞争优势、分析细分市场的需求水平和确定目标市场四个阶段。目标市场战略包括无差异营销、差异化营销、密集性营销和定制营销。

思考题

①消费者市场有哪些特点?
②影响消费者行为的因素有哪些?
③说明不同类型的消费者购买行为。
④商务市场有哪些特点?
⑤生产者市场的购买类型有哪几种?
⑥论述生产者市场购买完整的购买过程。
⑦思考影响政府购买行为的主要因素。
⑧划分消费者市场的变量有哪些?
⑨划分商务市场的变量有哪些?

应用题

①结合"王老吉"和"智强活脑核桃奶"的案例,说明什么是有效的市场细分。

本章参考文献

[1]马科姆·麦当那,马丁·克里斯托弗.市场营销学:全方位指南[M].张梦霞,解永秋,等译.北京:经济管理出版社,2008.

[2]Jennifer L. Aaker. Dimensions of Brand Personality[J]. Journal of Marketing Research,1997(8).

[3]亨利·阿塞尔.消费者行为和营销策略[M].韩德昌,等译.北京:机械工程出版社,2001.

[4] Donald W. Jackson, Janet E. Keith, Richard K. Burdick. Purchasing Agents' Perceptions of Industrial Buying Center Influence:A Situational Approach [J]. Journal of Marketing,1984(8).

[5]佚名.政府采购的特点[J].中国税务.1998(10).

第八章 定位和差异化

☆ 了解定位的基本概念、相关理论和意义
☆ 体会从多个层次理解市场定位
☆ 掌握市场定位的基本策略
☆ 学习定位的方式、方法和常见的错误定位
☆ 结合文中案例,理解如何确定公司定位、如何传播定位
☆ 掌握基本的差异化策略

导入案例
伊利赢得冰激凌市场

企业的市场营销战略都建立在 STP 理论——市场细分、目标市场和市场定位的基础上。企业将整体市场细分为不同的市场后,选择特定的群体作为目标市场,最后根据自身的市场地位和产品特征对企业的产品进行定位,使目标市场能够识别出企业独特的产品和形象。在第七章我们分析了市场细分和目标市场战略,本章我们将探讨市场定位策略。

第一节 定位的基本内容

一、定位的含义

"定位"一词在 1972 年被提出,至今 40 多年间,它的含义也在不断地发生变化。最初,定位是被当作一种纯粹的传播方法和沟通策略,随着市场营销理论的发展,定位理论

对营销的影响已超出了原有的范围,现在定位已经衍变成营销策略的一个基本的步骤。菲利普·科特勒在《营销管理》一书中对定位的定义是:对企业的产品、品牌和形象进行设计,从而使其能在目标市场中占有一个独特位置的行动。因此,企业营销者必须充分利用所有的营销组合因素,使产品特色符合所选择的目标市场,并在此基础上进行心理定位。

对于定位的概念,我们可以从以下几个方面更为深入地进行了解。

(一) 从过程看定位

从过程来看,定位是指企业对产品、品牌和形象进行设计,包括对产品的功能选择、包装设计、质量保证,以及通过广告、网络和文化营销等方式树立良好的品牌形象和企业形象。产品的特色或个性可以从产品实体上表现出来,如形状、构造和性能;也可以从消费者心理上反映出来,如豪华、朴素、时髦和典雅;还可以表现为价格水平和质量水准。对于企业整体而言,企业定位是宏观层面的问题,而产品定位和品牌定位则属于微观层面。三者是统一的,只不过定位的对象不同。但是它们同样面临一个竞争的市场,同样面对的是消费者,目标都是使自己的产品在市场中占据一定的位置,具有较持久的竞争优势。有关企业产品和品牌策略的内容,我们将在第九章中进行详细的介绍。

(二) 从结果看定位

定位的目标是通过将产品鲜明的个性和形象传递给目标顾客,使产品在目标市场中占有一个强有力的竞争位置。定位的最终结果是要成功地创立一个以顾客为中心的价值主张,它简单明了地阐述了为什么目标市场会购买这种产品。沃尔沃客货两用车的价值主张则是:为有安全意识的"上层"家庭提供最安全、耐用的家用货车。

企业的所有营销活动都是为了吸引顾客购买,其定位也必然是以顾客为主导。企业应该根据环境和自身条件,从顾客角度出发,综合多方面的因素进行定位。

(三) 消费者看企业定位

从消费者角度来看,企业的定位就是企业的形象,这一形象是消费者所认知的形象。这从另外一个方面反映出企业定位的目的是在消费者的心目中树立一个良好的形象,占据一个独特的位置,例如,在汽车市场上,"奇瑞"定位于激情、活力的年轻人,其产品定位相对低端;"奔驰"定位于成熟、稳重的成功人士,其产品属于高端系列。两家企业不同的定位在消费者的认知中自然形成不同的形象,奇瑞的形象是一只企鹅,亲切有余、缺乏尊贵;奔驰的形象是一只狮子,庄严高贵,活力不足。只有当消费者对某一企业认知的形象与期望一致或相符时,他才会选择购买产品。

专栏 8-1
哈根达斯,
情侣专用

二、定位的相关理论研究

随着市场营销理论的发展,定位理论也在不断演变和完善,不同的专家和学者都提出了不同的定位理论,我们主要介绍两种比较著名的定位理论。

(一)里斯和特劳特的定位

"定位"一词,最早是由艾·里斯和捷克·特劳特在1972年提出的,他们把定位看成是对现有产品的创新性实践,强调定位不是改变产品本身,改变的是名称和沟通等要素。他们对定位的解释是:"定位起始于产品,一件商品、一项服务、一家公司、一个机构,甚至是一个人。定位并不是对产品本身做什么事,而是对潜在顾客的心理采取的行动,即把产品在潜在顾客的心中确定一个适当的位置。"例如,同仁堂和张小泉剪刀,消费者认为它们分别是中国最好的中药和剪刀企业。这样,在定位的过程中,企业需要研究消费者行为和偏好,以及研究竞争对手的经营状况。

里斯和特劳特认为,一个企业在目标市场上可以采取三种定位方式,包括加强自己现有的定位、抓住一个未被占领的位置和反竞争者定位。这一部分内容,我们将在本章后面部分进行详细介绍。

(二)特里西和威尔西马的定位

迈克尔·特里西和费雷德·威尔西马提出了一种被称为价值准则的定位框架,包括以下三个方面:①产品领先,企业在产品属性、制造工艺或使用功能上具有领先性,例如苹果手机,每一代的iPhone都是手机市场的技术领导者;②运作良好,企业的生产、管理和销售过程等有条不紊地运行,可以确保产品质量的稳定性及产品的可靠性,例如麦当劳操作流程的规范性保证了其产品质量的稳定性;③顾客亲密度,企业作出适当的改变来满足顾客的个性化需要,例如一家热干面店铺,可以根据顾客喜好多放或少放芝麻酱。根据顾客关注点的不同,每一个市场上都存在三种类型的顾客。

特里西和威尔西马认为:一家企业不可能在上述三个方面都做得很好,甚至不可能在两个方面都做得很好,因为每一项价值准则都包含不同的管理理念和投资方式,并且它们之间相互矛盾。他们建议企业要取得成功必须遵从四个规则:①在三个价值准则中的某一方面成为最好的;②在其他两个准则中获得足够好的业绩;③不断提高在某一特定准则中的领先地位;④在另外两个准则上做得更加充分。

三、市场定位的类型

市场定位是一种竞争策略,体现的是一种产品或一家企业同类似的产品或企业之间存在的竞争关系。定位类型不同,竞争态势也不相同。如前所述,里斯和特劳特的定位理论中存在三种定位方式,此外,常见的定位方式还有重新定位、迎头定位和比附定位。

(一)加强定位

加强定位是指企业通过各种宣传渠道和手段不断强化自己在消费者心目中现有的定位。该方式适用于比较成功、已经拥有自身特色的企业,目的是留住现有顾客,同时吸引更多的顾客进行购买。例如陕西兵马俑,不断宣传其规模之大、历史之悠久;伊利牛奶不断强调它的原产地优势。

(二)空缺定位

空缺定位是指企业抓住市场上一块未被占领的位置,将其位置确定于"空白点"的定位,目的是避开目标市场上强有力的竞争对手。最成功的案例就是红罐王老吉,其定位在"预防上火的饮料",避开了与碳酸饮料、果汁和茶饮料的直接对抗。该定位方式的优点是可以使企业较快地在市场上站稳脚跟,在消费者或用户中树立起独特的形象,风险较小。当然,空缺定位意味着企业必须放弃某个最佳的市场位置,很可能使企业处于最差的市场位置。

(三)反竞争者定位

反竞争者定位是指企业在相同的市场上,针对竞争者的某些属性,强调自身更具特色的优势,以此来吸引消费者。这种定位方式主要强调自身产品或服务的差异性,在营销实践中被广泛使用。例如,奔驰车不断强调优良的性能和尊贵高档的外形;宝马车则强调舒适的驾车体验和坐车体验。

(四)重新定位

重新定位是指企业改变自身形象,重新确立一个新形象而进行的第二次定位,目的是摆脱困境,重新获得增长与活力。当企业产品在市场上的定位出现偏差,或产品在顾客心目中的位置和企业的定位期望发生偏离时,企业往往需要重新定位。一般来说,当出现下列情形时,企业需要考虑是否进行重新定位:①企业因决策失误而陷入困境;②消费者偏好发生了变化;③竞争者的因素,包括竞争者发动强有力的攻击或市场上出现新的竞争者。同时,企业进行重新定位除了因为陷入困境,也可能是由于企业的产品意外地扩大了销售范围,例如美国强生公司的产品的目标顾客最初定位在婴幼儿上,可后来公司营销人员发现许多成年人也使用强生生态护肤产品,于是强生公司决定对产品进行重新定位以扩大其目标顾客。

专栏 8-2
"万宝路"的
市场定位

(五)迎头定位

迎头定位是指企业选择的市场位置与现有最强的竞争者靠近,甚至重合的定位,这是一种与在市场上占据支配地位的竞争者"对着干"的定位方式。该定位方式在竞争过程中具有很大的风险,却也能够引人注目,甚至产生所谓的轰动效应,企业及其产品可以较快地为消费者所了解,易于达到树立市场形象的目的。以碳酸饮料市场为例,百事可乐在进入市场初期,选择迎头定位,与可口可乐持续不断地斗争,结果唤醒和扩大了市场,双方都得到了很大的发展。实行迎头定位,企业的竞争实力必须与竞争对手旗鼓相当,不一定试图压垮对手,只要能够平分秋色就是巨大的成功。

(六)比附定位

比附定位是指企业拿自己的产品或服务比附竞争者的位置,以便在消费者心目中为自己确立一个有利位置的方法。比附是指与不能相比的东西进行勉强相比。比附定位有利于企业避免受到攻击,防止失败。一般来说,存在下列三种情况时,企业应考虑比附定位:①竞争对手是市场领导者;②竞争对手已经树立起稳固的形象,依附竞争者可以传递与之相关的信息;③当消费者无法定量感知某些产品的价值和质量时,他们就会将该产品同某一特定的竞争者相比。

比附定位最典型的例子是蒙牛。对于蒙牛来说,伊利是最适合比附的对象,蒙牛从产品的推广宣传一开始就与伊利联系在一起,"做内蒙古第二品牌""为民族工业争气,向伊利学习"等字样出现在蒙牛的广告牌和产品外包装上。正是这种市场定位,保护了蒙牛,使其避免被伊利、草原兴发等企业联合绞杀。

四、定位的实质

从最简单的角度来看,定位的实质是企业向目标顾客传达的销售创意,向消费者传递的卖点,这些往往通过一句话来进行表述。例如,红罐王老吉向消费者传递的卖点是"预防上火的饮料",通过一句简单的描述——"怕上火,喝王老吉"来传递这种销售创意。一个企业必须决定向它的目标顾客传达多少创意,可以采取唯一的销售定位,也可以选择双重利益定位和多重利益定位。

(一)单重利益定位

采取唯一的销售定位,企业必须思考什么样的利益和卖点可以吸引消费者。最有效的方法就是在某一方面上成为第一。"成为第一,如果不是第一,就要通过开创能够让你成为第一的领域而成为第一",这一直是定位理论歌颂的最重要的商业圣经,也是打造品牌的第一法则。每一家企业都应该在其选择的定位角度上成为"第一名",也就是在某一方面做到最好。"第一名"包括很多内容,例如最好的质量、最佳的服务、最好的设计、最安全、最具创新性、最可靠、最著名、最低的价格和最高的性价比等。如果一家企业能够坚持不懈地反复强调某一特定的定位,使之在消费者的认知中不断地强化,并成为第一,它就会取得竞争优势。

第一不需要定位,因为第一就是最好的定位。第一名的企业和品牌在消费者心目中往往能形成完美的形象,在消费者心中占有一个独特的位置。第一名的产品和品牌总是被人们认为是"正品",这就等于把所有其他品牌的产品都定位成"仿制品"。在其他因素都大致相同的时候,消费者自然会选择购买"正品",而不是"仿制品"。第一名的企业和品牌还可以创造领导地位,在消费者的心目中,领导品牌肯定比其他品牌好,因

专栏 8-3
武汉"医疗市场之最"

为每个人都假定:最好的产品或服务才能赢得市场。

(二)多重利益定位

大多数企业和品牌选择单重利益定位,即为每一种品牌制定唯一的销售定位,这使得企业和目标市场更容易进行沟通,也使得整个企业与定位重点更容易保持一致,例如上海东方明珠塔就以其高度定位。但是,企业也可以选择双重利益定位,例如,沃尔沃汽车定位于"最安全"和"最耐用";还有部分企业选择三重利益定位,同时向消费者传达多种利益,佳洁士牙膏就能同时提供三种利益:防蛀、清新口气和亮白牙齿。需要注意的是,消费者可能记不住太多的利益定位。

五、定位的意义

企业进行市场定位的意义主要包括以下两个方面。

首先,定位有利于突出企业及其产品的特色,树立企业和品牌形象,区别于其他企业的产品和品牌,形成消费者的偏好,最终在竞争市场中占据一个有利的位置。在当今经济中,困惑消费者的往往是选择过剩而不是选择不足,例如在洗发水市场就存在很多企业,即使在"宝洁"这一个公司旗下也有很多品牌——海飞丝、潘婷、飘柔等。企业的产品或服务如果不能很好地与其他企业的产品或服务区别开,它就不会得到消费者的青睐,自然难以获胜。因此,企业必须推出特殊的定位,例如"海尔"的市场定位是"家电行业第一品牌",它不断地推出新产品,确保产品和服务质量,不随波逐流随意降价,在消费者心目中树立起"高档"的产品形象,让人们一说到高档国产家用电器,就会马上想到"海尔"。

其次,企业的市场定位是企业制定市场营销组合策略的基础,企业根据市场定位来设计与之相适应的市场营销组合。导入案例中的"伊利"集团,它在冰激凌市场的定位是以"低价高质"来争取最大量的中低收入消费者。在此定位的基础上,所有的市场营销组合都围绕着降低成本和提高产品质量两个方面展开。在拥有低廉劳动力成本的同时,为了降低开发成本,它不做目标市场的产品创新者;在产品包装设计和广告宣传方面,则重点突出内蒙古这一独特的原产地优势,宣传产品的优良品质。

第二节 选择市场定位

第一节中,我们介绍了定位理论的基本概念。但如今,定位已经成为营销策略的一个基本的步骤,那么企业该如何选择市场定位?市场定位策略包括哪些内容?市场定位有哪些方式?这些问题都需要进一步的考虑与分析。我们将在本节探讨这些问题。

一、如何选择市场定位

企业要结合自身特点,思考如何选择定位,即从哪一角度入手对企业、产品和品牌进行定位。一般来说,可供企业选择的定位方法有以下七种。

(一)特色定位

企业内在的许多因素都可以作为市场定位的依据,比如所含成分、材料、历史和企业文化,特色定位是最常用的定位方法。"泰宁诺"止痛药的定位是"非阿司匹林的止痛药",显示药物成分与以往的止痛药有本质上的差异;"国窖1573"则突出表现其悠久的酒文化历史。这些企业特色,往往是它们的核心竞争力。

(二)利益定位

利益定位是指企业将其带给消费者的利益作为市场定位的依据,产品提供给顾客的利益是顾客最能切实感受到的。例如,红罐王老吉就根据它给消费者带来的利益——"预防上火"来进行定位的;1975年,美国米勒啤酒公司推出了一种低热量的"Lite"牌啤酒,将其定位为"喝了不会发胖的啤酒",迎合了那些经常饮酒而又担心发胖的人的需要。

(三)使用或应用定位

企业可以根据顾客在使用或应用某一产品和服务时的感受定位,定位成使用或应用的最佳产品和服务,包括使用可靠、安全和操作简便,例如,宝马汽车的定位"顶级的坐车体验与顶级的驾车体验"就是典型的使用或应用定位,因为它关注的是顾客在使用过程中的体验。

(四)使用者定位

使用者定位是指企业针对自身的潜在使用者,定位成对某些用户群体而言最好的产品。"年轻人的第一辆车"是奇瑞QQ的广告宣传语,直接表明其潜在顾客是快乐、激情和个性的年轻一代;"海澜之家——男人的衣柜"也是使用者定位的典型例子。

(五)产品类别定位

产品类别定位是指企业将产品与某种特定的产品种类联系起来,以建立品牌联想。产品类别定位的一种方法是告诉消费者本企业的产品属于哪一类产品,如太平洋海洋世界定位为"教育机构";另一种方法是将产品界定为与竞争者对立或明显不同于竞争者的产品类别,如七喜定位为"非可乐"饮料。

(六)竞争者定位

竞争者定位是指企业根据自身在竞争市场中所处的位置及自身的竞争实力,比照竞争者进行定位。竞争者定位不仅指在某一方面比竞争者更具优势,还包括把企业自身划入行业最大的几家企业之一。例如,某高档酒店并不标榜自己是最好的酒店,而是把自己定位于最好的酒店之一。

(七)质量或价格定位

质量定位是指根据质量因素对企业产品进行定位,一般来说,企业都向市场提供高质量的产品和服务。价格定位是指根据价格因素对产品进行定位,企业价格定位一般有三种情况:①高价定位,即把不低于竞争者产品质量水平的产品价格定在竞争者产品价格之上;②低价定位,即把产品价格定得远远低于竞争者价格;③市场平均价格定位,即把价格定在市场同类产品的平均水平上。

在营销实践中,许多企业进行市场定位时选择的方法往往不止一种,而是多个方法同时使用,因为要想体现企业及其产品的形象,市场定位必须是多维度的、多侧面的。

【问题讨论】

现在,在很多城市的郊区,尤其是在湖边或山下,有很多各种各样的农家菜馆,它们特色不同、风味不同,密密麻麻地排列在马路两旁。很多时候,餐馆的名字就能够反映出它们的定位,下面是在武汉东湖边上紧挨着的几家餐馆名称:"××农家菜""油焖大虾""农家炸野鱼"和"恩施土家情"。

请思考:

①从以上四家餐馆的名称来看,它们使用了什么定位方法?

②你认为哪一家餐馆的生意会最好?

二、开发市场定位

企业在确定了向目标顾客传达多少创意,以及选择了定位的角度之后,就要对自身的定位进行设计。企业定位的关键是要在其产品的开发上比竞争者更具有竞争优势的特性。一般来说,企业定位需要经过以下三个步骤。

(一)识别潜在的竞争优势

识别潜在的竞争优势是企业进行定位的基础,企业只有在规范的市场调研基础上,分析竞争对手和自身资源积累,才能发挥出自身的优势,形成自身的鲜明特色。

1.研究竞争对手的定位情况

了解竞争对手提供什么产品,在消费者心目中的形象如何,并估测其产品成本和经营情况。

2.研究竞争者的优势和劣势

主要包括三个方面:①竞争者的业务经营状况;②竞争者的核心营销能力;③竞争者的财务能力。同时,需要注意的是,对竞争对手的研究,不应仅限于竞争对手的现状,还要深入研究竞争对手潜在的竞争优势。

3.研究企业自身的竞争能力

通过结合上述两个问题的回答,企业要决定做什么和能够做什么。市场定位的目标,必须是企业力所能及、可以实现的。企业要根据对内、外两方面的研究,判断在哪些方面有可能创造出自己的特色。

(二)选择竞争优势

企业不可能在所有的方面都优于竞争对手,作为定位所需要的优势,它只须选择相对竞争优势即可。相对竞争优势是指与主要竞争对手相比,企业在产品质量、服务质量、技术创新、品牌知名度等方面所具有的明显差别利益的优势。企业在确定竞争优势时,应把企业的全部营销活动加以分类,并对各主要环节在成本和经营方面与竞争者进行比较、分析,以识别和形成企业竞争优势。

一般来说,企业选择用于定位的竞争优势应遵循一定的原则:①优势不能过多,应控制在三项以内,最好只有一项,过多的优势会降低可信度,并且不容易引起消费者的注意;②企业在短时期内的定位可以选择产品的材料、包装和服务等具体的要素,但注意要不断推陈出新。从长期来看,企业的定位应选择为文化等主观的、抽象的因素,以形成顾客的品牌偏好。

(三)显示独特的竞争优势

企业的竞争优势不会自动在市场上得到充分的体现,企业需要采取一定的手段,通过各种途径、一定的方法和程序向消费者传递自己的定位,这是定位的传播问题,我们将在下一小节中进行讨论。

下面,我们将以孟山都公司为例,深化对企业定位三个步骤的认识和理解。

孟山都公司在化学制品市场上有一个主要的竞争对手,它确定了四种不同的竞争因素:技术、成本、质量和服务,如表8-1所示。从表中可以看出,两家公司在技术方面都得8分(1分为最低,10分为最高),这意味着它们都拥有良好的技术,竞争者在成本方面有较大的优势,孟山都公司的产品质量高于竞争者。最后,两家公司提供的服务都低于平均水平。

表 8-1 竞争优势选择法

竞争优势	公司现状 (1—10)	竞争者现状 (1—10)	改进现状的重要性 (高—中—低)	能力和速度 (高—中—低)	竞争者改进现状的能力 (高—中—低)	采取的行动
技术	8	8	低	低	中	维持
成本	6	8	高	中	中	监控
质量	8	6	低	低	高	监控
服务	3	4	高	高	低	投资

孟山都公司在成本和服务方面落后于竞争对手,因此它应该加强自身的成本控制和提升服务品质,以提高其市场吸引力。但是,公司还应考虑一些其他问题:每一种属性的改善对目标顾客来说是否重要?公司是否有能力改进,需要多长时间改进,竞争者是否也跟着进行改进?以上表的信息为基础,针对不同的竞争因素,公司都有一些适当的行动。对孟山都公司来说,最重要的就是改进其服务,并推广宣传,将自身打造成"技术服务的领导者"。

三、传播企业定位

企业在确定了自身的市场定位以后,还要进行有效的传播。无论企业推出什么样的定位,只有深深扎根于潜在顾客的心里,才算成功。有效的传播要求产品的包装、渠道、价格、广告、促销,必须与定位一致;广告、公关、促销、直销等宣传手段都是不同形式的沟通和传播;店内商品陈列、店头促销以及为产品做的广告也是传播;在产品售出之后,售后服务也是一种传播。

一般来说,企业要建立良好的沟通机制,有效传播市场定位,需要三个步骤。

(一)确定传播对象

定位的传播必须从一开始就确定传播对象。传播对象既包括现有顾客,也包括潜在顾客,同时还包括那些对企业产品有直接或间接影响的决策者,可以是个人、小组、特殊公众或一般公众,进而研究传播对象的需求、态度、偏好和其他特征。

消费行为是多种角色的扮演,即购买者、使用者以及决策者。多种角色在不同的市场,对不同的商品类别有不同的作用和行为。定位的传播必须清楚地掌握各种角色的重要性,才能把费用正确地投资在重要的群体上。

(二)设计传播内容

明确了传播对象之后,要设计有效的传播信息,目的是让传播对象在得到这样的信息之后,对产品的定位产生深刻的印象。传播内容要表达的就是让消费者知道产品在顾客心目中处于什么位置。这一内容要能引发消费者的注意,激发兴趣,刺激欲望,加深记忆。

信息内容可分为理性诉求和感性诉求。理性诉求是显示产品本身的品质和特性。消费者通常出于自身的利益考虑,对产品的质量、价值、价格、性能等提出各种要求,他们通过搜集信息,仔细比较,从而作出理性的选择。因此,理性诉求是推销产品的有效手段。感性诉求是指通过渲染美好的情感色彩,把产品塑造成人际或心理的角色,赋予产品的象征性意义,并把它与消费者的想法、心态和梦想相结合,促使消费者接受产品。因此,消费者对产品的感觉远比产品的功能重要,一个产品要在市场上谋求长久牢固的地位,需要借助感性诉求。

(三)选择合适的媒介

信息的传播必须借助媒介的力量,定位的传播也不例外。人们在接收信息时,会根据自己的需求、喜好和口味来选择媒体。因此,企业应根据目标顾客接触媒体的习惯,选择有针对性的媒介,才能把定位深深地植根于消费者的内心。

企业需要选择合适的媒介类型来传播自身的定位,要综合考虑媒体的传播范围、出现频率、费用、可信度等因素。常用的大众媒介包括电视广告、报刊和户外媒介等,同时,除了上述介绍的传统大众媒介外,企业还可以利用企业内部具有传播功能的事物来传播定位。例如,定位于某一民族特色风味的餐厅,可以通过店内装潢、服务人员穿着和背景音乐等方式传播定位;企业还可以通过企业的文化故事进行定位传播,在本书"文

专栏 8-4
绿谷灵芝胶囊的市场定位

化营销"一章中对此有详细介绍,在此不再赘述。

需要注意的是,每一种传播媒介都各有利弊,把不同的媒介进行组合能产生互补效应,传播媒介的交替运用比运用单一媒介的效果更好。企业通常把两种或两种以上的媒介进行配合使用,以实现其定位目标。

四、错误的市场定位

企业在确定和传播企业的市场定位的过程中,必须慎之又慎,要通过反复的比较和调查研究,选择最合适的定位方式。其中任何一个环节出现纰漏都有可能出现定位错误,企业应该避免下述五种常见的定位错误。

专栏 8-5
江中健胃消食片的定位

(一)定位过低

定位过低是指企业过多地宣传其价格优势,导致消费者对产品质量和企业形象产生质疑。这种定位错误经常出现在企业最初进入市场或者企业遇到困难时,它们希望通过降价来获取竞争优势,但结果却事与愿违,例如,某丝绸企业在国内市场拥有良好的市场口碑,其高贵的品质深受消费者青睐,为了打开国际市场,它在欧美国家采取低价渗透的方式,期望迅速打开国际市场。但遗憾的是,其产品不仅没有得到国际市场接受,还被认为是劣质货、低档货。究其原因,它在国外市场定价太低,很难让人将其产品与高质量和高品质联系在一起。

(二)定位过高

与定位过低相对,定位过高是指企业过分强调自己产品的档次,以致大多数消费者对它望而生畏,但实际上它的产品可能大部分是中档甚至是低档商品,实质上是企业将自己的产品定位的过于狭窄,不能使消费者全面地认识自己的产品。这种定位错误多发生在珍珠饰品、水晶饰品等产品质量不容易辨别的市场上。例如,消费者可能认为周大福的钻戒至少需要 40 000 元,但事实上,它也生产 10 000 元左右的戒指。

(三)定位无特色

定位无特色是指企业给消费者传达了一个模糊的概念,或者虽然是一个明确但却人人都强调的特性,这是最常见的定位错误。例如,几乎所有的休闲食品生产企业,都强调自己的产品是非油炸、不添加防腐剂的绿色食品;几乎所有的洗衣粉生产企业都宣称自己的产品是无磷洗衣粉。这些企业的定位没有突出自身的特色,而是强调了所有企业都会遵守的标准。一般来说,国家强制性标准是必须遵守的,不能成为合适的定位要素。

(四)定位混乱

定位混乱是指由于企业的品牌特征太多或者定位变化太频繁,导致消费者对产品的印象模糊,对产品形象感到困惑。混乱的产品定位无法在消费者心目中确定鲜明、稳定的位置,必定导致失败。

(五)定位怀疑

定位怀疑是指消费者对企业的产品特征、价格和制造商方面的宣传描述持怀疑态度。最典型的例子是杭州娃哈哈公司开发的"非常可乐"饮料,希望从可口可乐等国际知名品牌手中夺去部分市场份额。"非常可乐"被宣传为"中国人喝的可乐",每瓶零售价比可口可乐低几分钱,通过宣传民族情感,"非常可乐"得到了发展。然而,娃哈哈公司的产权大部分属于法国达能食品公司。因此,它的定位宣传使人们产生怀疑,最终,该产品很快就被市场所吞没。

专栏 8-6
让"改变"发生

解决定位问题能够帮助企业解决营销组合的问题,适当的市场定位可以有效地传递企业形象。因此,一个定位于"高品质"的企业必须保证其产品质量,制定一个较高的价格,通过高档的分销商销售等。

第三节 差异化策略

一、差异化的相关概念

差异化是指通过增加一系列有意义、有价值的差别,将企业的产品与竞争者的产品区分开来的过程。企业的定位从差异化开始,差异化是企业定位的主要策略。定位向目标市场传播企业或品牌的核心观念,它简化了人们对实体的看法,但差异化超越了定位,使实体更富有个性特征。差异化对消费者的意义来自两个方面:①物有所值,差异化特征提供了额外的使用价值;②差异化更好地体现了消费者的个性。

差异化策略能够给企业带来许多利益,主要包括以下两点:①增强自身竞争力。当企业的差异化产品满足了其他竞争者没有满足的顾客需求时,消费者只能购买该产品。当某种差异化对消费者有意义时,他会成为该产品的忠实顾客。顾客品牌忠诚度的提高能增强企业竞争力,减少甚至避免竞争。②减少外部竞争压力。一方面,差异化可以提高市场进入壁垒,因为新进入企业要使忠诚顾客进行品牌转变是极其困难的;另一方面,差异化可以有效地防止替代产品的进入,因为差异化产品是没有有效的替代品的。当然,实行差异化策略也有以下两种风险:①消费者认为低成本产品和差异化产品之间的价格差异很重要,差异化产品往往拥有较高的价格,消费者可能认为不值得为这种差异化支付如此巨大的价差;②产品差异化的特征对消费者的意义逐渐消失,例如,手机产品的推陈出新,尤其是智能手机的出现,使其可以提供很多的功能,因而受到消费者的热烈追捧,但现在越来越多的人觉得这些附加功能没有太大的实际价值。

我们在这里提到的差异化战略与波特通用战略中的差异化策略有所差别,波特通用战略中的差异化只是简单地与竞争对手相区别,强调自身的特色。本章我们介绍的差异化战略则包含更加丰富的内涵,涉及更多方面的内容。

二、有效的差异化

同市场细分一样,任何产品都可以进行一定程度的差异化,但并不是所有产品的差异化都是有意义或有价值的。有效的差异化能够为产品创造一个独特的"卖点",给消费者一个鲜明的购买理由。一个有效的差异化应符合下列原则。

①利益性。该差异化能给目标顾客带来更高的利益。

②独特性。该差异化是竞争者无法提供的,或者说该企业以一种与众不同的方式提供。

③优越性。该差异化明显优于可获得相同利益的其他途径。

④排他性。该差异化是竞争者难以模仿的。

⑤盈利性。该差异化能够给企业带来利润。

⑥可传播性。该差异化能够被消费者看到、理解并进一步传播。

⑦可承受性。该差异化是消费者能够负担得起的。

随着经济的高速发展,企业的定位应该提倡一种超越顾客期望需求的理念,这一过程包括以下的三个步骤。

1. 确定顾客价值模型

企业要罗列出所有可能影响目标顾客价值观念的产品和服务要素,对每个要素进行研究和分析。

2. 建立顾客价值等级层次

企业把每个要素分为四组:基本、期望、欲望和出乎意料。我们以一家好的餐厅为例来说明这四个层次。

①基本:食物味道一般,上菜准时。

②期望:有好的瓷器和餐具、亚麻台布和餐巾、鲜花、考虑周到的服务和可口的食物。

③欲望:餐厅气氛令人愉悦和安静,食品特别可口。

④出乎意料:餐厅免费赠送甜点和水果。

企业在每一要素上都要争取做到最好,尽量达到更高的层次。如果该餐厅连基本层次都做不到,顾客就会不满意;当达到期望层次时,顾客会感到舒服,但也不是意外;只有达到欲望甚至出乎意料的层次,顾客才会感到满意,从而形成品牌忠诚。

3. 对顾客价值进行决策

企业现在要挑选组合那些可见和不可见的项目,通过亲身体验,设计出能战胜竞争者并赢得顾客喜悦和忠诚的方案。

三、差异化的工具

一个企业通常需要考虑如何实现五个方面的差异化:产品、服务、人员、渠道和形象。

其中,有关渠道差异化的内容,我们将在第十一章进行详细介绍。

(一)产品差异化

产品差异化是差异化策略的主要工具,产品的差异化可以体现在多个方面,主要包括产品形式、特色、质量、一致性和风格。

1. 形式差异

形式差异是指产品在外观设计、尺寸大小和形状或实体结构等方面的差异。"丰田的安装,本田的外形,日产的价格,三菱的发动机"体现了日本四大汽车企业的核心差异,"本田"的外形设计优美,成为其一大优势。

2. 特色差异

特色是指对产品基本功能的增补,例如,给台灯增加护眼功能。鲜明的产品特色就是最好的差异化策略,率先推出有价值的特色无疑是最有效的竞争手段。在特色差异化中,企业要通过比较企业成本和顾客价值来确定增加哪些特色。

3. 质量差异

产品质量差异包括在产品有效性、耐用性和可靠程度等方面的差异。消费者一般愿意以较高的价格购买耐用性较强、更可靠的产品。研究表明:产品质量和投资回报之间存在很高的正相关性。但企业也不一定要设计质量很好的产品,它必须设计与目标市场和竞争者水平相对应的质量。

4. 一致性

一致性是指产品的设计和使用与预定标准的吻合程度高低。消费者更希望购买质量高度一致性的产品。麦当劳餐厅在世界范围能取得如此巨大的成功,一个重要的因素就是它能保证其食物质量的一致性。

5. 风格差异

风格是指产品给予消费者的视觉和感觉效果。风格能将产品与仿制品区分开来,独特的风格往往能使产品更加吸引人们的眼球。绝对伏特加(Absolut Vodka)独特的风格就显示出其纯净、简单和完美的核心价值。在使产品风格差异化的过程中,企业还要注意产品的包装设计。

企业应综合上述各种要素,提供一种最有力的产品差异化和准确的市场定位。

(二)服务差异化

服务差异化企业是向目标市场提供与竞争者不同的优质服务。激烈的竞争和技术的进步,使得企图在实体产品上实现和维持差异化越来越难,任何形式的产品差异化都有可能被竞争对手模仿或超越,因此,竞争的关键便转向了服务的增值。服务差异化变得越来越重要,主要体现在订货速度、交付及时,以及安全、安装、客户培训和维修保养等方面。

上述介绍的服务差异化方法很多企业都已经使用,人们也很熟悉,我们在此不作详细介绍,而主要介绍安装和客户培训。

1. 安装

简单来说,安装是指为了确保产品在计划地点正常使用而必须做的工作。家用电器和大型的机器设备的购买者都希望厂家能提供良好的安装服务,但安装又不仅仅是简单地把设备装好,在此过程中,还可以传递出更多的服务和认知。安装工人是企业员工中最外层,也是最接近顾客的一群人,他们提供服务的质量如何将直接影响顾客对此次购买和对企业的印象。例如,海尔公司的安装人员在安装过程中,有一套详细的工作流程,进门先戴鞋套,安装完家用电器后打扫卫生,两天之后电话询问使用情况等。这些细节更能体现出企业的服务质量。

2. 客户培训

客户培训是指对客户单位的员工进行培训,以使他们能正确有效地使用供应商的产品。在此需要强调的是,客户培训不应该仅有购买安装后的一次培训,而应该在顾客使用过程中进行定期培训。更受顾客欢迎的是供应商有专门的人员能随时与顾客保持沟通,为顾客解决问题,例如,"通用"电气公司向武汉同济医院提供大型的医疗设施,其安排了专门人员常驻武汉,定期进行培训,随时对设备的使用和可能出现的故障提供技术支持和帮助。

(三)人员差异化

人员差异化是指通过聘用和培训比竞争者更为优秀的人员以获取差别优势。市场竞争归根到底是人才的竞争,优秀的企业员工可以提高企业的竞争优势,这点在服务性行业显得尤为重要。例如,日本航空公司多年来一直在"北京—东京—夏威夷"这条航线上与美国的"联航"和韩国的"韩航"进行竞争。"联航"拥有超强的实力和硬件设备,"韩航"则提供30%的价格折扣,两者都很有竞争力。但是,"日航"依靠整合的优良的人员服务,赢得了各国旅客的赞美。

一个受过严格训练的企业员工应该具备以下六个方面的特性:①称职,具有产品的基本知识和技能;②有礼貌,热情友好,尊重和体谅顾客;③诚实,对人坦诚、诚实可信;④可靠,有强烈的责任心,保质保量完成工作;⑤反应敏锐,对顾客的问题和困难能够迅速地作出反应;⑥善于沟通,理解顾客,准确地向顾客传递有关信息。

(四)形象差异化

形象差异化是指在产品的核心部分与竞争者雷同的情况下塑造不同的产品形象以获取差别优势。形象就是企业或产品在消费者心目中的定位,消费者更愿意购买与自身个性相符合的产品。最成功的例子是我们介绍过的万宝路香烟,其塑造的"万宝路牛仔"形象激起了广大烟民的强烈反应,带来了约30%的世界市场份额。

一个有效的形象需具备以下三点:①建立一个产品的特点和价值;②通过一种与众不同的途径来传播这一特点,从而使其与竞争者相区别;③产生某种感染力,从而触动顾客的内心感觉。

企业的形象差异化需要通过具体的因素来表达,这将在"产品和品牌建设"一章中进行详细探讨和分析,在此,我们只对其作简单介绍。特殊的标志和色彩能够给人留下深刻的印象,从而形成独特的品牌形象。企业可以选择具体的事物作为品牌标志,例如,"苹果"公司的标志是那个人们熟知的、被上帝咬了一口的苹果;企业还可以选择不同的颜色作为品牌标志,例如,"柯达"选择了黄色,"海飞丝"则选择了蓝色。

企业还可以通过一些事件和公益活动来营造品牌形象,赞助是常用的方法。例如,阿迪达斯是 2012 年伦敦奥运会的主赞助商;红罐王老吉向地震灾区捐款一个亿,获得了广泛的市场赞誉,树立了良好的企业形象。

专栏 8-7 燕君芳的"本香"集团

【问题讨论】

针对上述介绍的集中差异化工具,请思考:哪种差异化工具对企业的创立最有用?为什么?

本章小结

所有的市场营销战略都建立在 STP 理论——市场细分、目标市场和市场定位的基础上。

定位是对企业的产品、品牌和形象进行设计,从而使其能在目标市场中占有一个独特位置的行动,可以从过程、结果和消费者三个层面来理解定位。以往的定位理论研究包括里斯和特劳特的定位、特里西和威尔西马的定位理论。常见的定位方式有加强、空缺、重新、反竞争者、迎头和比附定位,定位对于企业的营销实践有着非常重要的意义。

定位的创意是在某一选择的角度上成为第一名,企业定位需要经过以下三个步骤:识别潜在竞争优势、选择竞争优势和显示独特竞争优势。企业定位的传播也需要三个步骤:确定传播对象、设计传播内容和选择合适的媒介。

企业可以从 7 个角度进行定位,它们是特色、利益、使用/应用、使用者、产品类别、竞争者和质量/价格。企业必须结合自身的实际情况和市场竞争情况,选择合适的定位方式,避免出现错误定位。常见的错误定位包括定位过低、定位过高、定位无特色、定位混乱和定位怀疑。

差异化策略是企业定位的主要策略,有效的差异化需要满足 7 个基本原则:利益性、独特性、优越性、排他性、盈利性、可传播性和可承受性。常用的差异化工具包括:产品差异化、服务差异化、渠道差异化、人员差异化和形象差异化。

思考题

①简述特劳特和威尔西马的定位观点。
②江中健胃消食片的营销战略有何需要改善之处?
③企业定位有哪几种方式?分别在什么情况下使用?
④举例说明可供公司选择的 7 种定位方式。
⑤错误的定位有哪些?企业应如何避免错误定位?
⑥企业一般如何进行市场定位?
⑦差异化的工具有哪些?

本章参考文献

[1] 艾·里斯,杰·特劳特.广告攻心战略——品牌定位[M].刘毅志,译.北京:中国友谊出版公司,1991.

[2] Michael Tracey, Fred Wiersema. The Discipline of Market Leaders[M]. New Jersey:Addison-Wesley,1994.

[3] 侯惠夫.重新认识定位[M].北京:中国人民大学出版社,2008.

[4] 郭毅,陈洪安.市场营销案例[M].北京:清华大学出版社,2006.

[5] 钱旭潮.市场营销管理——需求的创造和传递[M].北京:机械工程出版社,2005.

[6] 菲利普·科特勒.营销管理(亚洲版)[M].3版.梅清豪,译.北京:中国人民大学出版社,2005.

[7] 岳琳.市场定位与差异化竞争优势的建立[J].商业研究,2000(12).

[8] 吴健安.市场营销学[M].3版.北京:高等教育出版社,2007.

第九章 产品和品牌策略

- ☆ 了解产品的基本概念与分类
- ☆ 理解品牌的本质与内涵
- ☆ 学习如何建设品牌
- ☆ 掌握品牌建设技巧、品牌维护技巧和品牌经营战略
- ☆ 了解产品包装策略

产品是企业开展营销活动的基础和前提,任何一个营销策略都开始于一个能够满足目标顾客的需求和欲望的产品。产品理论是"4P"理论之首,是现代市场营销组合中最重要的元素。企业营销的成功,涉及产品质量以及品牌塑造等方面的内容,对企业在市场竞争中能否取得优势地位和企业的生存发展至关重要。本章将阐述产品特征、企业如何制订产品和品牌策略等问题。

导入案例
光彩四溢的香奈儿

第一节 产品和产品组合

一、产品的概念

在市场营销学中,产品是指能够通过市场进行交换,满足消费者需求和欲望的任何有形物品和无形服务。有形产品主要包括产品的实体及其质量、外观、包装等;无形服务

主要包括免费送货、安装等售后支持。顾客购买某种产品,不只是为了得到该产品的物质实体,更要通过购买该产品来获得某方面利益的满足。

二、产品的层次

关于产品的层次,以往学术界一直沿用核心产品、形式产品和延伸产品(附加产品)的表述方式。近年来,菲利普·科特勒提出企业需要考虑五个产品层次:核心产品、基本产品、期望产品、附加产品和潜在产品。

(一)核心产品

最基本的层次是核心产品,它是顾客真正购买的基本服务或利益,从本质上来说,每一种产品都是为了解决顾客的问题而存在的,企业必须认识到它们是给顾客提供利益的角色。例如,人们购买空调是为了在夏天得到凉爽,在冬天得到温暖,而不是为了得到一个装着零部件的器物。核心产品满足了人们的基本需求,消费者不会特别满意,因为他们觉得这是理所当然的。

(二)基本产品

基本产品是指产品的基本形式,实现产品的核心利益的形式。基本产品包括五个特征:品质、形式、特征、品牌和包装。产品的基本效用必须通过特定的形式才能实现,例如,一个旅店的房间必须包括床、浴室、桌子和卫生间等。对于消费者而言,基本产品如果不能得到满足,他们就会很不满意。

(三)期望产品

期望产品是指购买者在购买该产品时希望得到的一系列属性和条件。例如,在休息和睡眠之外,旅客希望拥有清洁的床、干净的公共物品和安静的环境。期望产品的满足会让消费者感到满意,但并不会产生顾客忠诚。就像大部分的旅店都能够提供期望产品,满足旅客的最低期望,所以旅客对旅店并无特别偏好,而是选择最方便和最近的一家。中国的大多数企业就停留在提供期望产品的层次上。

(四)附加产品

附加产品是指顾客在购买基本产品和期望产品的同时附带的服务和利益,小到产品说明书、送货、安装和技术培训,大到酒店提供额外的体检服务。在发达国家,企业竞争主要发生在附加产品层次,只有超越了顾客的期望,才会产生高度满意,让顾客感到欣喜,进而达到高度的顾客忠诚,使顾客成为自己的忠诚顾客。

(五)潜在产品

潜在产品是指现在还是产品的附加利益,但将来有可能发展成为最终产品的部分,它显示着现有产品的演变趋势和前景。例如,已经成熟的互联网电视产品,或者是未来在飞机上实现打电话等预期场景。

三、产品分类

根据不同的分类标准,可以将产品分为不同的种类,其中每一类产品都有与之相适应的市场营销组合策略。

(一)根据耐用性和产品形态进行划分

1. 非耐用品

非耐用品是指在使用过程中具有一种或者多种用途的低值易耗品,属于有形产品,如牙膏和沐浴露等。这类产品与人们的生活息息相关,消费快,购买频率高。在制定营销战略时要使顾客能够很方便地购买到这类产品,产品售价中加成较低,应通过大力做广告吸引顾客使用并养成偏好。

2. 耐用品

耐用品是指使用年限比较长,通常有多种用途,价值较高的产品,也属于有形产品,如冰箱和彩电等大型家用电器。与非耐用品不同,耐用品使用年限和折旧年限都较长,可获得较高的利润,所以耐用品一般需要更多的推销人员。

3. 服务

服务是为了出售某项具体产品而提供的活动、利益或满足,属于无形产品,如设备安装和理发等。服务的特点是无形、不可分离、可变和易消失。一般来说,它要求更高的质量监测、供应商信用以及适用性。

(二)根据消费者类型进行划分

1. 消费品

消费品是指由最终消费者购买并用于个人消费的产品,主要用来满足个人的欲望或家庭的需要。根据消费的特点,消费品可以细分为便利品、选购品、特殊品和非渴求商品。

1)便利品

便利品是指顾客经常购买或者需要即时购买的产品。顾客在购买时不会进行过多的比较和选择,如糖果和报纸等。便利品的购买决策相对简单,个人可以做出购买决策,不需同其他人商量。消费者一般也有偏爱的品牌,为了满足消费者追求的便利性,便利品多被置于许多销售网点,以便顾客能够随时购买。

便利品根据其购买特性还可以进一步分类。日用品是指消费者定期购买的生活必需品,例如牙膏、牙刷和卫生纸。冲动品是指消费者没有计划而临时起意购买的产品,冲动品一般放在收银台附近,利用显著的位置来吸引消费者,引发其购买意图,例如棒棒糖、报纸杂志等。急用品是指当消费者需求十分紧迫时购买的产品,例如下雨时人们购买的雨伞。

2)选购品

选购品是指消费者在购买过程中,对产品适用性、质量、价格和式样等基本要素进行认真比较后,才会决定购买的产品,例如女孩子购买服装,男孩子选购电脑,最复杂的选购品是购买住房。相比于便利品,选购品价格比较高,购买行为比较复杂,消费者一般会询问他人意见,货比三家。

选购品又可以分成两类。同质品的质量相似,但价格差异很大,消费者一般会比较价格进行选购,例如电脑、服装等;异质品的产品特色和服务比价格更为重要,消费者在购买时通常会比较质量优劣,这就要求异质品必须备有大量的品种花色,满足顾客的不同偏好,商店还必须有受过良好训练的销售人员,帮助顾客对商品进行对比和挑选。

3)特殊品

特殊品是指产品具有某些独有特征或独特品牌,消费者愿意作出特别努力来进行购买,例如名牌商品(梅赛德斯奔驰)和某些具有浓厚特色的商品(口味独特的餐厅)。部分便利品也属于特殊品,例如某些顾客特别偏爱某一品牌的矿泉水。消费者对特殊品的品牌有一定的忠诚度,不会对特殊品进行比较,只须找到该产品经销商进行购买即可。因此,特殊品的销售者应投放能够彰显其独特性的广告,来维护产品的独特形象,并告知消费者购买地点。

4)非渴求商品

非渴求商品是指消费者目前还不知道或者知道也不愿购买的产品,典型的例子是人寿保险、墓地和百科全书。绝大多数新产品在最初都属于非渴求商品,直到消费者通过广告认识了它们为止。非渴求商品通常需要借助积极的人员销售和广告的支持。

专栏 9-1 "爱疯迷"排队 4 小时,苦等白色 iPhone 4 上市

2. 工业品

工业品是指那些为了生产其他产品或服务而购买的物品。工业品也可分为三类:材料和部件、资本项目以及供应品和服务。

1)材料和部件

材料和部件是指完全转化为产成品的产品,包括原材料、半制成品和部件。

原材料指从未经过加工,但是经过加工制造就可成为实际产品的货品。原材料可以分成两类:农产品(小麦、棉花、蔬菜)和天然产品(原油、煤、矿石)。农产品拥有易腐性和季节性的特点,需要进行集中、分级、储存、运输和销售服务。天然产品的供应有限,这种产品一般体积较大,单位价值低,需要大量的运输,天然产品的供应普遍采用长期合同制。

半制成品和部件主要包括构成材料(铁、水泥、线材)和构成部件(马达、轮胎)。大部分半制成品和部件是直接出售给工业用户的,它们具有标准化的性质,这也意味着产品价格和产品供应商的可信任度是影响购买的最重要因素。

2)资本项目

资本项目部分进入产成品,包括装备和附属设备两个部分。厂房等建筑物以及机床等固定设备属于装备,装备属于主要的购置物,典型的例子是工业企业的大型数控机床。该类产品的销售主要依靠人员推销,制造商一般拥有一流的销售队伍,其中常常包括专业的销售工程师,同时制造商还须设计各种规格的产品和提供优质的售后服务。

轻型的制造设备、工具以及办公设备称为附属设备,附属设备不会成

为产成品的组成部分,它们在生产过程中仅仅起辅助作用。设备市场的地理位置分散、用户众多、订购量少,用户选择中间商时考虑的因素主要包括质量、特色、价格和服务等。在该类产品的销售中,人员推销的作用比广告更重要。

3)供应品和服务

供应品和服务是指维持企业生产经营活动所必需,但其本身不涉及制造过程的产品。供应品相当于工业领域里的便利品,一般来说,该类产品的销售都是通过中间商完成。例如燕君芳的本香集团提供的饲料,打印店的墨粉、复印纸等。供应品是典型的标准品,顾客对它无强烈的品牌偏爱,因此价格因素成为影响购买的重要因素。

服务是指为了维护组织运作而需要购买的一系列产品,包括维修或修理服务、商业咨询服务等,维修或修理服务通常以签订合同的形式提供。工业企业在需要业务咨询服务时主要根据供应商的声望和人员素质来进行挑选。

四、产品组合

(一)产品组合的相关概念

产品组合也称为产品品种搭配,是企业提供给消费者的一个产品群,包括所有的产品线和产品项目,即企业的业务经营范围。产品线是指一群相关的产品,一个产品大类,这类产品可能功能相似,经过相同的销售途径,或者在同一价格范围内,甚至销售给同一顾客群。产品项目指在同一产品线或产品系列下不同型号、规格、款式、质地、颜色或品牌的产品。例如,宝洁公司生产牙膏、洗发水和纸巾等日用品,这就是产品组合,其中牙膏、洗发水和纸巾等大类就是产品线。洗发水中又有飘柔、海飞丝和潘婷等品牌,这些品牌则为产品项目。

(二)产品组合的长度、宽度、深度和黏度

产品组合可从 4 个维度来衡量:长度、宽度、深度和黏度。为了更好地理解这四个概念以及上述概念,以表 9-1 为例,进行说明。

表 9-1 某公司的产品组合

	产品组合宽度			
产品组合长度	服装	鞋	帽子	穿戴品
	童装	拖鞋	礼帽	手套
	男正装	皮鞋	贝雷帽	袜子
	女正装	凉鞋	淑女帽	口罩
	男休闲装			围巾
	女休闲装			

由表 9-1 可知,该企业拥有服装、鞋、帽子和穿戴品 4 条产品线,它们每一类都是一组密切相关的产品,该企业的产品组合拥有 15 个产品项目。

①产品组合的长度是指产品组合中产品项目的总数,产品线的平均长度是产品项目总数除以产品线数目。在表 9-1 中,产品项目总数为 15,即产品组合的长度为 15,产品线

的平均长度为 3.75。

②产品组合的宽度是指产品组合中拥有的产品线的数目,表 9-1 表明,该企业的产品组合拥有 4 条产品线,产品组合宽度为 4。

③产品组合的深度是指每一个产品项目中的每一品牌有多少品种,包括不同的质量、规格和颜色等,例如,皮鞋作为一个产品项目,可以有几个甚至几十个品牌,其中每一个品牌又拥有不同的花色、规格和质量,将品牌数和不同规格相乘,可达几万种甚至几十万种。可见,该企业的产品组合拥有很深的深度。

④产品组合的黏度是指各条生产线在最终用途、生产条件、分销渠道或者其他方面相互关联的程度。如表 9-1 所示,该产品组合中的每条产品线均为人们日常生活中的穿饰物,可以通过相同的渠道销售,因此,该产品组合的黏度较大。但在现实中的经济实践中,很多企业实行多元化战略,其产品组合的黏度则会相对较小。

第二节 品牌的本质和内涵

产品品牌策略是营销策略组合的重要内容,了解品牌的本质和内涵,掌握制定产品品牌策略的方法,有利于优化产品组合和营销组合,能够有效地提高市场营销效率。

一、品牌的含义

美国市场营销协会对品牌的定义是:品牌是一种名称、术语、标记、符号或设计,或是它们的组合运用,其目的是借以辨识某个销售者或某群销售者的产品或服务,并使之同竞争对手的产品和服务区别开来。一般来说,顾客可以从一个品牌上辨别出不同的生产商,所以说,企业竞争的最高层次表现为品牌之间的竞争。品牌是一个集合概念,它包括品牌名称和品牌标志两个部分。

品牌名称是指品牌中可以用语言表达的部分,如本田、海尔等。品牌标志也称品标或标识(Logo),是指品牌中可以被识别,方便记忆,但不能用言语称呼的部分,通常由符号、图案、特殊的颜色或字母构成,例如 和 分别是本田和海尔的品牌标志。

品牌是一个包含复杂含义的符号标志,一个品牌通常能表达出六层含义:属性、利益、价值、文化、个性和使用者。

①属性:品牌首先给人带来特定的产品属性,这是品牌最基本的含义。例如,看到沃尔玛,人们自然就想到价格便宜、商品种类齐全和服务周到。这些属性是沃尔玛广为宣传的重要内容。

②利益:顾客不购买产品属性,他们购买的实质是利益,品牌可以将产品属性转化为

功能性或情感性利益。仍以沃尔玛为例,价格便宜这一属性可以转化为功能性利益,"我花的钱少,可以买更多的东西";服务周到这一属性可以转化为情感性利益,"有任何问题,我有质量保证"。

③价值:品牌还体现了该企业的价值感,是对顾客承诺的一贯主张。例如,"美的"的品牌口号"把握核心科技"体现了其核心价值是"科技创新"。

④文化:品牌也反映一定的文化,人们看到某一品牌就自然想到某一特定的文化。例如,"可口可乐"代表着美国文化。

⑤个性:品牌也反映一定的个性,即品牌的人格化特征。例如,"海尔"的服务和其塑造的"海尔兄弟",都让人感受到"真诚、亲切、关爱"的品牌个性。

⑥使用者:品牌暗示了购买和使用这一产品的消费者类型。例如,"金利来,男人的世界",表明了该品牌的主要消费者为成功男士。

二、品牌的本质

建立品牌识别要求企业对品牌的名称、标志、色彩、标语和象征分别作出决策,但品牌不仅仅是一个名字、标志、色彩或者标语。菲利普·科特勒在《营销管理》一书中指出:一个品牌的本质,是营销者许诺向顾客持续传递特定的特性、利益和服务。营销者必须认识到他向顾客提供的是一个关于品牌保证的合同,而且这个合同必须是诚实的。由此可见,品牌的本质是企业向顾客的一种承诺和保证,哪怕是中等质量的产品,也要保证质量是稳定的,否则,这一承诺就不存在。

专栏 9-2
强势品牌的
营销优势

这种承诺和保证在经济学上的功能是通过向顾客持续传递特定的特性、利益和服务,使产品实现标准化,保证产品质量始终如一。同时,它可以减少顾客的不信任感,降低顾客的信息成本和交易成本。例如,在中国的茶叶市场上,茶叶价格往往从一二十元 0.5 公斤到几千元钱 0.5 公斤不等,但茶叶的质量对于一般人来说是很难识别的,买卖双方之间存在着信息不对称的情况。消费者为了甄别茶叶的质量,判断是否质价匹配就需要花费巨大的信息成本。

顾客让渡价值是由顾客总价值减掉顾客总成本得到的,如图 9-1 所示,一方面,品牌提高了顾客的总价值;另一方面,品牌减少了顾客的总成本,主要包括时间成本、体力成本和精力成本。

品牌主要通过其所表达出的六层含义来增加顾客总价值,那么,品牌如何减少顾客总成本?主要方法是品牌产品标准化,拥有品牌的企业确保其向市场提供的产品拥有相同的质量,保证质量稳定。通过降低顾客买到低质量产品的风险,减少顾客寻找质量可靠产品的时间,减少顾客的时间成本和体力成本。典型的例子是麦当劳餐厅,麦当劳将标准化做到了极致,无论何时何地,顾客所获得的食物和服务是一样的。然而,很多

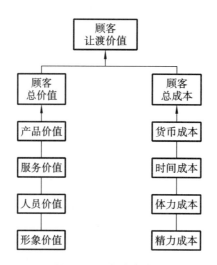

图 9-1 顾客让渡价值

专栏 9-3
麦当劳的标准化

企业不能保证产品质量的稳定,经常出现的情况是企业在初始阶段,规模较小,能够保持产品和服务的质量,但随着时间的推移,企业在大到一定的规模后,往往就会出现产品、服务质量下降的问题。这类企业不会拥有忠诚顾客,因为顾客会经常进行品牌转换。

三、分析品牌含义的方法

企业若想了解它的品牌在顾客心目中的形象如何,就要求企业对顾客体验的品牌形象进行系统的监测与控制。常用的监测和控制方法有两种:词语联想法和人性化品牌法。

专栏 9-4
立顿茶为何成功?

(一)词语联想法

词语联想法是指当人们听到某一品牌名称时,询问他们首先联想到的词语是什么?以红牛功能性饮料为例,顾客听到红牛这一品牌名称,自然会想到精力旺盛、引起兴奋等词语,但同时也可能会想到负面性的词语,比如刺激大脑、熬夜等。通过词语联想法,企业可以了解自身希望的品牌形象与顾客心中的品牌形象存在哪些差异,努力强调独特的词语,改进引起负面词语的因素。

(二)人性化品牌法

人性化品牌法是指当人们听到某一品牌时,将其描述成什么样的人或动物。例如,听到奔驰,人们将其描述成一只勇猛的雄狮或是一位严谨的老板;听到喜力啤酒,人们将其描述成一位冷静、严肃、穿着得体的成功男士。这种方法传递出一种更人性化的品牌形象。

第三节 建立品牌识别

仅凭广告是不能够打造一个成功的品牌的,只有当顾客真正感受到企业传递的利益承诺时,品牌才会产生。事实上,品牌是靠品牌体验而不是广告建立的。如前所述,体验直接形成顾客价值,而顾客价值就是顾客的支付意愿(willing to pay)。广告只是形成顾客体验、提高顾客价值的一种方法。一条好的广告可以吸引顾客进行体验,增加顾客价值,从而刺激顾客购买。

品牌接触是指现有顾客或潜在顾客在接触企业营销的产品或服务的过程中,对品牌、产品类别或市场方面的信息形成的所有体验。体验可以是积极的,也可以是消极的,企业必须认真对体验进行管理。很多企业专门安排人员负责顾客体验,例如惠普公司在它的消费者分部和B2B分部中,分别指定了一位高级执行者负责顾客体验,即负责管理、测量和改进顾客对惠普产品的体验,并直接汇报给各自所在的分部的总裁。

一、品牌内部化

企业想要建设成功的品牌必须进行内部建设。品牌内部化是指企业为了使员工认可企业品牌,并且成为传播企业品牌的使者而进行的内部品牌建设活动。尽管企业的品牌建设主要是围绕顾客体验展开,但是品牌建设的初始发力点应在于企业的内部员工,否则企业的品牌战略就会变成无源之水、无本之木。

品牌内部化建设主要包括三个层次:首先,最基本的层次是理解,企业员工必须深入理解企业品牌和品牌承诺,了解企业的基本价值观、定位和产品属性等;其次是认同,员工在企业工作并不一定意味着他认可企业的品牌,但品牌又暗含着企业向顾客传达的承诺,而这种承诺正需要企业的活化要素——员工来承担实施,因此,必须使员工真正地认可企业的品牌;最后是传播品牌,如前所述,体验是影响品牌建设的重要因素,而顾客最常遇到的体验就是与企业员工的接触,因此企业员工必须在理解和认可企业品牌的基础上,在与顾客的每一个接触点上积极主动地传播企业品牌。

二、品牌价值计划

在导论中指出,中国企业家的三大缺陷之一是机会主义行为。简单来说,机会主义行为是利用虚假的或空洞的、非真实的承诺谋取个人利益的短期行为。如何能够避免机会主义行为,成功地进行品牌建设?企业必须实行品牌价值计划。

品牌价值是由忠诚顾客数量和质量决定的,某企业一旦制定了品牌价值计划,它必然想方设法去培育忠诚顾客。而机会主义行为会损害顾客利益,降低顾客忠诚。因此,实行品牌价值计划可以避免机会主义行为。

此外,企业必须将品牌价值计划作为企业发展的战略驱动力。很多企业在开始阶段制定了完善的品牌价值计划,成功地打造了产品品牌,培育了一批忠诚顾客。但在其品牌价值达到一定程度后,品牌价值意识逐渐淡薄,出现产品质量下降、欺诈消费者等机会主义行为。因此,企业必须有明确的品牌价值目标,对本企业每年的品牌价值和忠诚顾客发展状况进行规划。这样,企业才不会因短期贪图小便宜而损失长远利益,才能够真正地避免机会主义行为。

【问题讨论】

专栏 9-5
企业如何建立品牌

燕君芳的本香集团,从最开始只销售猪饲料,逐步发展成为饲养、生产、出售安全猪肉的产业链。迄今为止,本香集团已拥有30多家专卖店,近5000万元的总产值。

那么,燕君芳的本香集团是否应该进行品牌建设?若应该,它该如何进行品牌建设?

三、品牌名称设计

品牌建设首先要进行品牌名称设计,好的品牌名称能够充分体现出企业文化内涵,拥有一个好的品牌名字,是企业一笔宝贵的无形资产,它有利于品牌的传播和顾客的联想,能够提高产品的声誉和价值。因此,许多企业不惜花费重金征集品牌名称。

(一)企业有三种策略来选择自身的品牌名称

1. 单个的品牌名称,不同的产品类别使用不同的品牌名

这种策略的好处在于不将企业的声誉系在一个品牌之上,即使某一个品牌出现了问题,也不会损害企业声誉。宝洁公司使用的就是这种策略,它旗下包括汰渍、帮宝适、维达、海飞丝和潘婷等多个品牌,这一策略可以使企业的每一款产品都找到明确的定位。

2. 通用的品牌名称,企业对所有的产品使用共同品牌

优点在于不需要为新的品牌花费过多的费用,如果企业已有很好的声誉,新产品的销路也会很好。例如,花王以自己的名义销售从化妆品到软盘等一系列的产品。

3. 企业商号名称和单个产品名称相结合,这种策略是上述两种策略的结合

一方面可以利用企业已有的声誉,较快地打开市场,保持良好的销路;另一方面,可以根据不同的产品功能,寻找唯一、最佳的定位。例如,OPPO公司就有OPPO MP3和OPPO音乐手机两个品牌;丰田在推出高档豪华汽车的时候使用了丰田-凌志的名称。

(二)品牌名称设计遵循的原则

1. 简洁醒目

品牌设计者首先应遵循简单醒目、易于识别和记忆的原则,不宜采用过长的或难以诵读的字符作为品牌名称,也不宜将呆板和缺乏特色的符号、图案作为品牌标志。例如,"海尔"最初名为"琴岛-利勃海尔",名字太长,不便于读记,最后更名为"海尔"。

2. 隐含属性

品牌名称还应暗含产品的某种属性,便于顾客识别。例如德国大众的"桑塔纳"轿车,其产地位于美国一座名叫桑塔纳的山谷,该山谷经常刮起强劲的桑塔纳旋风,大众公司以此命名,不但蕴含着其轿车像桑塔纳旋风的速度一样风驰电掣,而且希望能够像旋风一样风靡美国和全球。

3. 启发联想

大多数品牌都有其独特的含义或释义。拥有品牌故事、蕴含情意的品牌,往往能够引发消费者美好的联想。"和路雪"作为世界冰淇淋第一品牌,其标志,"双心"体现了"和路雪"倡导的快乐生活的品牌理念,给人以温暖亲切的感觉。

4. 体现定位

企业的品牌名称还应反映企业的市场定位,同样是为了便于顾客识别。"简朴菜"是湖北的一家餐饮企业,它的品牌名称很好地反映了其中低档、主营家常菜色的企业定位。

5. 符合风俗

在产品设计中,要注意目标市场的文化、法律、宗教和语言文字特点,切忌与当地文化发生冲突。例如,天津"狗不理"包子在我国北方已畅销百年,但它在南方的销售总不太理想,正因为其名称不易被南方文化所接受。

四、建设品牌核心竞争力

(一)品牌文化

品牌文化是品牌重要的、独特的竞争力资源。林恩·阿普绍认为:"品牌文化是品牌的价值系统,与人或国家在文化方面的情况很相像。"品牌作为特殊文化意义的集合体,赋予产品精神价值和文化内涵,浓缩了企业希望向社会传递的信息符号。不同的企业文化造就了不同的品牌,不同的品牌蕴涵着不同的文化。"奔驰"公司严谨、实在、认真的企业文化造就了"有组织、高效率和高品质"的公司理念,从而制造出品质优良的轿车。品牌文化是品牌的灵魂,品牌正是通过其文化力去赢得消费者和社会公众的认同感,从而提升品牌与企业形象。

专栏 9-6
可口可乐:
绝妙之译

(二)不同类型品牌的竞争优势

不同类型的品牌,其核心竞争力也不尽相同,企业的品牌战略往往根据功能性品牌、形象性品牌或体验性品牌来分别制定。

1. 功能性品牌

功能性品牌是指能够解决人们日常工作、学习和生活中各种问题的产品所代表的品牌。功能性品牌产品必然具有某种特殊功能,能够给人们带来某种特定的利益,例如洗衣粉、牙膏和感冒药。顾客只有认为某品牌提供的产品有非凡的价值才会选择购买,该类品牌的核心竞争力是产品。因此,企业应追求功能创新,保证产品质量,增强产品的实用性。

2. 形象性品牌

形象性品牌的出现是为了与其他产品区分开,以保证其产品质量。消费者往往通过购买和消费形象性品牌产品以展现和提升自己的身份、地位和形象,例如LV的箱包、劳力士的手表等。因此,该类品牌的核心竞争力包括一个明显的标志(例如奔驰)或者一个深入人心的广告形象(例如七喜)。形象性品牌在很大程度上依赖于广告和传播手段的创新。

3. 体验性品牌

体验性品牌产生于人们体验生活、寻求激情或挑战生命极限的需要,例如武汉欢乐谷、星巴克咖啡厅等。该类品牌的核心竞争力是独特的服务项目,使顾客获得独特的品牌体验。企业可以通过推出新、奇、特的创新性服务项目,来提高服务质量和人员价值。

专栏 9-7
雕爷牛腩

五、品牌战略决策

企业需要根据市场需求情况、竞争者策略及时地调整自身的品牌战略。常用的品牌经营战略包括产品线扩展,品牌延伸,特许经营和主、副品牌策略。

(一)产品线扩展

产品线扩展是指企业全部或部分地改变原有产品的市场定位,推出新产品或副品牌。产品线扩展包括向下扩展、向上扩展和双向扩展。

1. 向下扩展

产品线向下扩展是指在原来高档产品线中增加中低档产品。实施该策略的目的是利用高档品牌产品的声誉,吸引购买力较低的顾客购买该企业的廉价产品。企业决定向下扩展的原因可能有以下几种:高档产品市场增长缓慢,企业的资源设备没有得到充分利用;企业的高档产品受到竞争对手的攻击,决定以低档产品进行反击;企业希望通过高档产品树立起良好的品牌信誉,然后再向下扩展,扩大市场占有率;补充企业的产品线空白。产品线向下扩展有一定的风险,如处理不慎,可能会影响企业原有产品特别是高档产品的市场形象。

2. 向上扩展

产品线向上扩展是指在原有的产品线中增加高档产品,例如丰田推出凌志,日产推出天籁,本田推出雅阁。企业决定向上扩展的原因有:高档产品市场拥有较高的增长率和利润率;企业希望通过向上扩展提高企业产品的质量形象等。当然,采用这一策略也有一定的风险:要改变低档产品在顾客心目中的印象较难;处于高档市场的竞争对手不会坐以待毙,他们很有可能进攻低档市场。

专栏 9-8
蒙牛——特仑苏

3. 双向扩展

产品线双向扩展是指原来定位于中档产品的企业,同时向产品线的上下两个方向扩展,一方面增加高档产品,另一方面增加低档产品,扩大市场份额。但企业在扩展的过程中会受到来自各方的挑战,压力极大。

(二)品牌延伸

品牌延伸是指企业利用现有的成功品牌,推出改良产品或新产品。例如,惠普在打印机上获得成功之后,利用这个品牌成功地推出了计算机;海尔集团在成功地推出了海尔冰箱后,利用这个品牌又推出了洗衣机、空调等家用电器;本书在"战略"章节中讨论的"好孩子"案例也是一种品牌延伸。许多企业把品牌延伸当作一种有效的营销手段。

品牌延伸的优点主要包括:减少新产品的推介成本,减少新产品的市场风险,新产品可以借助原品牌的市场声誉顺利地进入市场;有助于强化品牌意识,增加品牌这一无形资产的经济价值。

但是,品牌延伸也是一把双刃剑。新品牌的出现如果不尽如人意,可能会影响原有品牌的形象,降低原有品牌的市场竞争力。品牌过度延伸也会造成品牌稀释。品牌稀释是指消费者不再将其品牌与特定产品或高度相似的产品联系在一起,并减少对该品牌的偏好。因此,企业在进行品牌延伸时,必须认真考虑新产品与原品牌之间的联系程度如何。

专栏 9-9
武钢的品牌延伸

(三)特许经营

特许经营是指特许经营权拥有者以合同约定的形式,允许被特许经营者有偿使用其名称、商标、专有技术、产品及运作管理经验等从事经营活动的商业经营模式。到现在为止,已经有超过 240 个企业被授权使用可口可乐的标志,涉及 100 000 种产品,包括婴儿服饰、拳击短裤等。

特许经营的主要好处在于这种方式的风险相对较低,它对提高企业的产品知名度和企业品牌价值确实大有好处。特许商利用特许经营实行大规模的低成本扩张;加盟商可以享受现成的商誉和品牌,避免市场风险,分享规模效益。

当然,特许经营也有其弊端:加盟商不能改变特许商经营模式来适应市场和政策的各种变化;特许经营只能专注于某一个领域,从而不可能在各个市场都取得战略性的胜利。

(四)主、副品牌策略

主、副品牌策略是指对其同一品牌使用一主一副两个品牌的策略。企业给其所有产品冠以统一的主品牌,再根据每种产品的不同特征给其一个适当的副品牌,副品牌在产品中往往能起到"画龙点睛"的作用,在家用电器行业这一策略格外受到青睐。例如,"海尔-探路者""长虹-红太阳""康佳-七彩星"都属于这种情况。

主、副品牌策略一般适用于同时生产多种性质和质量的产品,同时,拟作为主品牌的品牌应具有较高的知名度和较好的市场声誉。

主、副品牌策略可以实现优势共享,产品都能借助主品牌的市场美誉,同时还能比较清晰地界定不同副品牌产品之间的差异性,避免因某个品牌的失败而给整个品牌带来损失,因此,这种策略现在越来越被广泛使用。但不容忽视的是,消费者可能只关注主品牌,对副品牌的认知度不高。所以,在实践中也须突出副品牌的产品特色,给消费者留下深刻的印象。

六、品牌资产维护

专栏 9-10
杜邦不粘锅

品牌资产即品牌权益,是品牌给企业带来的无形资产,类似于所有者权益。品牌资产是与品牌、品牌名称和标志相联系的,能够增加或减少企业所销售产品或服务价值的一系列资产与负债。它主要包括品牌忠诚度、品牌溢价能力、品牌认知度、品牌知名度、品牌联想、其他专有资产(如商标、专利、渠道关系)等,这些资产通过多种方式向消费者和企业提供价值。

在营销实践中,企业要对已经形成的品牌资产进行管理和维护,如同管理固定资产一样。企业营销者须利用一定的技巧和工具增加品牌对顾客的吸引力,增加品牌资产,主要工具有:广告、事件、网络、企业文化和关系品牌形象的促销。

(一)广告

广告在企业品牌建设和品牌资产管理中发挥着重要的作用,它是一种传递产品或劳务信息的手段。企业经常在电视媒体、报纸和专业杂志上投放广告,其长远目的是为企业本身和企业的产品建立长期的品牌形象。例如,万宝路香烟通过其广告成功地塑造了一位目光深沉,浑身散发着粗犷、豪气特质的美国牛仔形象,给人留下深刻的印象;王老吉凉茶则在充满活力的年轻人中树立了良好的品牌形象。

(二)事件

企业通过策划、组织和利用具有名人效应、新闻价值以及社会影响力的人物或事件,吸引媒体和消费者的关注,提高企业或产品的知名度、美誉度,树立良好的品牌形象。与广告相比,它能够在短的时间内创造出强大的影响力。成功的事件营销能够使企业提升形象、获得效益:茅台酒厂在1915年的"巴拿马万国博览会"上"怒掷酒瓶振国威";海尔的张瑞敏利用"砸机"事件将产品过硬的质量和良好的服务推向社会;农夫山泉通过小小的"一分钱"支持"申奥"。利用事件进行营销取得成功的案例不胜枚举。

但是,企业在开展事件营销时,要准确地把握实施事件营销的关键,注意相关问题,才能有效地借助事件营销,塑造企业形象。

(三)网络

网络经济已经日益成为经济生活的一部分,网络的广泛应用,催生出新的营销方式——网络营销。简单地说,网络营销就是以互联网为主要阵地进行的营销活动。网络营销拥有传播速度快、节省中间营销费用的优点,很多企业都利用网络进行营销。

(四)企业文化

企业往往给予产品、企业、品牌以丰富的、个性化的文化内涵。好的企业文化可以引起消费者内心共鸣,形成一种可依赖的品牌感受,提升品牌形象,进而影响消费者的购买决策。"阳光照亮的体制,不依靠权谋",是万科地产的企业文化,通过制度的阳光透明,文化的包容,解决集团中的矛盾和争议,促进企业健康快速地发展,同时让消费者切身体会到万科品牌的魅力,提高消费者对万科企业品牌形象的知晓度和联想度。

(五)促销

本节所讲的促销是指关系品牌形象的促销,不是折扣等价格促销。企业在促销过程中,除了通过价格折扣等方式增加顾客利益,刺激顾客购买,还可以通过特殊的店面装饰、员工服装等与品牌相关、有特色的方式向消费者传递品牌形象,增加品牌价值。例如在伊利进入华南市场的讨论案例中,伊利集团在进行促销的过程中,就将蒙古包、千里草原等场景搬入市民小区,其促销人员也穿上具有蒙古族特色的服饰,让城市居民感受到美丽的草原风光,也使伊利这一来自大草原的牛奶品牌形象更加深入人心。

第四节 产品包装策略

包装和标签是产品不可或缺的一部分,是产品生产的继续。产品只有经过包装才能进入流通领域,实现其价值和使用价值。产品包装作为重要的营销要素组合,在现代商品的销售中具有十分重要的作用。

一、产品包装

(一)包装的含义

包装是指盛放产品的包装物及其形象,或者指企业对某一品牌商品设计并制作包扎物的一系列活动。从定义可以看出,包装有两方面含义:一方面包装仅仅是指包扎物;另一方面包装是指为产品设计、制作包扎物的活动过程。一般来说,产品包装包括商标、形状、颜色、图案和材料等要素。

产品包装一般包括三个层次:①主要包装,指产品的直接容器和包装物;②次要包装,指主要包装外层的包装;③运输包装,指为了产品运输的安全和方便而加在产品最外层的包装。例如,佳洁士牌牙膏装在软管中(主要包装),再装于纸盒(次要包装)中,最后装进纸箱(运输包装)中。

(二)包装的作用

包装作为产品的重要组成部分,同时也作为一种销售手段,其具体作用主要表现在以下几个方面。

1. 保护产品

这是包装最基本,也是最重要的作用。包装是为了防止产品被损坏,良好的产品包装能够在产品的运输、储存过程中起到良好的保护作用。产品若在运输和储存过程中损坏,将给企业造成不必要的损失。

2. 促进销售

产品给顾客的第一印象,不是来自产品的内在质量,而是它的外观包装。设计精美、富有心意的包装能够吸引顾客注意,激发顾客的购买欲望。产品包装须说明产品的特色,在消费者心中形成良好的第一印象。

3. 创造价值

包装具有增值功能,优秀的包装能抬高产品的价格。收入日益增长的消费者愿意为良好包装所带来的方便、美观、可靠性和声望支付更高的价格。一般来说,提高包装吸引力比在其他方面努力的代价更低,效果更好。

4. 体现品牌形象

"包装是无声的推销员",优秀的包装传递着企业的文化内涵,有助于顾客迅速辨认出该产品出自哪家企业或哪一品牌。统一集团的阿萨姆奶茶,其独特的包装让人感受到异域文化,再加上相关的文字说明,展示出其良好的品牌形象。

(三)包装设计原则

产品包装的设计应符合以下原则。

1. 安全

安全是产品包装最重要的作用之一,也是最基本的设计原则之一。产品包装必须保证产品不损坏、不变形。

2. 美观大方、突出特色

美观大方的包装给人以美的享受,能够激发顾客的购买欲望。同时,包装还应突出产品个性,生动形象、不落俗套的产品包装可以实现产品的差异化。最典型的例子是20世纪初鲁德先生参照其女友裙子的造型设计出了可口可乐的瓶子。

3. 便于运输、保管和携带

在保证安全的前提下,产品包装须考虑产品销售、使用、保管和携带的方便。包装的大小直接影响产品使用过程中的方便程度,应尽可能地缩小包装体积,节省包装、运输和储存的成本。此外,产品包装还应满足顾客的不同需求。

4. 尊重顾客的宗教信仰和风俗习惯

在包装设计中,必须尊重不同文化、不同地区的宗教信仰和风俗习惯等社会文化环境下消费者对包装的要求,切忌出现有损顾客宗教感情、容易引起消费者忌讳的颜色、图案和文字。这就要求企业须深入了解分析顾客特性,根据不同的宗教信仰和风俗习惯设计不同的包装,以适应目标市场的要求。

5. 符合法律规定,兼顾社会利益

包装设计在实践过程中必须严格依法行事。例如,包装设计上应表明企业名称、企业地址、产品生产日期、保质期等。与此同时,包装设计还应兼顾社会利益,禁止使用有害包装材料,实施绿色包装。

二、产品标签

产品生产者必须为其产品设计标签,标签可以是附在产品上的简易标签,也可以是精心设计的作为包装一部分的图案,但相关法律规定标签必须具有的信息,生产企业要特别注意。

专栏 9-11
包装的秀"色"可餐

标签执行着很多种功能:①识别产品的功能,典型的例子是在鲜橙上贴上"新奇士"的标签;②给产品分级的功能,典型的例子是给红富士苹果贴上标签以区分一级和二级产品;③描述产品的功能,产品标签通常使用文字、图案或其他形式向消费者传递产品信息,如生产厂家及其所在地、产品类型、产品使用过程中的注意事项、产品成分等。

本章小结

产品指能够通过市场进行交换,以满足消费者需求和欲望的任何有形物品和无形服务。根据不同的分类标准,可以将产品分为不同的种类:根据耐用性和产品形态可以将其分成非耐用品、耐用品和服务;据消费者类型可以又分为消费品和工业品。

产品包装作为重要的营销要素组合,在现代商品销售中具有十分重要的作用。产品包装包括主要包装、次要包装和运输包装。产品的包装设计须注意一定的原则。

品牌简单地说是一个复杂的符号,它能表达出六层含义:属性、利益、价值、文化、个性和使用者。品牌的本质是营销者许诺向顾客持续传递特定的特性、利益和服务,营销者必须认识到他向顾客提供的是一个关于品牌保证的合同。品牌可以降低顾客总成本,提高向顾客让渡价值。同时品牌须靠品牌体验建设,而不只是靠广告。

品牌资产维护,通常使用广告、事件、网络、企业文化和关系品牌形象的促销等工具进行。

企业需要根据市场的需求情况和竞争者策略及时地调整自身的品牌战略。常用的品牌经营战略包括产品线扩展，品牌延伸，特许经营和主、副品牌策略。

思考题

①什么是便利品、选购品、特殊品和非渴求商品？
②简述品牌的六层含义。
③什么是品牌的本质？
④以杜邦不粘锅为例，说明为什么"品牌是靠品牌体验而不是靠广告建立"。
⑤什么是品牌内部化？
⑥高的品牌价值给公司提供了什么样的竞争优势？
⑦好的品牌名应该具备什么样的特征？
⑧举例说明什么是功能性品牌、形象性品牌和体验性品牌。
⑨什么是产品线扩展？
⑩什么是品牌延伸和品牌稀释？
⑪除了广告外，还有哪些品牌资产维护工具？

本章参考文献

[1]邓德胜,王慧彦.现代市场营销学[M].北京:北京大学出版社,2009.

[2]菲利普·科特勒.营销管理(亚洲版)[M].3版.梅清豪,译.北京:中国人民大学出版社,2005.

[3]菲利普·科特勒.营销管理(亚洲版)[M].5版.吕一林,王俊杰,译.北京:中国人民大学出版社,2010.

[4]张彦.人力资源实践与品牌内部化相关分析[J].山东财政学院学报,2008(1).

[5]蒋璟萍.论品牌的本质、类型和特征[J].湖南商学院学报,2010(1).

[6]李宏.正确运用事件营销,塑造企业良好形象[J].今日科苑,2008(15).

[7]吴健安.市场营销学[M].3版.北京:高等教育出版社,2007.

第十章 定价策略

☆ 认识价格定义及其重要性
☆ 了解企业定价的基本程序
☆ 掌握基本的定价方法和定价技巧
☆ 掌握价格调整的各种策略
☆ 具备分析价格策略的能力,能够根据具体情况选择合适的价格策略

哈佛商学院的雷蒙德·科里(Raymond Corey)曾经指出:定价决策是所有营销活动的焦点。企业的定价策略是市场营销组合策略中非常重要的组成部分,它涉及生产者、经营者和消费者等多方利益,影响着企业的市场需求和企业盈利能力。企业不仅要给自己的产品制定基本价格,还要对已经制定的基本价格进行适时的调整。随着市场环境的不断变化,营销环境日益复杂,企业如何制定价格,如何充分利用价格策略来获得竞争优势变得越来越困难。本章将主要阐述基本价格形成理论、价格制定过程以及价格调整策略。

导入案例
定价策略的对比

第一节 价格及其重要性

人们对价格这一概念并不陌生,在大街小巷总能看到、听到和感受到各种各样的价格场景。但是价格的真正含义是什么,它的本质是什么,它又由哪些部分构成,它对企业

来说又有什么重要性,本章我们从探讨这些问题开始。

一、价格的构成

(一)价格的涵义

所有的营利性组织和大部分的非营利性组织,都需要对其产品或服务进行定价。无论价格是以房租、学杂费、门票还是利息的形式出现,它的本质都是相同的。价格是指在交换的过程中,为获得一单位产品或服务所支付的所有成本。

(二)价格的构成

价格构成是指各要素在产品价格中的组成情况。从市场营销的角度看,价格的构成包括四个方面:生产成本、流通费用、税金和利润。

1. 生产成本

生产成本是指生产者为生产一定数量的产品所耗费的所有生产资料(物质资料和劳动报酬)的货币表现。它是产品价格构成中最基本、最主要的因素,是价格构成的主体。

2. 流通费用

流通费用是指产品从生产领域进入消费领域所耗用的物化劳动和人力劳动的货币表现,主要包括运杂费、保管费和包装费。流通费用是产品价格的重要组成部分,它发生在流通领域的各个环节之中,是正确制定各种商品差价的基础。

3. 税金

税金是生产者和经营者为社会创造的价值的表现形态,是指作为价格构成独立要素的价内转嫁税,主要包括增值税、消费税、经营税和关税等。税金是价格的构成部分,企业须按国家规定的各类产品税率进行缴纳。

4. 利润

利润是产品价格中除去成本、流通费用和税金的剩余部分,是企业或生产者个人的纯收入。利润是价格的构成因素,是企业扩大再生产的主要资金来源。因此,从市场营销的角度看,产品价格的具体构成为:

$$价格 = 生产成本 + 流通费用 + 税金 + 利润$$

二、价格的重要性

价格对于企业的重要性主要表现在三个方面。

(一)价格影响顾客的接受和购买

企业需要设定一个合适的、与目标顾客心理价格相符的价格。如果产品价格高于顾客的心理价格,顾客自然不会购买;如果产品价格低于顾客的心理价格,则会引起顾客对产品质量的质疑,同样会影响顾客的接受和购买。

(二)价格影响和决定着企业的竞争实力

价格策略是市场营销组合中非常重要的策略,企业希望通过定价来提高自身的市场竞争力。在这一过程中,企业须将定价策略与产品定位和企业定位结合考虑。对于普通的日用品,低价策略能够增强竞争实力;对于高品质的形象性产品,高价更能体现其价值。

(三)价格决定着企业的盈利水平

在所有的营销组合中,制造产品、建设品牌、开拓渠道以及产品促销等环节都需要耗费成本,只有销售的价格赢得收入。高价能带来较高的单个产品收益,但可能降低销量,使企业无法获得高额利润;低价能刺激销量,但却压缩了利润空间。因此,企业需要制定一个合理的价格以获得合理的利润。这需要考虑产品的需求价格弹性,这一概念将在后文进行介绍。

总之,企业定价是为了获取利润,这就要求企业在制定价格的过程中既要考虑产品成本的补偿,又要考虑市场需求,使产品能为更多的顾客群体所接受。合理的价格策略,能增强企业的竞争能力,提高市场占有率。但在现实经济状况中,许多企业并不能很好地处理价格问题,主要问题是:定价过分依赖成本;缺乏灵活的价格调整机制;价格制定同其他营销策略脱离,价格的差别不合理等。

第二节 制定价格的策略

价格的重要性和定价的复杂性要求企业在制定价格时必须十分谨慎,必须综合考虑多方面的因素,制定合适的价格。一般来说,企业定价决策包括六个步骤:选择定价目标、确定需求、估算成本、分析竞争者、选择定价方法、确定最终价格。

一、选择定价目标

定价目标是企业制定价格的起点,是价格策略中最高层次的决定因素,决定着定价的策略方针,定价目标的不同将导致不同的企业价格。

(一)维持生存

当企业面临产能过剩、异常激烈的竞争和顾客需求发生变化等生存危机时,往往会将维持生存作为主要的定价目标,因为此时生存比利润更重要。企业必须制定较低的价格,通过大规模的折扣手段来刺激销售,以获得现金收入。只要销售收入能够补偿可变成本和部分固定成本,生产就有意义。处于产品生命周期衰退期的产品,市场需求减少,市场份额萎缩,利用低价销售可以尽可能地减少损失。

(二)最大当期利润

最大当期利润要求企业制定的价格使当前总收入尽可能大于总成本,企业能获取最大限度的销售利润和投资收益。企业在市场能够接受的情况下,尽可能地制定高价。处于产品生命周期成熟期的现金牛类产品,产品销售量达到顶峰,适当提高价格可获得最大当期利润。例如宝洁公司的潘婷、飘柔等品牌,产品处于成熟期,拥有很高的市场占有率,此时,便可追求最大当期利润。以此为定价目标,需要企业估算出市场需求和生产成本。

(三)最高当期收入

最高当期收入不看重利润,只是单纯地为获得最大收入。在企业资金链出现短缺或断裂之时,企业制定合适的价格获取最大的现金流入,保证资金链的平稳、持续。典型的例子是房地产市场,若房地产政策偏紧,百姓持观望态度,房地产企业的资金链紧张,此时房地产企业往往会降价销售,最大化当期收入,以解决现金流紧张的问题。

(四)市场份额最大化

许多企业希望通过定价扩大市场占有率,根据规模经济效应,市场占有率最高的企业可以把成本降到最低,并获得最大的长期利润。市场占有率反映企业的市场地位,影响企业的市场形象和盈利能力。因此,企业往往采取进攻性的价格策略,制定尽可能低的价格来抢占市场,实现市场占有率的最大化。但是,通过低价来实现高市场占有率需具备一定的条件:①市场对产品价格高度敏感;②产品单位成本随生产经验的累积而下降;③低价能有效地阻击现有的和潜在的竞争者。

(五)最大市场撇脂

许多企业在新产品上市初期把价格定得很高,然后随着市场需求的变化而降低价格,就像从鲜奶中一层一层地撇去奶油一样,目的是在产品生命初期获得尽可能多的利润,收回投资。这样定价的优点是逐步推进新产品进入市场,能让企业随时了解市场的反映情况,采取对策,避免新产品大批量生产带来的风险。当然,这样定价也有其弊端:定价过高会损害消费者利益,不利于开拓市场;同时,高价也会引发激烈的竞争。

(六)产品质量领先

一些企业定位于向市场提供质量最好的产品,并在整个营销过程中始终贯彻这一思想。这些企业往往在生产成本和产品研发等方面投入巨大,此时,它们要给自己的产品和服务制定一个较高的价格,用高价来弥补高质量所耗费的高成本。

企业在确定定价目标时,应结合市场环境、营销目标和企业规模等因素综合考虑。不同的企业定价目标不同,即使是同一个企业,在不同的时期,由于影响因素的变化,定价目标也不相同。

二、确定市场需求

市场需求影响产品价格,反之,价格变动又影响市场需求,进而影响产品销售,影响企业的盈利能力。市场需求是企业制定价格的上限,因此,企业定价必须了解产品的市场需求,估计市场需求曲线。

(一)需求曲线

不同的价格将带来不同的需求,产品价格和需求之间的关系反映在需求曲线之中。

一般来说,需求和价格呈反向关系,即价格越高,需求越低;价格越低,需求越高。在完全竞争市场中,产品的需求曲线为水平线。但在现实生活中,完全竞争市场并不存在,每一种产品和服务在一定范围内都或多或少地表现出一定的垄断性,因此,企业需要估计自己面对的需求曲线,可以采用以下几种常用的方法。

1. 询问法

企业直接询问顾客在不同的价格水平上愿意购买多少产品,通过了解价格变动后顾客愿意购买的产品数量来确定需求曲线。

2. 价格实验法

企业有意识地变动产品价格,观察价格变动所带来的需求变动,研究价格是如何影响产品销售的。

3. 统计分析法

通过查找先前的价格、销量数据,建立合适的模型,使用适当的统计方法来处理数据,估计出需求曲线。这种数据分析可以是随时间变化的纵向数据,也可以是随地点不同而变化的横向数据。但是,建立合适的模型和使用适当的统计方法需要比较高的技术。

【问题讨论】

房地产企业如何估计自身的市场需求曲线,使用何种方法?

(二)需求的价格弹性

产品的需求价格弹性即产品需求量对价格变动的反应程度,它反映了需求量对价格的敏感程度。不同产品的需求量对价格变动的反应不同,也就是需求的价格弹性大小不同。

$$需求价格弹性系数(E) = -\frac{需求量变动的百分比}{价格变动的百分比}$$

我们一般将需求价格弹性(E)的绝对值与1进行比较。E 的绝对值>1,称为富有弹性;E 的绝对值<1,称为缺乏弹性。

需求价格弹性在企业决定某一产品是提价还是降价时特别有用。如果该产品富有弹性,价格稍微变动,需求量就会大幅度变化,则企业可采取降价策略,单位产品利润虽然下降,但产品销售总利润却能够大大增加。如果该产品缺乏弹性,即使价格大幅度变动,需求量也不会发生显著变化,企业可采取提价策略,这时需求量虽有减少,但由于价格大大提高,产品的销售总利润会增加。当然,无论是提价还是降价,都要有一定限度。

一般来说,以下情况可能导致需求缺乏弹性:①市场上没有替代品和竞争者;②消费者对较高的价格不敏感;③消费者难以改变购买习惯,也不积极地寻找低价产品;④消费者认为由于提高质量或者通货膨胀导致的高价格是合理的。

三、估算成本

产品成本的概念我们已在前文做过介绍,不再赘述。市场需求决定价格的上限,成本则决定了价格的下限。一般来说,企业的产品价格必须能够补偿产品的成本,不能低于平均成本。成本的高低是影响企业定价的重要因素,因此,企业在制定价格时必须估算相关成本。

(一)成本类型

1. 总成本(TC)

在一定时期内,企业为生产和销售所有产品而花费的全部费用,是固定成本(FC)与可变成本(VC)之和。

2. 固定成本(FC)

固定成本也称间接成本,是指在一定时期内企业固定开支的总和。主要表现为企业的一般管理费,包括厂房租金、生产机器折旧、管理费用和工人工资等。固定成本与企业的产量无关,只要建立了生产体系,不管是否生产、生产多少都必须支付固定成本。

3. 可变成本(VC)

可变成本也称直接成本,是指企业用于直接生产和销售的各项费用的总和,包括原材料费用、包装费用和计件工资等。可变成本随产量增减而同比例增减,产量越大,可变成本越大。

4. 边际成本(MC)

边际成本是指企业增加一单位产品生产而增加的额外成本。

$$MC = \frac{总成本的变化}{产品数量增加一个单位}$$

5. 动态成本

在估计成本时,需要考虑成本的动态变化。一个企业的生产成本会随着该企业生产量的提高而降低,如果认为生产成本是固定不变的就错了。例如,在金融危机到来的时候,某外企从国内撤资,有一些住房低价处理,有人就一次性买了两套,刚开始时她觉得还房贷的压力巨大,但是两年之后,随着她的工资上涨,她的压力降低,此时房价也迅速上涨,她也因此从这次投资中大赚一笔。

对于一个厂商来说,成本并不是一成不变的,而是在动态变化的。在估计成本时,需要考虑作业成本,例如某客户一周购进一次商品,另外一个客户每天购进一次商品,那么显然前者是为了减少自己的库存。所以对于厂商来说,第二个客户的成本要更高。

(二)生产经验曲线

假设某电脑装配工装配第一台电脑需要花费一天,而随着装配电脑数量的增加,他的经验不断地积累,装配熟练程度逐渐提高。当他装配第501台电脑时,可能只需要一个小时。在企业生产领域也是如此,随着生产量的不断积累扩大,企业的生产、管理和销售经验不断地累积,工人对业务更加熟悉,企业的工作效率也日益提高,最终会致使平均成本下降。这种平均成本随着生产经验的积累而逐步下降的现象,称为经验曲线或学习曲线。

经验曲线不同于规模曲线。规模曲线强调企业在一次性生产的过程中,生产的产品越多,平均成本越低,效益越高,因为大规模的生产分摊了企业的固定成本。例如,年生产1000辆汽车的企业,与一家年产30万辆汽车的企业相比,其平均固定成本就高出很多。经验曲线则强调企业在生产过程中的延续和产量的累积,从纵向时间来看,生产的产品越多,平均成本越低。

生产经验曲线对企业有着十分重要的意义,它不但说明产品的平均单位成本随着累计生产数量越多而逐渐下降,而且强调生产和销售的产品数量越多,其下降的速度越快,如图 10-1 所示。

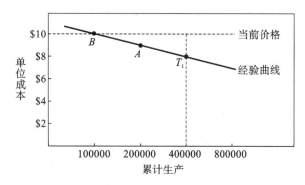

图 10-1 平均单位成本是积累产量的函数:经验曲线图

但是需要注意的是,只有生命周期不长,需求弹性比较大的产品才适用于经验曲线定价。例如,茅台酒尽管需求弹性很大,但是其生命周期很长,如果利用经验曲线来降低价格,会给人们造成"低价品"的印象。此外,经验曲线定价还假设竞争者实力较差,同时,如果竞争者通过技术创新降低了成本,则其成本比仍按旧的经验曲线经营的市场领导者更低。

专栏 10-1
卡西欧的进攻性定价

(三)差异化的营销报价

通过估计成本,企业可以采取差异化的报价方式,作业成本会计报价是指企业对不同的顾客提供不同的报价。例如,有些零售商要求供货商每天交货,以减少库存;而其他零售商则要求每周交货,或者每月交货以获得较低的价格。不同的交货方式对生产企业而言,成本不一样,对企业资金的占用情况也不一样。因此,生产企业对每个零售商的报价不一样,利润也就不一样。

(四)目标成本法

目标成本法是指企业用市场研究的方法确定一个新产品的开发设计功能,根据销售诉求和竞争价格来确定该产品的定价,再从价格中减去设计毛利,形成目标成本。然后,检查每一个成本项目——设计费、工程费、制造费、销售费等,并把它们进一步分解为细目。企业往往采取调整细目、减少功能和降低供应商成本的方法使最后的成本控制在目标成本之内。目标成本法的核心工作是制定目标成本,并且通过各种方法不断地改进产品与工序设计,最终使产品的设计成本小于或等于其目标成本。但为了将成本限定在目标成本内,可能会造成产品质量的下降。

专栏 10-2
丰田的目标成本法

四、分析竞争者

企业要在竞争中取胜,要做到"知己知彼"。企业必须了解竞争者的产品质量、成本、价格,并与自身进行对比,然后为自身产品制定价格。一般来说,质量相似,价格大体相似;质量优于竞争者,价格相对较高;质量较低,则价格就低一些。需要注意的是,竞争者针对本企业的价格变动,可能采用价格策略,也可能采用非价格策略作出反应。

科特勒的 3C 模式——需求表、成本函数、竞争者价格,归纳总结了企业在制定价格时需要考虑的主要因素。产品成本是定价的下限,市场需求及顾客对产品的购买意愿是定价的上限,同时,定价过程须考虑竞争者价格和替代品价格,如图 10-2 所示。

图 10-2 定价的 3C 模式

五、选择定价方法

在定价目标的基础上,企业的产品价格受市场需求、成本费用和竞争者等因素的影响。大体上,我们可以把企业的定价方法分为三大类:成本导向、需求导向和竞争导向。

(一)成本导向定价

成本导向定价是指产品定价以成本为主要依据的定价方法,指导思想是企业定价首先考虑收回成本,再考虑获取利润。成本导向定价方法主要包括加成定价法、盈亏平衡定价法和目标收益定价法。

1. 加成定价法

加成定价法是指企业通过估计自己的单位成本,在成本上加一个标准的加成来确定价格的方法。按标准加成的来源不同,可分为成本加成定价法和售价加成定价法。

1)成本加成定价法

成本加成定价法中标准加成按成本百分比计算,一般被生产性企业所采用。

加成价格=单位产品成本+单位产品预期利润=单位产品成本×(1+成本加成利润率)

例 10-1　企业生产某产品,固定成本为 20000 元,可变成本为 5 元,预计销售量为 2000 个,预期收益率为 10%。

$$单位成本=可变成本+\frac{固定成本}{预计销售量}=5+\frac{20000}{2000}=15(元)$$

$$加成价格=15×(1+10\%)=16.5(元)$$

2)售价加成定价法

售价加成定价法中的标准加成按价格百分比计算,多被零售商和经销商等采用。

$$\text{加成价格} = \frac{\text{单位成本}}{1-\text{预期利润率}}$$

该方法与成本加成定价法的使用范围有所差别,但为简单起见,仍考虑例 10-1 中的情形。

$$\text{加成价格} = \frac{15}{1-10\%} = 16.7(元)$$

加成定价法是最简单、最常用的定价方法,优点主要包括:企业估计市场需求比较困难,确定成本却相对简单,将价格与成本联系起来可以简化定价行为;加成定价法对买卖双方来讲都比较公平。但需要注意的是,任何忽视市场需求、顾客认知价值和竞争状况的定价方法都不可能制定出真正合适的价格。

2. 盈亏平衡定价法

盈亏平衡定价法是指确定产品价格使得总成本和总收入保持平衡。根据固定成本、变动成本和销售量的变化,测算出不同销量下的保本价格。

$$\text{产品保本价格} = \frac{\text{固定成本}}{\text{销售量}} + \text{单位变动成本}$$

例 10-2 某产品的固定成本为 40 万元,单位变动成本为 20 元,预计销售 10 万件,则该产品在收支平衡的保本价格为:

$$\text{产品保本价格} = \frac{40}{10} + 20 = 24(元/件)$$

该方法要求固定成本、单位变动成本已知和准确预测销量。盈亏平衡定价法并不着眼于盈亏平衡的价格,而是通过计算这一价格和产量,明确企业在一定的价格水平下,产量达到多少才能获利;在一定的产量下,价格高于多少才能获利。原理如图 10-3 所示。

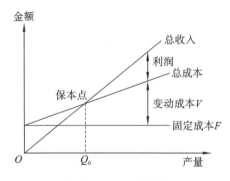

图 10-3 企业保本图

3. 目标收益定价法

企业试图确定它的投资回报率,然后在盈亏平衡定价法的基础上,加上目标利润额(投资回报额),最终确定产品价格水平。该方法常被公共事业单位在进行定价时使用。

$$\text{目标收益定价} = \text{单位成本} + \frac{\text{目标利润}}{\text{销售量}}$$

例 10-3 企业生产某产品,前期投资 100 万元,目标利润率定为 20%,总固定成本为 30 万元,单位成本为 16 元,企业预期可以销售 5 万个单位的产品(该产品变动成本为 10 元)。

$$目标利润 = 100 \times 20\% = 20(万元)$$

$$目标收益定价 = 单位成本 + \frac{目标利润}{销售量} = 16 + \frac{200000}{50000} = 20(元)$$

如果该企业的成本和预测的销售量都是准确的,那么 20 元的单价就能够实现 20% 的投资回报率。但销量是否能够达到 5 万台并不确定,企业销量不能达到既定产量,则企业会出现亏损。企业可以通过企业保本图(见图 10-3)了解在不同的销售量水平上企业的盈亏情况。

$$保本销售量 = \frac{总固定成本}{价格 - 变动成本} = \frac{300000}{20 - 10} = 30000(台)$$

所以,当企业的产品定价为 20 元时,确保盈亏平衡的销售量为 30000 台,若以 20 元销售 50000 台,该企业能盈利 20 万元。

(二)需求导向定价

需求导向定价是以市场需求状况及顾客感受为依据的定价方法,主要包括认知价值定价法、反向定价法和价值定价法。

1. 认知价值定价法

认知价值定价法是指企业根据顾客对产品的认知价值而不是产品成本来制定价格的方法。在现在的营销实践中,越来越多的企业发现定价的关键不是成本,而是购买者对产品价值的认知。

顾客价值是消费者的意愿支付价格(willing to pay),而顾客认知价值则是消费者所认知的意愿支付价格,它会随着消费者对产品和服务的认知改变而改变。认知价值由很多因素构成,包括买方关于产品功用的预期、分销渠道、有保证的质量和其他软件方面的标准,如供应商的声誉、可信度和声望。当价格水平和顾客对产品的认知价值大体一致时,顾客就会接受这一价格并进行购买;反之,顾客不会接受,产品就卖不出去。该定价方法常用于企业推出新产品或者进入新市场时,同样也适用于企业之间的比较定价。

认知价值推销术是指企业通过改变消费者对产品或服务的认知,在消费者心中建立和增强对产品的认知价值,以促使消费者进行购买。该定价方法的关键在于加深顾客对产品价值的理解,提高顾客的认知价值。企业可以从以下几个方面改变消费者的认知价值:①对于看重价格的消费者,企业提供最精简的产品和服务;②对于看重价值的消费者,企业保持不断创新的价值;③对于拥有品牌忠诚的消费者,企业应建立良好的顾客关系。企业只有不断地向消费者展示比竞争者更高的价值,提高消费者对产品的认知价值,才能将产品或服务卖出。

在营销学中,话术是能够提高顾客的认知价值的说话技巧,他需要先了解顾客的偏好,然后做好相应的准备,在为顾客介绍产品或服务时,有意识地引导顾客去提高对产品或服务的认知价值。

专栏 10-3
某家用空调的价格单

【问题讨论】
怎样通过提升顾客的认知价值来推销产品?试以房产和汽车为例,进行说明。

2. 反向定价法

反向定价法是指企业根据顾客能够接受的价格,在计算自己的成本和利润后,逆向推算出产品的出厂价和批发价,力求让价格被最终顾客接受。分销渠道中的批发商和零售商多采取这种定价方法。

$$批发价 = 零售价 \times (1 - 零售商加成率)$$
$$出厂价 = 批发价 \times (1 - 批发商加成率)$$

例 10-4 某产品的市场可接受价格为 10 元,零售商加成 20%,批发商加成 15%,该产品批发价和出厂价推算如下。

$$批发价 = 10 \times (1 - 20\%) = 8(元)$$
$$出厂价 = 8 \times (1 - 15\%) = 6.8(元)$$

3. 价值定价法

价值定价法是指企业尽量让产品的价格反映出产品的实际价值,以合理的定价提供合适的质量和良好的服务组合。低价高质,即用相当低的价格出售高质量的产品,从而赢得忠诚顾客,这是一种简单的价值定价法,也是一种将最终价值让渡给顾客的定价方法。这些企业认为,提供最大价值而非最低价格的企业才是市场的最后赢家。价值定价并不是简单地在某一个产品上价格低于竞争者,而是对企业的生产过程、销售过程进行调整,真正做到低价高质,吸引大量对价格敏感的顾客。

价值定价法的一个重要形式是天天低价。这一形式常见于零售企业,这些企业很少或者完全不采用打折等短期促销行为,而是采用持续低价的政策。典型例子是沃尔玛,除了部分商品特定月份低价外,其主要品牌实行天天低价,这点不同于以促销为导向的高-低定价法。在高-低定价策略中,零售商在一定时期内采用高价,另一段时间则采用很低的售价进行促销。例如,周一至周五实行高价,周六、周日则实行低价促销。

两种形式相比较,天天低价节省了频繁低价促销带来的成本,保证了顾客对日常价格的可信度,减少了顾客寻找特价商品的时间。然而,促销确实是一种刺激消费和购买的有效手段。因此,越来越多的企业同时使用天天低价和高—低定价策略。

(三)竞争导向定价

竞争导向定价是指企业以市场上同质竞争产品或服务的价格为依据,考虑自身的竞争能力,随市场竞争状况的变化来制定价格的方法,包括通行价格定价法和拍卖式标价法。

1. 通行价格定价法

通行价格定价法是指企业根据行业的平均价格水平,或以主要竞争对手的价格为基础制定价格的方法。在市场中销售同质产品的情况下,若产品价格高于别人,会失去顾客;若价格低于别人,又会迫使竞争者随之降价,引发价格战。在有市场领导者的情况下,对于中小企业来说,无法同市场领导者直接进行价格竞争,通常是跟随市场领导者,即便是市场领导者,为了维护行业的共同利益,避免因价格竞争而两败俱伤,也会采用通行价格定价法。在少数存在垄断的行业中,例如钢铁、造纸和电力行业,企业的价格一般是相同的。

该定价方法在现实经济中相当普遍,当企业难以估算成本、很难了解消费者和竞争者对自身产品价格变动的反应或企业打算与同行和平相处时,采用通行价格定价法可以获得合理的利润。

2.拍卖式标价法

1)英国式拍卖

英国式拍卖也称"增价拍卖",是指卖方宣布拍卖标的起叫价,买方遵循由低到高的次序逐次应价竞争,最后出价最高者以最高价格成交。英国式拍卖常被用来拍卖古董、房产和豪华车等。

2)荷兰式拍卖

荷兰式拍卖是一种特殊的拍卖形式,也称"减价拍卖",是指拍卖标的竞价由高到低依次递减直到第一个竞买人应价时成交的一种拍卖。对于那些容易腐烂,或者品质良莠不齐的物品,例如水果、蔬菜、鱼类、鲜花等,采用这种方式比较合适。

3)密封式投标拍卖

密封式投标拍卖是指买家提交密封式投标并且投标最高者以其投标价格获得物品的一种投标拍卖方式。投标者只能提供一份报价,并且不知道其他人的报价。该方法在建筑工程和政府采购时经常使用。

企业参加投标拍卖时总是希望能够中标,投标报价需要预测竞争对手的报价策略,然后考虑自己完成招标任务的成本,定出最优价格。一般来说,企业的报价要高于成本,否则无利可图。在成本之上,报价越高,利润越大,然而中标机会越小;相反,报价越低,中标机会越大,但利润越低。两方面的作用可以用期望利润来分析,如表10-1所示。

表10-1 企业投标期望利润

企业报价(万元)	公司利润(万元)	中标概率(%)	期望利润(万元)
800	50	80	40
900	150	40	60
1000	250	20	50
1100	350	5	16.5

如表10-1所示,若企业报价800万元,中标概率为80%,企业很可能获得该订单,但只能获得40万元的低利润,企业此投标方案的期望利润为40万元。若企业报价1100万元,可获得350万元的高利润,但中标概率仅为5%,获得订单的机会很小,期望利润只有16.5万元。因此,最好的报价应该是900万元,因为该报价的期望利润为60万元。

【问题讨论】

近年来,我国城市土地采取拍卖定价的方法,这种定价法与近年来土地价格快速上升有何联系?

六、确定最终价格

企业通过上述步骤缩小了定价范围,还要定性地考虑一些附加因素,对价格进行适当的调整，以确定最终价格。例如消费者心理因素、其他营销因素对价格的影响，公司定价策略和价格对各方的影响等。

(一)心理定价法

每一种产品都能满足消费者在某一方面的需求，其价值与消费者的心理感受有很大的关系。心理定价法是指企业在定价过程中，运用心理学原理，根据不同类型的消费者在购买产品时不同的心理动机，来调整企业价格。

1. 形象定价

以人们自身感觉为主的产品和服务，用形象定价法特别有效，质量不易被鉴别的商品在定价时多采用该定价方法。例如一瓶 10 元的香水，换一个包装，消费者就愿意支付 100 元。很多时候，价格是衡量质量的一种重要依据。一套西服定价 100 元可能无人问津，因为它给顾客传递低价低质的信号，但定价 1000 元的西服人们却争相购买，因为顾客通常认为高价产品具有高质量。在现代生活中，消费高价位的商品能显示出顾客的财富、地位和身份。

2. 参考价格

顾客在进行购物时，脑海中往往有一个参考价格。企业的定价可以参考目前市场上的价格、以往的价格以及购物环境。在良好的购物环境之中，顾客心中的保留价格就会提高，此时，产品可以适当地制定高价。

3. 尾数定价

企业常用一些奇数或者吉利的数字作为价格结尾，利用消费者追求便宜、追求吉利的心理制定价格。许多产品的价格定为 6.8 元或 6.9 元，而不是 7 元，就是为了适应消费者的购买心理，促使消费者认同产品价格，激发消费者的购买欲望。

尾数定价可以给顾客带来特殊的心理感受：一是便宜，标价 9.9 元的产品和标价 10 元的产品相比，虽然只相差 0.1 元，却给人们带来一种相差一个层级的感觉，所以前者更容易被顾客所接受；二是精确，带有尾数的定价使顾客认为产品的定价是经过认真、精确地计算的，进而对企业产生一种信任感；三是吉利，在不同的民族风俗、文化传统和价值观念中，某些数字被赋予独特的含义，人们会对独特的数字产生偏爱或忌讳。企业在定价时应考虑这一因素，并加以利用。例如，在中国，9 和 8 因其谐音为"久"和"发"而受到偏爱，近年来，中国移动推出的话费套餐就分别定价为 68 元、98 元、158 元等。

专栏 10-4
日本人讨厌数字 4 和 9

(二)其他营销因素对价格的影响

在选定最终价格时，企业还必须考虑到产品质量和广告投入等因素。Farris 和 Reibstein 考察了部分消费行业的相对价格、相对质量和相对广告投入，发现它们之间存在着一定的关系。

①具有一般质量却有巨额广告投入的品牌能产生溢价。相对于那些不出名的产品,消费者更愿意购买他们熟悉的品牌,即使价格更高。

②若产品既有相对高的质量又有相对高的广告投入,则产品定价较高;若对产品的相对质量和相对广告投入都低,那么产品的定价也比较低。

③高价格和高广告投入之间存在着正向关系,对市场领导者处于生命周期后期的产品更为显著。

(三)企业定价政策

企业的价格必须同企业的定价政策相一致。许多企业成立专门的价格制定部门来制定定价政策,它们的目标是:确保销售人员提供的价格既让顾客感到合情合理,又能使企业盈利。

(四)价格对其他各方的影响

企业在制定最终价格时还必须考虑到其他各方对价格的反应,主要是分销商、竞争者、供应商和政府等,包括竞争者会作出何种反应,供应商是否会调整价格,政府是否会干涉价格等。

第三节 价格调整策略

根据成本、市场需求和竞争等因素,企业可以为产品制定基本价格。但企业的价格并不是一成不变的,要在基本价格的基础上适时进行修正和调整,从而建立一套完整的价格结构。它可以反映地区需求和成本、市场细分要求、订单水平、交货频率、售后服务等其他因素的变化情况。典型的例子是钢铁行业,产品之间存在很强的同质化,但也不只有一个价格,而是由很多价格组成的一个价格表。本节,我们将讨论几种价格调整战略:价格折扣和折让、促销定价、差别定价、产品组合定价和新产品定价。

一、价格折扣和折让

为了鼓励顾客及早付清货款、大量购买和增加淡季购买,企业在其基本价格的基础上,可以适当地给予顾客一定比例的价格优惠,以促进产品的销售,这种价格调整策略被称为折扣和折让。

(一)现金折扣

现金折扣是指企业给及时付清货款的顾客一定的价格折扣,目的是鼓励顾客尽早付款,缩短企业的平均收款期,加快资金周转,降低财务风险。典型的例子是"2/10,净30"

法则,即本应在 30 天内付清货款,如果在交货后 10 天内付款,将给予购买者 2% 的现金折扣。

(二)数量折扣

数量折扣是指企业根据顾客购买数量的多少,给予不同的折扣,一般来说,顾客购买数量越多,折扣越大。目的是鼓励顾客大量购买,以降低企业生产、销售、储运等环节的成本,典型的例子是"购买少于 100 单位,每单位 10 元;购买 100 单位以上,每单位 9 元"。

(三)功能折扣

功能折扣是指企业给予渠道成员一种额外的价格折扣,目的是促使他们履行某种功能,如推销、储存、售后服务等。例如很多品牌的饮料对其中间销售商都有一定的价格让渡。对于不同的渠道成员,企业会提供不同的功能折扣。

(四)季节折扣

季节折扣是指企业向那些在淡季购买产品和服务的顾客提供的一种折扣,目的在于促使零售商提前订货,减少企业库存和资金占用。典型的例子是酒店和航空公司在旅游淡季给旅客提供很大的价格折扣;又如在夏天购买羽绒服,冬天购买电风扇,价格都比应季购买要便宜得多。

(五)折让

折让是降低价格的另一种形式,包括旧货折让和促销折让。旧货折让是指企业向消费者,特别是节俭的消费者推销产品的一种有效手段。例如,一台冰箱 2000 元,消费者的旧冰箱折价 400 元,购买时只需支付 1600 元。促销折让是指经销商参加生产企业的促销活动,生产企业为了报答经销商而给予的价格折让。

专栏 10-5
折扣的戒律

二、促销定价

企业常常暂时把价格定得低于正常价格,甚至低于成本,来刺激消费者购买。

(一)牺牲品定价

牺牲品定价是指企业将一部分产品以成本价、甚至低于成本的价格出售。这些产品就是牺牲品,一般将知名度较高、使用频率很高的日用品作为牺牲品。企业通过这些低价的牺牲品来招揽顾客进店,希望他们购买正常标价的产品,只要牺牲品的利益损失能被其他正常定价产品的所获利益收回,该定价方法就是有意义的。百货商场和大型零售超市经常采用该定价方法。

(二)特别事件定价

特别事件定价是指企业在某个特定的时间和场合,例如企业的特别日子、国家法定假期等时间开展促销活动,以吸引更多的消费者进行购买。典型的例子是每年的五一、十一黄金周和企业周年庆典,企业在这期间都会开展各种促销活动。但需要注意的是,特别事件的选定必须合情合理,切勿忽悠消费者。

(三)现金返还

某些企业在特定的时间向购买的顾客提供现金返还,刺激他们购买产品,使企业在不必降低产品价格的情况下,增加产品销量。例如,马自达为清空存货,凡是购买特定车型的顾客将会收到一定的返还现金。

(四)低息贷款

企业提供低息贷款来代替降价。福特公司就曾提供低息甚至无息贷款以鼓励消费者购买特定车型的汽车。

(五)较长的付款期

一般来说,顾客很少考虑贷款的成本,他们担心的是每个月能否够支付还款金额。适当地延长付款期,减少了每月的付款金额,使顾客感觉自己能够承受,进而吸引顾客购买。该方法经常使用于汽车销售中。

促销定价对刺激顾客购买、提高销售量有一定的促进作用,但在使用过程中也需谨慎小心,因为促销定价常常得不偿失。一方面,一旦采取促销定价,竞争者会竞相效仿,效果就会大打折扣;另一方面,如果促销定价失败,会浪费企业大量的资金,而这些资金本可用于改进产品质量、改善产品形象等方面。

三、差别定价

差别定价是指企业根据顾客、产品和地理位置的差异,对产品的基本价格进行调整。采用差别定价法时,企业为一种产品和服务制定两种或多种价格进行销售。

(一)差别定价的主要形式

①顾客细分定价:同一种产品或服务,针对不同的顾客制定不同的价格,主要以不同顾客对产品或服务的需求弹性不一致为基础。例如在多地旅游景区,学生和老人享受半价优惠,军人享受免票优惠。

②产品式样定价:根据同一种产品的不同规格、不同式样制定不同的价格,但并不是根据它们的不同成本按比例制定。例如某一种自动控温热水壶,与一般热水壶相比,只是多了一个指示灯,可以显示壶内水温,但其价格却高出几十元,甚至上百元,但这个额外装置的成本还不到10元。

③产品形象定价:企业针对不同的形象给同一产品制定不同的价格。例如将同样的产品装入不同的包装、冠以不同的品牌、树立不同的形象,其价格就可能相差数十倍。

④渠道定价:同一产品,由于提供的渠道不同,企业向消费者收取的价格也不同。同样一瓶500毫升的可口可乐,在超市售价2.5元,但在电影院中却售价为6元。

⑤地点定价:企业针对处在不同地点的产品或服务制定不同的价格,即使每个地点的成本是相同的。例如明星演唱会,不同区域分为内场、外场、VIP套票,不同的座位收

取不同的价格。

⑥时间定价:企业在不同季节、不同日期,甚至不同时间,对同一种产品或服务制定不同的价格。最典型的例子是电话使用费用,深夜的长途电话收费较低。

(二)差别定价的使用条件

①市场必须可以细分,而且不同的细分市场必须显示出不同的市场需求。

②以低价购买产品的顾客,不能以高价将产品转卖。

③在高价细分市场中,竞争者不能将高价产品低价出售。

④市场细分和市场控制的成本费用,不应超过差别定价所得的额外收入。

⑤差别定价不会引起顾客反感。

⑥差别定价的形式必须合法。

四、产品组合定价

当产品是某一产品组合中的一部分时,企业必须调整定价方法。在这种情况下,企业要制定出一个价格系列,使得整个产品组合的利润获得最大化。但因为各种产品的需求和成本之间的相互作用还受到不同程度的竞争的影响,所以产品组合定价十分困难。

专栏 10-6
武汉欢乐谷的差别定价

(一)产品线定价法

产品线定价也称系列定价,企业通常开发出来的是产品线,而不是单一产品来满足顾客需求。当企业生产的系列产品之间存在需求和成本的联动性时,为了充分发挥这种联动性的积极效应,企业通常采用产品线定价策略:先确定一个基础价格,然后分别为处于不同档次的产品制定不同的价格。例如同一种茶叶,按其成色和质量分为低、中、高三个档次,以低档茶叶价格为基础价格,然后根据价格差额分别制定中、高档茶叶价格。但该方法在使用过程中要正确制定基础价格和价格差额,过大的价格差额可能会使顾客选择购买低价产品。

专栏 10-7
保留价格

(二)选择特色定价法

许多企业在提供主产品的同时,还提供多种可供选择的产品或服务。例如消费者在购买电脑时,可以自主选择电脑配置和电脑配件。企业提供具有特色的可选产品,可以让顾客的保留价格实现在不同层次上的自我暴露。

(三)附属产品定价法

与可供选择的产品或服务不同,有些产品需要附带品的配合才能进行使用。例如照相机和胶卷、电脑和软件、钢笔和墨水等,无法分开使用。

许多企业为主产品制定较低价格,给附属品制定较高的价格,以弥补主产品低价所损失的利润。一个典型例子是电子游戏机一般很便宜,但其游戏软件却很昂贵。

(四)两阶段定价法

两阶段定价法也称分部定价法,这种定价法多被服务性企业使用,企业往往先收取一笔固定费用,再加上供顾客选择的可变使用费。例如医院先收取挂号费,再依据患者的就诊内容收取医药费和检验费。这种定价方法也可以使顾客的保留价格实现自我暴露。该方法面临与选择特色定价法同样的问题,即固定费用收多少?可变使用费收多少?一般来说,固定费用应较低,吸引人们购买,而从可变使用费中获取更多的收益。

(五)副产品定价法

许多企业在生产过程中会产生副产品,企业可将副产品按原材料价格出售,如果副产品对某一顾客群有价值,可设厂加工成制成品,以获取更高利润。副产品能给企业带来收入,使企业可以制定较低的价格来获得竞争优势。例如,钢铁厂炼钢会产生大量的热能,这部分热能如果用于发电,则能给钢铁厂带来部分收入,弥补生产成本,降低产品价格,在市场上获得更大的竞争优势。

(六)产品捆绑定价法

企业常常把两个以上的产品组合在一起进行销售,并制定一整套产品的价格,以刺激产品线的需求,并满足市场多元化的需求。例如旅行社提供的旅游产品,将景区门票、酒店食宿和往返机票组合在一起。整套产品的价格通常低于单个价格之和,因为顾客可能并不打算购买其中的所有产品,所以企业需要用较低的价格来吸引顾客购买更多的产品。

五、新产品定价

新产品在进入市场初期困难重重,所以须对其基本价格进行调整,保证其在激烈的市场竞争中存活下来。常见的新产品定价策略有撇脂定价和渗透定价。

(一)撇脂定价

撇脂定价是指企业在新产品上市初期把价格定得很高,然后随着市场需求的变化而降低价格的定价策略,就像从鲜奶中把一层一层的奶油撇去一样,目的是在产品生命初期就获得尽可能多的利润,以收回投资。撇脂定价的优点是逐步推进新产品进入市场,能让企业随时了解市场反应以采取对策,避免新产品大批量地生产而带来的风险。当然,撇脂定价也有其弊端:定价过高会损害消费者利益,不利于开拓市场;同时高价也会引发激烈的市场竞争。

一般来说,企业实行撇指定价策略需要具备一定的条件:

①市场有足够的购买者,他们的需求缺乏弹性,即使把价格定得很高,市场需求也不会大量减少;

②高价使需求减少一些,因而产量减少一些,单位成本增加一些,但这不至于抵销高价所带来的利益;

③在高价的情况下,企业仍然独家经营,不存在竞争者,比如有专利保护的产品就是

如此；

④某种产品的价格定得很高，使人们产生这种产品是高档产品的印象。

(二)渗透定价

与撇脂定价刚好相反，渗透定价指企业在初期将产品价格定得相对较低，以吸引顾客购买，获得尽可能多的销售量并扩大市场份额。实行渗透定价策略是避免激烈竞争的有效方法。缺点是投资回收期较长，缩短同类产品的生命周期，且低价策略需要雄厚的资金支持。

专栏 10-8 索尼公司的撇脂定价策略

采用渗透定价需满足一定的条件：
①产品需求弹性比较大，低价可以刺激需求迅速增加；
②存在生产经验曲线，即生产成本会随生产经验的积累而下降；
③低价不会引起过度竞争。

第四节 价格管理策略

企业的生产状况和市场环境是不断变化的，为了适应企业经营内外部环境的变化，企业需对自身价格体系进行管理，比如降价或提价，同时也要对竞争者的价格变动作出反应。

一、企业发动降价

(一)企业发动降价的原因

1. 生产能力过剩

工人随着生产经验的积累，生产效率提高，企业会出现生产过剩，因而需要扩大销售，但又不能通过提高产品质量和加强销售力度来扩大市场占有率。此时，企业就需要考虑降价。

2. 对付竞争者

当竞争者通过降价发起价格战的时候，企业最直接、最有效的方法就是"反价格战"，即制定比竞争者更低的价格。

3. 管理现金流

与最大化当期收入的定价目标相似，当企业现金流出现断裂或将要断裂时，企业为维持正常运转，需要通过降价销售来回笼现金。

4. 进攻性降价

在企业其他市场营销组合方面均保持高质量的前提下，降价可以刺激需求，提升市场占有率。

5. 生产成本降低

当企业通过引进先进技术、提高经营管理水平等方法降低了生产成本时,该企业在市场中就处于主动地位。此时,企业可以发动降价,扩大市场份额。

(二)发动降价的风险

无论是企业根据市场情况主动降价,还是为应对竞争者价格变动而被动降价,降价策略都存在风险:

①产品价格低,给顾客传递出低质量的信号,使他们认为产品质量低于高价的竞争者产品;

②如果不能保证产品质量,低价可以提高市场占有率,却买不到顾客忠诚,顾客随时可能转向去购买价格更低的产品;

③价格高的竞争企业可能具有雄厚的资金实力,它们可能把价格降得更低并持续更长的时间。因此,贸然降价会引发"价格战",得不偿失;

④如果产品缺乏足够的弹性,在企业价格降低后,销售收入可能会降低。

专栏 10-9 格兰仕微波炉的降价策略

专栏 10-10 金利来的价格策略

二、企业发动提价

(一)企业发动提价的原因

一次成功的提价可以大大增加企业的利润。引起企业提价的原因主要有通货膨胀引起成本上升、产品供不应求和提升品牌形象。

1. 成本上升

通货膨胀,物价上涨,企业的生产成本必然提高。在这种情况下,企业不得不提高价格。

2. 产品供不应求

当一个企业的生产能力不能满足市场需求时,它就要通过提高产品价格,对顾客需求进行限制。

3. 提升产品品牌形象

利用高价来营造名牌形象,将企业产品和服务与市场上同质产品和服务拉开差距,从而提高企业及其产品的知名度和美誉度。

(二)提价方案

与降价不同,提价会引起消费者、经销商的不满,企业可采取以下几种调价方案。

1. 推迟报价

企业暂时不定最后的价格,到产品费用支付或者交货时才制定最终价格。典型的例子是房地产企业惜售,暂不开盘,等开盘时再提高价格。

2. 合同中规定价格自动调整条款

在合同中规定自动调整条款,价格根据某个规定的物价指数(居民消费指数)自动调整。

3. 产品折分

企业保持现有价格,将原来提供的某些产品或某项服务分解出来,分别为单一或多个构件定价出售。例如在房地产销售中,地下室和停车位须另行收费。

4. 减少折扣

企业削减常使用现金和数量折扣。例如机票价格,航空公司往往通过降低折扣来变相"提价"。一般来说,顾客喜欢有规律的小幅度的提价,而不是临时性的大幅度的涨价。每一次价格上涨必须存在一种公正的意义,否则会引起顾客反感。麦当劳和肯德基在中国市场也受到通货膨胀因素的影响而提高价格,但没有引起顾客反感,究其原因:一是每次涨价幅度都比较小,顾客易于接受;二是每次涨价都在顾客形成其应该涨价的认识之后。

三、价格变动的反应

无论是提高价格还是降低价格,都必然分别影响到经销商、竞争者和顾客的利益,政府也会关注企业的价格变动,因此,企业必须注意各方的反应。

(一)顾客的反应

顾客如何理解企业价格变动行为是衡量定价成功与否的重要标准。对于降价,顾客的可能看法:这种产品将被新产品所代替,企业降价是为了清理库存;这种产品肯定存在某些缺点,以致销售状况不佳,需要降价促销;企业遇到财务、资金困难,降价为解燃眉之急;这种产品质量的下降;这种产品的价格可能会继续下降,继续观望是合理的。

顾客对提价的认识相对复杂,一方面顾客通常对提价提出质疑,另一方面,提价也会给顾客带来利益。顾客对企业的提价行为可能的反应:因为通货膨胀,企业都在提价,这种产品价格的上升是正常的;这种产品很畅销,应及早购买;这种产品有很高的价值;企业提价是为了获取更高的利润。

当然,对不同的产品而言,顾客对企业价格变动的反应是不一样的,涉及产品的需求弹性问题。顾客对于价值高、经常购买的产品价格变动敏感;对于价值低、不常购买的产品价格变动不敏感。

(二)竞争者的反应

企业进行价格变动时,不仅要考虑顾客的反应,还必须重视竞争者的反应。一般来说,一个行业中企业越少,产品同质性越强,竞争者的反应越强。

竞争者对价格变动的反应主要有以下几种类型。

1. 同向反应

你提价,他提价;你降价,他也降价。这种同向的行为对企业影响不大,不会造成严重的后果。企业只要坚持合理的营销策略,经营状况不会受到很大的影响。

2. 反向反应

你提价，他降价或维持价格不变；你降价，他提价或维持价格不变。这种相互冲突的行为会造成严重的后果，竞争者的目的是要趁机争夺市场。对此，企业须通过市场调查了解竞争者的具体目的、实力等，谨慎地进行价格管理。

3. 交叉式反应

市场上不同竞争者对企业价格变动的反应不一，有同向的，有反向的，也有保持不变的。此时，企业在进行价格变动时须注重非价格因素的影响，提高产品质量、加强广告宣传、保持分销渠道畅通等。

四、企业对竞争者价格变动的反应

在现实经济环境中，企业会进行价格调整，同样，竞争者也会主动变动价格。如何对竞争者的价格变动作出及时、正确的反应，是企业定价策略的一项重要内容。

一般来说，企业不会对竞争者提价作出反应，因为只须维持原价不变，企业就能获得更大的市场份额。在这种情况下，最先发动提价的企业就有可能不得不取消提价。除非某一企业的提价行为对整个行业有利，此时，其他行业也会随之提价。

但对于竞争者降价，企业必须谨慎地对待。竞争者进攻性降价的目的是争夺市场份额，在这种情况下，一般企业有以下几种策略可供选择。

1. 维持价格不变，增加产品价值

企业可能认为降价会失去很多利润，维持价格不变，尽管对市场占有率有一定影响，但是影响不大。当然，维持价格不变的同时要通过提高产品质量、提高服务水平等方式来增加产品价值。

2. 降价

企业通过降低产品价格，以适应竞争者的价格水平。这是因为降价可使产量和销量增多，从而使成本下降；市场对价格敏感，不降价会失去很多市场份额。

3. 提价

企业可以通过引入质量更高、形象更好的品牌产品保护受到攻击的品牌产品。

4. 推出低价的"竞争品牌"

在企业的经营产品中创立新的低价品牌，对竞争者进行反击。

面对竞争者的价格变动，企业不可能花费很长时间去分析应对策略，为了缩短企业价格反应的决策时间，企业须事先准备适当的对策，如图10-4 所示。

专栏 10-11
休布雷公司的价格策略

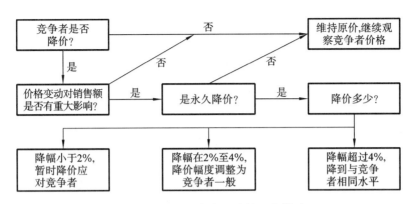

图 10-4　适应竞争者降价的反应模型

本章小结

企业价格策略是营销组合中最重要的组成部分,它是唯一带来收入的因素,对消费者接受和购买、企业竞争实力、企业盈利水平都有着重要的影响。

企业制定价格的步骤为选择定价目标、确定市场需求、估算成本、分析竞争者、选择定价方法和确定最终价格。企业定价目标包括维持生存、最大当期利润、市场份额最大化、最高当期收入、最大市场撇脂和产品质量领先。企业有三种导向的定价方法,即成本导向、需求导向和竞争导向。

企业制定的价格并不是一成不变的,须结合经营的内外部环境对价格进行调整。价格调整策略主要有:价格折扣和折让、促销定价、差别定价、产品组合定价和新产品定价。

企业处在不断变化的环境中,须通过提价和降价对价格进行管理。同时,也需要对竞争者的价格变动作出反应。

思考题

①"价格应该以成本为导向"这句话错在哪里?
②一个公司在定价方面通常会存在哪些问题?
③什么产品不适合采用市场撇脂定价模型?
④房地产公司如何确定顾客的需求曲线?一个高档家具公司怎样调查顾客的需求曲线?
⑤什么是作业成本?
⑥什么是经验曲线或学习曲线?
⑦举例说明哪些是以自我感觉为主的产品,怎样利用形象定价法为之定价。
⑧两段定价法有什么优点?

应用题

①你能替一个美发店设计一个价格结构吗？

②为什么有些啤酒餐厅的啤酒特别便宜？

③什么是认知价值定价法？假如你是一个高档家具制造商，你如何应用"认知价值推销法"？

本章参考文献

[1] 菲利普·科特勒.营销管理[M].2版.宋学宝,卫静,译.北京:清华大学出版社,2003.

[2] 菲利普·科特勒.营销管理(亚洲版)[M].3版.梅清豪,译.北京:中国人民大学出版社,2003.

[3] Paul W. Farris, David J. Reibstein. How Prices, Ad Expenditures, and Profits Are Linked [J]. Harvard Business Review,1979(11).

第十一章 营销渠道

☆ 了解营销渠道的概念与类型
☆ 熟悉中间商的功能、类型以及发展趋势
☆ 掌握影响营销渠道设计的各种因素
☆ 掌握营销渠道的设计和管理理论

第一节 营销渠道及其类型

大多数生产商不会直接将产品出售给最终用户,在生产者和最终用户之间存在一系列执行不同功能的中间机构,这些中间机构组成了营销渠道,又称分销渠道或交易渠道。营销渠道是指为促使产品或服务能够顺利地通过市场交换,转移给消费者消费的一整套相互依存的组织和个人。其成员包括产品或服务从生产者向消费者转移的过程中,取得这种产品和服务的所有权或帮助所有权转移的所有企业和个人。因此,营销渠道包括商人中间商和代理中间商,还包括处于渠道的起点和终点的生产者、中间商和最终消费者或用户。营销渠道是独立于生产和消费之外的流通环节,同时又是连接生产与消费的桥梁。

导入案例
康师傅的渠道构建

一、营销渠道的功能

营销渠道把产品从生产者转移到使用者,它克服了产品及服务的生产与使用在时间、地点和所有权方面的不一致。为了完成这一使命,渠道所承担的并不仅仅是交易职能,它还承担着一系列的重要功能,这些功能包括以下的10个方面。

①调研。收集各种有关信息,以促进交换,为渠道决策服务。

②促销。设计和传播具有说服力的产品信息,以诱导消费者进行购买。

③接洽。为生产商寻找潜在的购买者,并与之沟通。

④谈判。代表买方或卖方参加有关价格和其他条件的谈判,以促成双方达成协议,实现商品所有权的转移。

⑤配合。按照顾客要求来供应物品,包括分类、分等、装配、包装等活动。

⑥物流。组织产品的运输和储存。

⑦财务。收集和分配资金,负担营销工作所需的部分费用或全部费用。

⑧所有权转移。所有权从个人或组织向其他个人或组织的实际转移。

⑨承担风险。在执行分销任务的过程中承担相关风险。

⑩服务。渠道提供的附加服务支持,如信用、交货、安装、修理等。

二、营销渠道的类型

营销渠道可以根据其渠道层次数目分类。在产品从生产者转移到消费者的过程中,任何一个对产品拥有所有权或负有推销责任的机构,都可视为一个渠道层次。营销渠道按产品在流通过程中经历的层次数划分为不同的基本类型,中间机构层次的数目也称之为渠道长度。直接渠道和间接渠道是营销渠道的两种基本类型。

1. 直接渠道

直接渠道也称零级渠道,是指产品在从生产者流向最终消费者的过程中,不经过任何中间商转手的市场营销渠道,如图11-1所示。这种情况多出现于产业市场上的大型专用设备或大批量的原材料采购,因为这些产品技术密集,需要按照用户的特殊需要设计制造,派遣专家指导用户进行安装、调试和维护,而且产业用户数目较少,产品单价高,用户批量大,直接渠道易于实现。某些消费品有时也通过直接渠道分销,例如:

①农民在自己农场门口开设门市部,或者在市场上摆货摊,将其生产的蔬菜、水果、禽蛋等生鲜农产品直接销售给最终消费者。

②有些大制造商和面包房自己开设零售商店和门市部,将其产品直接销售给最终消费者,或者雇佣营销员挨家挨户向家庭主妇推销产品。

③有些制造商采取邮购方式,将其产品直接销售给最终消费者。

④制造商通过电视、电话将其产品直接销售给最终消费者。

但是,由于广大消费者居住分散,购买数量零星,因此许多生产者不能将其产品销售给广大消费者。

2. 间接渠道

间接渠道按照营销中介机构层次的多少可分为一级渠道、二级渠道和多级渠道,如

图 11-1 所示。一级渠道包括一个中间环节,在消费品市场中,这个中介机构通常是零售商;在产业市场中,它通常是一个销售代理商或经纪商。二级渠道包括两个中间环节,在消费品市场中,通常是批发商和零售商的组合;在产业市场中,则可能是代理商和经销商的组合。多级渠道是指有三个或三个以上的中间环节。一般而言,渠道环节越多,控制和向最终用户传递信息也就越困难,因此三级以上的渠道就过长了,一般很少采用。

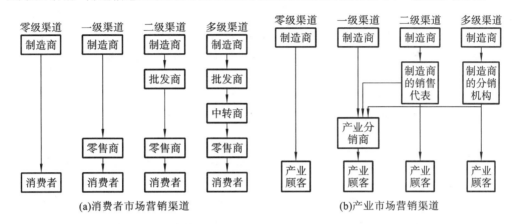

图 11-1 营销渠道层数结构图

第二节 中间商的类型与发展趋势

中间商是介于生产者与消费者之间专门从事商品流通活动的组织和个人。商品营销渠道是由若干个不同类型的中间商构成的,他们各自发挥着特定的功能,其中最重要的就是批发商和零售商。

一、批发商

批发商是指专门从事进一步转售或进行加工而买卖大宗商品的这种经济行为的商业企业。

(一)批发商的功能

1. 组织货源

批发企业和许多生产企业直接发生经济往来,工业企业的大部分产品,尤其是轻工业产品,只有通过批发商的收购才能销售出去,即工业企业只有先卖才能再买,才能维持甚至扩大其再生产。从流通看,批发商的收购是市场商品流通的起点,它给商品的储存、销售和合理地安排市场供应提供了一个物质基础,所以组织货源、搞好收购是批发商的首要任务,收购好才能销售好。

2. 储备商品

社会产品离开生产过程进入流通领域,在它进入最终消费之前,必须停留在流通领域之中,形成必要的商品储存,而这种储存是商品流通不断进行的条件。流通领域蓄水池的职能主要由批发商来承担,这样,合理地储存商品就成为批发商的重要任务。当然,还应区分合理地储存商品与商品积压的关系:存货一方面可以减轻生产者的资金负担;另一方面便于零售商随时根据市场需求变化进行购货,也减轻了零售商的存货负担。

3. 销售

批发商活动的最终目的是销售商品。对于制造商来说,批发商可以成为销售代理人。每个生产企业都在按照市场需要生产出适销对路的产品,但有时他们并不擅长推销,仍需要有着丰富销售经验的批发商帮助其寻找市场。这样,生产企业就能集中注意力在产品生产上,节省用于销售的人力、物力和费用,提高生产效率和产品质量。

4. 商品调运

商品调运任务通常由批发商承担,批发商要及时、安全地把商品调运到消费地,而且在调运的过程中往往还要经过中转。因此,在运输中会存在节省运输费用、走最短的运输路线还是用较少的运输时间进行合理运输的问题,如何将商品源源不断地供应给众多零售商的确是个繁重的任务。

5. 商品分类

在流通过程中有两种商品分类:一是工业分类,二是商业分类。工业分类具有品种单一、同种品种批量大的特点,这种分类适合于生产消费需要。商业分类具有品种多样、不同品种批量小的特点,它更适应消费市场需要。由于存在这两种不同且又相互矛盾的两种形式的分类,所以需要批发企业进行商品的挑选、分装、编配和必要的加工。把商品从生产分类改为商业分类,以适应零售企业进货和个人消费需要。

6. 资金融通

资金融通指批发商向小型零售商开展的赊销业务,一方面可以有助于零售企业的正常销售和资金周转,另一方面减轻了生产企业的信贷风险。

(二)批发商的类型和发展趋势

1. 批发商的主要类型

1)商人批发商

这是指自己进货,取得产品所有权后再批发出售的商业企业,也就是人们通常所说的独立批发商,是批发商的最主要类型。商人批发商按职能和提供的服务可分为以下两类:①完全服务批发商,这类批发商执行批发商的全部职能,提供的服务主要有保持存货、雇佣固定的销售人员、提供信贷、送货和协助管理等;②有限服务批发商,这类批发商为了减少成本、降低批发价格,只执行一部分服务。此外,商人批发商按其经营范围可分为三类:一般产品批发商、单一种类批发商、专业批发商。

2)商品代理商

这是指专门从事购买、销售或两者兼备,但不取得产品所有权的企业或个人,主要有以下几种:①经纪人,其主要作用是为买卖双方牵线搭桥、协助谈判,买卖达成后向雇佣方收取费用,他们并不持有存货,也不参与融资或信贷风险;②销售代理商,在签订合同的基础上,为委托人销售某些特定产品或全部产品,对价格、条款及其他交易条件可全权处理;③佣金商,是对产品实体具有控制力并参与销售协商的代理商,他们大多数从事农产品代销业务;④采购代理商,一般与顾客有长期关系,代理采购往往负责为顾客收货、验货、储运并将物品运交买主;⑤进出口代理商,在主要口岸设立办事处,专替委托人从国外寻找市场供应来源或向国外推销产品。

2. 批发商的发展趋势

早在19世纪,由于制造商规模较小、实力较弱,需要依靠批发商将其产品销售给各地的零售商,因此批发商在销售渠道中起着支配作用。但是,进入20世纪以来,随着市场垄断的发展,很多制造商的规模变大,大型零售商逐渐开始流行。与此同时,又出现了自愿联合商店的特许经营等组织形式,制造商和零售商有了直接联系方式,这样一来,批发商的重要性相对变弱。面对技术的进步、产品类别的扩展、零售商结构的转变、市场需求的不确定性,批发商必须重新调整自己的推销方式,提高服务水平,才能在竞争中生存下来。因此,批发商可从以下几个方面进行努力。

①专业化。批发商可以集中注意力在一个较小的细分市场上,争做这一领域的专家,这样就大大提高了工作效率,增加了批发商成功的机会。

②一体化。批发商可以联合或收购下游的零售商,实行前向一体化;或者联合或收购上游的生产厂商,实行后向一体化。通过一体化,加强对货源和最终市场的控制。

③增加服务项目。批发商可以增加服务项目来提高自身竞争力,例如为零售商提供更多管理上的支持等。

④创新。创新是企业立足的根本,企业只有不断地创新,提高技术水平,不断地更新企业经营管理手段,才能提供比竞争对手更好的服务,赢得消费者的好感。

⑤协调经营。批发商可以在做好自己本职工作的同时,加强同生产厂商和零售商之间的工作衔接,实现总成本的降低。

总之,技术上的进步、产品类别的扩展、零售结构的改变及消费需求的不确定性等,都对批发商提出了新的要求。批发商应变革自己的经营方式,努力提高服务水平,积极探索降低成本的新途径。只有这样,批发商才能在变化迅速的环境中立于不败之地。

二、零售商

零售商是指将所经营的商品直接出卖给最终消费者的个人或组织。作为生产和消费的中介,零售商处在中介地位靠近最终消费者的一端。在流通领域内,零售商处在商品流通的最终环节,商品经过零售商进入消费领域,实现商品价值。

(一)零售商的功能

1. 为消费者提供服务

零售商向生产企业或批发商采购商品,汇集不同厂家的不同品种、规格、样式的商品以供消费者选购。同时,伴随商品的销售向消费者提供服务,根据消费者在消费、使用过程中的困难提供相应的帮助,如送货上门、维修、提供零配件、赊购和分期付款、向消费者传递信息、公开交易内容、维护消费者权益等。

2. 为生产者和批发商提供服务

零售商网点分布广,直接面对广大消费者,同时又接触大量的生产者与批发商,是联系双方的媒介。零售商作为生产企业、批发商的推销员,可随时向消费者提供商品信息,诱导消费者购买,又可了解消费者的需求和意见,及时向生产企业、批发商反馈,以改进和提供产品,满足市场需要。

(二)零售商的类型和发展趋势

1. 零售商的主要类型

①专业商店。专业商店是专业化程度较高的零售商店,这种商店专门经营某类商品或某类商品中的某种商品,如服装店、家具店、钟表店等。

②百货商店。百货商店通常规模较大,经营范围较广,种类多,品种齐全,是零售商业中的重要组成部分。

③超级市场。超级市场是一种大型自选式商场,拥有一些食品的完整产品线,兼营各种家庭日用品,以薄利多销为竞争手段。目前,该形式市场在各国发展迅速。

④便利商店。这是一种小型的、通常设在居民区附近的商店,以补充超级市场的不足。在购买场所、购买时间、商品品种上为顾客提供便捷性。

⑤折扣商店。折扣商店采用薄利多销的方式销售标准商品,因此商品价格低廉且质量有保证。多采用自助式销售,店内陈设和管理办法基本与超级市场相同,店址选择在租金较低的地区,费用很低。

⑥连锁商店。连锁商店指为某一家大公司所有,由这家大公司进行经营管理的某种零售商店集团。连锁商店的经营特点是统一进货,可以获得价格的最大优惠。连锁店在市场预测、运输、存货、定价、宣传推广技术和服务方式等方面都有较科学的管理方法。

⑦特许经营组织。指特许经营权拥有者以合同约定的形式,允许被特许经营者有偿使用其名称、商标、专有技术、产品及运作管理经验等,以从事经营活动的商业经营模式,如麦当劳、肯德基、必胜客等。

⑧邮购商店。邮购商店是一种无店铺的零售业,商店一般采用邮寄销售和电话通信销售两种方式。邮寄销售是购买者通过报刊、广播、电视和商品目录,看到或听到了商品广告,用信件或电话向邮购商店订货,商店按要求将货品邮寄给购买者。电话通信销售是购买者通过上述各种媒介的传播,根据需要打电话给商店,商店按照买者要求将商品送到顾客所在地点。

⑨直接销售。这种销售方式是商店的推销人员携带商品或样品到消费者工作单位或家中直接进行商品销售。

⑩自动售货。利用投币式自动售货机售货、昼夜营业。售货机一般摆放在商店门口、公共场所等人流集中的地方,方便顾客购买。

⑪网络销售。随着计算机互联网的迅速发展,大量网络商店出现,其销售的商品面

广、量大,涉及生活工作的诸多方面。消费者只须在网络上点击所需要商品并办理相应的手续,便可在较短的时间内收到网络商店送来的商品。

2. 零售业的发展趋势

零售业可以追溯到 19 世纪中叶百货业的诞生,也就是所谓的"第一次零售革命",迄今已有 150 多年的历史。在此期间,零售业态不断创新,新兴零售组织形式不断出现。从世界范围来看,传统的百货业态正逐渐失去昔日的辉煌,而连锁超市和大卖场等业态则开始占据主导地位。目前,中国零售企业进入"世界 500 强"的已超过 50 家,绝大多数为连锁超市和大卖场等业态。

专栏 11-1
我国的零售业态分类标准

随着经济全球化和信息化的发展,世界范围内的零售业正在经历着以下变化和趋势。

①连锁经营成主导趋势。西方发达国家的零售业经过多年的发展与变革,传统的百货零售方式正面临着越来越严峻的挑战,取而代之的是连锁经营方式,特别是跨国连锁经营正以高速增长的态势成为现代零售业的主导经营方式,如美国的沃尔玛、法国的家乐福、荷兰的 ROYALAHOLD 超市集团、德国的麦德龙、日本的伊藤洋华堂等无一例外都是靠连锁经营的方式迅速发展壮大,成为国际零售业的"领头羊"。

②零售业对市场的控制能力正在上升。纵观近年来世界零售业的发展,可以看出零售企业对市场的控制能力正逐步增强。传统的观念认为,在整个商业流通的过程中,零售业处于销售链的下游,只能被动地接受制造商提供的产品,并受到制造商的种种限制。但由于科学技术的进步和社会的发展,消费者行为变得更为多样化和个性化,购买行为的主动性也大大加强,因此,制造商对消费者消费需求的把握难度也加大了。而最接近消费者的零售业则较为容易地掌握消费者瞬息万变的需求变动情况,并且其掌握的信息比制造商所掌握的更准确、更及时。这样,零售商对市场的把握和控制更加有力,这在一定程度上决定着制造商的命运,电子商务、网上购物、邮购、直销等方式的兴起更说明了这一点。

③零售业两极分化的趋势加剧。零售业的激烈竞争使整个行业产生了较为明显的两极分化趋势:一方面,零售业中的市场集中度正在逐步提高,少数连锁巨头控制了整个零售业中的大量份额;另一方面,有一部分零售企业则开始走向专业化经营,通过采用专营店的方式,提供差别化、个性化的服务,经营的品种也从"大而全"向"精而专"转变。从未来的发展趋势看,巨型化和专营化是零售业发展的两种同时并存的方向。

④组织结构正向集中化转变。随着零售企业规模的不断扩大,跨地域、跨国经营的趋势越来越明显,随之而来的是零售企业组织结构的集中化程度越来越高。对大型零售企业来说,通过集中化管理,可以集中批量采购,以更优惠的价格进货;可以通过各分店商业设施的统一化、标准化来降低成本;可以进行统一的广告宣传、市场调研、产品开发等活动。组

专栏 11-2 西方零售业的四次重大变革

织结构的集中化,使零售业的规模进一步巨型化,对市场、社会的影响也变得越来越重要。

⑤零售业正向网络化迈进。近年来,电子商务的快速发展也带动了零售业与互联网的快速"联姻",不但在零售企业之间互相通过企业内联网(或者通过外联网整合供应链)进行连锁经营,而且很多零售企业已通过互联网开展 B2C(business to consumer)的经营活动。由此可以看出,传统的经营方式、竞争格局都将随着零售业电子商务的发展而发生很大的变化,这在一定程度上将引发一场零售业的革命。

第三节 营销渠道设计决策

一、营销渠道设计应考虑的因素

影响营销渠道设计的因素有很多,制造商在决定选择营销渠道前,需要综合考虑企业的自身状况、产品及市场等各种因素,以便作出正确的选择。

(一)企业自身因素

企业自身因素是营销渠道选择和设计的根本立足点。

1. 企业自身条件状况

如果企业资本实力雄厚,则容易建立自己的仓储、运输力量和推销人员队伍,可以采用其推销人员直接向目标顾客开展销售。相反,如果企业没有资本条件来建立直接销售渠道,就只有借用社会机构的力量建立间接销售渠道。

2. 企业经营战略目标

企业的经营发展战略意味着企业对新业务的选择和进入,同时对企业承担市场风险的意愿具有影响。一方面,如果一个企业打算从制造业扩展到零售业,实行多元化经营,必然选择建立直接销售网点的策略,或者如果一个企业希望迅速积累资金,以便快速扩大经营规模,也有可能采用直接销售渠道,通过节约中间环节的流通费用来增加利润。另一方面,如果企业打算增强技术开发与生产的能力和核心竞争力,可以减少对批发、零售等流通领域的投入,而较多地考虑发展同批发商、零售商的合作关系,即采用间接销售渠道策略。

(二)产品因素

不同的产品适用于不同的分销渠道,产品的特性影响渠道的选择:不易保存的产品(如易腐烂的海鲜产品)要求直接渠道;体积大的产品(如建筑材料)运输距离不宜太远,专卖次数不宜太多;非标准产品(如定做的机器设备)因中间商缺少必要的专业知识,一般由企业代理直接销售;需要安装和维修服务的产品一般由企业的特许经销商销售;单位价值高的产品也常由企业的销售队伍直接销售。

(三)市场因素

目标市场特征、市场竞争激烈程度等因素对企业的销售渠道政策以及渠道模式的选择是有影响的。

1. 目标市场的特征

如果目标市场的顾客消费地点比较集中,生产厂家可以在其消费地点设立门市部或者派出销售代表上门进行推销,建立直接渠道销售。如果目标市场的顾客数量较多而且消费地点分散,则需要采用较长且较宽的销售渠道。

顾客购买批量和频率也会影响销售渠道模式的选择。如果顾客购买批量大但频率低,那么采用直接销售渠道所需的投资较少,并能明显减少中间环节的费用;如果顾客购买批量大且频数高,适宜于采用短间接渠道;如果顾客购买批量小,则适宜采用间接营销渠道。

2. 竞争者的销售渠道

渠道的选择可以反映出组织对其竞争者渠道的回应,是采用直接、还是迂回竞争的方式。某些行业的生产者希望在与竞争者相同或相近的营销渠道中与竞争者抗衡。例如,食品行业中的竞争品牌经常摆在一起销售。但有时,竞争者使用的营销渠道,又成为其他企业避免使用的渠道。

(四)中间商因素

营销渠道设计应充分考虑不同中间商的特征。一些技术性较强的产品,一般要选择具备相应技术能力或设备的中间商进行销售。有些产品需要一定的储备条件(如冷藏产品、季节性产品等),则应寻找拥有相应储备能力的中间商进行经营。若零售商的实力较强,经营规模较大,企业可直接通过零售商经销产品;若零售商的实力较弱,规模较小,企业只能通过批发商进行分销。

(五)经济效益因素

经济效益的高低与营销渠道的长短密切相关。一般来说,缩短渠道能减少环节,加速流通,节约社会劳动,提高经济效益。但从某些商品的营销要求来看,只有增加渠道环节,才能拓展市场,扩大销售量,提高市场占有率,从而提高经济效益。企业的产品往往可以通过不同类型的营销渠道进行销售,有的甚至可以同时使用几种营销渠道。企业如何选择最佳营销渠道,要通过分析、比较、权衡各种渠道的利弊,视其综合经济效益的高低而进行决策。

(六)社会环境因素

渠道设计还会受到社会环境因素的影响,如经济发展状况、社会文化变革、竞争结构、技术以及政府管理等。而当经济萧条时,生产者都希望采用能使最后顾客廉价购买的方式将产品送到市场,这意味着生产者需要使用较短的渠道。

二、识别与评价主要的渠道选择方案

企业可从多种渠道中选择送达顾客的方式,包括销售人员、代理商、分销商、经销商、直接邮寄、电话营销和互联网。每一种渠道都有各自的优缺点,比如说,销售人员可以处理复杂的产品和交易,但是成本很高;互联网成本低,但无法销售复杂的产品;分销商能够创造销售额,但企业会失去与顾客之间的直接联系。

一个渠道选择方案由以下三个要素确定:渠道的长度、渠道的宽度和渠道成员的条件及其责任。

(一)选择合适的渠道长度

渠道长度指的是产品从生产者到最终消费者手中所经历的所有环节,包括直接渠道和间接渠道。

企业组建自己的销售队伍或者在某个地方开办办事处均属于零级渠道,这种渠道模式的优点:①反馈市场信息及时;②企业更容易控制渠道;③减少了流通消耗;④节省流通时间。但这种渠道易使企业管理成本上升,费用增加,销售力量分散。

经过中间商为间接渠道,这种模式的主要优点:①因为中间商承担部分销售费用,销售成本降低;②可利用中间商的网络资源,降低进入市场的难度;③有利于生产者集中力量专心生产。但其缺点也是很明显的,生产商与消费者之间的信息沟通不够顺畅,生产者控制渠道的能力下降。

(二)选择合适的渠道宽度

所谓渠道宽度指的是在每个渠道层次使用多少中间商数目,有三种战略可供选择:专营性分销、选择性分销和密集型分销。

1. 专营性分销

专营性分销是严格地限制经营公司产品和服务的中间商数目,它适用于生产商对批发商和零售商实行较严格的服务水平和服务售点的控制。一般来说,专营性的批发商和零售商不再经营其他竞争品牌。通过生产商的授权,批发商和零售商实行独家经销,由此,生产商有机会获得更专注和更有见识的销售服务。独家分销需要企业和经销商之间更紧密的合作,通常适用于新型汽车、某些大家电和女装品牌。

2. 选择性分销

选择性分销是指选择部分而非全部意愿经销企业产品的中间商来销售某一产品。一些已建立信誉的企业,或者一些新建立的企业,都利用选择性分销来吸引经销商。企业不必担心有太多的销售点,这样可获得更大的市场覆盖面,且比密集分销实现更多的控制和更低的成本。

3. 密集性分销

密集性分销是指制造商尽可能多地选择中间商来销售商品和服务。当消费者要求在当地能大量、方便地购买该商品时,实行密集性分销至关重要。该分销方式一般用于便利品,如香烟、零食小吃、口香糖、汽油等。

【问题讨论】

制造商不断被诱导着从专营或选择性分销,走向更广泛的密集性分销,以增加其市场覆盖面和销量。你如何评价这一战略?

(三)确定渠道成员的条件和责任

渠道设计决策必须确定渠道成员的条件和责任,每个渠道成员必须被区别对待并要给他们盈利的机会。而渠道成员的条件和责任通过彼此的合同或契约来体现,其内容主要涉及以下几个方面。

1. 价格政策

生产者必须制定价目表和折扣细目单,尽量保证其公平合理。

2. 销售条件

销售条件是指付款条件和生产者的承诺担保。大多数的生产商通常采取现金折扣来鼓励中间商早付款,生产者还可以向分销商提供在有关商品质量恶劣或价格下跌等方面的担保,比如,出售剩余的产品可以退回给厂家,价格下跌由厂家补偿下跌差价等。

3. 中间商的特许权

这是渠道设计中一个非常重要的环节,分销区域的合理划分是有效避免渠道冲突的一个重要方法。另外,渠道中间商需要知道生产者打算在哪些地区给予其他分销商特许权,这样可以在一定程度上减少窜货问题的发生。

4. 双方的服务和责任

必须十分谨慎地确定双方的服务和责任,尤其是在采用特许经营和独家代理等渠道形式时。例如:KFC 公司向加盟的特许经营者提供房屋、促销支持、记账制度、人员培训和技术支持,而反过来,经营者必须在物资设备方面符合公司的标准,对公司新的促销方案予以合作支持,提供公司需要的市场信息,并采购特定的食品。

(四)评估主要的渠道方案

企业的渠道模式设计完毕之后,需要对营销渠道进行评估,其衡量标准主要是从经济性、可控制性和适应性等方面考虑。

1. 经济性标准

每一个方案都有其特定的成本和销售额指标,要达到这些指标需要考虑的首要问题是选择本公司的推销部门还是销售代理商。许多制造商认为,本公司推销员的销售业绩更好,因为他们专注于推销公司的产品,并在此方面受过良好的训练,而且由于这些推销员未来的职业前景与公司的发展有着密切的关系,所以都比较积极肯干,成功的可能性较大,而且他们更愿意与制造商打交道。

但是事实上,销售代理商完全有可能做得更好。首先,他们有较大的销售代表团队;其次,他们工作的积极性不比公司的推销员差,因为积极性取决于推销该产品的佣金的多少;再次,有些消费者喜欢和几家厂商的代理商打交道,不喜欢与某一个公司的推销员来往;最后,代理商有广泛的社会关系和市场经验,而公司的推销队伍必须从头做起。

接下来是评估每一渠道方案的不同销售额的成本。如图 11-2 所示,销售代理商的成本一开始低于公司的人员推销的成本,但销售代理商的成本增加较快,因为它收取的佣金比公司的推销员要高。当销售额低于 S_B 时,应雇佣销售代理商;当销售额高于 S_B 时,应采用公司销售人员进行直接推销。

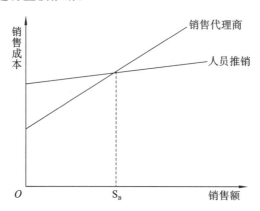

图 11-2　销售代理商与公司自行销售进行选择的损益平衡成本图

2. 控制性标准

雇佣销售代理会面临控制问题。销售代理商是一个独立的公司,它关心的是本公司的利润最大化,所以可能更多地关注购买商品最多的顾客,而不是某个特定制造商的产品。此外,代理商的推销人员可能没有掌握公司产品的技术细节,或者不能有效地利用促销材料。

3. 适应性标准

为了发展渠道,渠道成员相互之间都允诺在某种程度下、在一个特定的时期内持续维持义务,但由于生产商对变化市场响应的能力问题,其允诺的持续时间在缩短。在迅速变化、非持久和不确定的产品市场上,生产商需要寻求能适应不断变化的渠道结构和政策。

专栏 11-3
柯达和富士
的中国之战

第四节　营销渠道管理

一、营销渠道成员的选择与培训

(一)营销渠道成员的选择

根据渠道设计方案的要求,招募合适的中间商是渠道管理的重要环节。通常,企业需要具体框定可供选择的中间商的类型和范围,进行综合考察和比较其开业年限、经营商品的特征、盈利、发展状况、财务、信誉、协作愿望与能力等。对代理商,还要进一步考核其经营产品的数量与特征,以及销售人员的规模、素质和业务水平。而对于零售商则要重点评估其店址位置、布局、经营商品结构、顾客类型和发展潜力。

渠道成员的选择是双向互动行为。不同的企业对中间商的吸引力有很大的差异,在不同的区域,市场的选择难度也不尽相同。渠道管理者应当根据本企业及当地市场的具体情况,把握和考核选择伙伴的标准,作出最合理的选择。当企业同意以渠道关系来共同经营时,相互之间就形成了渠道伙伴关系并承担长期责任。对于制造商和中间商来说,精心挑选渠道成员也很重要。在评价中间商方面,制造商会考虑以下几个问题:渠道成员能带来实质性的利润率吗?渠道成员有能力为顾客提供所需服务吗?潜在中间商对渠道控制有什么影响吗?例如,中小型企业都愿意让零售巨头沃尔玛来分销它们的产品,将沃尔玛作为公司的渠道伙伴,小型公司业务量将会出现数倍增长。

(二)培训渠道成员

选择中间商后,需要对渠道成员进行培训。大部门经销商的自身综合素质及可聚集的资源相对有限,基本上都存在经营管理不善的状况,有许多的经销商已清醒地认识到自身的这种不足,却又不知所措,而企业往往拥有比经销商更加丰富的人力资源。因此,对经销商进行培训,既是中间商的要求,也是企业自身发展的需要,有利于提升本企业产品的市场竞争力。

其培训的主要内容包括:①提供技能和新技术;②改掉不良习惯;③培养团队精神和合作精神;④公司政策和制度培训;⑤内部管理。

二、渠道成员激励

生产商必须不断地激励渠道成员,促使其做好本职工作。尽管生产企业和渠道成员之间签订的合同里已经规定了渠道成员的责任和义务,但生产企业还需要经常进行监督和鼓励,促使渠道成员担负起自己的责任和履行自己的义务。激励渠道成员主要有以下五种方法。

①作必要的让步。了解中间商的经营目标和需要,在必要的时候可以作出一些让步来满足渠道成员的要求,以鼓励渠道成员。为了激励渠道成员出色地完成销售任务,生产企业必须尽力了解各个渠道成员的不同需要和愿望。

②提供优质的产品。提供市场需要的优质产品,是对渠道成员最好的激励。过去,我国实行统购包销,工业部门只管生产,生产出来的产品不管其质量如何、款式是否需要,全部由商业部门收购,结果常常出现工业部门报喜,商业部门报忧的局面。生产企业应该把渠道成员视为消费者的代表,只有生产企业提供适销对路的优质产品,这些产品才能比较顺利地进入最终市场。

③给予各种权利。给予渠道成员适当的盈利权、独家经销权或者其他一些特许权。渠道成员经销的商品如果利润很少甚至亏损,他们的积极性自然不会高。在一个市场上,授予某个渠道成员独家经销权,可以在广告和其他促销活动方面得到该渠道成员较大的支持,当然也应视具体的市场条件而定。

④共同进行广告宣传。当生产企业进入一个新市场的时候,其商标通常对于当地人

来说是陌生的,渠道成员一般不愿意经营这种产品,除非生产企业提供强有力的广告宣传来提高商品的知名度。

⑤进行人员培训。生产企业也可以向渠道成员提供销售和维修人员的培训、商业咨询服务等方面的帮助。例如,德国大众汽车公司在亚洲培训代理商,训练的内容是汽车和设备的维修和使用,这大大促进了大众汽车公司和当地代理商的合作关系,提高了代理商的工作效率。

三、营销渠道冲突与管理

"天下熙熙,皆为利来;天下攘攘,皆为利往",中间商作为独立的利益主体,不可避免地会遇见各种各样的冲突。渠道冲突管理是营销渠道管理的一项非常重要的内容,也是让营销管理人员非常头疼的问题。渠道成员之间的合作程度、协调程度,将直接影响到整个渠道的销售效率和效益。

(一)引起营销渠道冲突的原因

1. 目标不一致

生产商可能希望用低价来追求迅速的发展,而经销商则更有可能希望通过高价来追求盈利。

2. 角色的权利不明确

例如,国际商用机器公司由其自己的销售人员向客户推销个人电脑,而其特许的经销商也力求销售给大客户。还有可能因区域界线、赊销等问题陷于混乱而引发冲突。

3. 感知偏差

指的是渠道成员如何对它所处的形势进行解释,或如何对不同的刺激作出反应。例如,一个零售商如果认为50%的毛利润是合理的水平,那么它就可能认为制造商规定的40%的加成率太低,渠道成员应通过加强相互之间的理解来减轻甚至消除这种感知差异。

4. 决策主导权分歧

即一个渠道成员认为其他渠道成员的行为侵害了自己的决策权力。例如,零售商或制造商是否有权制定最终零售价格,制造商是否有权对分销商存货水平作出要求。

(二)渠道冲突的类型

1. 水平渠道冲突

水平渠道冲突是指某渠道内同一层次中成员之间的冲突,如同级批发商或同级零售商之间的冲突,表现形式为跨区域销售、压价销售、不按规定提供售后服务或提供促销等。

2. 垂直渠道冲突

垂直渠道冲突是指同一条渠道中不同层次之间的冲突,如制造商与分销商、总代理与批发商、批发商与零售商之间的冲突,表现形式为信贷条件的不同、进货价格的差异、提供服务(如广告支持)的差异等。

一直以来,消费包装商品的制造商相对于零售商拥有较强的市场力量,这是因为制造商推出大量广告以建立消费者的品牌偏好,由此使零售商被迫经营他们的品牌。但是,现有零售商对制造商的力量已经发生了某些转移。零售商力量的日益增长使他们可以向制造商收取新产品进店时的货位费、弥补货架成本的陈列费、用于晚交货或交货不齐的罚金,以及制造商要求停止销售商品时的退场费等。

3. 多渠道冲突

多渠道冲突(也称为交叉冲突)是指两条以上渠道之间的成员发生的冲突。当制造商在同一市场或区域内建立两条或两条以上的渠道时,就可能产生此类冲突,如直接渠道与间接渠道形式中成员之间的冲突,代理分销与经销分销形式中渠道成员之间的冲突,表现形式为销售网络紊乱、区域划分不清、价格不同等。比如,苏宁电器于2013年提出"苏宁云商"的模式,关于商品展示的同质化或是差异化一直是苏宁电器内部的重要分歧,这是苏宁线上线下渠道面对的第一个冲突。再者,苏宁电器的"三同"协同模式要求线上与线下实现同价,但是在实践中由于信息的不对称性导致经常出现线上线下价格不统一,这与O2O模式的初衷是相违背的。关于线上线下渠道冲突,具体来说,分为对消费者的争夺和在价格方面的冲击这两个方面。由于苏宁网络营销起步较晚,线上线下渠道使用的是同一套物流体系,其中,线上渠道销售的产品不规则性强,销售周期短,因而物流配送也比较频繁,而线下渠道的销售周期长,运输成本较高。这两种销售渠道的特点决定了其对物流配送的要求也不同,因此共享一套物流配送体系的弊端不断地暴露出来。

(三)营销渠道冲突的解决方法

渠道冲突的存在是一个客观事实,不能消灭,不能根除,只能辩证分析,区别对待。要知道,并非所有的冲突都会降低渠道效率,适当冲突的存在会增强渠道成员的忧患意识,刺激渠道成员的创新。例如,尽管多渠道销售产品会增加产生冲突的可能性,然而这一策略也可能使各渠道成员之间相互竞争,从而带来销售额的最大化,方便顾客购买,以及迫使渠道成员不断进行创新。因此,我们应该把渠道冲突控制在一个适当的可控范围之内,善加利用。

1. 超级目标法

当企业面临竞争对手时,树立超级目标是团结渠道成员的根本。超级目标是指渠道成员共同努力,以达到单个公司所不能实现的目标。渠道成员有时会以某种方式签订一个它们共同寻找的基本目标的协议,其内容包括渠道生存、市场份额、高品质和顾客满意。

从根本上讲,超级目标是单个公司不能承担,只能通过合作来实现的目标。只有当渠道一直受到威胁时,共同实现超级目标才会有助于冲突的解决,才有建立超级目标的必要。

2. 人员互换

对于垂直性冲突,一种有效的处理方法是将两个或两个以上的渠道层次的工作人员进行互换。例如,让制造商的一些销售主管去部分经销商处工作,让一些经销商负责人在制造商制定有关经销商政策的领域内工作。经过互换人员,可以提供一个设身处地为对方考虑问题的机会,便于在确定共同目标的基础上更好地处理一些冲突。

3. 协商谈判

谈判的目标在于停止成员间的冲突。妥协也许会避免爆发冲突,但不能解决导致冲突的根本原因,只要压力继续存在,终究会导致冲突的产生。其实,谈判是渠道成员讨价还价的一种方法。在谈判过程中,每一个成员会放弃一些东西,从而避免冲突的发生,但如何利用谈判或劝说,仍要看成员的沟通能力。事实上,用上述方法解决冲突时,需要每一位成员运用一个独立的战略方法以确保问题的解决。

4. 法律手段

冲突有时需要通过政府来解决,诉诸法律也是借助外力来解决问题的方法。这种方法的采用,也意味着渠道中的领导力不起作用,即通过谈判、劝说等途径已没有任何效果。一旦采用了法律手段,另一方可能会完全遵守其意愿改变其行为,但是会对诉讼方产生不满,这样的结果可能使双方的冲突增加而非减少。从长远来看,双方可能会不断地发生法律纠纷问题而使渠道关系不断恶化。

四、渠道整合

专栏 11-4
红木家具 E
公司营销渠
道冲突

所谓渠道整合就是一个互动联盟,它能通过优势互补来营造集成增势的效果,从而在纵深两个方面强化渠道竞争能力。互动联盟是一项能够极大地提升渠道优势的动态工程,通过多方协调,发挥彼此的资源优势,以实现延伸市场触角、分散市场风险、扩大优势范围的目的,达到共生共荣、协同推进、多方长远受益的效果。

1. 供应链管理

供应链管理是指在渠道成员之间建立一种长期的合作伙伴关系,彼此形成供应链,共同努力减少无效率、成本高昂及整个营销渠道重复的问题,以便能更加满足顾客需求,进而创造一种竞争优势。

传统的营销渠道只注重于生产厂商、批发商、零售商与顾客,而供应链则包含更广。供应链包括诸如零件供应商、配送公司、仓储公司及其他参与营销交换的公司。供应链成员之间的关系不是对立而是合作,强调通过成员之间的合作降低供应链成本,并增加全体成员的利润。供应链管理起源于顾客,并要求渠道成员之间彼此合作来满足顾客要求,这表示,供应链不仅致力于增加产品或服务的品质,同时也努力减少从顾客采购到生产所需的时间成本、运输费用成本及信息管理与行政上的成本。为达到这一目的,渠道成员之间必须密切合作、信息共享及互相协调。从宏观来说,供应链管理扮演两个角色:①"沟通者",负责将顾客的需求传递给供应商;②"实体物流程序",必须确保物品能够及时地、符合成本效益地在供应链上流动。

2. 渠道品牌化

品牌已经渗透到我们生活中的各个领域,产品需要品牌,服务需要品牌,分销渠道同样也需要品牌。专卖店作为渠道品牌化的一种重要方式正在迅速地扩张到各个行业。

专卖店的精髓就是渠道建设的品牌化、一体化、专业化,这样,企业就不再把销售仅仅视为一种商品的买卖,而是把销售行为上升为一种渠道品牌的经营。通过设立专卖店,企业可以建设统一的、个性化的、时尚的品牌文化,从而实现渠道增值。而统一规范的连锁经营改变了过去从厂商到用户之间夹杂着各组分销商、零售商,致使成本层层累加的经营方式,可以更大程度地让利于消费者。

3. 渠道集成化

目前,传统渠道和新兴渠道之间的矛盾越来越突出。传统渠道主要包括大商场、中小商场以及专营店。新兴渠道可分为如下几种:综合性连锁、品牌专卖店、集团采购、网上订购等。传统渠道和新兴渠道目前都具有自己的竞争优势,并存于市场中。

随着互联网的发展和网民队伍的扩大,渠道的一个重要发展趋势是在线销售。当年,戴尔公司就是凭借这一法宝,迅速占据了同行业第二的宝座,锋芒直指老大哥康柏;亚马逊公司凭借网络在线销售图书,短短几年时间,其市价总额已经超过了全球最大的两家图书销售商市价总和。此外,很多其他在线销售商也取得了巨大的成功,在传统营销模式前,在线产品销售显示出巨大的生命力。

解决渠道冲突的最好办法就是渠道集成,即把传统渠道和新兴渠道完整地结合起来,充分利用两者各自的优势,共同铸造一种全新的经营模式。当然,这种方法要求供应商能够对传统渠道施以足够的控制,所以操作难度较大。

本章小结

营销渠道是指为促使产品或服务能够顺利通过市场交换,转移给消费者(用户)消费的一整套相互依存的组织和个人。营销渠道成员将执行一系列重要功能,如调研、促销、接洽、谈判、配合、物流、财务、承担风险等。营销渠道的两种基本类型为直接渠道和间接渠道。

中间商是介于生产者与消费者之间专门从事商品流通活动的组织和个人。商品营销渠道是由若干不同类型的中间商构成的,他们各自发挥着特定的功能,其中最重要的就是批发商和零售商。

影响营销渠道设计的因素有很多,制造商在决定选择营销渠道前,需要综合考虑企业的自身因素、产品、市场、中间商、经济效益、社会环境等各种因素,以便作出正确选择。营销渠道评估主要从经济性、控制性和适应性三个方面来进行。

营销渠道管理主要包括营销渠道成员的选择与培训、激励渠道成员、营销渠道冲突与管理和渠道整合。

思考题

①何谓营销渠道?营销渠道有哪些功能?营销渠道的类型有哪些?

②批发商和零售商各有几种类型?他们各自的发展趋如何?

③影响渠道设计的主要因素有哪些?
④什么是渠道的长度和宽度?
⑤渠道选择方案的评价标准是什么?
⑥如何激励、评估渠道成员?
⑦如何正确地处理渠道成员之间的利益冲突?

本章参考文献

[1]菲利普·科特勒.营销管理(亚洲版)[M].5版.吕一林,王俊杰,译.北京:中国人民大学出版社,2010.

[2]金润圭.市场营销[M].3版.北京:高等教育出版社,2010.

[3]祝海波,聂绍芳,郑贵军,等.营销战略与管理——观点与结构[M].北京:经济科学出版社,2010.

[4]陈守则.市场营销学[M].2版.北京:机械工业出版社,2012.

[5]陈阳.市场营销学[M].北京:北京大学出版社,2008.

[6]林建煌.营销管理[M].上海:复旦大学出版社,2003.

[7]罗农.市场营销学[M].北京:清华大学出版社,2008.

[8]钱旭潮.市场营销管理——需求的创造和传递[M].北京:机械工业出版社,2005.

[9]何永祺,张传忠,蔡新春.市场营销学[M].4版.大连:东北财经大学出版社,2011.

[10]吴健安.市场营销学[M].3版.北京:高等教育出版社,2007.

[11]胡芸.苏宁电器线上线下渠道冲突与融合分析[J].合作经济与科技,2016(15).

第十二章 网络营销

☆ 了解网络营销的价值及使用工具
☆ 了解网络营销的各种方法,注意 Web2.0 技术营销
☆ 理解网络病毒营销、口碑营销和蜂鸣式营销之间的联系与区别
☆ 了解移动网络营销及其各种方法,理解 App 营销
☆ 了解国际网络营销及其未来的发展趋势
☆ 培养敏锐的洞察力,能进行简单的网络营销策划

网络营销(on-line marketing 或 E-marketing)就是以互联网为基础,利用数字化信息和网络媒体的交互性来辅助营销目标实现的一种新型的市场营销方式,它是企业整体营销战略的一个重要组成部分。网络营销活动不可能脱离一般营销环境而独立存在,在很多情况下,网络营销理论是传统营销理论在互联网环境中的应用和发展。尽管其历史较短,但在企业经营策略中却开始发挥越来越重要的作用,网络营销的价值也为越来越多的实践应用所证实。

导入案例
"一亿元"的
差别

第一节 网络营销的功能

网络营销是从实践应用中经过归纳总结逐步形成的一门学科,其基本特征是实践性强,如果脱离了可操作性来研究网络营销,将无法发挥网络营销的职能,更不能体现其实

际价值。由于网络营销的信息传递是双向互动性的,这与传统营销信息的传递途径完全不同,也就决定了网络营销具有比传统营销更加强大的功能。通过对网络营销实践应用的归纳总结,网络营销的基本职能表现在以下八个方面。

一、信息搜索功能

信息搜索功能是互联网的基本功能之一,也是网络营销能力的一种反映。在网络营销中,企业可以利用多种搜索方法主动积极地获取有用的信息或商机,也可以主动地进行价格比较,主动了解对手的竞争态势,主动通过搜索获取商业情报,来进行决策研究。搜索功能已经成为营销主体能动性的一种表现、一种提升网络经营能力的进击手段和竞争手段。随着信息搜索功能由单一化向集群化和智能化发展,以及向定向邮件搜索技术延伸,网络信息搜索的商业价值得到了进一步的扩展和支持,网络营销成为一件越来越容易的事。

二、信息发布功能

无论哪种营销方式,都要将信息传递给目标人群,而网络营销所具有的强大的信息发布功能是任何一种营销方式都无法比拟的。网络营销可以把信息发布到全球任何一个地点,既可以实现信息的覆盖,又可以形成地毯式的信息发布;既可以创造信息的轰动效应,又可以发布隐含信息。信息的扩散范围、停留时间、表现形式、延伸效果、公关能力、穿透能力都是最佳的。企业网站、搜索引擎、BBS、社交网站、博客都成为企业发布信息的场所。

三、商情调查功能

网络营销中的商情调查具有重要的商业价值。对市场和商情的准确把握,是现代商战中对市场态势和竞争对手情况的一种电子侦察,是一种不可或缺的方法和手段。在激烈的市场竞争条件下,主动地了解商情、研究趋势、分析顾客心理、窥探竞争对手的动态是确定竞争战略的基础和前提。通过在线调查或者电子询问调查表等方式进行商情调查,不仅可以省去大量的人力、物力,而且可以在线生成网上市场调研的分析报告、趋势分析图表和综合调查报告,其效率之高、成本之低、节奏之快、范围之大都是以往其他任何调查形式所做不到的,这为广大商家提供了一种对市场变化进行快速反应的能力,为企业的科学决策奠定了坚实的基础。

四、销售渠道开拓功能

网络营销的兴起使更多的产品被搬上网络,人们在信息交流方面开拓了效率更高、成本更低的分销渠道,这一趋势的必然结果是传统的商流①将被改变。传统经济时代的经济壁垒,比如地区封锁、人为屏障、交通阻隔、语言障碍等都阻挡不住网络营销信息的传播和扩散。新技术的诱惑力和新产品的展示力、图文并茂和声像显著的昭示力、网上

---

① 传统商流是指从厂家到批发企业,然后通过零售商送到消费者手中的渠道。

路演②的亲和力、地毯式发布的覆盖力,将整合成一种综合的信息进击能力,为实现和完成市场的开拓打下基础。

五、品牌价值扩展和延伸功能

在网络经济时代,由于生产能力的大幅度提高,信息成本的大幅度下降,企业开发新产品的能力大大提高。消费者在识别新产品时,往往注重品牌,注重整体产品价值,而对于产品内部零配件的来源并不会过多关注。因而,未来的竞争是品牌的竞争,拥有市场比拥有工厂更重要。拥有市场的唯一办法,就是拥有占市场主导地位的品牌。互联网能推动和促进品牌的拓展和扩散,对于塑造品牌形象、提升品牌的核心竞争力、打造品牌资产,有其他媒体无法替代的效果和作用。

六、特色服务功能

网络营销具有的和提供的不是一般的服务功能,而是一种特色服务功能,它拓展了服务的内涵和外延。顾客不仅可以获得形式最简单的 FAQ 常见问题解答、BBS、聊天室等各种即时信息服务,还可以获取在线收听、收看、订购、交款、RSS 等选择性服务。还有节假日的紧急需要服务和信息跟踪、信息定制、信息转移、手机接听服务及网上选购、送货到家的上门服务等。这些服务以及服务之后的跟踪延伸,不仅极大地提升了顾客的满意度,贯彻了以顾客为中心的原则,而且使客户成了商家的一种重要的战略资源。

七、客户关系管理功能

客户关系管理源于以客户为中心的管理思想,是一种旨在改善企业与客户之间关系的新型管理模式,是网络营销取得成效的必要条件,是企业重要的战略资源。在传统的经济模式下,由于认识不足或自身条件的局限,企业在管理客户资源方面存在着较为严重的缺陷。针对上述情况,在网络营销中,通过客户关系管理,将客户资源管理、销售管理、市场管理、服务管理、决策管理融于一体,将原本疏于管理而各自为战的计划、销售、市场和售后服务与业务统筹协调起来,既可跟踪订单,帮助企业有序地监控订单的执行过程,规范销售行为,了解新老客户的需求,提高客户资源的整体价值;又可以避免竞争隔阂,帮助企业调整营销策略,收集、整理、分析客户的反馈信息,全面提升企业的核心竞争力。客户关系管理系统还有强大的统计分析功能,可以为企业提供决策服务,以避免决策失误,为企业带来可观的经济效益。

八、经济效益增位功能

网络营销可以极大地提高营销者的获利能力,使营销主体提高或获取增位效益,这种增位效益的获得,不仅在于网络营销效率的提高、营销成本的下降、商业机会的增多,更在于网络营销中新信息量的累加从而形成系统,使原有信息量的价值实现增位或提升。这种无形资产促成价值增值的观念和效果,既是前瞻的,又是明显的。网络营销的

---

② 网上路演是指证券发行人和网民通过互联网进行互动交流的活动。

资源整合能力,恰恰为这种信息的累加提供了现实可能性。这是传统营销根本不具备又无法想像的一种战略能力。

第二节 网络营销的常用工具

简单地说,网络营销就是企业利用互联网技术向用户传递有价值的信息,实现网络营销的各项职能,最终从线上和线下两个方向促进企业产品的销售和推广。其中,重点是要友好地完成网络营销信息的传递,网络营销信息传递的原则之一就是建立尽可能多的网络营销信息传递渠道,而网络营销信息传递又要借助于各种有限的网络营销工具。

在现阶段的网络营销活动中,常用的网络营销工具包括企业网站、搜索引擎、电子邮件、网络实名/通用网址、即时信息、浏览器工具条等客户端专用软件、电子书、博客(Blog)、RSS等,下面简单地介绍几种常用的工具。

一、企业网站

在所有的网络营销工具中,企业网站是最基本、最重要的一个。没有企业网站,许多网络营销方法将无用武之地,企业的网络营销的整体效果也将大打折扣。企业网站都是为达到一定的目的而建立的,其目的一般有以下几个方面。

①向公众传递企业品牌形象、企业文化等基本信息;
②发布企业新闻、供求信息、人才招聘等信息;
③向供应商、分销商、合作伙伴、直接用户等提供某种信息和服务;
④网上展示、推广、销售企业产品;
⑤收集市场信息、注册用户信息;
⑥具有其他营销目的或营销效果的内容和形式。

因此,如果将企业网站与企业经营结合考虑,很容易理解其本质:从企业营销策略来看,企业网站是一个开展网络营销的综合性工具。通过对众多企业网站的研究发现,无论网站规模多大,也不论具有哪些技术功能,网站的网络营销功能主要表现在以下八个方面。

(一)品牌形象

网站的形象代表着企业的品牌形象。人们在了解一个企业的主要方式就是访问该公司的网站,网站建设的专业化与否直接影响到企业的网络品牌形象,同时也对网站的其他功能产生直接影响,尤其对以网上经营为主要方式的企业,网站的形象至关重要。这种印象对于建立品牌形象、产生用户信任具有至关重要的作用,因此具备条件的企业应力求在自己的网站建设上体现出自己的形象,做到"小企业,大品牌"。

(二)产品/服务展示

顾客访问网站的主要目的是为了对公司的产品和服务进行深入了解,企业网站的主要价值也在于灵活地向用户展示关于产品说明的文字、图片甚至多媒体信息。

(三)信息发布

网站是一个信息载体,在法律许可的范围内,可以发布一切有利于企业形象、顾客服务,以及促进企业销售的企业新闻、产品信息、各种促销信息、招标信息、合作信息、人员招聘信息等。拥有一个网站就相当于拥有了一个强有力的宣传工具,这是企业网站具有自主性的体现。

(四)顾客服务

通过网站可以为顾客提供各种在线服务和帮助信息,比如常见问题解答(FAQ)、电子邮件咨询、在线表单、通过即时信息实时回答顾客的咨询等。

(五)顾客关系

通过网络社区、电子刊物、有奖调查等方式吸引顾客参与,不仅可以宣传产品,同时也有助于维护与顾客的关系,而顾客忠诚度的提高将直接体现在增加销售量上,尤其是对于功能复杂或者需要听取他人建议的产品,如数码产品、时装、化妆品等。

(六)网上调查

市场调研是营销工作中不可或缺的内容,企业网站为网上调查提供了方便而又廉价的途径。通过网站上的在线调查表,或者通过电子邮件、论坛、实时信息等方式征求顾客意见,可以获得有价值的用户反馈信息。

(七)资源合作

资源合作是独具特色的网络营销手段,为了获得更好的网上推广效果,需要与供应商、经销商、客户网站,以及其他内容、功能互补的企业建立资源合作关系,实现从资源共享到利益共享的目的。常见的资源合作形式包括交换链接、交换广告、内容合作、客户资源合作等。

(八)网上销售

建立网站及开展网络营销活动的目的之一是为了增加销量。一个功能完善的网站本身就可以完成订单确认、网上支付等电子商务功能,即企业网站本身就是一个销售渠道。

以上是网络营销功能的八个方面,即使最简单的企业网站也至少具有其中一项以上的功能,否则也不能称之为企业网站了。

专栏 12-1
饥饿的"米粉"

二、搜索引擎

搜索引擎是常用的互联网服务之一,搜索引擎的基本功能就是为用户查询信息提供方便。大多数的用户都不知道自己想要了解的企业的网址,也不知道从哪个网站可以找到自己关心的产品,但使用搜索引擎,输入关键词即可反馈出相关的信息,因此搜索引擎成为大多数企业推广企业形象、促销产品的有力工具。

三、电子邮件

根据最新统计,截至 2017 年 12 月末,我国的互联网用户已达 7.72 亿,从用户收发电子邮件的数量来看,使用电子邮件的人数最近几年来处于下降趋势,但电子邮件在商务中的重要性仍然不容置疑。电子邮件在网络营销中的作用主要有:宣传企业品牌形象、提供在线顾客问询、会员通信服务与进行电子刊物推广、电子邮件广告宣传、网站推广、产品/服务推广、收集市场信息、在线市场调查等。电子邮件具有的网络营销功能与企业网站有许多相同之处,只是它的使用方法、表现形式不同,这在之后网络营销的各种使用方法中会进行介绍。

四、Web 2.0 技术

Web2.0 是以 Flickr、Craigslist、Linkedin、Tribes、Ryze、Friendster、Del.icio.us、43Things.com 等网站为代表,以 Blog、TAG、SNS、RSS、wiki、P2P 等社会软件应用为核心,依据六度分隔、xml、ajax 等新理论和技术实现的互联网新一代模式。

Web2.0 注重用户的交互作用,用户既是网站内容的浏览者,也是网站内容的制造者;用户不仅仅在互联网上冲浪,同时也成为波浪制造者。在模式上,用户由被动地接收互联网信息,发展为主动地创造互联网信息,互联网由此变得更加人性化。

(一)博客

博客(Blog),又称为"网志"或者"网络日志",它并不是非常的严格,也不一定要拥有自己特有的网页,更多的是供广大互联网用户发表文章、心情感受的工具。最近几年,随着无线通信的发展和微博的兴起,使博客获得了火箭式的发展,成为互联网领域最受关注的概念,并且逐渐发展成为不可或缺的网络营销工具。

中国互联网信息中心(CNNIC)发布的《2008—2009 博客市场及博客行为研究报告》指出:截至 2009 年 6 月底,拥有个人博客或个人空间的用户已达 1.81 亿人,博客空间的规模已经超过 3 亿,博客已为越来越多的人所青睐。同时,根据 CNNIC 在 2012 年 1 月发布的《第 29 次中国互联网络发展状况统计报告》显示,截至 2011 年底,中国微博用户数已达 2.499 亿。截至目前,国内已出现多家类似 Twitter 的网站,如饭否、叽歪等,另外包括新浪网、腾讯网在内的大型门户网站也纷纷开始开设微博服务功能,微博正逐渐进入中文上网主流人群的视野。

在微博平台上,人们可以随时随地分享所见所闻,图片、链接、文字等均可通过互联网、短信、手机完成,无需标题和文章构思,有瞬间的灵感即可便捷地发布,有些吸引人眼球的内容会像病毒传播似地很快被分享。由于微博的这些特点，许多企业开始尝试利用微博开展营销活动，以扩大品牌的影响力，传播更具人性化的公司形象。微博营销不仅简单、高效、传播快，而且针对性和互动性强，成本低廉，非常适合一些资金相对不太充裕的中小型企业。

(二) RSS

RSS(really simple syndication)是一种描述信息内容的格式，是目前使用最广泛的XML应用。RSS搭建了信息迅速传播的技术平台，使每个人都成为潜在的信息提供者。发布一个RSS文件后，这个RSS Feed中包含的信息就能直接被其他站点调用，而且这些数据都是标准的XML格式，所以也能在其他的服务器和终端中使用。简单地说，RSS是网站用来和其他站点之间共享内容的一种简易方式。RSS获取信息的模式和加入邮件表获取信息的方式有一定的相似之处，也就是说，用户可以不登陆各个提供信息的网站，而通过客户端浏览方式(称为"RSS阅读器")或在线RSS阅读方式来阅读这些内容。

相对于博客而言，RSS的知名度会低很多，而且还没有一个非常贴切的中文词汇来形容它，但它对互联网内容的浏览方式和信息传递方式产生了巨大的影响，为各企业开展网络营销提供了更加方便快捷的途径。

(三) 即时信息

即时信息(instant message，IM)，指可以在线实时交流的工具，也就是通常所说的在线聊天工具，相信大家一定都很熟悉。即时信息有针对个人应用和企业应用两种不同的类型，目前占主导地位的是个人应用，并且大多数是免费的。目前常用的即时信息工具有MSN、腾讯QQ以及微信等。即时信息在网络营销中的应用主要有以下几个方面。

1. 实时交流增进顾客关系

快速、高效是即时信息的特点，如果存在信息传递障碍，可以及时被用户发现，而不是像电子邮件那样需要等上几小时，甚至几天才能收到被退回的消息。

2. 在线顾客服务

随着顾客对在线咨询要求的提高，电子邮件已经不能满足顾客的需要，顾客希望得到即时回复，即时信息工具正好具备这种实时服务顾客的功能。

3. 在线销售中的导购服务

就像在一个实体店面购买东西一样，实现在线销售需要经过很多个环节，甚至比实体店面还要复杂，比如：商品查询、阅读产品介绍、比较价格、了解交货时间和退货政策、选择商品并加入购物车，还要经过订单确认、在线付款等环节。其中任何一个环节出现问题，这次购物活动就宣告失败。利用即时信息的实时顾客服务，为客户提供一对一的咨询，有助于降低顾客放弃在线消费的比例，提高在线购买的成功率。

4. 网络广告媒体

即时信息拥有众多的用户群体，并且与一般的网页相比具有独特的优势，因此可以通过这些在线聊天工具，向大量的在线用户传递广告信息。

5. 病毒性营销信息传播工具

以腾讯QQ为例，每一个QQ用户都有几十个QQ好友，有一到几个QQ群，当一个

用户在网页上看到自己喜欢的内容时,他往往会将该网页的 URL 通过即时信息的方式向自己的在线好友和 QQ 群进行转发。通过用户之间的相互转发,这样即时信息工具在病毒性营销传播中就发挥了积极的作用。

(四)SNS

SNS,全称 social networking services,即社会性网络服务,专指旨在帮助人们建立社会性网络的互联网应用服务,也指社会现有已成熟并普及的信息载体,如短信 SMS 服务。SNS 的另一种常用解释:全称 social network site,即"社交网站"或"社交网"。社会性网络(social networking)是指个人之间的关系网络,这种基于社会网络关系系统思想的网站就是社会性网络网站(SNS 网站)。百度贴吧、豆瓣、知乎、世纪佳缘和天涯论坛等都是社会性网络网站的典型代表。

根据 DCCI《2009 首届中国互联网 SNS 发展状况调查》数据显示,在被访问的网站中,71.5%表示已开通 SNS 服务,SNS 服务俨然成为中小网站的标准配置。SNS 平台为网站提供的服务十分多元,各种作用较为平衡,60.9%的站长表示其拓展网站人脉、增加网站用户的作用最为明显;提供站点趣味性居次,占 55.9%;增加网站黏性、使网站用户联系更加紧密分别占 53.8%和 53.6%。

五、其他网络营销工具

除了前面介绍的几种工具之外,常用的网络营销工具还包括网络实名和通用网址、电子书等。

网络实名和通用网址,在发展过程中曾被叫作"中文网址""中文关键词""快捷网址",它是一种新兴的网络名称访问技术,通过建立通用网址与网站地址 URL 的对应关系,来实现浏览器访问的一种便捷方式。简单地说,通用网址就是一个网站的中文名字,您只需要使用自己所熟悉的语言告诉浏览器您要去的通用网址即可。通用网址有助于企业进行网址推广,中文网址的数据库检索增加了网站被用户发现的机会。

现在,随着电子设备的升级换代,越来越多的人拥有功能强大的电子设备,人们也越来越习惯于电子阅读方式,因此电子书作为一种被广泛使用的信息载体,在网络营销中也发挥出越来越重要的作用。企业往往通过在电子书中嵌入相关的推广、宣传信息,来达到网站推广、产品推广和顾客服务的目的。

第三节 网络营销常用的方法

网络营销是工具和方法的统一,网络营销的实践活动就是对各种网络营销方法的应用,网络营销方法是对网络营销工具和各种网络资源的合理应用,网络营销工具与网络营销方法是相辅相成的,只有工具而没有应用,网络营销的价值不会自动发挥出来。离开了网络营销工具,有些网络营销方法也将无所依托。网络营销具有很强的实践性,它体现在许多可操作的网络营销方法上,如搜索引擎营销、许可 Email 营销、互换链接、分类广告等,通常按照建立企业网站对其进行分类,如图 12-1 所示。

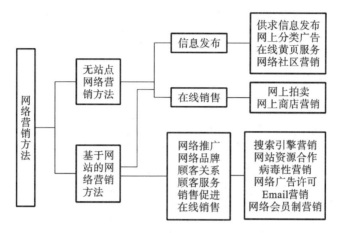

图 12-1　网络营销的方法体系

一、无站点的网络营销方法

无站点的网络营销,指的是不基于网站的网上营销活动,利用互联网的各种媒体资源(如门户网站、电子商务平台、行业网站、搜索引擎、分类信息平台、论坛社区、视频网站、虚拟社区等),精确分析各种网络媒体资源的定位、用户行为和投入成本,根据企业的客观实际情况(如企业规模、发展战略、广告预算等)为企业提供最具性价比的一种或者多种个性化网络营销解决方案。虽然这种网络营销活动是临时性、阶段性的,但是其使用方法简单,如果合适地利用就会发挥出很好的效果。

(一)许可 Email 营销

许可 Email 营销是以订阅的方式,将行业及产品信息通过电子邮件提供给所需用户,以此建立与用户的信任与信赖关系。目前大多数公司及网站都已经使用电子邮件营销方式,邮件已经是互联网基础应用服务之一。许可 Email 营销是经过用户许可的,主要有内部列表 Email 营销和外部列表 Email 营销两种形式。未建立自己网站的企业主要是进行外部列表 Email 营销,利用 Email 营销服务商提供的 Email 资源开展营销活动。

(二)即时通信营销

即时通信营销,顾名思义,即利用互联网即时聊天工具进行推广宣传的营销方式。对于品牌建设,非正常方式的营销也许可以获得不小的流量,但也存在着一些用户不认可品牌名称,甚至将品牌名称拉进黑名单的状况。所以,有效的开展营销策略要求企业考虑为用户提供对其个体有价值的信息。比如,在 2008 年 8 月 19 日,耐克向全国各大报纸推出了其连夜赶制的"爱运动,即使它伤了你的心"的公关广告,然后借助了腾讯强大的 QQ 受众人群,通过即时通信工具,一个星期之内,仅直接参与"QQ 爱墙祝福刘翔"的人数就达到了两万人,页面浏览量超过 37 万。耐克的快速反应和悲情式广告,没有强烈的商业味道,符合人们对体育精神的追求和渴望,通过网络参与者的口口传播和直接表达,达到了"病毒"营销和二次传播的效果,超越了刘翔简单代言的价值。

(三)BBS 营销

BBS 营销就是利用论坛这种网络交流的平台,通过文字、图片、视频等方式发布企业的产品和服务的信息,从而让目标客户更加深刻地了解企业的产品和服务,最终达到宣传企业品牌形象、加深市场认知度的网络营销目的。

(四)博客营销

博客营销是通过建立企业博客,用于企业与用户之间的互动交流以及企业文化的体现,一般以诸如行业评论、工作感想、心情随笔和专业技术介绍等信息作为企业博客的内容,使用户更加信赖企业,深化品牌影响力。博客营销可以是企业自建博客或者通过第三方 BSP 来实现,企业通过博客与客户进行交流沟通,达到增进客户关系,改善商业活动的效果。相对于广告来说,企业博客营销是一种间接的营销,企业通过博客与消费者沟通、发布企业新闻、收集反馈和意见、实现企业公关,虽然没有直接宣传产品,但让用户实现与企业接近、交流的过程本身就是最好的营销手段。企业博客与企业网站的作用类似,但是博客更大众化,随意性更强。利用博客进行营销也是博客界非常热门的话题:老徐与新浪博客的利益之急、KESO 的博客广告、和讯的博客广告联盟、瑞星的博客测评活动等,利用博客进行营销是博客营销的主流和方向。

博客需要有一定的关注度才能发挥其网络营销价值,因此将博客营销运用得最好的,往往是一些受关注度比较高的公众人物,SOHO 中国有限公司的董事长潘石屹就是一个运用博客开展网络营销的高手。

(五)播客营销

播客营销是在广泛传播的个性视频中植入广告,或通过在播客网站上进行创意广告征集等方式来进行品牌宣传与推广。例如,百事公司关于"百事我创,网事我创"的广告创意征集活动,即知名公司通过发布创意视频广告延伸品牌概念使品牌效应不断被深化。

(六)SNS 营销

SNS 是互联网 Web2.0 的一个特质之一。SNS 营销是基于圈子、人脉、六度空间这样的概念而产生的,即主题明确的圈子、俱乐部等进行自我扩充的营销策略,一般以成员推荐机制为主要形式,为精准营销提供可能,而且实际销售的转化率较高。

(七)微博营销

微博营销是指通过微博平台为商家、个人等创造价值而执行的一种营销方式,也是指商家或个人通过微博平台发现并满足用户的各类需求的商业行为方式。微博营销以微博作为营销平台,每一个听众(粉丝)都是潜在营销对象,企业利用更新自己的微博向网友传播企业信息和产品信息,树立良好的企业形象和产品形象。企业通过每天更新内容,和粉丝交流互动,或者发布粉丝感兴趣的话题,借此达到营销的目的,这就是新兴的微博营销方式。

该营销方式注重价值的传递、内容的互动、系统的布局、准确的定位,微博的火热发展也使得其营销效果尤为显著。微博营销涉及的范围包括认证、有效粉丝、话题、名博、开放平台、整体运营等。当然,微博营销也有一定的缺点:有效粉丝数不足、微博内容更新过快等。自2012年12月后,新浪微博推出企业服务商平台,为企业在微博上进行营销提供了一定的帮助。

(八)微信营销

微信营销是网络经济时代企业营销模式的一种,是伴随着微信的火热而兴起的一种网络营销方式。微信不存在距离的限制,在用户注册微信后,可与周围同样注册的"朋友"形成联系,订阅自己所需的信息,商家通过提供用户所需要的信息,推广自己的产品,从而实现点对点的营销。

专栏 12-2
潘石屹的微博营销

微信营销主要体现在以安卓系统、苹果系统、WindowsPhone8.1 系统的手机或者平板电脑中的移动客户端进行的区域定位营销,商家通过微信公众平台二次开发系统展示商家微官网、微会员、微推送、微支付、微活动、微 CRM、微统计、微库存、微提成、微提醒等,已经形成了一种主流的线上线下微信互动营销方式。

(九)知识型营销

知识型营销就像百度的"知道",通过用户之间提问与解答的方式来提升用户黏性,企业或个人扩展了用户的知识层面,用户就会感谢该企业或个人。试想企业不妨建立一个在线疑难解答这样的互动频道,让用户体验企业的专业技术水平和高质服务,或是设置一块区域,专门向用户普及相关知识,每天定时更新等。

专栏 12-3
雕爷牛腩的网络营销

二、基于网站的网络营销方法

如果企业建立了自己的网站,除了能够运用无站点的网络营销方法外,还可以运用企业网站进一步深化网络营销,这种营销能够产生长远的影响,它的运用方法主要有以下几种。

(一)搜索引擎营销

搜索引擎营销是最常用的网络营销方法之一,是企业在利用网站开展网络营销的基础上,用于网站推广、网络品牌建设、产品促销等方面的营销方法。搜索引擎营销的基本形式有:分类目录型搜索引擎登陆、基于自然检索的搜索引擎优化,以及不同形式的付费搜索引擎关键词广告。目前,大多数的搜索引擎营销已经从免费过渡到付费登陆的阶段,其常见的方式主要有以下几种。

1. 搜索引擎优化

即通过对网站栏目结构和网页内容等基本要素的优化设计，提高网站对搜索引擎的友好性，使网站中尽可能多的网页被搜索引擎收录，并且在搜索引擎排名中获得较好的排名效果，从而通过搜索引擎的自然检索获得尽可能多的潜在用户。利用Google、百度等技术型搜索引擎进行推广，在网站建成发布后，通常不需要自己登陆搜索引擎，而是通过其他已经被搜索引擎收录的网站的链接（网站资源合作），让搜索引擎自动发现自己的网站（这种方法比向搜索引擎提交网址更快）。毕竟付费竞价排名的网站数量有限，只要网站出现在搜索结果的前三页，都有被用户查看的可能性。而且即使通过付费方式获得了靠前的显示位置，如果网页的摘要介绍不能吸引用户的注意力，用户也不可能点击进入网站，或者如果网站没有提供对用户有价值的信息，用户也不可能进行购买，网站只能白白地为这次点击付费，所以开展搜索引擎营销的前提是进行网站的优化设计。

2. 付费登陆分类目录

主要是指当网站缴纳费用之后，才可以获得被收录的资格。现在很多搜索引擎提供付费的排名服务，此类搜索引擎营销的网站点击率与网站本身的设计没有太大的关系，主要取决于费用，只要付费就可以登陆，付费高者排名靠前。百度竞价排名就属于这类付费的分类目录。

3. 付费关键词广告

关键词广告是付费搜索引擎营销的主要模式之一，也是目前搜索引擎营销方法中发展最快的模式。不同的搜索引擎有不同的关键词广告显示，比如，百度将付费关键词检索结果出现在搜索结果的右边，而Google付费关键词检索结果主要出现在搜索结果的最前面。不过随着网络营销的发展，各搜索引擎相互吸取彼此的优点，各自的显示位置的差别也越来越小了。

(二) 网站资源合作

网站资源合作是为了丰富自家网站的资讯内容和强化共同服务，以提升品牌竞争力。

1. 共同品牌区

这个合作模式是在网站建立了使用其他网站资料或资讯的内容区块之后产生的。在这个模式中，主控网站会取得原先无法得到的内容，而合作伙伴的网站，则会由其商标摆放或透过其他不同链接的流量来提高认知度，若是得到开发，能建立起双赢的局面以及得到共同成长的机会。

打开新浪亲子页面（baby.sina.com.cn），你可以看到关于健康、教育到营养各方面的资讯，内容十分丰富，从怀孕的准妈妈到学龄前儿童的妈妈都可以在网站上找到想要的信息。然而，新浪亲子如此丰富的内容竟是由近百家合作媒体和机构所共同提供的，这样的合作使新浪得到了内容，而媒体和机构则得到了从新浪入口进入他们网站的流量和点击。

2. 内容共享与交换

内容共享是增添内容到企业网站的极佳方式，而且可以透过合作伙伴网站上的链接来产生流量。能否实现成功地共享交换的关键在于能否适当地修正合作伙伴的内容,以便与企业网站的整体外观和感觉互相搭配。

3. 嵌入式链接交换

在这个模式中,主控网站会建立起通向合作伙伴网站的链接,以便让消费者更快速地到达合作伙伴的网页,这是最不受期待的模式,因为这样会把合作伙伴的网站设定为资源重点,要是消费者想要再次取得那份资讯,他们可能会直接访问合作伙伴的网站,而非通过主控网站来实现。不过这也是种非常普遍的方式,通常在每个网站首页的底部都能看到友情链接。

三、网络整合营销

网络整合营销传播是20世纪90年代以来在西方国家风行的营销理念和方法,它与传统营销"以产品为中心"相比,更强调"以客户为中心";它强调营销即是传播,即和客户进行多渠道沟通,和客户建立起品牌关系。其实,就是利用互联网的各种媒体资源,如门户网站、电子商务平台、行业网站、搜索引擎、分类信息平台、论坛社区、视频网站、虚拟社区等,精确分析各种网络媒体资源的定位、用户行为和投入成本,根据企业的客观实际情况,如企业规模、发展战略、广告预算等,为企业提供最具性价比的一种或者多种个性化网络营销解决方案。简单地说,它就是各种网络营销方法的组合。例如,王老吉的1亿元营销就是一次成功的整合营销,它综合利用了论坛营销、贴吧营销、QQ群营销、博客营销、新闻营销及事件营销等多种方法。

专栏 12-4 可口可乐网络营销实现三方共享

(一)网络病毒性营销

病毒性营销并非利用病毒或流氓插件来进行推广宣传,而是通过一套合理有效的激励制度引导并刺激用户主动进行宣传,是建立在用户积极性和行为基础之上的营销模式。由于这种传播是用户之间自发进行的,因此几乎是不需要任何费用的网络营销手段。

一个有效的病毒性营销战略需要具备一定的基本要素:①提供有价值的产品或服务;②提供无须努力即可向他人传递信息的方式;③信息传递范围很容易从较小向较大规模扩散;④利用公共的积极性和行为;⑤利用现有的通信网络;⑥利用别人的资源。

(二)网络口碑营销

网络口碑营销(internet word of mouth marketing,IWOM),是口碑营销与网络营销的有机结合。由口碑营销与网络营销有机结合起来的网络口碑营销,旨在应用互联网的信息传播技术与平台,以消费者的文字等表达方式为载体的口碑信息,其中包括企业与消费者之间的互动信息,借此为企业营销开辟新的通道,获取新的效益。或者也可以把其概括为:网络口碑营销是指消费者或网民通过网络,如论坛、博客、播客、相册和视频

专栏 12-5 "饿了么"发红包

分享网站等渠道分享的,对品牌、产品或服务的相关讨论,以及相关多媒体的信息内容。IWOM 所探寻的是 Web2.0 时代最有效的传播模式。

网络口碑营销在网络博客火爆以后,有些聪明的广告主将产品无偿地提供给博客用户试用,并让他们把对产品使用的体验、感受写成博客文章发表,让大家共享体验,这大概是网络口碑营销的最初形式。随后国内互联网上出现了几种网络口碑营销的不同平台:一是电子商务网站自我服务式的口碑营销板块,主要发布经历过网上交易的消费者的口碑信息,给新买家以购物指导,如淘宝网的"购物指南";二是专注提供日常生活类口碑信息与相应服务,如"本地生活搜索+分类信息"等的网站,如大众点评网、口碑网;三是通过社区网站或网站的社区,聚合网友提供某类或几类商品的口碑信息以服务于其他用户,如蚂蚁社区网;四是专事口碑信息搜索的网站,如品商网。除了自身分类聚合消费者的口碑信息外,还提供了商评垂直搜索功能,以方便用户快速准确地获取网上的各类口碑信息。

网络口碑营销的崛起已初见端倪,今后的迅猛发展势头也在预料之中,这对现在企业的网络营销有着深刻的启示。与以往相比,网络营销的主体、对象和方式都在发生变化,填鸭式灌输与自我标榜式的时代即将结束,每一个消费主体在企业营销中的地位已逐渐由被动转为主动,消费者拥有了更多的发言权。如今,即使是广告内容说得天花乱坠,广告画面美轮美奂,也敌不过网友的一句话有说服力,这种现实既是挑战更是机遇。只要企业转变观念、创新方法,对用户进行正确的沟通引导,每个消费者都有可能成为企业产品的营销者,同时,接受传播的对象也由笼统的群体变成了一个个具体的、精准的目标对象。

(三)蜂鸣式营销

蜂鸣式营销,俗称"口头宣传营销",是传统的"口耳相传"方法在新经济下的创新营销方法。口头宣传营销的英文术语"buzz marketing"中的"buzz",意即"叽叽喳喳的声音或嗡嗡声",因此,也有人将 buzz marketing 译成"蜂鸣式营销"。蜂鸣式营销是一种主要通过消费者或企业的营销人员向目标受众传播企业产品或服务的信息而进行的非常廉价的营销方法,蜂鸣式营销主要基于人们对于企业产品和服务的直接体验。

企业雇佣临时演员扮演成购物者或消费者,是蜂鸣式营销中最常用、最传统的一种方法。使用这种方法成本低廉、效果显著,为很多营销预算有限的中小企业所利用,也被很多大型公司青睐。但是,这种假扮消费者的营销手段目前面临的最大的问题是,随着这种方法的广泛应用,越来越多的临时演员出现在消费者的生活中,消费者对他们已经不再信任,甚至厌烦。消费者一旦感觉受骗上当,将会引发企业严重的公关危机。更加严重的是,如果企业聘请的临时演员在进行营销活动时传达的信息不够准确的话,将会对品牌和企业形象造成伤害。2001 年 4 月,IBM 就曾经因为蜂鸣式营销传播的信息破坏了企业低调、沉稳的风格,而起诉了其公关和营销公司。

随着 Web 3D 技术越来越成熟,企业可以采用在网上虚拟商城中搭建高度拟真的线上虚拟体验中心,让企业的品牌形象和产品形象获得更加生动的展现。赋予重点推荐的商品试用、试穿功能,给顾客最生动的产品体验,以加深顾客的印象。这样,既避免了大量临时演员的出现打扰到消费者生活的可能性,也可避免临时演员在进行营销活动时,因信息传达不够准确而造成的困扰。另外,在网络蜂鸣式营销中,所有的客户体验都是客户自己主动加入的,定位准确,成功率会更高。

(四)网络病毒性营销、口碑营销和蜂鸣式营销的联系与区别

病毒性营销、口碑营销和蜂鸣式营销旨在塑造品牌形象及提高销售量,三者都以人为渠道,从不同角度发挥人的主动性,提供有价值的产品、服务、信息,并通过有效方式的传播,实现品牌与销售的成功,其中病毒性营销的关键句是"看热闹的羊群效应",口碑营销的关键句是"中国人更相信他人的意见",蜂鸣式营销的关键句是"亲身体验最可信"。病毒性营销、口碑营销和蜂鸣式营销的方式绝不是简单的视频、电子邮件就可概括,三者都是以互联网为渠道,利用人的积极性和主动性进行传播,但是三者又有些许不同。

从三者覆盖范围的广度来看,病毒性营销覆盖范围最广,口碑营销次之,蜂鸣式营销的作用范围最小。蜂鸣式营销是口碑营销的一种,口碑营销又是病毒性营销的特例,三者相互包含,逐级发生作用。

从传播动机和观点看,病毒性营销基于有趣地主动传播,传播的内容几乎是传播者不了解的,出于新鲜有趣而不对内容负责;口碑营销和蜂鸣式营销是基于信任进行主动传播,传播的内容几乎是传播者了解并认可的,并对内容负责。

专栏 12-6
吃垮必胜客

从传播效果看,病毒性营销满足的是知名度,通过高曝光率达到广泛认知的效果,但不代表大众认可;口碑营销满足的是美誉度的增加和企业形象的建立,通过他人推荐和现身说法达到信任认可的目的。蜂鸣式营销则是让消费者对产品产生兴奋的情绪,引起公众关注。只有将口碑营销转化为蜂鸣式营销,在享有较高美誉度的基础上,为营销活动增加情感因素和炒作效果,才能激发消费者对产品的兴趣和欲望,加快信息的传播和扩散速度,为众多消费者所知,把炒作和扩散转化成从众消费行为,这样就完成了一次成功的网络营销活动。王老吉的 1 亿元营销中,这条营销线路就非常的清晰。

第四节 无线网络营销和国际网络营销

根据艾瑞咨询统计数据显示,2012Q2 中国移动互联网市场规模达 126.5 亿元,同比增长 108.9%,环比增长 18.6%。艾瑞咨询分析认为,2012 年第二季度中国移动互联网市场仍然保持着良好的发展势头,主要推动因素在于:一是智能终端的加速普及,不断促进移动互联网行业的快速发展;二是移动互联网网民规模的持续增长,对移动网络服务存在巨大

专栏 12-7
App 那些事儿

需求;三是传统互联网公司纷纷加紧对移动互联网领域的布局,推动了移动互联网整体市场的发展。从市场发展趋势来看,移动互联网继续保持着高速发展的增长态势,具体到各个细分领域,移动购物、移动营销和移动搜索都保持着较高的增长速度。虽然移动互联网行业尚处于起步发展阶段,但每个细分领域都处于高速增长的发展阶段。

一、无线网络营销

百度于2012年第二季度发布了《移动互联网发展趋势报告》,报告以百度移动搜索数据为基础,报告样本量高达3.88亿,围绕"用户分布及网络接入""移动互联网终端品牌""移动互联网终端平台""手机浏览器"四个主题展开,新增了移动终端iPad流量的分析。分析表明,虽然目前仍有82.4%的用户选择2G网络接入移动互联网,但其下降趋势明显,同比下降高达10.6%,而来自3G、WIFI的接入量则持续增长,涨势明显,可见中国移动网民的网络接入方式正在向"高速"挺进。移动终端iPad流量呈快速增长趋势,2012年6月相比2012年1月,iPad流量翻了一番。得益于智能手机对各种应用和网络内容的消费需求,Android、IOS用户更倾向于使用高速网络接入,2012Q2来自3G和WIFI的接入量为73.7%,其中3G为39.6%,WIFI为34.1%。

"眼球在哪里,商机就在哪里",企业的网络营销应紧随互联网发展的潮流而动,开展移动互联网营销也是当今时代的大势所趋,比如李开复的创新工场投资领域之一就是移动互联网。

移动互联网营销也成为无线网络营销,随着IOS和Android系统的流行和普及,移动设备的快速发展,4G网络的高宽带服务和浏览器功能正在带动革新的、高价值的移动应用的发展,也带来了网络游戏和网络营销领域的重大变革。手机上网、打游戏成为潮流,无线网络营销成为市场营销人员关注的新领域。

无线营销是网络营销的一个技术性延伸,它是基于一定的网络平台实现的,这个网络平台既可以是移动通信网络,也可以是无线局域网络,而对应的接入手段或设备包括手机、个人数字助理、便携式电脑或其他专用接入设备等。正是由于无线营销对网络营销的"无线"延伸,带来了无线营销可以给市场营销创造"无限"应用的第二个概念。具体而言就是无线营销使人们可以在任何时间(anytime)、任何地点(anywhere)做任何事情(anything)。

就移动终端而言,无线网络营销与其他媒体相比,其精准性、随身性、互动性和反馈速度都是其他媒体所不能企及的。

(一)Wap营销

Wap,也就是手机上网,已经成为越来越多的移动一族的选择。Wap将Internet的便利服务和丰富资源引入移动电话等无线终端中,打破了计算机在地域和空间上的限制。在过去的短短几年中,一些公司把握住新机会,业务得到飞速发展。Wap营销的实践主要在无线商务、Wap营销服务、移动博客几个方面。目前,Wap网络营销应用还主要集中在互联网企业上面,是各类网站开拓新功能、新阵地和寻找新业务的重要领域。

(二)App营销

手机游戏和LBS(地理位置服务)是手机移动应用中运用最广泛的两个部分。创新工场领导了一场名为"百·创·沃 3G 原创 App 创业大赛"的竞赛,把众多怀揣着梦想的年轻人的目光集中到了这里。App 是英文 application 的简称,可译为应用程序、应用软件之意,由于 iPhone 等智能手机的流行,现在的 App 多指智能手机的第三方应用程序。随着互联网的发展,App 正逐步取代企业 Wap 网站成为手机主流移动应用。

App 营销指的是应用程序营销,即通过特制手机、社区、SNS 等平台上运行的应用程序开展营销活动。不同的应用类别需要不同的模式,主要的营销模式有植入广告模式、用户参与模式和购物网站移植模式。

1. 植入广告模式

移动营销的创新,除了结合移动终端自身的优势以外,移动广告还抓住了 App 的特点,把广告主的宣传要素植入到相应的 App 中。在众多的功能性应用和游戏应用中,植入广告是最基本的模式,广告主通过植入动态广告栏形式进行广告植入,当用户点击广告栏的时候就会进入网站链接,可以了解广告主详情或者是参与活动。这种模式操作简单,只要将广告投放到那些下载量比较大的应用上就能达到良好的传播效果。

安沃传媒在一款 App——"3D 倒车大师"中创意性地植入平安保险的广告,当用户在玩倒车游戏发生撞车时就会弹出一个对话框"又撞车了,买份保险吧",并对平安车险的业务进行介绍,这样有针对性地投放十分精准地抓住了车险的用户。在另一个客户"美素佳儿"奶粉的移动营销上,安沃传媒在 170 多款精品母婴幼教类 App 中植入广告歌,在应用程序启动的时候嵌入播放"美素佳儿"的广告歌和宣传的核心广告语——"有追踪你更安心,美素佳儿买回家",让受众每次在启动应用程序时都能潜移默化地加深对产品理念的印象,使这个"声音商标"深入人心。

2. 用户参与模式

这种营销模式主要的应用类型是网站移植类和品牌应用类,企业把符合自己定位的应用发布到应用商店内,供智能手机用户下载,用户利用这种应用可以很直观地了解企业的信息,用户是应用的使用者,手机应用成为用户的一种工具,能够为用户的生活提供便利。这种营销模式具有很强的实验价值,让用户了解产品,增强对产品的信心,提升品牌美誉度。例如,通过定制"孕妇画册"应用吸引准妈妈们下载,提供孕妇必要的保健知识,客户在获取知识的同时,不断强化对品牌的印象,商家也可以通过该 App 发布信息给精准的潜在客户。

相较于植入广告模式,用户参与模式更具有软性广告的宣传效应,客户在满足自己需要的同时,还可以获取品牌信息、商品资讯。例如,"潮州玩家"在给目标客户提供有用的资讯的同时,渗透自身的商品信息,并且提供订购。

从费用的角度来说,植入广告模式采用按次收费的模式,而用户参与模式则主要由企业自己投资制作 App 实现,相比之下,首次投资较大,但无后续费用。而营销效果取决于 App 内容的策划,而非投资额的大小。

3. 购物网站移植模式

该模式基本上是基于互联网购物网站,将购物网站移植到手机上面去,用户可以随时随地浏览网站获取商品信息,并进行下单,这种模式相对于手机购物网站的优势是快速便捷、内容丰富,而且这种应用一般具有很多优惠措施。

(三)传统手机短信营销

对于在商场工作的销售员而言,群发短信已经成为他们开展业务的主要武器,许多企业利用手机短信做广告,销售员通过发送手机短信问候客户来联络感情。手机短信营销具有以下三个方面的优点。

1. 操作及时方便,传播周期短

手机短信的制作往往只需要几分钟时间,也不存在媒体空间有限的情况,无须提前排期,发布时间和空间可以自由控制。

2. 成本低廉,到达率高

发送手机广告,除去无线电频率、通信网络和终端之外,无须再耗费任何别的资源,单位信息量的成本也比别的宣传方式便宜得多,每条短信仅收几分钱。同时,手机短信的传递要经过短信业务中心,具有暂时前转性,即当受众处于关机状态或不在服务区时,短信业务中心可以暂存而不至于丢失。

3. 针对性强

短信营销的针对性是销售员其可以根据短信接收者的实际情况,进行个性化、针对性的传播。

二、国际网络营销

网络营销按区域范围可划分为地区性网络营销、国内网络营销和国际网络营销。国际网络营销(International online marketing)是指以国际互联网为基础,通过应用全球性的社会化媒体进行营销,以达到国际性营销目的的一种新型营销方式。国内营销主要是针对国内市场,而国际网络营销是把全球不同国家网民定位为目标客户,包括B2B(网络批发、贸易)及B2C(网络零售)等模式。

网络营销都是通过社会化媒体进行的,国际网络营销需要用的平台有Google、Yahoo、MSN、Facebook、YouTube及其他国际平台,国际网络营销面向全球市场,企业可以通过各种营销方式方便快捷地进入任何一国市场。

(一)国际网络营销平台简介

1. Google

Google是一家美国上市公司,于1998年9月7日以私有股份公司的形式创立,设计并管理一个互联网搜索引擎。Google公司的总部称作"Googleplex",它位于加利福尼亚山景城。Google目前被公认为是全球规模最大的搜索引擎,它提供了简单易用的免费服务。不作恶(don't be evil)是谷歌公司的一项非正式的公司口号。

2. Yahoo

雅虎是美国著名的互联网门户网站,20世纪末互联网奇迹的创造者之一,其服务包括搜索引擎、电邮、新闻等,业务遍及24个国家和地区,为全球超过5亿的独立用户提供多元化的网络服务。

3. MSN

MSN全称microsoft service network(微软网络服务),是微软公司推出的即时消息软件,可以与亲人、朋友、工作伙伴进行文字聊天、语音对话、视频会议等即时交流,还可以通过此软件来查看联系人是否联机。微软 MSN 移动互联网服务提供包括手机 MSN（即时通信 Messenger）、必应移动搜索、手机 SNS（全球最大 Windows Live 在线社区）、中文资讯、手机娱乐和手机折扣等创新移动服务，满足了用户在移动互联网时代的沟通、社交、出行、娱乐等诸多需求，在国内拥有大量的用户群。

4. Facebook

Facebook 是一个社交网络服务网站，于 2004 年 2 月 4 日上线。Facebook 是美国排名第一的照片分享站点，每天上传 850 万张照片。随着用户数量增加，Facebook 的目标已经指向另外一个领域：互联网搜索。2012 年 2 月 1 日，Facebook 正式向美国证券交易委员会提出首次公开发行申请，目标融资规模达 50 亿美元，并任命摩根士丹利、高盛和摩根大通为主要承销商，这将是硅谷有史以来规模最大的 IPO。2012 年 5 月 18 日，Facebook 正式在美国纳斯达克证券交易所上市。2012 年 6 月，Facebook 称将涉足在线支付领域。

5. YouTube

YouTube 是世界上最大的视频分享网站，早期公司总部位于加利福尼亚州的比萨店和日本餐馆，让用户下载、观看及分享影片或短片。2005 年 2 月，由三名 PayPal 的前任员工所创站，网站的名称和标志皆是自早期电视所使用的阴极射线管发想而成。2006 年 11 月，Google 公司以 16.5 亿美元收购了 YouTube，并将其当作一间子公司进行经营。

(二)国际网络营销的发展现状

在欧美国家，已有 70% 的中小企业在国际贸易中充分使用国际网络营销。90% 以上的企业都建立了自己的网站：通过网络寻找自己的客户，寻找需要的产品，这已经成为这些公司的习惯。而网络消费者通常也是先通过在网络上了解企业信息，对比资料，最后才会作出消费决定。国内网络营销起步较晚，如今仍处于成长初期，但极具发展潜力。到 2012 年中期，中国网民达到了近 5.38 亿的人数，位居全球第一。5 亿多的上网人数带来了无数的商机，我国是网络营销发展最快的国家之一。在过去 10 年里，互联网的使用，不单单已发展成为人们的一种生活方式，也是企业推广与拓展市场的重要渠道之一。由于内销市场竞争日趋剧烈，不少中小企业开始做外销，但由于不了解国际营销方式，除了传统的百度、Google 与阿里巴巴的平台外，无处入门。

(三)国际网络营销的发展前景及趋势

国际性的贸易，由于地区之间存在着经济差异，所以有着比较大的套利空间。国内的市场越来越趋于透明，利润空间也不断地缩小，因此，开展国际网络营销，将网络营销业务向国际上扩展，是网络营销的必然趋势。2011 年 6 月 21 日，由 eOneNet.com 主办，深圳互联网协会与深圳电子商务协会协办的国际网络营销 3.0 中国首创启动新闻发布会，意味着中国的国际网络营销进入了新的阶段。

国际网络营销 3.0 就是将 Web3.0 技术运用于现在的国际网络营销当中。Web3.0 没有固定的解释，通常行业内都这样认为：网站内的信息可以直接和其他网站的相关信息进行交互，能通过第三方信息平台，同时对多家网站的信息进行整合使用，完全基于 Web，用浏览器即可实现复杂程序系统才能实现的系统功能。

当今时代，互联网已经进入大部分人的生活，随着网络化的深入，人类也变得高度互联,信息不再是稀缺资源,消费者的消息变得异常灵通,同时也极大地促进了口碑的传播。为了适应这些新的变化,营销者必须进行新的营销变革,更专注于人类的情感需求。新时代的营销概念也应运而生,比如情感营销、体验营销、品牌资产营销等。之前以消费者为目标的传统市场定位模型已经无法继续创造需求,现在的营销者必须同时关注消费者的内心需求,这就是 Web3.0 的核心思想。Web3.0 营销比 Web2.0 营销具有更强的交互性,更加注重消费者的真实需求,但这并不是说 Web1.0 和 Web2.0 的做法已经完全失去作用,现代营销依然需要开发细分市场、选择目标市场、确定产品定位、提供 4P 的信息以及建立产品品牌。只是随着商业环境的变化,我们需要关注诸如经济萧条、气候问题、新型社会化媒体、消费者权益、新科技和全球化给市场以及消费者带来的变化,营销总是随着商业环境的变化而不断推陈出新。

与旧时代截然不同的是,垂直市场的信任感正在消减,消费者对企业包括企业的广告宣传越来越不信任。但所幸的是,消费者之间并未失去"信任感",恰恰相反,消费者彼此的信任远胜于对企业的信任,社会化媒体的兴起本身就反映了这种信任关系的转移。现在的消费者往往更倾向于相信消费者之间的口碑宣传(多数时候是网络口碑)而非广告。在消费者的印象中,企业的营销往往会和销售画上等号,这是一种说服,甚至是操纵和欺骗。新型的消费者的信任体系建立在水平的关系之上,即由消费者自己组成的圈子或社区共同创造属于自己的产品和消费体验。产品体验已经不是一种单独的产品感受,而是个体消费者所产生的体验总和。淘宝社区的"淘分享""跟随购"就是这种消费趋势的产品化形式,这也体现了新型消费者的"生产消费者"(既是消费者又是传播者)的特性和协同特性。企业的品牌传播已经越来越像开源软件,由消费者决定并满足消费者的需求。品牌的好坏已经不再由那些坐在办公室里的企业高管或咨询专家所决定,而需要依靠群体的智慧——消费者的力量来决定。

因为互联网的力量,品牌的一切正在变得日益透明,"协同"的消费者一眼就可以看穿品牌的本质,了解它们究竟是实至名归还是徒有虚名。因此,在当今社会,做一个诚实的品牌比以往任何时候都更重要,挂羊头卖狗肉的广告只会使得品牌声誉每况愈下。在水平化的年代,失去任何一个消费者就代表着失去一个潜在的购买群体。

第五节 网络营销成功的关键及应注意的问题

网络营销不同于传统市场营销,其关键在于其受众广泛,竞争更加激烈,但是因此也更加容易找到营销的突破点。在网络营销时代,态度决定一切,细节决定成败,只要你有足够的洞察力,成功就在眼前。

一、网络营销成功的关键

(一)选择对的产品

选择对的产品,这是任何一个企业成功的基础,特别是对于那些没有传统实体企业作为基础,仅依靠网上销售盈利的企业更加重要。这里的产品是广义的,不仅指实实在在的产品,还指服务、知识产品等。由于网络营销成本较低,因此现在很多的年轻人创业都选择以网络为基础,但是成功的却只有很小的一部分人,绝大多数人失败的根本原因是他们没有选择合适的商品。

专栏 12-8
QQ 订餐

在选择网上销售的商品时,商品是否能够采用目前网上购物常用的方式配送是应首要考虑的问题,容易变质、毁坏、过重、过大等运输不便或运输费用过高的商品通常不适合在网上销售。主要商品的价值不可过高或过低,如果商品价值过高,则其运输时风险自然也高,唯有选择保价才能降低运输风险,但这样一来运输费用也随即激增。而如果商品的价值过低,除非无须运输配送,否则运输成本过高,省得钱还不够付邮费,消费者会感觉不实惠。

(二)产品及客户定位清晰,进行精准营销

人们常说,互联网时代没有空间、地域的限制。虽说互联网的确缩短了人与人之间的距离,使得营销活动的开展更加方便、快捷,但是人们的整体需求却不会因此而改变,不同年龄、不同地区的人群关注的网络信息和商品也是完全不同的,这和传统的市场营销没有什么区别,因此网络营销的产品定位仍然很重要。产品应该卖给谁?顾客在什么地方,应该在哪里卖?怎么卖?这些仍是网络产品定位的重点。目前,一些互联网技术的出现已经给客户定位提供了新的可能性。例如,淘宝网的"淘买家"服务,淘买家就是淘宝利用强大的数据系统筛选出商家的潜在买家,并通过旺旺给他们发送促销信息的营销工具。简单来说,就是系统根据记录你的消费痕迹,分析你的购物偏好,然后把信息卖给卖家来进行精准营销,这样大大降低了卖家挖掘潜在客户的成本。

(三)注重服务差异化

在实体产品差异化有困难时,要取得竞争成功的关键常常有赖于增加价值服务和改进服务的质量。服务差异化主要表现在订货交货方便、安装、客户咨询和维修保养等后续服务上。

订货方便是指如何使顾客方便地在网上商店进行订货,交货方便则是指产品或服务快速、准确、文明地送到客户手中。许多以网络为基础的公司接受网上订单,并把产品直接送货上门。

安装是指确保产品在计划地点正常使用而必须做到的工作,尤其是那些重型设备的网上购买者,都希望网上企业提供良好的安装服务,如海

尔集团会派员工亲自到客户家中免费安装空调等设备。

客户咨询是指卖方向买方提供相关资料、信息系统和提出建议等服务。网上企业可以通过互联网向网上消费者就产品购买前所需要的信息提供咨询服务,这样可以让消费者觉得企业重视消费者利益,从而对企业产生依赖。

维修保养是建立服务计划,帮助购买公司网上产品的顾客正常运作产品。例如,美国 Tandem Computer 公司进行远程维修的例子:Tandem Computer 公司应用并联合中央处理器来解决计算机的死机问题。

专栏 12-9
H&M 网站穿衣真人秀

(四)形象差异化

形象是指公众心目中对公司及其产品的印象,购买者能够从公司或品牌形象方面获得一种与众不同的感觉。很多人知道美国的万宝路香烟之所以能够占领世界香烟市场 30% 左右的份额,主要是由于万宝路香烟的"万宝路牛仔"的粗犷形象激起了大多数吸烟公众的强烈反应。网上企业可以通过很多种方式来塑造差异化的企业形象,如网上企业可以通过赞助公益活动,比如涉及环境问题、能源问题、种族问题、青少年犯罪等问题的公益活动,来获得良好的形象;可以让高层管理人物在网站上直接接受访问或者与消费者交流;可以在网站上开展各种有奖竞赛、创意大赛来鼓励那些有创新思维的消费者,创造网上企业与消费者进行良好互动的氛围。

(五)力求新颖

在今天这个信息爆炸、媒体泛滥的时代里,消费者对于广告甚至新闻,都具有极强的免疫能力,只有制造新颖的口碑传播内容才能吸引大众的关注并引发议论。张瑞敏砸冰箱事件在当时是一个引起大众热议的话题,海尔品牌由此获得了广泛的传播与极高的赞誉,可之后又传出其他企业类似的行为,就几乎没人再关注,因为大家只对新奇、偶发、第一次发生的事情感兴趣。

(六)充分利用网络进行客户关系管理

著名的 80:20 公式指出公司 80% 的利润来自 20% 的老顾客,开发新顾客的成本是维护老顾客成本的 5 倍,保持顾客的忠诚度是公司营销中最大的挑战。网络营销是以顾客为中心的,其中网络数据库存储了大量的现有消费者和潜在消费者的相关数据资料,公司可以根据顾客需求提供特定的产品和服务,具有很强的针对性和时效性,可极大地满足顾客的需求。同时,借助网络数据库可以对目前销售的产品满意度和购买情况作分析调查,及时发现问题、解决问题,确保顾客满意,建立顾客忠诚。

企业进行客户关系管理要深入了解客户,只有真正地了解客户才能提供有意义的个性化服务。网站能够方便地建立客户数据库,通过用户的注册登录信息记录消费者的每一次网上经历。例如,雅虎门户网站会记录下每一位访问者的每一次点击,其每日数据收集量约为 4000 亿个字节,相当于 800000 本书,并且通过这些信息掌握用户的消费趋势和需求动向。亚马逊也非常重视网络客户关系管理,在客户注册后,亚马逊的客户管理系统即会运行,并为客户提供账户。账户的主要信息包括订单管理、付款设置、个性化设置、历史浏览记录等,对于客户而言,信息全面详细,服务便捷快速,能够满足其需求;对于亚马逊而言,客户购买信息的详细记录,为企业库存管理、产品的更新、把握消费者需求、对客户进行管理提供了信息支持,促使企业能够更加贴近客户、了解客户需求,提升企业的业务流量和增强企业的竞争力。

同时,在网络背景下,企业应该保护顾客交易的安全性,在网络交易过程中,企业既要让授权用户的数据进入,又要防止非授权用户盗走私人信息,同时,还应保护客户的隐私权,顾客对隐私权的关心在某种程度上已经超过了对交易安全性的关心。在当前环境下,可以提供一个易于理解、易于接受的保护隐私条款的声明,企业应旗帜鲜明地表示,不管网站是否收集顾客的信息,企业都会对顾客的隐私负责。此外,对网络的忠诚顾客可以实施奖励政策,如现金、旅行、折扣和免费品等。

(七)网络营销要持之以恒

"时间是把杀猪刀",无论是曾经多么受人喜爱的品牌,随着时间的迁移,一样会被人淡忘。一个品牌要想长久地立于不败之地,就需要利用各种手段不断给人们带来惊喜,吸引人们的关注。在网络时代,各种商品琳琅满目,每天都有无数的商品进入人们的视野,人们将更加健忘,所以网络营销更要求持之以恒。

(八)抓住时代的脉搏,充分利用新兴工具

互联网的每一次变革,每一次新的传统颠覆,都会带动新一轮的创业热潮,都会诞生新一次的财富神话。微博的诞生是互联网的又一个跨时代的产品,从几年前的开始应用到近两年的火热,微博的商业价值开始得到体现。记得在 2010 年站长年会上,周鸿祎曾说:"金山的市值跌了 40 多个亿,我发了 40 条微博,一条微博 1500 万,贼有价值。"目前,很多公司都将微博作为危机公关的有效手段。

微博之所以被当作危机公关的全新手段,在于微博快速传播信息的特性有助于企业把控、处理信息,如建外 SOHO 事件以及霸王事件。微博作为自主媒体的优势在于企业是核心信息的制造者,更重要的是能在最大程度上掌控信息传播的整个环节,直至到达终端,与受众实现零障碍接触,从而有效避免了信息失真问题,以及与媒体沟通可能存在的障碍与被控制。

专栏 12-10
快递小哥被打,霸道总裁追究到底

当今,微博的商业价值已经部分地显现出来,它不仅成为企业进行危机公关的常用工具,也成为企业网络营销活动中非常重要的场所。

微博的突然流行使公司与消费者的沟通真正变得"个性化""7×24 小时""全透明"，这看起来极度接近服务的最终追求，却实实在在地对公司的营销能力构成了挑战。相比传统的 SNS、BBS 和个人博客，微博的传播速度和范围都要大得多。社交网络是建立关系的场所，互动和服务是关键词。因此，在微博上寻找话题和目标人群，锁定关键字，找到潜在粉丝进行主动沟通，这都是公司在微博上可以方便完成的事情。但是凡事有利必有弊，如果运用得不好，也会造成同样大的负面影响。

二、网络营销中应注意的问题

(一)注重网络营销策划

"凡事预则立，不预则废"，网络营销是一件综合性很强的营销活动，可运用的工具很多，只有充分协调运用各种工具和方法，才能发挥出其应有的作用，达到企业的营销目的。因此，网络营销策划是网络营销活动中至关重要的一个环节。

(二)合理的搜索引擎优化

实践经验表明，搜索引擎的合理优化可以明显地提升其营销效果，但是必须选择对的工具及合理的方法。搜索引擎垃圾是指为了进行"搜索引擎优化"而有意设计的，为搜索引擎蜘蛛所便于发现的信息，如大量重复的关键词、用户不可看到的文字等。如果网站被发现采用了搜索引擎垃圾的方式进行优化，将受到搜索引擎的处罚。

据媒体报道，2006 年 2 月初，德国著名汽车制造商宝马公司的德国网站 BMW.de 从 Google 的搜索引擎中消失。经专业人士分析认为，导致此现象的原因可能是宝马使用了提升搜索排名的"过渡页"搜索引擎优化方法。后来，由于德国宝马网站及时清理了被称为是作弊的内容，并与 Google 进行沟通，最终恢复了网站在搜索引擎中的正常地位。即使如此，宝马网站也因此被称为搜索引擎营销领域的一个笑柄。另外，不能忽视的一个重要事实是宝马德国网站被迅速重新收录是因为它是宝马德国网站，并非意味着其他网站也有这样的特殊优待。实际上大部分网站被删除后是难以重获收录机会的，或者在更改错误以后至少要经历几个月的漫长等待时间。

因为搜索引擎营销的核心思想是基于网站文字内容的推广，应为网站增加与关键词有关的丰富内容，并牢记原创和高质量的网站内容最重要；搜索引擎优化要以网站的实际情况为基础，要始终坚守用户导向的、规范的网站优化思想原则，不可使用任何伎俩，不可在网页中夹带隐藏文本，不可过度运用内部链接和锚文本链接。

(三)重视关注竞争对手的动态

俗话说，知己知彼，方能百战百胜。在当今的互联网时代，信息曝光度极高，企业之间几乎没有什么秘密可言，营销环境分析和竞争对手分析也变得越来越容易。企业通过网上浏览器可以方便地找到同类产品，以顾客身份进入竞争者的网站，了解其产品和服务的长处与短处，分析和预测竞争者的战略意图和动向，做到知己知彼。特别是对于高技术产品，由于产品更新换代快，若不及时跟上技术更新的潮流，很有可能被淘汰出局。

(四)方便快捷的配套服务

这里所说的方便快捷的配套服务既指良好的互联网基础设施给企业和客户带来良

好的上网体验,也指安全、快捷的物流服务。

物流系统在网络营销环境中处于供应商和网上用户之间,在这个供求关系中,物流起着规划与调度的作用,是至关重要的一环。一次来之不易的网上交易很可能因为糟糕的物流而功败垂成,不负责任的物流甚至还会影响到企业的声誉。

本章小结

网络营销(on-line marketing 或 E-marketing)就是以互联网为基础,利用数字化的信息和网络媒体的交互性来辅助营销目标实现的一种新型的市场营销方式,它是企业整体营销战略的一个组成部分。网络营销具有信息搜索、信息发布、商情调查、销售渠道开拓、品牌价值扩展和延伸、特色服务、客户关系管理、经济效益增位等八大功能。

网络营销的常用工具有企业网站、搜索引擎、电子邮件和Web2.0技术。其中,Web2.0技术又包括博客、RSS、即时信息、SNS几类。网络营销的方法可以分为基于企业网站的网络营销、无站点网络营销和无线网络营销等。基于企业网站的网络营销主要有企业网站优化、搜索引擎营销、内部列表电子邮件营销和网站资源合作。无站点网络营销的方法主要有许可Email营销、即时通讯营销、BBS营销、博客营销、播客营销、SNS营销、微博营销、微信营销和知识型营销。无线网络营销又称为移动互联网营销。

IOS 和 Android 系统的流行和普及,移动设备快速发展,高带宽服务和浏览器功能正在带动革新的、高价值的移动应用的发展,也带来了网络游戏和网络营销领域的重大变革,手机上网、打游戏成为潮流,无线网络营销成为市场营销人员关注的新领域。就移动终端而言,无线网络营销与其他媒体相比,其精准性、随身性、互动性和反馈速度都是其他媒体所不能企及的。无线网络营销主要有 Wap 营销、App 营销和传统手机短信营销几种。其中 App 营销是目前无线营销领域的重点,主要涵盖了三种模式:植入广告模式、用户参与模式、购物网站移植模式。

网络整合营销是利用互联网各种媒体资源,如门户网站、电子商务平台、行业网站、搜索引擎、分类信息平台、论坛社区、视频网站、虚拟社区等,精确分析各种网络媒体资源的定位、用户行为和投入成本,根据企业的客观实际情况,如企业规模、发展战略、广告预算等为企业提供最具性价比的一种或者多种个性化的网络营销解决方案。简单地说,它就是各种网络营销方法的组合。网络病毒性营销、口碑营销和蜂鸣式营销是网络整合营销的三种主要方式,三者既相互联系,也相互区别。

网络营销要想取得成功,需要具备一定的条件,还要有网络营销思想。

思考题

①Web营销包括哪几种，举出各种方法在网络营销实践中的应用案例。

②与传统网络营销相比，无线网络营销有哪些需要注意的问题？

③网络病毒性营销、口碑营销和蜂鸣式营销有哪些联系与区别？

案例题

多泰电气的网络营销模式

武汉多泰电气有限公司是一家专注于电力系统高压检测设备的研发、生产、销售和技术服务的高新技术企业，其主要目标客户为国家电网、供电局、各电力公司，凭借其强大的研发队伍、丰富的制造经验、先进的设备、精良的工艺、高效的管理以及严格贯彻ISO9001：2000质量体系，用优质的服务、高质量的产品、优惠的价格赢得了广大用户的赞誉。目前该企业的产品在我国电力、煤炭、石油、化工、冶金、建筑、铁路、通信、国防等部门得到了广泛应用，并且产品远销国内外，公司营业额逐年攀升，企业队伍正逐渐壮大。

多泰电气的成功离不开其网络营销模式，该公司网址www.whdtdq.com 的主页如下：

请思考：

①多泰电气有限公司在网站推广上使用了哪些有用的方法？其网站有什么不足的地方？

②多泰电气有限公司在网络的品牌营销上用到了哪些方法？

③与同行业的企业相比，多泰电气在网络营销方面有哪些竞争优势和不足？

本章参考文献

[1]冯英健.网络营销基础与实践[M].3版.北京:清华大学出版社,2007.

[2]黄相如.3G无线网络营销 危机与前景并存[J].电子商务,2008(9).

[3]宋爽.手机短信广告营销研究[D].北京:北京工商大学,2007.

[4]王俊琴,王佳,邱娟,等.浅谈我国博客的现状与发展[J].科学发展与社会和谐,2010(1).

第十三章
广告、促销和公共关系

☆ 了解广告的目标分类、功能及媒介类型
☆ 掌握媒介选择的影响因素
☆ 理解广告信息的制定和效果评估
☆ 了解促销的特点和分类
☆ 掌握促销的工具和管理方法
☆ 理解公共关系营销的目的和特点
☆ 掌握各种公共关系营销方法

在 4P 营销理论(产品 product、价格 price、促销 promote、渠道 place)中,促销是企业营销过程中非常重要的一个环节。美国 IBM 公司创始人沃森说过:"科技为企业提供动力,促销则为企业安上了翅膀。"在日常的生活中,我们经常会发现 45 分钟的电视连续剧被各种各样的广告切割成好几段;商场和超市里每天都有各种商品通过打折、赠券、抽奖、赠品等方式进行促销;周末看娱乐节目,从相亲到唱歌,都会出现一大堆品牌对节目进行冠名、赞助及合作。以上这些现象,都是企业为了获得更高的品牌知晓度、美誉度和产品销量而采取的促销方式。一种合适的促销方式会让企业迅速打开市场局面,获得成功。但同样地,一个糟糕的方式也可能会导致事倍功半的效果。企业的促销方式包括广告、销售促进、公共关系营销和人员销售。在本章,我们将讨论企业如何制定广告、销售促进和公共关系营销策略。

导入案例
打破成见的
"台湾荣誉裙"

一般来说,无论是广告、销售促进还是公共关系营销,企业想要取得良好的效果,都要进行仔细的分析和综合的考虑,其程序如图 13-1 所示。

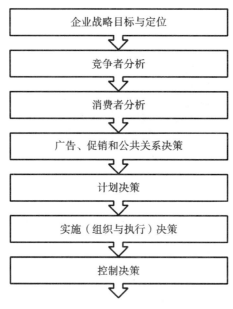

图 13-1　企业决策过程

第一节　广　告

　　广告的定义有很多种,从不同的视角可以给出不同的定义。美国百科全书这样解释:广告是一种销售形式,它推动人们去购买商品、劳务或接受某种观点。菲利普·科特勒在《营销管理》中将广告定义为:广告是由明确的主办人发起并付费的,通过非人员介绍的方式展示和推广其创意、商品或服务的行为。即在电视、报刊、广告牌、影院、互联网及直接市场营销等主要媒介上,通过付费的方式,介绍产品或想法的非人际沟通形式。

一、广告的功能及目标分类

(一)广告的功能

　　从广告的定义可以发现,各种定义不约而同地将促进和推动消费者购买商品服务或接受某种观点作为其首要目标。企业投入大量资源制作广告,并将其在各类型平台上展示的最终目的是:希望广告能向消费者宣传产品的差异化特点及其能给消费者带来的利益,激发消费者的购买欲望,为企业带来即时的利益。除此之外,广告的更长远的目标是为企业本身和企业的产品建立起长期的品牌形象。例如,耐克公司就经常制作和展示一些概念较抽象、没有具体产品介绍的,但能给人留下深刻印象的广告,以此来建立耐克公司在年轻人中充满活力的品牌形象。

(二)广告分类

广告的最终目的是促进销售、增加利润,但其直接的目的却不尽相同,按照广告的直接目的可将其分为信息性广告、劝说性广告、提醒性广告和强化性广告。

1. 信息性广告

信息性广告是企业为了介绍新产品或者现有产品的新特征,提高顾客知晓度而采取的一种广告形式。比如,Cartier 在推出经典款"LOVE 系列"对戒时,请了日本时尚教主滨崎步做广告代言人,将该系列对戒所代表的"永志不渝的爱的螺丝钉"设计成了不少明星情侣婚戒的首选,并通过广告向消费者传达:钻戒诠释的不仅仅是浪漫爱情的本身,更是美好、永恒和共创未来的象征。

2. 劝说性广告

劝说性广告是以说服为目的的广告,也是竞争式广告。企业从消费者的切身利益出发,告诉消费者本企业商品优于其他品牌商品的独到之处,试图改变消费者的看法,引导消费者对本企业产品或服务产生特殊的偏爱,从而选择本企业的产品或服务。

3. 提醒性广告

提醒性广告主要是为了吸引消费者对产品或服务进行重复购买。脑白金是一家保健品生产商,由于中国人很看重送礼的实际性和健康的重要性,脑白金的广告就用直白的广告语不断地强化这些利益诉求,通过广告用语的不断播放,脑白金获得了消费者的持续购买。

4. 强化性广告

强化性广告通常告知顾客他们作出了正确的购买决定,深化现有顾客的信心,吸引潜在消费者。例如,宝马汽车广告描绘了一幅这样的画面:司机沉浸在驾驶新车的愉悦感受中,这就是强化性广告的典型实例。

当然,对广告种类的划分方法还有很多:按照广告的内容可分为商品广告和企业广告;按照广告传播的区域可分为全国性广告和地区性广告等。

二、广告媒介

广告媒介又称广告媒体,是指企业与接收广告信息的消费者之间的连接物质,它是广告传播过程中必不可少的物质条件。随着社会和科技的进步,广告媒介也在不断地发生变化,种类也越来越丰富。

1. 实物广告

《诗经》中有记载"氓之蚩蚩,抱布贸丝",意为忠厚老实的男子抱着布来换丝,这种以商品实物示之于众的方式,就是实物广告。实物广告是最简单、最直观的广告形式,至今仍被广泛使用。出售工业品、工艺品和农副产品的商贩们或推一辆小车,或开一间门市,有的甚至席地而坐,将代售的商品摆列,任人选购;大型商场在临街一面通常设有大型玻璃橱窗,摆设精美商品,琳琅满目,令人流连忘返。这些以不同形式将商品展现在人们面前的广告形式都是实物广告。

2. 广播广告

俗话说:"卖什么,吆喝什么。"吆喝就是一种广播广告。农贸市场卖鲜鱼活虾、禽蛋蔬菜的,街头卖冰棍、冰糖葫芦、五香花生米、奶油瓜子的业主,常常用响亮的吆喝声来招揽顾客。此外,卖冰棍的敲击冰箱,卖煎包、锅贴的敲击铁锅,也都是在用独具特色的声响为自己的商品做广告。

3. 标牌广告

《水浒传》中写道:"武松在路上行了几日……望见前面有一个酒店,挑着一面招旗在门前,上头写着五个字道:'三碗不过冈'。"这面招旗就是一种标牌广告,以吸引过往的行人。现代社会,街道两旁的广告牌比肩而立,铁路沿线、商店内外和体育馆内也有很多广告牌。有的企业还将广告绘制在公共汽车上,成了流动标牌广告,效果更好。

4. 年画(历画、画册)广告

鸦片战争之后,五口通商,"洋画"进口倾销。某外国保险公司在"洋画"上印上保险公司的牌号,分送客户,以扩大影响。许多厂商如法炮制,年画广告盛行一时。因为是免费赠送,加之大多数年画广告印刷精细、色彩鲜明、画面吉祥,许多人张挂家中,为企业义务打了广告。此外,还有彩色精印、装帧漂亮的画册广告。

现在仍有许多企业会在每年过年之前为自己的顾客送上一份印有本企业标志和产品等信息的台历或挂历,这种广告媒介经久不衰。

5. 灯光广告

灯光广告的形式起源于古代客栈或酒家门前挂着写有店名的灯笼。现代社会使用最多的是霓虹灯广告,内容健康、图案优美的霓虹灯广告给城市增添了光彩。还有企业用激光器在天空银幕中打出耀眼的激光广告。

6. 包装广告

在商品生产高度发达的今天,商品的包装日趋美观实用。精明的厂商在包装上印上简单的产品介绍,就成了包装广告,其特点是不需另付费用,只需在印刷包装时顺带印上广告,就可使之通过流通渠道流向千家万户。许多企业在商品的外包装上加印自己生产或经营的主要商品,从而扩大了包装广告的作用。

7. 报刊广告

报刊广告覆盖面最大,即使在广播、电视很普及的发达国家,其作用也不可低估。美国新闻专业报《编辑人与发行人》曾经有一项调查表明:美国有 1570 家日报,报纸占美国人新闻来源的 57%。毫无疑问,报纸也是消费者商品信息的重要来源。目前我国有上万种报刊,在我国,报刊广告的作用也是非常大的。

8. 电视广告

自从电视机,尤其是彩色电视机广泛进入家庭以来,电视广告风行世界。电视广告具有三大优点:①直观性,彩色电视图像清晰、色彩逼真,可以直观地展现商品;②趣味性,电视屏幕可供创作人员驰骋神思、竞奇斗胜,不少电视广告以其富于想象力的动画和奇特的配音效果使观众兴趣盎然;③可容性,电视广告比广播广告更短,一般只有 5~30 秒。我国的电视事业正在蓬勃发展,电视广告的前景十分乐观。

9. 互联网广告

"将一种传播媒介推广到 5000 万人，收音机用了 38 年，电视机用了 15 年，而因特网只用了 5 年"，如今，互联网广告越来越多地出现在人们的生活中。互联网广告有其得天独厚的优势：传播范围广、声形并茂、费用较低、互动性强。这些特点使互联网广告在企业的广告策略中占据了重要的位置。

专栏 13-1
苹果 iPod 广告赏析

除了前面介绍的广告媒介之外，还有许多类似的产品宣传形式，如工业企业常用的产品目录、产品说明书等。广告的媒介丰富多样，包括声音、光线、图案、视频和实物等各种元素，各个媒介的展示区域和时间范围也包括室内、室外和白天、夜晚。毫不夸张地说，现代社会的人们生活在各种广告的包围之中，但并不是所有的广告媒介都能适用于所有的产品和所有的情况。企业要选择合适的广告媒介，在合适的时间进行展示，广告才可能发挥出应有的效果，否则甚至会给企业带来负面的影响。

三、广告媒介选择的影响因素

（一）主要媒体的比较

随着科学技术的发展，有些传统的广告形式逐步被淘汰，它们与新的技术融合，以崭新的面貌重新出现。例如，声音、图案、视频等广告元素已经与互联网技术融合，形成了网络媒体广告。此外，有些效果较好、能满足现代社会需要的传统广告媒体得到了保留和发展，例如报纸和广播。因此，在现有的市场环境和经济实践中，主要的广告媒体有以下十类，下面对各广告媒介的优劣势进行比较分析，如表 13-1 所示。

表 13-1 各广告媒介的优劣表

广告媒介	优势	劣势
报纸	灵活、及时，地方市场覆盖率高，能广泛地被顾客接受，可信度高	保存性差，印刷质量低，相互传阅者少
电视	综合视觉、听觉和动作，富有感染力，能引起高度注意，涉及面广	成本高、干扰多，展露时间短，观众选择少
直邮	对受者有选择性，灵活，在同一媒体内没有广告竞争，人情味较重	成本较高，可能会造成乱寄邮件的现象
广播	大众化宣传，地理和人口方面的可选择性较强，成本低	只有声音，不如电视那样引人注意，非规范化收费结构，展露时间短
杂志	地理、人口可选择性强，可信，有一定的权威性，复制率高，保存期长，传阅者多	广告购买前置时间长，版面无保障
户外广告	灵活，较高的重复展露度，低成本，竞争不激烈	有限的受众选择性，有限的创新性

续表

广告媒介	优势	劣势
互联网	非常高的选择性,存在互动的可能性,成本相对较低	在某些不发达国家其作为新媒体,用户少
手册	灵活性强,能够全面控制,以夸张的手法展现信息	过量制作使成本不易控制
电话	使用者众多,有接触每个人的机会	相对较高的成本
黄页	本地市场覆盖面大,可信度高,广泛的接触率,成本低	高竞争,广告购买前置时间长,创新能力有限

(资料来源:菲利普·科特勒.营销管理(亚洲版)[M].5版.吕一林,王俊杰,译.北京:中国人民大学出版社,2010:499.)

(二)媒介类型的选择

根据不同类型的广告的优缺点和特性,企业在选择广告媒介时,要考虑不同的媒介类型在广告接触、频次和效果等方面的差异,概括起来应考虑以下几个因素。

广告预算成本。不同的广告媒介之间的费用存在差别,即使是同一媒介,广告成本也因传播范围和影响力大小而有所差异。例如,250万元足以承担全国范围的广告牌费用,但远远不够电视广告的花费。企业在进行媒介选择时,不仅要考虑以上的绝对成本,更要注意相对成本的概念。最常用的相对成本指标是每千人成本(cost per thousand persons reached,CPM),是指企业平均每接触一千位目标视听众所花费的成本。

$$每千人成本(CPM) = \frac{刊登成本 \times 1000}{所能触及的目标视听众数}$$

产品特点。广告目标是广告活动的最终归宿,所有的广告活动都必须服从于广告目标,而不同的广告目标是由不同广告产品的特点决定的。不同特点的产品要选用不同的广告媒介,对于某些产业用品来说,在专业的杂志上刊登广告比在电视上刊登广告效果更好。相反,对于日常消费品来说,企业更倾向于选择报纸和电视等大众媒介。

目标消费者的媒介接触习惯。广告媒介必须是目标消费者能够接触的、喜欢接触的、可信任的,不同的消费者有不同的媒介接触习惯。从年龄上看,老年人多喜欢广播和电视等媒介;青年人喜欢报纸、杂志和网络等媒介;而少年儿童则最喜欢电视广告。从性别上看,消费者的媒介接触习惯也不相同。试想,女性服装和各类化妆品的广告在《瑞丽》等专业杂志上刊登的效果要远远好于在《特别关注》杂志上的刊登效果。

媒介的生命周期。广告媒介的生命周期是指广告讯息会迅速地消失或持续存在的特性,如印刷媒体的寿命要比电波媒体要长。

媒介的影响范围。不同媒介的影响范围是不同的,如地方性报纸的影响范围远不如中央电视台的影响范围。媒介影响的区域、人口数量等因素都关系到媒介的选择,准确地选择合适影响范围的媒体,不仅可以减少企业不必要的广告投入,更会达到精确直达目标市场的效果。例如,某企业希望在某一局部范围内投放广告来开拓市场,就没有必要将大量资金放到全国范围内进行广告投入。

(三)广告投放时间的选择

企业一旦确定了媒介使用组合后,就要考虑如何规划媒介的投放时间和位置。我们主要介绍三种传统的媒介使用模式:连续型、突起型(爆发式)和脉动型。

对于许多企业来说,最理想的状况是全年广告宣传,使它们在媒体上始终保持曝光机会,这样的实施方式称为连续型。企业通常不能确切地知道目标受众在何时购买洗发水,在何时购买冰箱或汽水,所以它们希望将自身尽可能地公布和展示在公众眼前。但在现实当中,只有像肯德基和联想这样资金雄厚的企业才能做到这一点。对于一些小型企业来说,连续型的广告策略是很难实施的。

突起型也称爆发式,是指将媒介广告集中到某个精心挑选的时期进行。这样的时期可以持续一周、一个月或者几个月。这种广告投放方式必须符合市场战略和市场目标,同时还要考虑到人们的购买习惯、季节性特点和产品的使用等其他因素。例如,一些制作贺卡的企业就可以利用媒介广告在春节、教师节和母亲节等几个主要的节日里进行广告宣传。

还有一种投放方式是连续型和突起型的结合体,叫作脉动型。例如,企业在全年或者大部分时间内维持较低水平的广告宣传,在关键时期额外增加力度或"爆发"。例如,冰川羽绒服虽然全年都有广告,但在冬季的几个月内,它的广告资源和时间投放都有一定的额外增加。

连续型广告的优势在于能够将所宣传的品牌始终置于公众面前,当消费者想要购买的时候,提醒他们购买这种品牌。而在企业想引起消费者特别关注的时候,比如新产品或新品牌上市时,突起型和脉动型媒介的使用方式就显得更加实用。连续型方式的最大缺点是花费太大,而另外两种的缺点在于不容易把人们选购产品的时机和企业广告的投放时期恰到好处地匹配起来。

四、广告信息的制定

在策划广告方案的过程中,营销人员首先需要认识和了解目标受众,然后制定5方面的主要决策,即"5M模型"。

①使命(mission):广告的目标是什么?

②成本(money):广告费用是多少?

③信息(message):广告向顾客传递什么信息?广告应该怎么创作?

④媒介(media):选择在什么媒介上做广告?

⑤衡量(measurement):怎样衡量广告的传播效果?

(一)认识和了解目标受众,准确进行产品定位

目标受众,即广告针对的群体。在消费品市场中,企业可以根据经济情况、年龄、性别、地理位置、购买频率及生活方式来定义目标受众,在确定目标受众后,企业需要了解目标受众。企业首先要对潜在消费者的购买动机和选择标准进行分析,选择标准是消费

者用来评价产品的依据。在商务市场中,由于不同的决策单元在评价同一产品时往往会使用不同的选择标准,因此必须对产品广告进行定位。

企业产品需要广告宣传诱发潜在的顾客来购买,因此,在明确了产品定位后,企业必须要建立相应的广告目标,确立宣传主题,丰富和加强产品特点的表现力,甚至根据市场变化来改变原先的产品定位,以满足潜在顾客的需要。美国一家服装公司经过对近万名消费者的调查研究后发现,16％的人喜欢样式新颖,9％的人喜欢价格合理,讲究结实耐穿的人占32％,注重穿着舒适的达42％。针对这一情况,该公司确定了新的广告目标,将舒适、经久耐穿作为宣传主题,改变了原先的产品定位,这一系列的措施使公司的产品销量大增。

(二)确定广告目标

广告目标是指在某一特定时空内企业对特定受众所要完成的特定传播任务。一般来说,广告目标是广告活动的直接结果,是通过广告本身便可实现的目标。广告目标主要包括:创造品牌知名度、丰富品牌知识、激发品牌兴趣、树立品牌形象和激发购买欲望等。

广告目标以营销目标为基础,又服务于营销目标。但是,广告目标又不同于营销目标,广告目标通常以消费者的反应变量,如品牌知晓度、品牌认知度和品牌偏好度来表示;而营销目标则通常用销售额及其有关的指标,包括市场占有率、利润率和投资回报率等指标来表示。例如,某一品牌产品的营销目标是将销售额提高40％以上,而为实现这一目标服务的广告目标应是:①提高品牌知名度,使之达到90％以上;②提升品牌认知(理解)度,使之达到70％以上;③提高品牌偏好度,使之达到50％以上;④提高尝试购买率,使之达到35％以上;⑤使品牌忠实度达到15％以上,等等。

广告的最终目的是刺激销售、增加利润,使品牌有更大的经营价值。在产品生命周期的各个阶段,广告目标是不一致的,如图13-2所示。广告可引起顾客对产品的注意,刺激顾客试用产品,确定产品在消费者心目中的地位,提高顾客品牌忠诚度和提醒消费者不要忘记该产品。

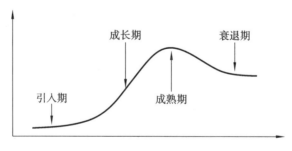

图 13-2 产品不同生命周期的广告

(资料来源:Reproduced with permission of the McGraw-Hill Companies.)

1. 引入期

在引入期,由于消费者对产品还不了解,只有少数追求新奇的消费者会选择购买,销售量很低。此时的广告目标应以刺激消费者的使用动机为主,首先提高产品的知名度,告知产品上市信息,把产品与消费者的需要连接起来向消费者进行宣传,激发消费者兴趣,鼓励其试用新产品;向消费者介绍产品特点和利益,树立良好的产品形象、信念及态度。

2. 成长期

在成长期,消费者已知晓此产品的存在及用途,并且新竞争者陆续出现。在竞争形势白热化之际,广告除了指导消费者如何获取产品,更应以激发次级需求为主,即增强消费者对本品牌的需要。因此,此时的广告目标应着重于对消费者进行本品牌属性的介绍和提高消费者的评价,强调产品差异性,保持并加强用户对本品牌的积极态度,降低消费者对竞争品牌属性的评价。

3. 成熟期

在成熟期,消费者对产品已有了相当的认识,需求趋于饱和。因此,企业想要提高销售额,只有占据其他竞争者的市场,同时巩固自己已有的市场。此时,广告目标是加强维持原有的顾客,拉拢游离群体,保持他们对本品牌的积极态度,强调本品牌的优势,打击竞争品牌的弱点,增加新的产品评估准则或加强消费者对本品牌某种属性的正面评价等,鼓励顾客重复购买并增加使用量。

4. 衰退期

在衰退期,市场呈负增长,此时的广告目标应提醒消费者不要忘记该品牌。企业有三个对策可以采用:一是从竞争者手中争取顾客;二是设法扩张商品的用途,广告目标再次向消费者提醒说明产品与其需要之间的关系,告知产品的新用途;三是对产品进行重新定位。

(三)制定广告预算

企业进行广告宣传需要大量的资金投入,因此,企业需要知道广告的投入是否适当,以下即影响广告预算的主要因素,以及常用的广告预算方法。

1. 影响广告预算的因素

①产品生命周期的阶段。新产品往往需要大量的广告投入,提高产品的知名度以吸引顾客试用,而在衰退期则应减缩经营,减少广告支出。

②竞争程度。当市场竞争激烈时,企业需要加大广告投入才能收到宣传产品和品牌的效果。

③市场占有率。市场占有率高的企业只需要较少的广告投入即可维持原有顾客,市场占有率低的企业为了扩大市场份额必须加大广告投入。

④广告频率。企业将品牌信息传递给消费者所需要重复的频率对预算会产生重大影响,当产品需要大量的广告频次时,广告预算较高。例如,饮料需要高的广告频次来提醒消费者进行购买。

⑤产品替代性。具有较高替代性的产品需要大量的广告投入以显示其差异化的形象,如烟酒、银行、航空公司等。

2. 确定广告预算的方法

①目标任务法。广告目的和任务所决定的预算金额是企业确定预算的首要方法。

通过这种方法,企业决定广告需要实现的目标,如目标群体和知名度,然后制定媒介计划来实现这些目标,寻找实现目标的传播媒介所需要的开销就是预算。在营销实践中,这一结果得出的预算金额通常会受到企业财务上的限制,同时还要考虑其他产品的开销情况。

②销售额百分比法。这种方法是指企业使广告支出与当前或者预期销售收入保持一个具体的比例关系,这个比率可以按企业或行业的传统来定,即广告费用的支出额直接关系到企业可获得的销售收入额。此方法虽操作简便,却忽视了广告可以促进销售的作用。当销售额下降时,会引起广告支出的减少,而广告支出的减少又进一步促使销售额螺旋式下降。此外,有时市场需要增加(或减少)广告投入,而这种方法却对市场机遇置之不理。例如,企业有机会在市场上占有一定的份额,意味着广告投入必须增加,相反,一旦决定收回某产品,广告花费也随之下降,故这种方法不能有效地确定广告花费的比率。

③可承受性法。这是指企业根据所能承受和负担的广告费用来确定广告预算。企业不能为了一时的利益,而不考虑实际情况去设置广告预算。由于企业经营时好时坏,因此该方法具有一定的随意性,科学性差,使用这种方法不利于企业的长期经营。

④竞争对等法。这是指企业以竞争对手的广告费用或行业的平均广告费用为标准来确定广告预算。该方法的优点是能注意到竞争局势的变化,缺点是只注意到竞争对手的情况,而忽视了每个企业各自的目标、资源和能力。

(四)设计广告稿本

确定广告目的和预算之后,企业还需要一个良好的稿本以使广告达到预期目的。一个高质量的广告稿本有以下四个要求。

1. 引起消费者注意

如果一个广告连消费者都不会注意到,那么这个广告一定无法达到宣传的目的。因此,广告稿本首先要能引起消费者的注意,通过声音、色彩甚至味道和触觉等方式吸引其关注。比如,许多城市的地铁轨道两旁都竖起了一系列灯光广告牌,通过地铁车辆行驶的速度使一系列静态的广告牌在人们的眼中变成连贯的动态,在黑乎乎的轨道中,车窗外的灯光和画面能更好地引起乘客的注意。

在广告制作中引起注意的方法一般有以下四种。

①增强刺激。刺激的程度越强,消费者的注意力就越集中。鲜艳的色彩、优美的音乐或者有趣的画面等都能增强广告对消费者的刺激。

②突出位置。广告所处的位置越显眼,越能吸引人们的注意力。

③加强对比。增强广告内容中的对比,如大小、颜色、动静等,给人们带来更强的冲击力,引起人们的注意。

④突出目标。广告中应当突出所要表达的中心,才能引起消费者的注意。一个杂乱无章的广告会给人不知所云、云里雾里的感觉,自然无法让人注意到该广告。例如,苹果公司的 iPod 广告是在一片鲜艳的背景中,展示一个人拿着 iPod 享受音乐的形象,而为了突出产品,拿着 iPod 的人的形象只是一个黑色的影子,而 iPod 的形象非常突出。

2. 迎合消费者兴趣

广告的受众是消费者,如果消费者觉得一个广告索然无味,那他肯定不会对广告所要展示的内容或产品感兴趣。只有当广告引起消费者的兴趣时,才能达到效果。从满足消费者需求的角度来展示产品,使消费者感到好奇,引起消费者的好奇心和共鸣,是迎合消费者兴趣的关键。但是因为年龄、职业、性别等因素的不同,消费者感兴趣的东西千差万别,所以企业要针对目标群体的具体情况,通过不同的语言、情节、画面等表现形式设定广告稿本的内容。

3. 使消费者产生愿望

企业在制作广告稿本时,应当使用心理学和社会学等专业知识,对目标消费者晓之以理,动之以情,使他们因广告的内容产生触动,从而产生购买的欲望。

4. 获得信任

广告应当让消费者对本企业和产品产生信任,相信产品能够满足其需求,并相信企业所提供的产品是质量好、物有所值的。因此在广告稿本的设计和制作上应当以诚为本、顾客至上,将企业的诚意通过广告传递给消费者。

专栏 13-2
微电影广告

【问题讨论】

哈尔滨市某站台的公益广告是:你老了,也会有年轻人给您让座。你觉得这是一条好的公益广告吗?为什么?

五、广告效果的评估

广告效果是指广告接受者的反映情况。广告效果评估是企业整个广告活动中所不可缺少的部分。通过广告效果评估,企业可以调整其广告活动。广告的效果要依据其广告目标来加以衡量。广告效果的评估可分为事前评估和事后评估。

(一)事前评估

事前评估是指在广告活动实行前,企业营销人员评估目标受众对产品的诉求、广告版面配置及媒介工具的意见。事前评估主要有三种方法:顾客反馈法、组合测试法、实验室测试法。

1. 顾客反馈法

企业采用顾客反馈法通常会向顾客提出以下类似的问题:
①你从这则广告中获得了哪些主要信息?
②你认为广告想让你知道、相信或做些什么?
③这则广告影响你采取行动的可能性有多大?
④这则广告中有哪些好的和不好的方面?
⑤这则广告给你怎样的感受?

⑥将这些信息传递给你的最佳地点在哪里?

2. 组合测试法

组合测试法要求顾客观看或收听一组广告,然后要求顾客回忆所有的广告内容,测试人员可以对被测试人进行或不进行引导。顾客的回忆水平预示了广告能否脱颖而出,也反映了所传递信息的可理解性和可记忆性。

3. 实验室测试法

实验室测试法是指企业营销人员通过仪器测量顾客在观看广告后的生理反应——心跳、血压、瞳孔扩张、皮肤电流响应、排汗情况;或在观看系列材料的过程中,要求顾客通过旋转手柄,实时表达其喜好。这种测试方法可衡量广告吸引顾客注意力的能力强弱,但不能反映出有关受众信仰、态度或意图等方面的内容。

(二)事后评估

事后评估是指在广告发布后评估其效果,如果企业能正确测定广告的实际效果,就可以将广告的实际效果与企业所选择的广告目标进行对比。事前评估不能直接地、紧密地联系市场对广告的反映,但事后评估可以做到这一点。事后评估,包括消费者对产品注意度的变化、产品销量或广告目标,以便科学地改善广告宣传,提高广告质量和宣传效率。具体方法有注意率测定法、广告费用比率法、市场占有率法和销售额衡量法。

1. 注意率测评法

注意率测评包括对广告接触者的数量、接触者的范围及广告接触频次的测评。广告接触者的数量和范围的测评是对媒介覆盖范围的测评。媒介覆盖区域越广,媒体价值越大。广告接触频次是指同一广告信息在特定的时间周期内达到受众的平均次数。

可用公式:

$$F = \frac{GRP}{REACH}$$

GRP 是指某一广告信息在特定时间内送达受众的视听率总数。

REACH 是指在特定时间内,广告信息到达目标消费者的比例或总数。

F 为受众的信息接触频次,F 值越大表示消费者接触广告的频率越高,广告的传播效果越好。

2. 广告费用比率法

广告费用比率表明了广告费支出与销售额之间的对比关系:广告费用越少,效果越大;反之,广告效果越小。

$$广告费用比率 = \frac{本期广告费用总额}{本期广告后销售总额} \times 100\%$$

3. 市场占有率法

市场占有率是指某品牌产品在一定时期一定市场上的销售额占同类产品销售总额的比率。

$$市场占有率 = \frac{某品牌产品销售额}{同类产品销售总额} \times 100\%$$

$$市场占有率提高率 = \frac{单位广告费用销售增加额}{同类产品销售总额} \times 100\%$$

市场占有率提高率越大说明广告的效果越好。

4.销售额衡量法

销售额衡量法主要是衡量广告前和广告后的销售额,以此测定广告的经济收益。其公式为:

$$R=\frac{(S_2-S_1)\times P_1}{P_2}$$

R 是每元广告费用收益;S_2 是做广告之后的平均销售量;S_1 是做广告之前的平均销售量;P_1 是产品单位价格;P_2 是一定时期内的广告总费用。

例如,某产品在做广告后每月的销售量是 20000 件,做广告前是 12000 件,广告费用每月平均 10000 元,产品销售单价为 2000 元,则每月广告收益为:

$$R=\frac{(20000-12000)\times 2000}{10000}=1600(元)$$

(三)广告中的道德问题

广告不仅是一种营销手段,更是一种具有思想性和广泛性的社会意识形态,因为其具有较强的广泛性,所以设置广告内容要更加谨慎和注意。例如,易引发争议、具有误导性、对社会价值观影响大,以及对儿童影响恶劣等类型的广告内容均应避免。

1.引发争议的具有误导性的广告

广告通过两种形式误导消费者:一种形式是夸大其词;另一种形式是隐瞒事实。误导性广告,更多的存在于可能对消费者产生潜在危害的产品广告中。例如,一辆车每加仑(约 4.6 升)油事实上只能跑约 48 公里,而广告中却声称能跑约 80 公里;一则声称某食品中含有添加的维生素,是"有益于健康"的广告,而未说明该食品糖和脂肪含量高,这些广告都是误导性广告。

2.广告对社会价值观的影响

部分批评者认为广告对社会有深刻的影响,某些广告加剧了物质主义的横行,并利用人性的弱点赚钱。一些广告被指责为过分强调物质主义,如着重说明拥有某辆名贵轿车或最新的电子产品对人的重要性,会导致社会中错误价值观的发展;而广告的支持者则认为这些并非人的弱点,而是基本的心理特点,他们指出,在没有广告的社会里也存在着追求社会地位的象征物的现象。

3.广告对儿童的影响

从法律和道德的角度来看,儿童广告是一种特殊的类别。儿童对幻想和现实的时空分辨与成年人不同,他们往往相信听到和见到的一切。大多数有关广告的道德辩论集中在电视广告中,因为电视是多数孩子接触广告最主要的大众传媒。

根据国家相关法律,所有儿童广告都不得有意或无意地误导儿童相信某一产品或服务可能产生现实生活中无法实现的东西。尽管如此,孩子们很难把现实生活中的娱乐内容和广告中的娱乐内容区别开来。例如,在英国一则软饮料的广告中,有一群姜黄色头发的流氓侮辱一个肥胖年轻人的画面,该广告遭到许多抗议,观众认为它会鼓励孩子们欺小凌弱的行为,最终该广告被撤销。

第二节 销售促进

营销学的 4P 理论包括产品、价格、渠道和促销四个方面,我们已经对产品、价格和渠道进行了介绍。关于促销的定义,有广义和狭义之分,广义的促销是指企业通过人员推销或非人员推销的方式,将产品或劳务信息传递给目标顾客,从而引起兴趣,促进购买,实现企业产品销售的一系列活动。促销实质上是一种沟通活动,即企业传达出刺激消费的各种信息,把信息传递给一个或更多的目标对象,从而影响其态度和行为。广义的促销,包括本章介绍的广告、销售促进和公共关系,以及下一章将要介绍的人员销售。狭义的促销是销售促进的简称,是指企业运用各种短期诱因鼓励消费者和中间商购买、经销企业产品和服务的活动。本节,我们主要介绍狭义的促销——销售促进。

一、促销的功能、特点、分类及其与品牌的关系

(一)促销的功能

在营销实践中,促销有其自身独特的功能,对于扩大销售额、拓宽销售渠道有很好的推动作用。促销的功能如下。

①吸引新的试用者和奖励忠诚的顾客,提高偶然性顾客的重复购买率,吸引品牌转换者。在品牌相似性高的市场上使用促销,从短期看能产生高的销售反应,但是没有持久的效益;在那些品牌相似度不高的市场中,促销可以更持久地改变市场份额。

②调整短期内供求的不平衡。企业可通过制定一个较高的价格,测试价格水平上限。此外,促销还能促使消费者使用新产品,提高产品销量,实现规模经济,有助于制造商适应不同消费群体的需要。

(二)促销的特点与类型

促销与广告的区别可以用一句话来概括:广告让人心动,促销让人行动。消费者通过广告得到了产品和企业的基本信息,激发了消费者的购买欲望,但其仍需一根最后决定实行购买的"稻草",这根"稻草"就是促销。一般来说,促销具有以下特点。

1. 短期效果明显

据定义,促销是企业运用各种短期诱因来鼓励消费者和中间商购买、经销企业产品和服务的活动。它与广告需要一个较长的时期才能见效的特性不同,只要企业选择了合适的促销方式,在短期内就能产生明显的效果,例如销售额的激增、市场占有率明显扩大等。

2. 一种辅助形式

广告、公共关系和人员推销是企业常用的增加销售量的方式,促销更多的是作为一种辅助活动展开,一方面是因为促销使用的是短期诱因,而这种诱因是不可持续的,消费者会对其产生"免疫";另一方面是因为促销会给企业带来短期利益的增加,竞争者也会纷纷效仿,本企业促销的效果会大打折扣。因此,企业的促销活动一般不单独使用,常常配合广告、公共关系营销和人员销售共同使用。同时,就活动开展的时间来看,每次促销活动的时间较短,但频率较高。

根据对象不同,促销可以分为两种类型。第一种是针对消费者本身的促销,包括优惠券、价格折扣、现金返还、抽奖、赠品、售点陈列等竞赛和销售提成等。第二种是针对中间商的促销,如进货折扣、随货赠送、销售奖励、补贴、展销会、销售竞赛和销售提成等。

(三) 促销与品牌忠诚

在促销过程中企业需要思考如下问题:促销活动如何营销品牌忠诚?怎样避免促销损害品牌忠诚?

对企业来说,品牌是企业核心竞争力的外在体现,是一种关系的承诺,使企业与消费者之间建立一种特殊的关系并进行维系,作为品牌建设重要环节的产品促销应该受到足够的重视。正确地实施促销活动,不仅能帮助企业向消费者提供必要的信息,实现销售,更重要的是能够影响顾客的行为,实现品牌与顾客之间的双向互动。只有以合理方式实施促销,才能促进品牌建设,提高品牌知名度和美誉度,同时扩大销售量。

对于传统品牌来说,促销可以提高品牌知名度和顾客忠诚度,促进消费者购买,对那些希望购买到便宜商品和获得奖品的消费者的吸引力较大。但如果产品本身存在着不可原谅的缺陷,仓促的促销活动很可能会给一个尚待完善的新品牌或新产品带来灭顶之灾,因为不愉快的品牌体验同样会引发逆向负面的"口碑"传播。"好事不出门,坏事传千里",负面口碑很快会淹没正面口碑,继而导致一场全面的品牌灾难。

需要注意的是,同一品牌的产品太频繁地进行促销活动也会损及品牌形象。一个有名的品牌如果有 30% 以上的时间在打折,消费者会认为这是厂商滞销的产品、库存太多的产品或是廉价品。针对某些高档品牌而言,大量促销会降低品牌忠诚度,增加消费者对价格的敏感度,淡化品牌质量概念,偏重短期行为。例如,宝马汽车在某些车型上选择降价促销时,必然会在其他车型上适当地提高价格或者开发新的车型供消费者选择,以更好地巩固消费者对该品牌的认识和保持品牌忠诚度。

专栏 13-3
把促销做到
消费者心里

二、促销方法

为了提高销售量,促销的方法五花八门。以消费者为对象的促销类型有:样品赠送、优惠券、现金折扣、有奖促销、惠顾回报、抽奖与竞赛和现场展示。另外相当一部分促销方法是针对中间商的,类型有:购买折扣与津贴、免费商品与特殊广告品、交易会、销售竞赛。

(一)针对消费者的促销方法

1. 样品赠送

赠品是指任何用于刺激消费者购买该品牌产品而免费赠送或低价出售的商品,其有三种形式:免费的包装内或包装外赠品、免费邮寄赠送及自付优惠。例如,高露洁牙膏采用在盒装内赠送牙刷的方式提高销售量,此种方法适合于新产品处于导入期的介绍和推广,其赠送的样品是非耐用品,其推广对象是企业目标市场的最终消费者。

样品赠送的优点有:参与面广泛,企业能够充分地向消费者展示产品特性;运用弹性大;促销对象可选择性强。缺点有:费用比较昂贵;样品的送达效果较难控制;范围有限,仅仅适用于大众化的消费性商品。样品赠送方式在销售旺季来临之前举办是最有效的,既可扩大试用率,又可立竿见影地提高销售额。

2. 优惠券

优惠券是指持有者在购买某种产品时可免付一定金额的单据,可以采取直接赠送或广告附送的方式发放,发放优惠券可以直接吸引消费者购买指定产品。优惠券在刺激成熟品牌的销售和鼓励新产品的使用方面效果很好。例如,"十一"黄金周期间各大商场都推出诸如"满200送100"的活动,这种促销方法很容易造成消费者对不需要的产品的盲目购买和消费。

优惠券的优点是消费者参与面广泛,能够给予消费者直接折扣;而缺点则是容易丢失、不能反映产品的真实特性。销售旺季、大型节假日是优惠券最理想的发放时机。

3. 现金折扣

现金折扣是指企业在原价的基础上,给予消费者一定的价格减免。该方法相对于优惠券来说,更容易被消费者接受,带给消费者的利益更加直观。例如,英国著名休闲服装品牌 C&A 在黄金周期间推出"全场9折优惠",或"满300元享8折优惠"等活动,使生意异常火爆。

现金折扣的优点是给消费者带来切身实惠、提高商品在货价上的注目率且具有弹性,企业完全可以掌握促销品的数量与地区。

4. 有奖促销

企业在销售产品时,对购买商品的消费者设立若干奖励,奖励对号中奖的消费者,吸引大量消费者进行购买。例如,统一公司推出的红茶或绿茶饮料的瓶盖上经常出现"再来一瓶"的字样。该方法的刺激性较强,其奖励的对象可以是所有的消费者,也可以是通过抽奖或摇奖的方式挑选出来的部分消费者,适用于品牌成熟的日用消费品。

有奖促销的优点有:覆盖范围宽广;对销售有直接的促销作用;吸引消费者注意;吸引新顾客尝试购买;促使老顾客再次购买或多次重复购买。缺点有:消费者的参加热情不高;对品牌并无助益,甚至会因未中奖的挫折感影响消费者对品牌的好感;较高的媒体宣传投资;难以预估参加率和活动成效;对新品牌帮助不大。

5. 惠顾回报

消费者从特定的企业购买某种产品或服务时,在达到一定的购买量之后,能得到现金或其他形式的回报。例如,各大航空公司都有"常旅客计划",即规定一定的里程数,乘坐飞机里程达到一定数目的旅客可得到一次免费航程。

惠顾回报的优点有:有利于培养购买习惯;鼓励消费者反复购买;活动费用成本较低;作为宣传诉求点,能为产品制造出差异化;提高产品的防御竞争能力。缺点有:消费者兴趣较低;吸引新顾客试用效果较差。

6. 竞赛与抽奖

竞赛是指消费者在购买某种产品后,向组织者提供参加竞赛的东西,如广告词、手机铃声等,交给评审小组审查后,可以获得丰厚的奖励。抽奖是指消费者在购买产品后,参加有奖抽签,其中,奖品必须有足够的吸引力。例如,轩尼诗酒业在新加坡的分销商举行了一次抽奖,凡是购买白兰地酒的顾客都有赢得珠宝的机会。此次竞赛并不是以饮酒者为促销目标,而是以那些悠闲的女主人为目标,吸引他们为得到珠宝而购买轩尼诗酒。

竞赛与抽奖的优点有:建立或强化品牌形象;对抗竞争品牌的促销活动,适用于针对特定目标市场,直接进行促销的诉求。缺点有:不一定会造成大量试用或让销售业绩突增;不能极大地提高消费者的参与率和吸引其对产品的注意力;需要大量的媒介经费广为宣传才能获得成果。

7. 现场展示

现场展示是指企业在销售现场布置场地创造购买氛围以刺激消费者的购买行为,比如现场演示产品的生产过程和使用方法等。这样做既可以将产品的使用方法直观地演示给消费者,也让消费者真切地感受到产品的使用效果。现场展示对于那些使用技术复杂或者直观性强的产品开拓新市场的效果较好。例如,立顿奶茶刚上市时,在各大超市卖场设点播放其制作过程,同时让消费者品尝制作好的奶茶。

现场展示具有如下优点:促进消费者了解新产品;吸引顾客注意力;向顾客提供有力的说服证据;节省促销费用。其缺点有:受产品特性的限制较大,并不是每一种产品都可以做产品示范;对象范围较窄,只能针对前来商店的顾客;其促销效果的好坏受演示水平的影响较大。

8. 以旧换新

以旧换新是指用户可以用旧货抵换新货,在价格上对顾客实行一部分折让的促销方式。随着科技的进步,产品的更新换代越来越快,以旧换新这种促销方法越来越凸显出自身的优越性。例如,国美电器曾推出原价为2499元的美的220升双开门冰箱的以旧换新价为2249元。

以旧换新有如下优点:有效刺激消费者的购买欲望;拓展新的市场;扩大销售额。其缺点为:促销费用相对高;产品种类限制大,一般只适用于家庭耐用消费品。

9. 分期付款

分期付款,是指消费者在购物时不用一次性交清所有费用,先缴纳一定的首付,其余货款在期限内分期付清即可。分期付款的总价格会高于一次性付款的价格。分期付款主要适用于耐用消费品的促销,如住房、汽车和家用电器等。随着物价的逐渐上涨和人们消费观的变化,分期付款受到越来越多的年轻人的青睐。

分期付款的优点有:有效刺激顾客提前购买;有利于顾客产生对产品的信赖感;提高企业或产品的知名度;能够使产品在销售淡季做到良好的销售表现。其缺点是到款慢,占用企业资金时间过长,降低了企业的资金周转速度。

10. 联合促销

联合促销是指两个以上的企业或品牌合作开展促销活动。这种做法的最大好处是可以使联合体内的各成员以较少的费用获得更好的促销效果,联合促销有时能达到单独促销无法达到的目的。联合促销是近几年发展起来的新型促销方式,进行联合促销,可以让联合双方最大限度地暴露在目标消费者面前,最大限度地发挥促销的功能,最终收到更理想的效果。

联合促销的优点有:成本分摊后降低各自成本;快速接近目标消费者;针对性地选择目标消费群。其缺点有:无法强调产品优点;联合举办促销活动有一定的难度;容易造成两个品牌之间的恶性竞争。

【问题讨论】

作为一个消费者,在以上的销售促进类型中,你最倾向和喜欢哪种或者哪几种工具?说明你的理由。

专栏 13-4
三家电器企业的促销

(二)针对中间商的促销方法

针对中间商的促销方法主要有以下四种,如图 13-3 所示。

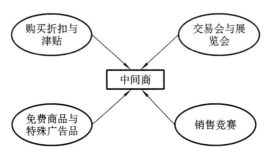

图 13-3 中间商促销

1. 购买折扣与津贴

购买折扣是指在一定的时期内,中间商从每次购买中得到的关于报价的直接折扣。购买数量越多,折扣会越大。同时生产企业也经常在一定期限内向中间商提供一定金额的推广津贴,以补偿中间商在商品储运、广告宣传等方面的费用支出,这有助于加强与中间商的合作,吸引中间商大量购进产品。

购买折扣与津贴的优点有:能够刺激中间商更积极地销售产品,扩大销量;也能为新产品开拓一片土地。缺点是容易引起中间商之间的恶性竞争,以及忽视销售质量从而影响消费者对品牌的形象认知。

2. 免费商品与特殊广告品

在中间商购买某种产品达到一定的数量时,企业为其提供一定数量的免费产品。企业还可以免费赠送附有企业名称的特别广告商品,如日历、记事本、文具等;还可以给中间商免费发放一些印有公司名和广告信息的礼品,如圆珠笔、打火机、茶杯等。这些礼品由中间商发放给消费者,能吸引部分潜在消费者。

免费商品与特殊广告品的优点是能够直观地宣传产品,其缺点是所花费用高、免费商品和特殊广告品受到商品的限制较大。

3. 交易会与展览会

与针对消费者的推广方法一样,各大企业可以通过参加、举办交易会和展览会的方式向中间商销售自己的产品,以此吸引中间商或消费者前来观看、购买和洽谈业务。由于交易会或博览会能集中大量的优质产品,并能营造对促销有利的现场环境氛围,对中间商有很大的吸引力,这对企业来说是获得中间商的很有效的促销方式。

交易会与展览会的优点如下:能够更好地将产品集中展示给中间商;容易找到目标中间商和潜在中间商;其展览不受产品限制。其缺点是费用较高、产品容易被竞争者模仿。

4. 销售竞赛

企业的多家中间商之间可以开展销售竞赛,目的是通过对成功者进行奖励,以此提高一定时期的销售额。奖励方式可以是奖励旅行、奖金、礼物或更大的折扣等。开展销售竞赛有利于鼓舞中间商的斗志,可以激励他们加倍努力来完成规定的销售任务。

销售竞赛的优点有:帮助消费者接受新产品(品牌);有助于传达和提升品牌形象;提高消费者的注意力;可区隔特定的目标消费群。其缺点是:费用成本较高;对销量帮助不大;参加者并不一定是目标消费群;效果较难预估。

此外,企业还可以资助中间商、提供免费咨询服务及为中间商提供人员培训等。

【问题讨论】

若你是中间商,在以上的销售促进类型中,你最倾向和喜欢哪种或者哪几种工具?说明你的理由。

三、促销管理

企业在进行促销活动之前,需要进行一系列的决策与策划活动,根据各个企业发展的经验,销售促进的策划应该按照如下步骤进行:确立销售促进目标,选择销售促进方法,制定销售促进方案,事先测试、实施和控制销售促进方案,评估销售促进效果。

(一)确立销售促进目标

确立目标是企业决策的第一步。销售促进目标必须与企业整个市场营销目标相结合,且具体目标一定要根据目标市场类型的变化而及时调整。

就消费者促销而言,其主要目标有:吸引现有顾客更多地购买现有品牌的产品和开始购买本品牌的其他产品或本企业的其他品牌产品;吸引潜在顾客购买;吸引竞争者品牌的使用者。

就中间商促销而言,其主要目标有:鼓励中间商淡季购买产品,维持其保有较高水平存货;说服中间商经营新的产品;抵消竞争性促销影响,建立品牌忠诚;获得进入新零售网点的机会。

(二)选择销售促进方法

企业在进行促销决策时,必须充分考虑市场类型、促销目标、竞争情况及每种工具的性价比等因素。我们已经确定了促销的目标,了解每一种促销手段都会在顾客心中产生一种特定的反应,但并不是所有的促销手段都可以带来更高的销售额。

1. 选择消费者促销方法

首先,在选择消费者促销方法时,企业要考虑产品的定位、产品品牌成熟度、消费者心理、产品的生命周期。高溢价产品或低溢价产品的产品定位直接影响着促销工具的选择,产品定位的不同决定了不同的消费群体。品牌的成熟度对促销工具的选择也有很大的影响。例如,在新品上市时,在大多数消费者对该品牌形成价格概念前,企业选择特价的促销形式,纯粹是自杀行为,此时,选择现场演示等方式,效果就很好。

其次,选择促销方法时企业应当考虑消费者的心理,不同类型、层次的心理决定着不同的消费者行为。按照产品的使用次数,我们对不同的消费者进行几种分类:品牌忠诚使用者、竞争性品牌忠诚者、游离者、价格敏感的消费者、非使用者。企业可以采用样品赠送、优惠券、现金折扣等方法与消费者建立稳定的关系;而对那些无意与企业建立稳定关系的消费者,企业可以采用有奖促销、竞赛与抽奖、以旧换新等方法。

产品处于不同的生命周期阶段也影响着促销方法的选择。在产品引入期阶段,广告和销售促进的成本都很高,这个时期的促销活动应该以推动产品试用为目的,可使用样品赠送、优惠券等方法。在成长期阶段,由于购买者的口碑宣传市场发展迅速,这时可以适当降低促销成本,选择一般性的促销工具,如现金折扣、有奖促销等。在产品成熟期和产品衰退期阶段,由于市场的竞争日趋激烈,此期间销售促进成本增加,选择促销工具也应进行调整,多以同竞争者进行有效区别的促销为主,如惠顾回报、分期付款、以旧换新等方式。

2. 选择中间商促销方法

在选择中间商促销方法时,要考虑促销目标因素、企业自身素质、产品因素和市场因素。

促销目标因素是指企业的目标,如:提高企业销量;扩大企业名声;或以新产品的试用吸引新顾客。此时选择的方法各异,例如在新产品上市时,多用免费商品与特殊广告品、展览会与交易会等形式,这样可以扩大企业的影响力。当促销目标仅仅是提高企业销量时,最常使用的方法是购买折扣与津贴、销售竞赛来鼓舞中间商士气,以此激励其更多地购进本产品或其他产品。

企业自身因素也会影响到中间商对促销工具的选择。例如:资金雄厚的企业可以考虑交易会、展览会和销售竞赛的形式;资金不足的企业可以采用现金折扣与津贴来加速现金的回笼。

产品因素也会影响中间商对促销工具的选择。例如:产品处于成熟时期时,可以选择销售竞赛,而在其衰退时期,采用购买折扣与津贴可以直接刺激中间商多购进产品。

市场因素对中间商选择促销工具也有一定的影响。当市场处于整体上升期时,市场对该产品的需求激增,企业可以选择交易会和展览会的形式吸引潜在顾客。若市场对该产品的需求萎缩,企业可以采用购买折扣与津贴等直接折扣的方式来刺激中间商购买。

(三)制定销售促进方案

销售促进的策划,不仅要确定促销的目标和选择促销的方法,还要对促销活动的实施制定具体的行动方案。在进行促销方案策划时,企业需要对以下内容进行决策。

1. 促销的范围

促销范围包括产品范围和市场范围,产品范围是指企业要确定促销是针对整个产品系列,还是仅对某一项产品进行促销;是针对目前市场上正在销售的所有产品进行促销,还是针对有特殊包装的产品促销。市场范围是指该产品是在整个市场上促销,还是针对某个特定地区促销。

2. 诱因的大小

诱因是指在促销活动期间,产品的价格相对于平均价格的折扣率。不论是直接降价还是附加赠送,这些都能给消费者提供一定的价格折扣,进而帮助他们省钱。正是因为折扣率的存在,形成了刺激消费者购买的诱因。促销效果与诱因的大小成正比,只有诱因达到一定数量才能真正对促销起作用。

3. 参与者的条件

参与者条件是指哪些人有资格参加这次促销活动,是所有人都能参加,还是某些特定的人群才能参加,准入条件包括购买指定产品或者购买一定数量的产品。若仅仅是为了扩大宣传、打开产品知名度,企业可以把参与者的范围适当放宽;若为了提高品牌忠诚度,其参与范围应缩小至现有顾客。

4. 促销的持续时间和时机

有研究者认为,理想的促销频率是每季度3周左右,最佳持续期间应与顾客的平均购买周期相等。企业促销的时机应该根据企业营销状况、消费者需求、企业自身活动来进行。例如,在企业竞争对手强劲、企业销售量下降、中间商存货减少、大型节假日、企业开业酬宾、企业年庆、商场店庆及产品过季等情况时,正是企业促销的良好时机。

5. 促销的方法

该部分已作过详细介绍,在此不再赘述。

6. 促销的传播媒介

策划者必须决定通过何种媒体将促销的信息传递给消费者。例如,苏宁电器在"十一"黄金周期间选择了电视宣传、公交电台、报刊这三种受众广泛的媒介让消费者知道他们盛大的促销活动。当然每一种媒介都有不同的传达率和成本,促销的效果也不尽相同。

7. 促销预算

具体的促销成本包括:管理成本,如印刷费、邮费、促销活动费;刺激成本,如奖品或减价成本;回收所产生的费用,如场地清理、垃圾回收等。

第三节 公共关系营销

公共关系营销是公共关系学与市场营销学的结合体,有时也被称为营销公关,是实施整合营销传播的战略,它能够在信息混乱的状态下提供再次获得顾客青睐的机会。公共关系营销通过对消费者心理与行为的分析,如需求、购买习惯和文化背景、宗教信仰、社会阶层等,来达到进行市场细分和选择目标市场的目的。

一、公共关系营销的特点和目的

公共关系营销的基本特征在于充分运用现代公共关系的原理,从一个全新的角度来进行市场营销的策划和实施,树立良好的企业形象,创造适宜的营销环境,使产品借助企业的知名度和美誉度进入市场,从而实现销售。公共关系营销的基本原则在于"公众利益至上",一个组织的存在和发展的基础在于公众,没有公众的理解和支持,任何一个组织都无法长久生存。

在理解公共关系营销概念的同时,我们需要注意以下两点。

一是公共关系营销跟广告的区别。公共关系能够支持企业的广告活动,但两者又有着本质的区别:广告是企业利用媒介来传递企业想要传递的信息;公共关系则是企业吸引媒介工具来报道。简而言之,广告是要支付费用的,同时企业可以控制其传播内容;公共关系不需要支付媒介传播费用,但企业也不能控制媒体报道的内容。

二是公共关系关注的重点是企业和品牌形象,而不是具体的产品和服务。在公共关系中,企业需要正确地处理与社会公众的关系,树立良好的企业和品牌形象,从而激活和创造产品与服务的需求。

企业进行公共关系营销,主要是为了达到以下几个具体目的。

1. 开发新产品市场

成功的公共关系营销可以在一种产品、一个企业甚至一种观念上制造某种神秘感,并获得消费者的认同感,这在新产品的市场开拓阶段是非常重要的。

2. 重新定位老产品

一种产品在市场上销售了一段时间后,原有的定位可能存在问题或

专栏 13-5 汽车公司的公共关系营销

需要推出新的功能,此时,对老产品的重新定位也许会使其重新焕发生机。公共关系营销能够通过市场调研发现产品的新用途和新市场,并通过多种公共关系手段将新的定位传达给消费者,以达到重新定位老产品的目的。

3. 建立对产品的兴趣

国内外企业经常对文化、娱乐、体育活动进行赞助,这些赞助会以活动的形式激起观众对产品本身的兴趣。

4. 维护问题产品

任何企业都无法保证自己的产品永远不出现问题。当产品出现问题时,企业首先要从产品本身出发找到原因,解决问题。此外,由于产品出现问题给消费者造成的严重不良印象,应当通过公共关系营销进行补救。优秀的公共关系营销甚至能从消极不利的情况中,发掘出蕴含着的有利因素,例如企业对弥补问题的积极态度等,在合适的时机通过合适的途径进行危机公关,达到化祸为福的效果。

专栏 13-6
积极打造"光辉形象"的美国航空公司

5. 分析市场需求

在本书前几章中我们不断强调消费者的需求才是产品生产的唯一依据,公共关系营销的最终目的就在于满足消费者的需求。通过公共关系营销,企业可以及时获得第一手的社会信息、市场信息、质量反馈等资料,便于企业改进产品和服务,更好地满足消费者需求。此外,通过公共关系营销,企业可以将产品对消费者需求的满足程度更好地告知消费者,从另一个角度使产品更好地满足消费者的需求。

二、公共关系营销方法

公共关系营销的方法主要有以下几种类型:事件营销、体验营销、赞助营销、新闻营销、故事营销、展会营销和口碑营销等。

(一)事件营销

近年来,事件营销的概念逐渐流行,并越来越受到企业的重视。不少企业通过恰当的事件营销运作一举成名,使企业获得了极大的发展。事件营销是指企业通过策划、组织和利用名人效应、新闻价值以及社会营销的人物和事件,吸引公众的兴趣和关注,提高企业和产品的知名度和美誉度,培养消费者的忠诚度,树立良好的品牌形象,最终促成产品或服务销售量提高的营销方法。事件营销可以避免多元化媒体造成的干扰,提高受众接收信息的程度、传播深度和层次。因此,事件营销的投资回报率相对较高,据有关人士分析,其投资回报率是传统广告的三倍。

一般来说,事件营销取得成功应当具备以下五个要素。

1. 吸引公众关注

企业所运作的事件如果不能吸引公众的关注,必然是毫无意义的失败尝试,事件营销一般通过借势和造势两种方式来吸引媒体和消费者的注意力。借势是指企业抓住社会热点,通过结合企业和产品的特点开展一系列相关活动。造势则是企业通过策划、组织来制造社会热点,吸引公众的关注。如果说借势是对事件资源的一次利用,那么造势则是通过周密的计划对事件资源的第二次利用。

2. 及时性

社会关注的焦点事件是不断变化的,人们会逐渐遗忘前几天还讨论得热火朝天的事件,一些事件在公众认知中的形象也会随事态的发展或事件的推移而不断地变化。因此,事件营销要特别注重时效性,特别是利用借势手段的事件营销尤其需要注意。往往一些处于挑战者地位的企业会因为其高效率的营销决策机制而在事件营销中抢占先机,战胜市场领导者企业。

3. 与事件的关联性

社会热点事件必须与品牌的核心理念、产品的特点、目标消费者的群体特征等各个方面相关联。如果事件与企业关联性较小,公众的注意力将完全被事件本身吸引,就不太可能将热情转移到品牌和产品上。

4. 合适的切入点

要将品牌和产品信息通过事件渗透到消费者心中,企业需要找准切入点。大企业的常规切入点一般是以捐赠和赞助等形式,但这些方式会对中小企业造成严重的资金压力;中小企业应当通过创新的思维,寻找新的切入点,在统一的主题下分阶段进行运作,这样可以通过事件营销快速树立品牌,并通过品牌效应拉动产品销量。

5. 综合运用各种手段

事件营销是一个理性分析和长久计划所得到的结果,企业不应当浅尝辄止,也不能指望一步登天。成功的事件营销需要整合广告、促销和公关等各种手段,并不断地坚持下去。

(二) 体验营销

在市场经济不断发展的今天,消费者已经从单纯地关注产品的数量和质量转变为追求生活品质的提高和更好的体验,希望在消费与使用产品和服务的过程中更好地获得自身心理需要的满足。体验营销的概念也因此产生,体验营销是指企业以商品为载体,通过完善的服务满足消费者的体验需求,并以此为目的展开的一系列营销活动。因此,体验营销是一种从消费者的感官、情感、思考、行动和观念五个方面重新定义和设计营销的思考方式和操作手段。体验营销的关键在于促进顾客和企业之间的良性互动,为此企业应当从顾客的角度全方位深层次地审视自己的产品和服务。体验营销的主要特点有以下三个方面。

1. 顾客导向

体验营销需要以顾客的需求为导向设计、生产和销售产品,提高消费者的主动性,增强消费者的忠诚度。

2. 注重沟通

体验营销是以与顾客沟通为手段,通过沟通来了解顾客的体验情况。企业应注重与消费者进行沟通,全面了解消费者在进行消费和使用的整个过程中的体验情况,并根据沟通结果审视和改进自己的产品和服务。

3. 顾客满意

体验营销的最终目标是顾客满意,因此产品必须综合考虑顾客的感受、环境因素、综合性能、人性化设计等各方面,通过使顾客得到超过期望的满意度来获取顾客忠诚度。

(三)赞助营销

赞助营销是指企业通过对某些公益性、娱乐性、大众性和服务型的社会文化活动进行资助而开展的宣传活动,通过这些宣传塑造企业和品牌形象,促进产品销售。赞助营销是一种常见的公共关系营销方式。

根据资助活动的不同,赞助营销可以分为以下几种类型。

1. 体育赞助营销

体育运动是大众喜爱的活动,也是新闻媒体乐于报道的对象,因此对体育活动进行赞助能收到很好的效果。体育赞助营销的优点主要在于:可信度大、效果易接受、覆盖面广、明星效应大、易于结合其他营销手段等。近期体育赞助最成功的企业是恒大地产,其赞助的"广州恒大俱乐部"连续几年夺得中超联赛冠军,人们在关注这支足球队的同时,恒大地产也在不断扩大自身的影响力。

2. 娱乐赞助营销

娱乐事业也深受公众喜爱,是赞助营销的另一重要领域。

3. 教育赞助营销

通过对教育事业的赞助,企业可以树立良好的企业形象,并能与教育单位形成融洽的关系,为企业吸引更多的优秀人才。教育赞助营销主要通过媒体赞助、奖学金赞助、冠名赞助等形式实现。

4. 社会公益福利赞助

通过对社会公益和福利事业进行资助,企业能赢得政府和市民的信任,更能树立良好的企业形象,为企业发展创造良好的条件,同时也是企业回报社会的重要手段。

(四)新闻营销

随着市场竞争激烈程度的加剧,广告的数量也越来越多,随之而来的问题是广告质量的参差不齐,这导致了人们对广告的反感,也严重影响了广告的效果。但是,新闻由于其公正性和时效性受到了人们的欢迎。于是,利用新闻为企业和产品宣传服务,通过新闻的途径向公众传递企业精神、品牌、产品功能信息的新闻营销就应时而生了。

新闻营销是指企业在真实、不损害公众利益的前提下,利用具有新闻价值的事件,或者有计划的策划、组织各种形式的活动,借此制造"新闻热点"来吸引媒体和社会公众的注意与兴趣,以达到提高社会知名度、塑造企业良好形象并最终促进产品或服务销售的目的。新闻营销将企业的宣

专栏 13-7
加多宝过亿赞助《中国好声音》

传融入新闻报道之中,有利于使用新闻的可靠性和时效性快速地建立企业品牌的知名度和美誉度。例如,天津爱民医院通过对肥胖人群实施有效的减肥计划,创造了"减肥速度最快的少年""减肥速度最快的人"等吉尼斯世界纪录。为此,新华社全国发通稿报道,大大小小的媒体也争相进行报道,天津市爱民医院的名声也就不胫而走。

(五)故事营销

故事同样也是进行营销宣传的良好载体,通过有趣的故事,能使消费者乐于接受企业和产品的信息。故事营销是指企业利用演绎后的企业相关事件、人物传奇经历、历史文化故事或者杜撰的传说故事,激起消费者的兴趣与共鸣,提高消费者对品牌关键属性认可度的营销和沟通方式。故事能够通过虚构的情节赋予产品或者品牌以情感和象征性,满足人们形而上的需求。同时,故事能够以其趣味性、生动性、曲折性等吸引人的情节设计,克服人们的认知惰性,达到有效沟通的效果。

(六)展会营销

展会营销包括两种类型:一是企业参加各种类型的展览会,在展览会上展示自己的产品,吸引中间商和消费者;二是企业利用各类展览、会议的机会,将自己的产品或服务进行展示,甚至赠送给参会的人员,这类人员会成为意见领袖,将该企业和产品推荐给他人,扩大企业和产品的影响力和美誉度。例如,奇瑞生产的各类"燃料电池车"分别在北京奥运会、大连达沃斯论坛以及上海世博会等活动园区中承担交通运输任务,向世界展示自主新能源汽车的"中国力量"。

展会营销的优点在于:通过部分意见领袖的亲身经历推广产品,有很高的可信度和说服力,能起到良好的营销效果,如各类会议纪念品、会议专用产品等。

(七)口碑营销

专栏 13-8
Flying Pie 的在线口碑营销

"口碑"一词来源于传播学,美国营销专家伊曼纽尔(Emanuel)将其定义为:"关于某品牌的所有评述,是任何给定时间里关于某个特定产品、服务或公司的人与人之间所有交流的总和。"实际上口碑可以看作是由于产品给顾客带来的充分满意之后,顾客为产品所做的免费的广告。口碑营销就是把散乱琐碎的"谈论"式口碑进行管理,为企业的营销战略服务。通过一系列营销活动的成果,包括了从产品质量、服务到营销体验环境,以及从宣传的手段和切入点到售后服务,还有相关的一系列措施使口碑得以产生和流传。

口碑营销有以下几个特点:信息的流通效率和可信度高;独立且非商业性;有很强的针对性,但存在产生负面口碑的风险。

本章小结

企业经常使用各种促销手段来扩大企业与品牌的知晓度、美誉度和产品销量,常用的方法有广告、销售促进和公共关系营销。

按目的和效果分类,广告可分为信息性广告、劝说性广告、提醒性广告和强化性广告。广告的主要媒介是报纸、电视、广播、互联网、黄页、户外广告等,不同的媒介有不同的优势,同样也存在着各种问题,只有综合运用各种媒介,互相弥补,才能取得更好的效果。

广告媒介的选择应综合考虑预算、产品特点、目标客户、媒介生命周期、媒体影响范围等因素,并选择合适的投放时间和频率。企业通常使用5M模型来确定广告的形式和内容,以及广告所要传递的信息。广告的效果需要进行评估,通常会有事前评估和事后评估两个环节。

由于广告的影响范围很大,因此企业在制作和投放广告时,应当考虑道德方面的问题。

销售促进主要分为对消费者的促销和对中间商的促销,而这两类促销又各自有诸多促销工具。企业应针对促销范围、诱因大小、参与者条件、促销时间、促销方法、传播媒介和促销预算进行决策,以便使用最小的成本达到最好的目标效果。

公共关系营销主要是希望达到以下几个目的:开发新产品市场、重新定位老产品、建立对产品的兴趣、维护问题产品和分析市场需求。公共关系营销手段多样,主要有事件营销、体验营销、赞助营销、新闻营销、故事营销、展会营销及口碑营销。

思考题

①分析在报纸、电视、广播、杂志、户外广告、黄页、电话等媒体做广告的优缺点。
②你知道的新媒体有哪些,各有什么特点?
③如何选择广告类型?
④什么是广告的连续性、集中性、时段性和节奏性?
⑤如何评价广告的传播效果?
⑥根据不同的产品周期,广告的目的有何不同?
⑦根据广告目标,广告可以分为哪几类?
⑧在对广告预算进行决策时,应考虑哪些因素?
⑨销售促进有哪些形式?
⑩如何让促销成为一种有影响力的品牌建设工具?举例

说明。

⑪促销方案包括哪些内容？

⑫促销成本包括哪些？

⑬促销在什么样的情况下会降低品牌忠诚？

⑭如何对促销方案进行预试、实施、控制和评价？

⑮公共关系营销有哪些作用？

应用题

①中国企业应如何管理消费者体验，以达到星巴克咖啡的体验效果？

②广药集团应如何应对加多宝的公共关系营销攻势？

③新闻和故事营销与展会营销、口碑营销有哪些联系，如何进行综合运用？

本章参考文献

［1］胡建.浅谈网络广告媒体策略［J］.中国商人（经济理论研究），2005（1）.

［2］吴健安.市场营销学［M］.3版.北京：高等教育出版社，2007.

［3］张德成.试论公共关系营销［J］.学术交流，1996（6）.

［4］白玮.公共关系营销理论在润田公司中的应用分析［J］.市场论坛，2010（11）.

［5］肖志雄.事件营销［J］.商业现代化，2006（31）.

［6］黄志锋.体验营销：新经济时代的营销方式［J］.长沙大学学报，2006（7）.

［7］李钊，赖司杰.浅析赞助营销［J］.北方经贸，2003（2）.

［8］刘丽莎，刘家铭.联想"斑马人"：创新网络故事营销［J］.新闻世界，2010（8）.

［9］黄跃华，关建锋.口碑营销及其战略——星巴克的口碑营销之路［J］.职业圈，2007（23）.

第十四章 人员销售

- ☆ 了解营销与销售的区别
- ☆ 了解人员销售在营销中的作用
- ☆ 了解人员销售的由来及性质
- ☆ 熟悉人员销售的基本方法
- ☆ 掌握面对面销售的技巧
- ☆ 了解销售员心态管理要点
- ☆ 熟悉营销人员素质建设要点

随着经济全球化的推进,互联网的快速发展,高新技术在生产制造业上取得的快速进步及企业整体管理水平的提高,品牌的感召力在逐渐下降。在以往的营销实践中,一个良好的品牌足以让顾客忽视产品或服务的不足,足以成为销售人员打开顾客心灵之门的敲门砖,足以让销售人员轻松地进行销售和推广。但是,在竞争日益激烈的今天,品牌感召力逐渐下降,企业产品和服务质量的差异性日益缩小。对于潜在顾客来说,品牌知名度、产品和服务的质量只是吸引眼球最基本的标准;对于企业来说,品牌知名度、产品和服务的质量也只是进入市场、参与竞争的最基本的要求。那么,当今企业竞争的关键是什么呢? 答案就是企业销售的有效性或者说是企业的销售力。

导入案例
品牌实力还是个人能力?

上一章我们主要介绍了广告、销售促进和公共关系营销等促销形式,本章我们将着重介绍人员销售,研究企业如何通过人员销售扩大产品销售,提高企业的销售力。

第一节 人员销售的基本概念

常常有人将销售与营销混为一团，对于两者的区别认识十分模糊。那么，它们到底有什么区别，彼此是什么关系，人员销售又有哪些作用呢？

一、销售与营销的关系

市场营销是有关满足顾客需求与欲望的科学，企业的任务是向顾客交付价值并从中获取相应的利润。传统的营销观念是企业生产产品，然后进行销售，但在现代营销观念中，价值的创造和交付被分为三个阶段：第一阶段是选择价值，这是在创造任何产品之前企业都要做的功课，企业必须对市场进行细分，选择适当的目标市场，开发市场供应物的价值定位；一旦企业选择好了价值，第二个阶段就开始了，那就是提供价值，企业必须确定特定产品的属性、价格和销售渠道；第三阶段的任务就是利用营销人员沟通价值，在这一阶段中，通过组织销售人员、促销、广告和其他沟通工具来宣告产品的诞生、投放，并进行产品促销。从这个定义来看，市场营销是一种动态的管理过程，它的核心观念是交换，但又不只包括产品流通，企业的市场营销活动远比它的流通过程要长，所以市场营销并不等同于产品交换。

传统的销售与营销和推销几乎是同一个概念。例如，第二次世界大战前的英文词典都将 marketing 解释为"销售""营销"及"推销"。传统的销售重视卖方的需求，以销售现有产品、实现企业盈利为主要目标，以企业或产品为出发点，侧重于销售人员的销售技巧。但现代销售观念将人员销售视为促销的一种形式，将企业销售视为市场营销的组成部分，是动态的、系统的营销活动中一个不可缺少的重要环节。

但在现实生活中，很多人将营销和销售剥离开来，将两者视作独立的两个环节。他们认为，市场营销流程处于企业运作流程的最前端：企业根据定位锁定目标客户群，通过市场调研活动了解客户需求，树立品牌形象，产生销售机会。紧接着才是销售流程：销售团队通过各种渠道收集销售机会，进行销售活动并产生结果。销售流程是整个企业业务流程中的一个重要组成部分，这在企业的部门结构中表现为：战略规划部门负责制定企业宏观经营战略，市场部门负责利用信息载体启发和影响消费者的需求，销售部门负责利用渠道载体把产品从企业顺畅且方便地送达消费者面前。简单来说，营销就是怎么使你的东西好卖，销售就是怎么卖好你的东西。这种看法算不上错误，只是将营销的概念定义得过于狭窄、过于片面，只要企业的业务流程是规范的市场营销过程，企业的运营就是规范的、科学的。

因此，销售环节作为执行环节，是企业整体营销过程的重要组成部分，任何缺乏执行力度的营销都不能称为成功的营销，营销策略也会失去意义。所以，企业必须认清销售和营销的区别和联系，重视企业销售，才能够真正地把握市场，创造利润。

二、人员销售的概念及作用

人员销售是企业运用销售人员直接向顾客销售产品和服务的一种促销活动，它包括三个基本的要素：销售人员、销售对象和销售产品。销售人员通过与销售对象接触、洽谈，让销售对象购买产品和服务，实现产品销售，满足顾客需求。在企业的促销工具中，人员销售是最有效的工具，特别是有助于建立购买者的偏好、忠诚以及行为。图14-1反映了三种促销方式相对的成本效率。顾客深信和顾客购买主要受人员销售的影响，在再次购买中人员销售也占很大影响的比重。

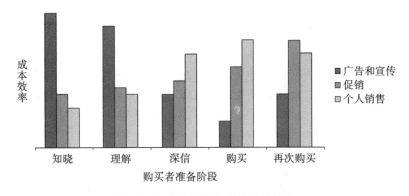

图 14-1 三种促销方式的成本效率

与广告、促销、节事和体验、直复营销、互动营销、口碑营销相比，人员销售有三点与众不同：第一，个体式交互，个人推销能直接创造交互式的两人或多人交流的情景，其中每一群体都可以观察其他群体的反应；第二，培养关系，个人推销允许培养和运用各式各样的关系，从注重利益的销售关系到深厚的友谊都可以；第三，反应，购买者可能会感觉到有义务对听到的销售对话作出反应。

现在没有人会质疑人员销售在营销计划中的重要性，大部分公司的销售队伍作用巨大。虽然有些公司没有自己的销售队伍，仅通过销售代理商或中间商进行销售。如今，很多工业企业严重依赖专业的销售队伍深入目标顾客中，并努力发展其成为企业的客户以扩展业务，或者雇用工厂的销售代表或代理来实施销售并完成销售任务。在施乐和杜邦这样的销售贸易商品的公司里，公司的销售人员直接同消费者接触。对许多消费者来说，与他们接触的销售人员就代表了其公司。像宝洁或威尔逊体育用品公司这样的消费品公司里，它们都是通过媒体销售，最终的消费者很少与销售人员接触，甚至根本就不知道他们，但是销售人员仍在幕后起着重要作用。他们同批发商和零售商交往，以得到他们的支持，并能够帮助他们更好地推销公司的产品。例如，好事达、雅芳、安利、玫琳凯、美林证券和特百惠公司就拥有自己的直销队伍。2000年，美国的销售岗位达到8855000人，占总就业岗位的6.8%。

不过人员销售也有其缺点，主要是成本高。美国学者约翰·A.昆奇等人在《市场营销管理教程和案例》一书中指出："20世纪80年代，一次典型的产业市场销售访问成本是200美元。与此对比，零售人员用20分钟向一位顾客解释一个大型设施特征的成本估计约为5美元；高质量的直接邮购一件产品，成本在2～3美元之间（包括邮购单成本）；选择性媒体每次展露成本在10～15美分之间，而大众媒体每次的展露成本只有1美分。"由此可见人员销售成本之高。而且人员销售接触的顾客数量和范围也十分有限，对销售员的素质要求较高，培养优秀的销售人员需要的时间较长。这些问题无疑是限制其运用范围和程度的主要因素。

专栏14-1
销售人员与
新产品创新
案例

销售人员在公司和消费者之间起到关键的纽带作用。在许多情况下，销售人员要同时服务于两个主顾——一个是卖者，一个是买者。他们对于消费者而言代表的是公司，对于公司而言代表的是消费者，在公司内部充当消费者利益的维护者。销售人员将顾客对公司的产品、促销活动的意见反馈给那些与此直接相关的人员，他们了解到消费者的需求，并同公司的其他人员一起提高自身在顾客中的信誉。因此，销售人员必须充当一个在卖者和买者之间调整相互关系的"客户经理"的角色。

第二节　人员销售的性质

一、人员销售的由来

在历史的长河中，随着商品的生产、交换，出现了一种被称为推销的经济现象。在原始社会中期，随着社会生产力的进步，畜牧业从原始种植农业中分离出来，人类社会出现了第一次社会大分工，商品交换由此产生。随着第二次社会大分工，手工业部落从农业部落中分离出来，各个原始部落为了得到自己所需的产品，必须先出售自己生产的产品，于是人类社会原始的产品推销活动出现了。到了原始社会末期和奴隶社会初期，人类社会发生了第三次社会大分工，商业独立产生，从事商品交换的劳动从生产劳动中分离出来，商业推销也随之出现。商人和商业的推销相比原始社会的推销更专业化，推销活动也有了专门的市场。同时，由生产者兼营的推销活动也仍然存在。从历史的角度看，推销的出现早于市场，而市场的产生又促进了推销的发展。

在我国夏朝时就出现了原始城市市场的雏形。卖酒者大声吆喝、药店高悬招旗都是推销的手段，从之后的商朝的"市肆"到西汉的"丝绸之路"，再到北宋的"清明上河图"描绘的交易繁荣的场景,可以看到中国推销史发展的踪迹。自鸦片战争以后,中国沦为半殖民地半封建社会,商品经济畸形发展。在同洋货竞争国内市场的过程中,中国民族工商业在条件极其艰苦的情况下也创造了许多推销国货的方法。新中国成立以后相当长的时期内,生产力上不去,商品供给短缺,加上受"左倾"思想的影响,把推销作为资本主义的垃圾被扫除。改革开放以后,随着社会主义市场经济的发展,推销活动迅速波及国内市场,同时国外营销理论和知识也迅速在国内蔓延。国内工商企业界对推销越来越重视,都把培养优秀的销售员队伍作为当务之急。

西方发达国家的推销活动也由来已久。古希腊历史上记载推销是一项交换活动,推销人员也曾出现在柏拉图的笔下。16世纪以后,伴随着大生产的兴起,各式各样的推销活动大规模发展起来。直到18世纪中期至19世纪中期,真正靠推销来养活自己的推销人员至英国工业革命后才达到可观的人数。19世纪末20世纪初,资本主义机器大生产使商品市场迅速发展,批发商、零售商及各种代理商、经纪人层出不穷,许多企业内部开始设立销售部门。过去被动地坐等顾客上门的传统推销方式,逐渐被"走出去,说服顾客"的积极推销方式所取代。从事这一行业的人有很多名称:推销员、业务员、销售代表、业务代表、客户主管、销售顾问、销售工程师、代理人、区域经理、营销代表等。1900年,美国纽约大学首先开设了"推销学"课程,1915年成立了"全美推销协会",之后各大学相继开办推销技巧培训班。20世纪30年代经济危机爆发后,由于消费者购买力低下,生产能力过剩,强力推销的观念在工商界盛行,无数学者也在绞尽脑汁地研究推销活动。

1958年,欧洲著名的推销专家海因兹·姆·戈德曼系统总结其30多年推销生涯的成功经验,将推销过程程序化、公式化,概括出被称为推销法则的爱达模式、迪伯达模式。他的《推销技巧》一书的问世,标志着现代推销学的诞生。20世纪中叶,随着市场营销学的飞速发展,促销成为营销组合的组成部分,促销中的人员销售也变得更加专业化。20世纪70年代以来,亚太地区也兴起了一股研究推销学的高潮。日本每年都要举行全国范围内的销售员业绩大赛,获胜的超级销售员一时间会成为社会各界关注的新闻人物,例如"推销之神"原一平。美国的销售大师乔·吉拉德因在1976年推销出1425部新汽车而被列入《吉尼斯世界纪录大全》,他说:"每一个销售人员都应以自己的职业为傲。销售人员推动了整个世界。如果我们不把货物从货架上与仓库里运出来,美国整个社会体系就要停摆了。"这段话足以说明销售工作的重要性。

今天,在美国的54种职业中,销售员的政治地位排在第11位,与教师、医生、企业家不相上下;从经济收入来看,销售员的收入排在前6名,一名销售员的平均年薪超过20万美元。过去销售人员没有那么严格的准入标准,因此不太受人重视。而今天,大多数销售人员都是受过高等教育及经过严格选拔和专门培训的,他们的工作就是建立和保持同顾客之间的长远关系。他们通过聆听顾客意见、满足顾客需求、解决顾客问题而与顾客建立联系。销售是一门需要学习的艺术,销售是值得从事的职业。

二、人员销售的性质

(一)销售人员肩负的主要职责

①销售企业产品:通过与顾客直接沟通联系,运用推销艺术,解答顾客的疑虑,从物

质和精神上满足顾客的需求,说服顾客购买,促成交易的实现。

②提供多种服务:在人员销售过程中,不仅要把产品销售给顾客,而且要为顾客提供咨询、技术、信息、维修等多种售前、售中、售后服务,帮助顾客解决困难,满足顾客需求。

③开发潜在客户:与现有顾客保持密切关系,这仅仅是销售人员承担任务的一方面,更重要的是通过深入寻找潜在新客户,不断开拓新市场,这是一项关系企业命运的重大任务。

④传递产品信息:通过与现实的和潜在的顾客沟通与交往,将有关产品的存在、性能、特点、价格等信息和资料传递给顾客,以促进产品销售。

⑤反馈市场信息:销售人员不仅要将有关商品、企业的信息传递给购买者,而且要将消费者的需求、购买状况、市场竞争状况、产品经营状况等信息反馈给企业。销售人员是企业收集市场信息的重要途径,是企业情报的主要来源之一。

⑥协调买卖关系:在顾客心目中,销售人员代表着企业。协调顾客与企业的关系主要从以下三方面入手:处理矛盾、消除误会、分配产品。

⑦与顾客保持联系:产品售出后,销售人员还应继续与顾客保持联系,定期与顾客进行接触,了解他们对产品使用情况的满意程度。对不满意者要采取一些补救措施,以防失去顾客,对于顾客提出的合理要求,要尽量予以满足。

(二)销售代表的类型

①投递人员:这类销售人员的主要任务就是产品的投递(培训顾问)。

②订单人员:内部的订单员(营业员)、外部的订单员(与超市采购联系的业务员)。

③传教士:并不期望这类销售人员能够真正把产品销售出去,只是重点在于使顾客形成购买意愿,影响并教育顾客和潜在用户(医疗零售商)。

④技术人员:这类销售人员具有高水平的技术知识(技术顾问)。

⑤需求制造者:这类销售人员靠着有创意的销售方法销售实体的产品(家用电器)和无形的产品(保险、广告服务和教育)。

⑥解决方案提供者:擅长利用公司产品和服务系统,帮助顾客解决问题(软件系统)。

(三)常用的人员销售的方式

①一对一销售:一个销售人员当面或通过电话与某个顾客进行交流,向其销售产品。

②一对多销售:一个销售人员向一个采购小组介绍并销售产品。

③多对多销售:一个销售小组向一个采购小组销售产品。销售小组可以由销售、采购、管理、财务、技术辅助,甚至高层管理人员组成。例如,宝洁的小组由推销员、市场管理人员、技术辅助人员、后勤及信息服务专业人员组成,他们密切地与沃马特、凯马特等大型零售商进行合作。

④会议销售:销售人员或销售小组在订货会、交流会、选货会、交易会等各种商品购销会议场所进行销售,该方式聚集了众多厂家、中间商、个体消费者等用户,有助于短时间内进行大量洽谈活动,省时省钱,但易受参会者人数、范围的限制。

⑤研讨会销售:通过召开由企业技术人员向买方技术人员介绍某项最新技术的研讨会,让客户了解本企业的最新研究成果,促使其购买本企业产品。

第三节 人员销售的技巧

一、基本销售流程

一个完整的销售过程包括以下八个阶段：确定客户、准备预约、开始访问、需求调查、能力证实、处理异议、成交晋级、售后跟进。该过程是针对一般产品的销售而言的，并没有考虑各种具体产品在销售过程中的个体差异，因而各种产品的销售过程可能并不完全一样。每个阶段也不是截然分开，各个阶段之间必然存在相互的联系与交叉重叠，这种划分只是为了便于讨论和销售培训。另一点需要强调的是，不同版本的有关销售技巧的书籍，虽然就销售过程的步骤多少及名称各有不同，但实质并无太大差异。

(一) 确定客户

销售人员可能在销售之初就幸运地得到一份现有客户的清单及客户分类情况，此时要做的是筛选出重要客户并制定拜访计划。也许在销售之初，销售人员没有一个现有客户，需要亲自去挖掘一个个潜在客户。开发潜在客户还有两点必要：第一，现有客户完全不流失是不可能的，为了填补流失的客户需要开发潜在的客户；第二，不断增加的销售压力也需要拓展顾客范围，寻找新的客户源。

潜在客户的来源大体可以从以下途径获得，如图 14-2 所示。

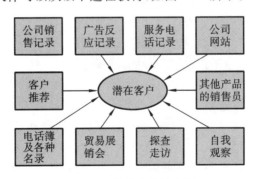

图 14-2 潜在客户的来源

寻找潜在客户有以下的八种方法。

①普遍访问法：也称为地毯式访问法，指销售人员对顾客的情况一无所知，挨家挨户直接走访某一特定区域的所有个人或组织，以寻找潜在客户的方法。该方法的优点是一方面可寻找客户，另一方面可借机进行市场调研，了解此区域对其他商品的需求情况。

该方法有利于培养和锻炼初涉销售领域的人员,缺点是需要花费大量的时间和精力,盲目性较大。

②链式引荐法:也称为无限连锁介绍法,指销售人员在访问现有客户时,请求为其推荐可能购买某种产品或服务的潜在客户,以建立一种无限扩展的链条。该方法是扩充潜在客户最有成效的方法,它比普通访问法的效率高而且可靠;可以避免销售人员主观判断潜在客户的盲目性,通过客户引荐有利于取得潜在客户的信任,销售访问的成功率较高;在寻找无形产品时,如投资、金融、保险等领域的可能买主时尤其适用,因为在服务领域里,信誉与友谊显得特别重要。本方法的不足之处是由于潜在客户要靠现有客户的引荐,如果没有现有客户就很难实现。

③中心开花法:指销售人员在某一特定的销售区域里发掘一批具有影响力和号召力的核心人物,并且利用这些核心人物的影响作用在该地域里寻找可能的买主。该方法的优点是销售人员只需集中精力做核心人物的工作,利用核心人物的影响作用,可提高效率,扩大商品的知名度。该方法的缺点是核心人物的寻找和确定较困难。

④关系网编织法:指销售人员利用自身的关系网(家人、亲戚、朋友、同学、老乡、邻居等)发掘潜在客户,或由他们提供可能买主的方法。看见熟人就告诉他们你销售的是什么,询问他们在做什么,相互交换名片,并且定期地进行联络。最终,你可建成一个彼此沟通、共享思想及交换信息的人际关系网。

⑤个人观察法:也称为直观法或试听法,指销售人员根据自身对周围环境的直接观察、判断、研究和分析来寻找潜力客户的方法。该方法是最古老,也是最基本的方法,优点是可以使销售人员直接面对市场和社会,有利于培养和提高销售人员的才干、视野、思维习惯和销售能力。该方法的缺点是由于受到个人知识、经验和能力的限制,失败率较高,容易挫伤销售人员的积极性。

⑥委托寻访法:指销售人员委托有关人员寻找客户的方法,通常高级销售人员雇用一些低级销售人员寻找潜在客户,自己则集中精力从事实际的销售活动。低级销售人员通常打着市场调查或免费提供服务的名义,对可能性比较大的区域发动地毯式访问,一旦发现潜在客户,立即通知高级销售人员安排正式访问。该方法可以使销售人员把更多的时间和精力集中在有效的销售工作上,但绩效往往取决于销售助手的合作程度。

⑦广告拉动法:指销售人员利用各种广告媒介寻找顾客的方法。该方法常用于市场需求量大、覆盖面广的产品的销售。广告的先导作用不但能为企业探查客户,而且也能刺激需求,说服顾客购买。该方法的缺点是难以测定广告拉动的实际效果。

⑧文案调查法:指通过收集、整理现有资料,以寻找可能买主的方法。该方法的优点是减少盲目销售,节省寻找客户的时间和费用,不但可以找到线索,还可以进行客户接近前的准备工作。本方法的缺点是查阅的文字资料时效性有限,以及并非所有资料都能查阅到。

寻找到潜在客户后还须对其进行筛选审查,如对购买需求的审查、支付能力的审查和决策权限的审查。筛选审查的目的是为了节省销售访问的时间和费用,有利于有的放矢地进行销售访问,提高访问的成功率。

(二)准备预约

1.访前准备

确定潜在客户的标志是什么?何时开始访前准备?一般来说,当你对某个线索有一定的了解并相信有可能达成交易后,潜在客户的确定工作即告结束,接着就要进行销售访问前的准备。在访前准备中,销售人员需要收集目标客户的信息、设定拜访目标及规划销售拜访。

专栏 14-2
目标顾客选择的重要性

1)收集目标客户信息

收集目标客户信息的好处有:收集到的信息可使销售人员避免因错误假设而导致严重失误,可增强销售人员的自信心。销售人员对目标客户收集的信息越多,他的销售机会就越多。收集信息的程度依赖于销售的具体情况,如销售一个简单、利益明显的低成本产品时,信息收集可以做得浅一些;在高风险情况、对销售人员和机构十分重要的情况下,信息收集应该进行得更加深入。对于个体潜在客户需收集姓名、年龄、性别、出生地、家庭状况、住址、职业、教育程度、需求状况、购买能力、购买决策权、兴趣爱好、最佳访问时间等信息。对于组织潜在客户需收集组织的名称、性质、规模、组织所在地、组织的机构设置与人事架构、组织的采购状况、组织的经营状况、组织的购买习惯等信息。对于老客户须回顾基本信息、以往的拜访记录及反馈信息,须收集变动信息(如经济状况有否改善,工作职位是否提升,家庭情况、居住地、电话号码是否改变等)。

2)设定拜访目标

销售人员要懂得把销售目标细分到每月、每周、每天。例如,小宇决定今年的销售目标是180万元,那么平均每个月的销售额应该达到15万元。根据他以往的业绩,平均一个客户的销售额是5000元,那么一个月必须销售给30个客户。如果按过去的统计情况,他拜访5个客户才有1个成功。这样,他每个月必须拜访150个客户,平均每周37个,每个工作日7个。

专栏 14-3
销售第一步——收集目标客户信息

每次拜访都要有明确的目的,比如是礼节性拜访、正式销售,还是收集信息、送资料等。当弄清自己的目的后,才能掌握主动权,以最少的时间、精力取得最佳的效果。拜访目标是由潜在客户在销售周期中所处的阶段来决定的。销售周期是指在合理的期望值下完成一个订单所需要的时间,它可能很短,也可能很长。不同的客户在销售周期中处于不同的购买阶段,如图14-3所示。

如在某些产品的小订单销售中,完成销售可能仅需要一次拜访,客户很快便从不了解阶段到尝试购买阶段。在这种情况下,拜访目标可以设定为"通过此次拜访使该潜在客户尝试购买"。但在某些产品的大订单销售中,完成销售可能需要多次拜访,甚至长达几年。在这个过程中,销售人员通过一次次的拜访将客户的购买阶段不断地向前推进,如对于一个

图 14-3 客户购买阶段

对产品完全不了解的潜在客户,一次拜访目标可以设定为"通过此次拜访使该潜在客户从不了解到了解一点"。想使客户达到哪一购买阶段须结合实际情况,既不要让目标设定的太高,这样会使自信心受挫;也不要让目标设定的太低,这样会使效率低下。

设定拜访目标的核心技能是把销售人员希望客户做的事情,而不是销售人员自己要做的事情写成短句。设定的拜访目标需符合 SMART 原则:目标必须明确具体(specific)、可衡量(measurable)、可达到(attainable)、可以证明及观察(realistic)、时间期限(time-bound)。

【问题讨论】

请问下述这些目标,是否符合 SMART 原则?为什么?

我要苗条。

我要减肥。

我要减肥 6 公斤。

我要在 3 个月内减肥 10 公斤。

3) 规划销售拜访

一旦销售人员有了足够的客户信息,设立了此次拜访目标后,就应该规划此次销售访问,包括规划在何时何地拜访谁、谈话的目的和内容、采用怎样的推销策略、如何开始访问、如何探询需求、如何进行能力证实、有哪些可能的异议、如何成交晋级等。经过良好规划的销售访问能帮助销售人员减轻压力和建立必要的自信。

在规划之中,还包括准备所需的拜访工具,如名片、产品说明书、公司宣传册、样品、视听展示设备、产品目录、客户名录、地图、计算器、笔记用具、最新价格表、带有公司标识的礼品、空白的合同、拜访记录表,以及准备好自己的着装等。

2. 访前预约

一旦销售人员做好了访前准备工作,就要开始预约访问。如果不预约,突然地访问可能会遭遇购买者不在或很忙而没时间会见销售人员。预约的重要性在一项调查中清楚地得到证明,该调查的对象是秘书、行政助理及负责安排约会的其他"控制者"。大多数被访问者认为没有预约的销售访问违背了商业礼节,尤其对于新客户的初次拜访更是需要预约。预约的好处有:第一,让客户明白销售人员注意到客户时间的宝贵;第二,有了预约,销售人员的访问就不会被视为一种打扰,而是购买者工作的一部分,在访问中客户更能集中精力地接受访问;第三,有利于销售人员自身的时间管理和工作安排。

可以采用电话、邮件、书信、当面及委托等方式进行预约。电话预约是最流行的方式,无论使用哪种方式,预约的内容包括:告诉目标客户为什么应接受访问的理由;提出访问的时长;为访问预约一个具体的时间、地点。在提出访问理由时,有经验的销售人员能够揭示目标客户的基本购买动机,并把它与销售人员提供的某种利益相联系,给出的购买理由要更加具体一些。

3.开始访问

"你只有一次机会留下第一印象"用在开始访问中最恰当不过了,尤其是初次拜访新客户。衣着得体、礼节和礼貌是销售人员让购买者首先注意到的,紧接着是从销售人员口里说出的头几句话。访问的最初几分钟,销售人员的目标是引起注意、激发兴趣和过渡到业务洽谈。如果开始访问有效,你就有机会过渡到业务洽谈;如果失败,你就丧失了深入洽谈的机会,也就等于宣告本次销售访问的终结。开始访问有三类接近的方法,如图14-4 所示。

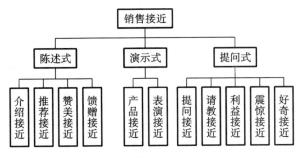

图 14-4　销售接近的主要方法

1)陈述式接近

①介绍接近法(introductory approach)是指销售人员通过自我介绍来接近客户的方法,如"张先生您好,我是来自××公司的业务代表贝蒂"。在正式接近客户时,除了口头的自我介绍,也应同时呈送自己的名片。在销售新产品或初涉销售领域时,对客户的情况了解不多,常采用该方法,该法是最常用的方法,但也是最无效力的方法,它很难引起客户的兴趣,尤其是销售人员的公司声名不显赫时,所以该方法应与其他方法联合使用。

②推荐接近法(referral approach)是指利用潜在客户所尊敬的人的举荐去接近客户的方法,如"高先生您好,我是××公司的业务代表费雪。上周您哥哥曾跟我提起您,他要我跟您联系一下,看看是否有你们所需要的复印机"。推荐接近法的主要方式有信函推荐、电话推荐、短信推荐、当面推荐等。介绍人所起的作用大小,取决于销售人员与介绍人的关系及客户与介绍人的密切程度。该法可以使客户与销售人员很快地熟悉和亲近起来,易于接近客户,但客户也可能出于人情而接见,未必对产品感兴趣。在使用该方法时,切勿欺世盗名,不可用客户讨厌的人作为介绍人。

③赞美接近法(compliment approach)是指销售人员利用人的求荣心理来接近客户的方法。使用该方法应注意:第一,要真心实意地赞美客户,尊重事实,把握分寸;第二,了解客户的个性特征,讲究赞美的方式,如"张先生,早就听说您是一位儒商,今天一走进您的办公室,就感受到了浓厚的书卷气息,真是名不虚传啊"。

④馈赠接近法(premium approach)是指销售人员利用馈赠小礼品来接近客户的方法。客户在接受礼品后,把注意力集中到销售人员身上,容易形成融洽的氛围。但在使用该方法时应注意:第一,馈赠品要慎重选择,依据客户爱好确定;第二,不能利用馈赠品变相受贿。

2)演示式接近

①产品接近法(product approach)也称为实物接近法,是指销售人员直接利用产品的新奇色彩或模型、图片来接近客户的方法。例如,美国得克萨斯仪器公司的销售人员把其销售的计算器放在购买者的桌上,等待购买者的反应。该方法的优点在于拉近产品与客户之间的距离,给客户提供了一个亲自摆弄产品的机会,容易激发其购买欲望。该法的局限性在于产品自身是否具有足够的吸引力,是否质地优良经得起客户的摆弄,是否便于携带、利于客户参与操作,产品必须是有形的实体产品。

②表演接近法(showmanship approach)是指销售人员通过戏剧性表演技法去接近客户的方法。例如,一个销售瓷器的销售员,当她把一个盘子递给客户时,她故意把它掉到地上,但盘子却完好无损。当她捡起来时说:"这是引导瓷器业革命的新技术成果,很多年轻顾客尤其是有孩子的顾客都会喜欢这样的产品,难道您不这样想吗?"该法可迎合某些客户求新求奇的心理,实际运用时须注意,表演既要具有戏剧效果,才能引起客户的兴趣,又要自然合理,不能过分夸张,表演尽量使客户参与其中,表演所使用的道具应是销售的产品或与销售活动相关的物品。

3)提问式接近

①提问接近法(multiple question approach)是指销售人员通过提出很多问题推动客户参与销售访问活动,以此形成双向沟通的接近方法。随着销售经验的积累,销售人员应该针对每个具体的潜在客户来设计所提的问题。

②请教接近法(opinion approach)是指销售人员以虚心向客户讨教有关他们需求的方式去接近客户的方法,如"我知道您是这方面的专家,对于我们产品的××问题,我想请教一下您是怎么看的"。该方法特别适用于刚刚从事销售工作的人,可以表现出尊重客户的意见。

③利益接近法(customer benefit approach)是指销售人员提出问题直接点明产品能够给客户带来的某种特别的利益和实惠,从而接近客户的方法。例如,"刘先生,有几千家像你们这样的公司,因为安装了我们的系统,将制造成本节省了10%~20%。您对此有兴趣吗"。该法适用于已经知道客户的需求,且洽谈时间不多的情形下,为了确保得到客户的积极响应,在提问后应紧接着陈述这些利益。

④震惊接近法(shock approach)是指销售人员设计一个问题,让客户意识到问题的严重性,或用令人吃惊的数据资料来引起客户的注意和兴趣的接近方法。例如,一个家庭防盗系统的销售员可能会这样开始他的拜访:"您知道家庭被盗率吗?根据公安机关公布的数据,今年家庭被盗率比去年上升了15个百分点。"使用此方法应注意:使客户震惊的数据应与产品相关;选择的数据确实能达到震惊人心的效果;收集的数据必须真实,不能夸大。

⑤好奇接近法(curiosity approach)是指销售人员询问一个问题或做某件事来使客户

对产品或服务感到好奇的接近方法。例如,在访问一个爱抽雪茄的男买主时,销售员把一个魔方递给他,买主问"这是什么",销售员说"您打开就知道了",里面正是销售员想推销的雪茄。该方法需要销售员发挥创造性的灵感,制造好奇的问题与事件。

以上介绍的每一种方法都有其自身的特点和适用范围,销售人员应根据具体情况选用其中一种或多种。开始访问的最大挑战在于,你要唤起一个冷漠、毫无兴趣甚至怀有敌意的客户,迅速地激起他对你的产品或服务的注意和兴趣,这是平稳过渡到业务洽谈的前提,也是走向成功的基础。

(三)需求调查及针对大客户的SPIN营销术

当正式进入业务洽谈时,销售人员的首要任务就是要探询到客户的具体需求,然后才用产品或服务去满足客户的需求。例如,汽车销售人员在卖车时,需要了解顾客喜欢怎样的车型,预期的价位是多少,顾客最在意的是车的速度、安全性能、省油还是外形,顾客喜欢什么颜色的车,需要汽车行李架或后车门吗,等等。只有得到了这些信息,销售人员才能为客户提供最符合他们需求的产品,顾客才会购买,销售才能得以实现。

成功的销售人员不仅要懂得了解客户的需求,满足客户的需求,当潜在客户没有需求时,还要努力创造需求。那到底什么是需求呢?人类最基本的需要(needs)是衣食住行等,当存在具体的商品来满足这些需要时,需要就转变成欲望(wants),而有支付能力购买具体的商品来满足的欲望才是需求(demands)。客户的需求有些是理性的,有些是感性的。无论是理性的还是感性的,都可以分为未被认识的、隐含的和明确的需求,如图14-5所示。未被认识的需求指的是,客户完全没有意识到的或认为不重要而未考虑的需求,如"我不需要传真机,我对我的邮件服务很满意"。隐含需求反映在客户对一般问题、困难和不满的陈述中,如"我们的邮件处理系统太慢""由于机器故障我们耽误了一些时间"。明确需求反映在客户明确表示想采取行动解决问题的陈述中,如"我们正在寻找适合我们现有网络的一个系统""为改善我们的应收账款而改进我们的会计系统十分重要"。

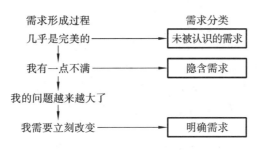

图 14-5　需求形成过程和需求分类

在访前准备中,销售人员有可能得知了客户的需求,如果不知道,就必须在该阶段探询清楚,如果不探询清楚,等待你的只有失败。提问和倾听是进行需求调查的关键技巧。

1.提问

所提问题的种类有两种:封闭式问题和开放式问题。封闭式问题是指答案是一个单词或短语的问题,如"您买自行车是您自己骑吗""这款车您需要低配还是顶配"。开放式问题是指答案需要不止一个单词或一个短语的问题,如"您认为这个电脑系统不适合您业务的主要理由是什么""您想购买一台怎样的复印机",通常 5W1H(why/what/when/who/where/how)的问题都属于开放式问题。在开始提问时,可多提开放式问题,以便收集更多的信息,然后逐渐提封闭式问题,以便锁定客户具体的需求。

2. SPIN 营销术

在大订单销售中还需要运用 SPIN 提问技巧。SPIN 销售法是由尼尔·雷克汉姆(Neil Rackham)先生创立的,并在 IBM 和 Xerox 等公司的赞助下,通过对众多高新技术营销高手的跟踪调查提炼完成的一种主要针对大订单销售的营销方法。SPIN 提问是开发客户的隐含需求,将隐含需求转化成明确需求的一套科学的提问技巧,在问答过程中需要了解客户以下内容。

专栏 14-4
销售提问的艺术

1)背景问题(situation question)

背景问题主要是用于收集有关客户现状的事实、信息及背景数据,以获得相关材料。

常见的背景问题有:

目前您使用的是什么设备?

您使用它多长时间啦?

您雇用了多少人?

背景问题在大部分的生意会谈中都是很基本的一类问题,特别是在销售过程的最初阶段使用更多。但是,背景问题与销售成功没有什么积极地联系,并且在成功的会谈中,销售人员提问的背景问题比在失败的会谈中少。缺乏经验的销售人员常常会滥用、误用背景问题,所以使用时要特别小心。成功的销售人员会提问很少的背景问题,但他们每问一个问题都会有偏重、有目的。如果提问太多的背景问题很可能会引起买方的不耐烦,如果使客户厌烦,显然会是一次失败的销售。但这并不意味着不能问背景问题,而是不能问那些没有必要的背景问题。销售人员在提问之前一定要事先做好准备,简洁准确地提问背景问题。

2)难点问题(problem question)

难点问题就是针对难点、困难、不满提问,引诱客户说出隐含需求,找出客户痛点。

常见的难点问题有:

对于现在的设备您是否满意?

存在质量问题吗?

现有设备很难操作吗?

专栏 14-5
难点问题在日本的应用

相对于背景问题而言,难点问题与成功销售的联系更紧密,而且难点问题越多,销售成功的概率就越大,在小订单销售中更是如此。然而在大订单销售中,难点问题与销售成功的联系并不是很大,不过经验丰富的销售人员提问难点问题的比例普遍高于对背景问题的提问。

3) 暗示问题(implication question)

暗示问题是关于客户难题的影响、后果的一种暗示,这是最有力度的问题,可以强化问题的严重性,增大隐含需求的程度。

常见的暗示问题有:

原材料质量的问题会对你产生什么影响呢?

产量如此低会不会引起客户的抱怨呢?

这会导致成本增加吗?

难点问题注重内在的难题,然而暗示问题注重将难题外展。暗示提问是所有 SPIN 问题中最有效的一种,其目的是抓住客户认为是很小的问题将其放大再放大,直到大得足以让客户付诸行动进行购买。暗示问题能够建立起客户的价值观。但是暗示问题比背景问题和难点问题都更难进行提问,而且提问暗示问题的能力并不会随着销售人员的销售经验增多而自动提高,所以需要专门的训练。不过,暗示问题也会存在潜在的负面作用,如果提问过多的暗示问题容易使客户觉得沮丧、情绪低落,从而导致销售的失败。

4) 需求-效益问题(need-payoff question)

需求-效益问题聚焦于为客户解决问题,而不单单是发现问题的存在,并引导客户说出明确的需求和利益,找到所提方案的价值和意义。

常见的需求-效益问题有:

您看到了什么利益?

新的系统可以帮助你更好地控制库存吗?

为什么解决这个问题很重要?

相比于你强迫告诉买方利益,需求-效益问题是使买方告诉你关于你的对策可以提供的利益,使用该提问可以降低被拒绝的概率,使你的对策更容易被接受。需求-效益问题应用较多的会谈被客户称为积极的、有建设性的、有意义的。同时,需求-效益问题能够训练客户进行内部销售。与暗示问题相比,需求-效益问题是以解决方案为中心,而暗示问题是以困境为中心。但是使用时要注意不能过早地使用需求-效益问题,过早地使用有可能使客户产生戒备心理,还要避免在无法满足客户需求时引导客户说出需求。所以在使用需求-效益问题时一定要有仔细的策划。

专栏 14-6
SPIN 营销术的应用案例

5) SPIN 提问顺序

SPIN 的提问顺序犹如为销售人员提供了一幅交通图,引导谈判的需求发展,直到目的地,即明确需求,如图 14-6 所示。从买方那里得到的明确需求越多,销售会谈就越有可能成功。

总的来说,成功的销售人员应该使用下列提问顺序。

①最初,他们提问背景问题去获得一系列背景资料,但并不过多地提问背景问题,因为这样会使买方感到厌倦和愤怒。

图 14-6　SPIN 提问顺序

②接下来,他们会快速转入难点问题,以求发现问题、困难和不满。通过提问难点问题,发现客户的隐含需求。

③在小订单销售中,这时提供解决问题的方案可能是很合适的,但在成功的大订单销售中,卖方会乘胜追击,开始提问暗示问题,使得隐含需求更大,更急切。

④一旦买方认同问题已经严重到必须要采取合理的行动时,成功的销售人员就会提问需求-效益问题,以便鼓励买方注重解决方案并且描绘解决方案可能带来的利益。

使用 SPIN 提问技巧时一定要注意以下几点。

A、在成功的销售会谈中,要让买方多说。因此卖方要引起买方对产品的兴趣,让买方多说。

B、背景问题要提前了解,并做好周密计划。

C、客户的痛点是销售成功的源泉。

D、灵活提问是成功销售的最高境界。

3. 倾听

客户的需求不仅要靠提问技巧去问出来,还需要靠倾听技巧去听出来。你是一个好的倾听者吗?你的倾听能力如何?请做以下自测,R=偶尔,S=有时,A=总是,统计你得了多少 A。

R　S　A　我允许说话者把话说完。

R　S　A　我确定已经完全理解说话者的观点之后再作回应。

R　S　A　我注意倾听重点。

R　S　A　我试着理解说话者的感受。

R　S　A　在开口之前我会先预想一下解决方案。

R　S　A　在开口之前我会先预想一下我的回答。

R　S　A　在倾听时我能够做到自我控制、放松和平静。

R　S　A　我会使用倾听时的感叹词(嗯、唉、哦)。

R　S　A　当别人说话时我会边听边做记录。

专栏 14-7
高校教学软件的销售案例

专栏 14-8
倾听助力销售

R　S　A　我会虚心倾听。
R　S　A　即使说话者说的话了无生趣,我也会倾听。
R　S　A　即使我不喜欢说话者,我也会倾听。
R　S　A　在倾听时,我会注视着说话者。
R　S　A　我会很有耐心地去听。
R　S　A　我会通过提问确定我是否已经完全理解了说话者的意思。
R　S　A　我在倾听时不会走神。

14～16个A:优秀。
11～13个A:良好,在某些方面需要改进。
7～10个A:一般,或许有一点自以为是。通过技巧培训后,你的收入会大幅提高。
4～6个A:糟糕,根本没有在听。
1～3个A:要么耳聋,要么没有大脑,要么需要助听器。

倾听看似是一个十分简单的技巧,但常常是销售人员最薄弱的一个技巧。倾听代表着一种理解,一种尊重。世界上最伟大的销售员乔·吉拉德认为:"有两种力量非常伟大,一是倾听,一是微笑。你倾听得越久,对方就会越接近你。"有效倾听能建立起富有成效的谈话氛围,正确理解客户的态度、需求和顾虑。倾听有五种层次,如图14-7所示,要做到最高层次的倾听,要做到"五到":耳到、口到、手到、眼到、心到。练习倾听是一个熟能生巧的过程,请记住有效倾听的步骤:首先,聚精会神地听;其次,确定并分析对方的观点;最后,根据客户的需要作出适当的回应。

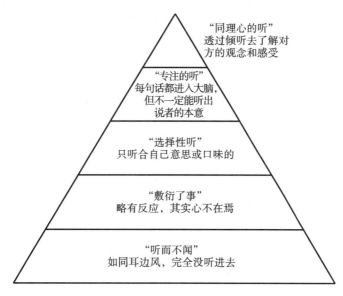

图14-7　倾听的五种层次

(四)能力证实与FABE营销术

确定了客户的需求之后,销售人员必须慎重地推荐最符合客户需求、最令其满意的解决方案。能力证实最基本的方法有特征利益转化和销售展示。

1. 特征利益转化

【问题讨论】

以下有两段陈述,你觉得客户更喜欢哪一种陈述,更容易被哪种陈述所打动?

陈述一:电磁炉是无需用明火或传导式加热的无火煮食厨具。它通过电子线路板组成部分更变磁场,当把含铁锅底放置炉面时,会切割产生交变电流,导致锅具铁分子高速无规则地运动,以致分子互相碰撞、摩擦产生热量,功率可达 1900 瓦。它功能齐全,能满足基本的烹饪需要。

陈述二:电磁炉用电工作,无明火,安全系数高,使用起来绝对放心。它能煎炸烹炒煮,想吃火锅也没问题,是真正的一灶多用、烹饪之神。它的功率从 70~1900 瓦不等,想快就快,想慢就慢,一切尽在掌握之中。它体积小而轻,在厨房不占空间,还方便挪动和清洗。

很显然,客户更容易被第二段陈述所打动,这是为什么呢?我们先来了解一下特征、优点和利益的定义。在整个销售周期中,特征、优点和利益对客户的影响并不一样,如图 14-8 所示。特征(feature)是指产品或服务的事实、数据和信息,如"这个杯子是由不锈钢制成,可耐 300℃高温""我们的顾问精通汽车保养方面的知识"。特征描述的是很中性的事实,打动客户的作用一直很小。优点(advantage)是指一种产品或服务是如何使用或如何帮助客户的,如"这个杯子在各种温度和情况都适用,使用起来会很方便""玻璃中的 UV 防护可以使您的设备寿命延长三年多"。优点对客户的影响开始很高,但下滑很快。利益(benefit)是指一种产品或服务是如何满足客户所表达的明确需求,如"这个系统提供了您所需要的电离层""它可以提供给您需要的更快速度"。无论什么时候,使用利益的陈述都会对客户产生很大的影响。因此在能力证实时,我们需要将特征转化成利益,并将利益陈述给客户。

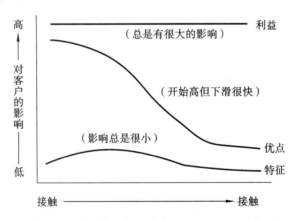

图 14-8 特征、优点和利益在销售不同阶段的作用

【问题讨论】

从以下的几句陈述中分辨出哪个是特征,哪个是优点,哪个是利益?

A.这个系统的错误率低于五十万分之一,是当前市场上错误率最低的,能轻松地满足您的需求(控制在十万分之一以内)。

B. 这个系统可以使您不受电流波动的影响,即使有电压的变动也不会丢失有价值的数据。

C. 这个系统有512K的存贮缓冲器。

以往有些销售人员在销售初期就急于向客户传递产品的特征和优点,如一见面就急着告诉客户我们的产品好在哪些方面,我们的产品可以如何帮到客户。一些老练的客户也常常在销售早期就鼓励你说出解决方案,如一见面客户就说"先介绍一下你的产品",一旦你陈述完特征和优点,他们就会告诉你"我们会决定它是否适合我们的需求"。过早地向客户陈述特征和优点,这种做法是错误的。而正确的做法是在了解了客户的需求之后再进行能力证实,即陈述特征、优点及利益。在大订单销售中,需要用背景问题和难点问题发掘隐含需求,在用暗示问题和需求-效益问题把隐含需求转变为明确需求后,再用利益陈述使那些明确需求得到满足,这样能力证实才会真正的有效。

2. 销售展示

销售展示为销售人员提供了说服消费者,使其相信销售人员可以提供解决方案的好机会。销售展示可分为两个阶段:第一个阶段包括对产品的特征、优点和利益的简短描述,以及对其如何运作的解释;第二个阶段包括实际的展示本身。在销售过程中,展示是有用的辅助手段,比单纯的口头描述或视觉演示更多地利用了人类的感官。

专栏14-9
销售展示的案例

3. FABE营销术

FABE推销法是一种非常典型的利益推销法,而且是非常具体、有高度、可操作性很强的利益推销法。它通过四个关键环节,极为巧妙地处理好顾客关心的问题,从而顺利地实现产品的销售。

1) Features(特色)

特色就是产品的卖点,包括产品的特质、特性等最基本的功能,以及它是如何用来满足我们的各种需求的。特性,毫无疑问就是自己品牌所独有的,例如从产品名称、产地、材料、工艺定位、特性等方面去挖掘产品的内在属性,找到差异点。

每一个产品都有其功能,否则就没有了存在的意义,这一点应是毋庸置疑的。对于一个产品的常规功能,许多推销人员也都有一定的认识。但需要特别提醒的是:要深刻发掘自身产品的潜质,努力去找到竞争对手和其他推销人员所忽略的特性。当你给了顾客一个"情理之中,意料之外"的感觉时,下一步的工作就很容易展开了。

2) Advantages(优点)

优点即以上某些或全部特色比别家胜出的地方,即产品的优势,是要向顾客证明足以"购买的理由":你的产品和别人的产品的比较,有什么独特优势,或者是你现在的产品与同类产品相比较,列出其比较优势,或者列出产品独特的地方,可以直接列出来,也可以进行阐述,如更管用、更高档、更温馨、更保险等。

3）Benefits（利益）

利益即产品的优点带给顾客的直接好处。客户总是最关心这个产品能给他们带来什么好处，利益推销已成为推销的主流理念，一切以顾客利益为中心，通过强调顾客得到的利益、好处来激发顾客的购买欲望，用众多的形象词汇来帮助消费者虚拟体验这个产品。

4）Evidence（权威证据或样板案例）

证明手段是多种多样的，包括技术报告、顾客来信、报刊文章、照片、示范等，通过现场演示相关证明文件、品牌效应来印证。同时，证据要具有足够的客观性、权威性、可靠性和可见证性，用于证明产品具备上述特征、优点和利益。

简单地说，FABE法就是在找出顾客最感兴趣的各种特征后，分析这些特征所具备的优点，找出这些优点能够带给顾客的利益，最后提出证据，证实该产品的确能给顾客带来这些利益。

（五）处理异议

当销售员带着产品登门拜访时，客户开门后露出笑容说："太好了，这正是我所需要的东西。多少钱，我买了。"每个销售员都希望遇到这样的客户，但事实上，客户的反应常常是"我不需要买这些，请不要浪费我的时间""你们的价格太贵了，我无法接受""你们产品没有任何效果"。在销售过程中，当客户对销售人员所发出的信息持怀疑或不合作的态度时，就形成了异议，几乎所有的访问都包含着提出异议的可能。

面对这些棘手的问题，销售员觉得困难重重，客户购买希望很小，其实不然。当客户赞美你的产品时，也许他心里根本就不想买。相反，客户挑三拣四、满是抱怨时，恰恰表示他参与进来了，他在认真衡量产品的优缺点，至少有购买的打算，只是暂时未被说服，想获取更多的信息。若是客户无动于衷，完全不感兴趣，连看都不愿多看一眼，又怎会浪费口舌，提出异议呢？试想一下，如果当你看到一套时装，根本未想过要去购买时，你就不会去挑剔它的款式，也不会翻来覆去地查看和比较，当然也不会为压低价钱而去找出其缺陷作为还价依据。所以异议应被销售人员看成是机会，而不应总是被沮丧地看待。如果异议得到了正确的处理，其结果就是客户的接受和购买。销售行业有句至理名言：销售是从被拒绝开始的。事实证明，销售人员是否具有丰富而娴熟的处理异议的技巧，往往是销售能否成功的关键。

1. 异议的类型

1）按发出异议的客观性划分

真异议是指客户不愿意购买的真实原因。对于销售人员，真异议通常容易解决。假异议则常是一种借口或托辞，指有些客户并非真正的对产品不满，而是出于不便说出的原因而提出异议。例如，有人为了掩饰自己不能作购买决定，就推说产品质量不好，或说"给我几周时间再考虑一下"。再例如，一位顾客对一辆轿车很满意，但嫌太贵，他可能会说"我不喜欢这种颜色"或"我现在还不想买车"，这并非他不想买的真实理由，只不过希望以此作为随后讨价还价的机会。由于假异议不是真正的意见，所以即使销售人员使尽浑身解数也很难消除顾客的借口,这就需要销售人员识破假的异议,找出真的异议。

2)按发出异议的原因划分

按发出异议的原因划分有:需求异议(客户认为产品不符合自身需要)、价格异议(客户认为价格过高)、产品异议(客户对产品的质量、性能、规格、品种、包装等不满)、服务异议(客户对购买前后一系列服务不满)、销售员异议(客户对销售员缺乏激情、形象不佳、信誉不好、做了夸大不实的陈述、姿态过高、处处让客户词穷等行为不满)、客户筛选不正确(有些客户没有相应的需求、不具备购买能力或决策能力)、客户的偶然因素(客户一时心情不佳、情感失落等)、客户拒绝改变(有些客户与销售人员的信任还未建立时,常以提出异议以考验销售人员的耐性;有些客户对现状很满意,或与目前的供应商合作得很愉快,不希望改变,抵制改变,也会提出异议;有些客户自身需求不明确,自己也没有意识到改变的重要性,面对销售人员的推销也容易提出异议)。

专栏 14-10
客户的异议
与消除

2. 处理异议的方法

在处理异议时,销售人员千万不要和客户争辩、抬杠,甚至给客户下马威,以免赢了争辩而失掉生意。因为客户不希望被证明自己是错的,如果你争辩赢了,客户自然会对你更加痛恨,坚持自己的立场,拒绝和你进行交易。所以在处理异议时,销售人员的任务是以一种不反对客户且有说服力的方式提供信息,以一种让客户不丢面子而接受这些答案的方式表达出来。处理异议的步骤有以下几点。

专栏 14-11
赢得辩论能
够消除客户
的异议吗?

①要聆听并澄清。首先要细心、专注而尊敬地聆听客户把异议说完。有经验的销售人员知道,如果中途打断客户的异议陈述,会让客户认为"你觉得我说的是明显错误的""听完我的话是浪费你的时间"。在客户陈述完之后,销售人员应该通过提问去澄清这个异议,例如当客户提出"你的产品质量的确不错,但价格是同类产品中最贵的"时,可以澄清说:"谢谢您对我们产品质量的认可,您认为以我们产品的高品质高于同类产品多少价格是您可以接受的呢",客户或许会说"高10%吧"。

②表示理解。目的正是为了缓和氛围,避免出现对立地争执,犹如我们在开车时遇到前方有障碍物绝不会硬撞过去,而是踩刹车,这样双方才可以心平气和地谈问题。但表示理解并不代表着就赞同客户的观点。如客户觉得我们产品贵时,表示理解绝不是"的确我们的产品很贵",而是将对立的问题拉到中间立场上来,可以说"我能理解您对价格的关注",或者"有些客户起初也认为我们的产品贵"等。

③作出回应。此时可以拿出依据证明该异议,消除客户的误解或改变客户的看法。当客户提出的这个异议是产品或服务确实存在、不容否认的缺陷时,回应时需要强调其他利益,以弥补、削弱该缺陷的不良影响。

④确认。当作出回应之后,销售人员应该确认一下客户所关心的问

题是否已得到了充分的解答。确认该异议已解决,通常是保证销售人员获得成交晋级的一个购买信号。

⑤概述利益并成交。客户确认该异议已解决,以及没有其他的异议了,此时可以概述一下相关的利益,再次唤起客户的购买欲望,便可成交晋级。

并不是所有客户都会提出异议,有些客户往往什么都不说,到最后也不购买,他们觉得提出异议是在浪费时间,而且觉得没必要当面破坏与销售人员的关系。还有些客户虽然表面上不抱怨,但会把不愉快的产品感受和经历向其他人倾诉,宣传产品的负效应,可见未表达的异议,往往危害更大。这就要求销售人员去发掘隐藏异议,这对销售成功至关重要。对于隐藏异议最好的处理方法是,试着提出问题:"到目前为止您还有什么不确定的吗?""您有什么担忧?""您觉得我说的有什么问题吗?""我想您还没有被我们产品的优越性能所打动,是吗?"从而引发消费者透露真实异议。

3. 异议防范

前面提到异议应被销售人员看成是机会,但并不表示异议越多越好。调研表明,销售中得到的异议越多,越不可能成功。异议是销售人员和客户之间的一种障碍,不管你处理异议的技巧有多高明,明智之举是学会防范异议。熟练的销售人员收到的异议要少一些,正是因为他们已经学会了防范异议,而不仅是处理。

特征、优点及利益中的每一项都可以使客户有不同的行为反应,如图 14-9 所示。在销售会谈中,当卖方提供很多特征时,客户往往提出价格异议,因为特征陈述会增加客户对价格的敏感度。如果你销售的是低价商品而且特征又很丰富的话,这应该是一件好事,会让客户觉得物美价廉。但如果你销售的是高价值的商品,陈述过多的特征会产生消极影响,客户会问自己是否值得花这么多的钱去买所有的这些功能。在销售会谈中,如果过早地陈述优点,即卖方在了解需求之前就提供了解决方案,买方会觉得这个问题并没有足够的价值值得用如此昂贵的办法去解决。结果就是,当卖方给出一个优点时,买方就提出一个价值异议。然而,只有当卖方提供给买方的利益陈述越多,客户的赞成承诺才会越多。这是为什么呢?还记得利益的定义吗?利益是指一种产品或服务是如何满足客户所表达的明确需求。当你陈述你的产品或服务能满足客户的需求时,客户当然大多表示赞成或同意的态度。

销售人员陈述	大部分客户的可能反应
特征	价格异议
优点	价值异议
利益	支持或证明

图 14-9 特征、优点和利益对大部分客户的可能影响

所以说防范异议的办法是不要过早地陈述特征和优点,而是在确定了客户的明确需求后,再陈述利益,有关价格或值不值的异议自然会减少很多。当然在现实的销售中,总有产品和服务与客户需求不相符的可能性,所以仍然会收到异议。

(六)成交晋级

1.成交

在销售过程中,成交是一个独特的阶段,它是整个销售工作的最终目的,其他的销售阶段只是为达到这一目标的手段和过程。成交也是一个优秀销售人员的必备技巧。一些销售人员认为有效的销售拜访应该会使客户主动提出购买产品,而不需要卖方来完成销售。这种情况有时会发生,不过更多的情况下需要销售人员采取主动的态度。

无论销售人员如何准确地确认了客户的需求,并克服了异议,客户心里可能还是会有些疑虑。这种疑虑以推迟购买决定的形式表现出来。考虑清楚不是更好吗?看看竞争对手提供的产品难道不是更明智吗?然而,简单的道理是,如果真的将购买决定推迟到其他时间,客户就有可能从竞争对手那里购买产品,所以销售人员需要主动成交。成交是顾客对销售人员及其销售建议的积极响应,是顾客接受销售建议并立即购买销售产品的行为。多数销售人员的业绩评价大部分是建立在他们成交的能力基础之上的。

专栏 14-12
成交提示的作用

传统销售过于强调成交,这在交易营销中很典型。过时的一个建议是"尽快和尽早成交",这意味着销售人员应该用多次成交努力争取尽快结束销售。这个建议相当不好,因为如果目标客户还未准备作购买决策,可能会适得其反,因此成交的时机很重要。如今专业的销售人员在客户准备购买时才试图成交,一条普遍原则是尝试在目标客户表现出很感兴趣或有购买产品的明确意向时完成成交。因此,销售人员应该仔细发掘这些购买信号并且据此作出回应。购买意向不是持续增长,而是呈凸凹曲线,如图 14-10 所示。当销售人员谈论一个十分符合消费者需求的重要利益时,购买意向有可能急速上升。随后客户可能会提出异议,这种购买意向程度会降低。在销售人员消除了异议后,购买意向又出现增强。从理论上讲,销售人员应该尝试在高峰期实现成交。

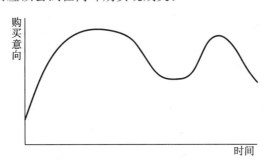

图 14-10 在销售拜访中的购买意向

在销售过程中,虽然客户大多不愿主动提出成交,但会不自禁地表现出很多成交信号(closing signals)。销售人员必须善于观察客户的言行举止,捕捉各种成交信号及时成交。一定的成交信号取决于一定的销售环境和销售氛围,还取决于客户的购买动机和个性。为了识别客户的成交意图,我们有必要了解以下各种常见的成交信号。

☆ 提出问题:例如客户提出"你们什么时候能交货""你们提供哪些售后服务"等,销售人员可以反问"您想要什么时候拿到产品""您希望有哪些服务"等作为回应,这有助于探测潜在客户的需求和想法。如果你的问题得到了积极的回答,就表明潜在客户有极高的购买兴趣。

☆ 征求别人的意见:例如一起购物的丈夫问妻子"你觉得怎么样",采购人员打电话给经理"情况是这样的……,您的意见如何"。

☆ 态度友好:一旦潜在客户打算要买你的产品,访问中的那种紧张感就被解除,客户神情轻松,态度友好。

☆ 仔细检查产品:当某个潜在客户仔细检查产品时表现出了对产品的极大兴趣,此时销售人员可以试探性地提出成交。

☆ 研读订单:当客户开始研读订单,这就是迈向成交的时候了。

当销售人员试图成交时,销售拜访中可能会出现一个时间——决定时间,此时客户很有热情但又在犹豫,所以需要一些促进成交的技巧。以下这些由销售人员操纵的成交方式虽然已经不太能奏效,但仍有相当多的销售人员还在使用。

☆ 直接型:如"既然一切都谈妥了,那就请在合同上签字吧""如果我们把交货期缩短为1个月,您能马上签单吗?如果可以,我马上通知公司安排生产"。

☆ 假设型:如"您希望货物发到什么地方"。

☆ 选择型:如"您看是周二发货好,还是周四发货好""您愿意用现金,还是支票支付"。

☆ 让步型:如"如果您现在愿意购买,我愿意额外提供2.5%的折扣"。

☆ 异议型:如"如果我能够说服您这个型号是在这种类型中最经济的,您愿意购买吗"。

☆ 不客气型:如"如果您不能马上决定,我不得不把它介绍给另一个急于购买的客户"。

☆ 最后通牒型:如"如果现在您不买,下周价格会涨"。

☆ 空白订单型:销售人员已在订单上填写了客户的资料。

成交技巧的具体步骤如下。

①总结利益:对于每件产品和每个特征,销售人员可以说出很多的优点,但谈论那些客户不需要的优点毫无益处。销售人员必须识别出已经确认的利益,察觉能让客户兴奋的利益。目标客户感兴趣的确认利益最值得加以强调,销售人员对这些利益进行总结,让客户能够记起以前的访问中所有提到过的主要利益,让客户能够看到,自己关注的东西与销售人员提供的东西之间有直接的联系。尤其在大订单销售中,销售会谈可能长达几个月,甚至几年,所涉及的话题很宽泛,客户对于每一个讨论的问题都不一定印象深刻,所以在促使客户作出决策之前把所有的主要利益聚集在一起是非常有效的方法。例如,"我们已经知道了新的系统可以加速订单处理速度,以及与您目前的系统相比它有多简

便。我们也讨论了能帮您控制成本的方法。新系统替换旧系统还能带来一些其他的好处,特别是它能驱除困扰您已久的可靠性问题"。一旦总结完利益,就可以进行下一个步骤。

②达成共识:共识也称为试承诺,是取得承诺的基础,用来确定目标客户的反应、态度和意见,有助于弄清目标客户离作出购买决策还有多远,同时也不强迫目标客户做出是否购买的决策,如"对于我们电脑更大容量的内存您怎么看""这款洗衣机省电、操作方便、洗涤洁净,对消费者来说十分划算,您说对吗"。如果客户的答案是否定的、不赞同的,就需要继续处理异议,直到达成共识为止。

③取得承诺:与客户达成了共识后,就可以向客户要求具体的、可以衡量的行动承诺,如"既然您也认为这款洗衣机如此划算,您不妨现在就购买一台""您如此喜欢这套新系统,就请您在订单上签字吧"。

2.晋级

并不是每一次销售访问都能以成交结束。在大订单销售中,如许多工业品的销售周期很长,销售人员在初次的会晤中就尝试成交不太现实,还可能带来麻烦,这时就需要用到晋级承诺的技巧。在大订单销售中,一次销售访问结束时获得成交或者晋级都属于成功,如图14-11所示。

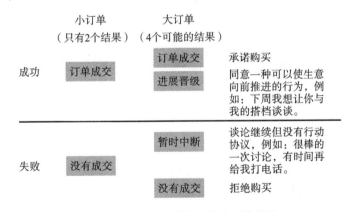

图14-11 各种生意中可能出现的结果

晋级承诺重要的衡量标准是使买方同意一个使你朝生意最终结果前进的行为。例如,客户同意参加一个产品介绍会、客户同意让你见更高一级的决策者、客户同意试运行或检测你的产品、客户部分接受原来根本不接受的预算等。而暂时中断即买方虽然没有说"不",但没有同意任何一种具体的行动方案,如常说"如果我们想进一步了解具体情况,我们日后会与你联系的"。当一次销售访问结束时,如果无法顺利成交,就想办法获得晋级承诺,只要能朝着最终的结果进步一点点,此次销售访问也是有收获的,但一定要区分出晋级承诺和暂时中断。一笔生意是否成功结束应该用客户的行动而不是言语来评判。

专栏14-13
销售暂时中断的情景

无数次的晋级承诺,或许最终能换来成交。销售人员一项重要的品质就是坚持,没有一个产品能在所有方面都超过竞争产品,也就意味着所有产品的销售人员都有机会成功。最终的成功可能属于那些最坚持不懈的人,当然须划清坚持与骚扰之间的界限。

专栏 14-14
得体告辞的作用

最后无论此次销售访问是否成交,即使是以失败告终,也要得体地告辞,为日后的销售工作奠定积极的作用,增加日后销售成功的概率,如"谢谢您的约见,打扰您了""希望以后有机会能为您服务""如果您的朋友以后有这方面的需要,请您转告我好吗"。

(七)售后跟进

专栏 14-15
销售成败取决于销售技巧

在销售过程中,最后一个必要的步骤是在售后服务中表达对客户购买的感激,保证顾客对购买满意,并且在发货、安装、产品使用、培训客户的员工等方面都没有任何问题,并进一步发展关系。跟进的方式有很多,如电话跟进、电子邮件跟进、给顾客写感谢信或者销售人员拜访跟进。销售人员的跟进表明是真正关心顾客,而不仅仅只对销售感兴趣,能让顾客坚定自己的购买决定是正确的。

第四节 销售员心态管理

业务精英就是"50%的心态+30%的能力+20%的资源"。要做好销售工作,不仅要有优质的资源和高超的技能,更需要有良好的心态,内心强大的人才能成为一名成功的销售人员。如果有良好的心态,资源可以建设,技能可以学习训练;没有良好的心态,很可能就在一次失败中失去斗志,半途而废,那再好的资源也会被浪费,技能也无处施展。所以,心态是销售的基础。

一、认清销售工作的意义

①销售员,是在为公司为集体作贡献,打头阵。

②销售员,是在为实现个人价值而奋斗,为家庭作贡献。所以,为了更好的生活条件,在销售中要全力以赴。

③销售员,是在帮助客户解决现实中遇到的问题,给客户带来帮助。

④你的产品和服务能够给客户创造价值,对客户的需求和自己产品的优点,必须要了如指掌。

二、不要怕拒绝

①好好想想,你能给客户带来的利益。你是在给客户带来利益,为他做好事。在销售时不能总认为做销售低人一等,在面对客户时不能表现得卑躬屈膝,要有充分的自信,相信自己,相信产品,相信公司,才能赢得客户的信任和好感。

②"会哭的孩子有糖吃",任何人都有求人的时候。善于"求人",善于"提要求",是自信的表现。

③被拒绝也有收获,每次失败都是一次学习和改进的机会。曾经有一个卖别墅的营销员,每年打3.6万次电话,只有0.45万人有兴趣,最终成交的只有15人,但是该销售员可以从这15个人中赚200万元。没有几万次的拒绝,哪能找到15个人成功销售。

④被大客户拒绝很正常,但遭遇拒绝后一定要振作精神,此时表现稳重从容的态度可以给对方留下好的印象。如果每次大客户营销都能轻易成功,那销售工作岂不太过容易,记住天上不会掉馅饼!

⑤被拒绝的次数多了,与大客户会逐渐熟悉,并建立联系。即使你被拒绝了一次,但是大客户仍然对你有了印象,慢慢地,他会记住你。有个保险营销员,连续拜访了一个企业家3年8个月,上门70次,最后感动了这个企业家,该企业家为其全体员工买了保险。

⑥被客户拒绝不丢人。"你想赚客户的钱,客户不让你赚",这很常见。被客户拒绝不丢人。

三、常怀感恩之心、不惧失败

①销售是在挣客户的钱,也是在为客户带去利益。你必须给客户带去利益,让客户高兴。在销售过程中要学会换位思考,设身处地为客户着想,理解客户的观点,了解客户的需求。

②销售是让客户把他口袋里的钱自愿掏出来给你,这常常很不容易。即便失败了也不要气馁,要用积极的心态和强大的内心去面对客户的拒绝。

③你必须学会接受失败和成功,失败乃成功之母,在失败中不断历练,坚持不懈,总有成功来到的一刻。

④你必须对客户常怀感恩之心。不仅要感谢交易成功的客户,还要感谢拒绝你的客户。用实际行动做到当天感谢、当周感谢、经常性感谢,让客户感受到你的感恩之心。

专栏 14-16
善于感恩——柴田和子的成功秘诀

⑤企业小、品牌弱不会成为营销的绊脚石。小企业,弱品牌,也会有其独特的优点。推销员应该抓住这个优点,发挥优势进行营销。

⑥受得了委屈。所谓"宰相肚里能撑船",在很大程度上,对营销员来说,能受多大委屈,就能成就多大的事业。只有内心强大,才能战胜强大的外部世界,才能面对并且克服销售中的种种困难。

专栏 14-17
小企业也有大优势

第五节 营销人员素质建设

销售员在销售过程中,非常关键的一步就是要获取客户信任,而客户是否愿意信任你又取决于各种要素。本书总结了获取客户信任的六大要点如下。

①将自己的情感融入销售过程中;
②苦练微笑基本功,提高亲和力;
③善于倾听,让客户有一定的优越感和权威感;
④塑造良好的个人形象和职业形象;
⑤不断学习,具有坚实的专业知识和技能;
⑥优秀的客户沟通能力,并且能够帮助客户解决问题。

一、将自己的情感融入销售过程中

推销员在推销产品的过程中,千万不要工于心计,一味只想让客户赶紧下单购买,而应该将自己的情感融入销售过程中,让客户从内心喜欢你。推销员的业绩取决于客户,收入也取决于客户的购买,所以客户是你的衣食父母。对待衣食父母,我们要通过自己的实际行动让客户真正感受到自己的关怀与真诚,投入感情去管理客户关系。此外,你还要善于观察、掌握客户的一切有用信息,并投其所好,让客户接受你、喜欢你,才能接受、喜欢你的产品。

二、苦练微笑基本功,提高亲和力

专栏 14-18
真诚是营销成功的催化剂

微笑是世界上最美的行为语言,它虽然无声,却最能打动人,最能拉近人与人之间的心理距离。同时,微笑也代表着热情和真诚,而一个人是否热情和真诚又决定着我们是否喜欢他、亲近他、接受他。曾任通用电气(GE)公司 CEO 的管理大师杰克·韦尔奇曾说过:"没有热情,你的销售生涯将会陷入平庸;没有热情,你将会陷入恐惧与艰难,无法完成伟大的目标;没有热情,你将不能化腐朽为神奇。"所以,推销员要想让客户喜欢你、接受你的第一步就是要苦练微笑基本功,将自己的热情、真诚尽可能地通过笑容展现出来,让客户感动、认同、愉快和接近。当你的亲和力赢得了客户的好感时,成交就不远了。

但是，微笑绝不是傻笑，而是需要练习的，是一种有吸引力和感染力的发自心底的笑容。因此，推销员在向客户展示微笑的时候，应做到以下几点。

1. 得体的微笑

微笑的时候要精神饱满、神采奕奕，同时面部肌肉也要放松，使笑容亲切甜美，富有亲和力、感染力，自然、真诚的笑容是最美的。

2. 眼睛也要有笑意

眼睛是心灵的窗户，是传递感情的重要通道。在微笑时，眼睛也要随着面部表情一起微笑，眼带笑意。学会用微笑的眼神与客户交流，微笑才能更传神、更亲切、更吸引人。

3. 语言、行动也要与微笑相协调

在微笑的同时，销售员要灵活地运用肢体语言与客户形成良好的互动，给客户留下深刻的印象。同时，当销售员在向客户说"您好""抱歉""打扰了"等礼貌用语时，不要只说不笑或只笑不说，而要注意语言、动作和笑容三者的协调。

总之，推销员一定要记住，微笑能有效地拉近你与客户之间的距离，让客户在第一时间就被你的魅力所感染，被你的理念所同化，被你的真诚所打动。当你的亲和力赢得了客户的好感之后，你就在无形中将客户的购买欲望激发了出来，下一步就是成交的来临。

三、善于倾听客户

长期以来，很多推销员都容易陷入一个误区，认为做推销员只要能说会道就可以了。殊不知，销售的过程其实是推销员与客户双方互动的过程，你来我往才能取得好的效果。推销员需要说话，但更应该给客户说话的机会。

乔·吉拉德曾经说过："世界上有两种力量非常伟大，一是倾听，二是微笑。"倾听作为沟通的一部分，它在很大程度上决定了沟通的成与败。推销员要学会用倾听的方式打开客户的话匣子，了解客户的信息，抓住客户的真实需求，让客户感受到你对他的尊重，这样才能赢得客户的好感，使推销获得成功。

不过，倾听也和微笑一样，虽然是一种"无声的推销术"，但如果推销员不会合理、正确地运用的话，就可能会适得其反，错失订单。所以在倾听时要注意以下几点。

1. 用你的眼睛倾听

在和客户交谈的过程中，一定要用你的眼睛注视着客户，积极捕捉客户的反应，适时调整自己的行动。当客户在表达自己的需求、意见和观点时，你要通过眼神和其他肢体语言让对方感受到你在认真倾听。比如，你可以适当缩短你和客户之间的距离，让客户感觉到你不想漏掉他说的每一句话，感受到你对他的重视。

2. 耐心地倾听

在客户讲话时，推销员千万不能急于立马回应而打断客户的话，此时需要的是耐心地听客户把话说完，尤其是在客户谈兴正浓的时候，更应该沉住气让客户说下去。贸然打断客户讲话是非常不礼貌的，会让客户感觉到你对他不够尊重，这势必会给签单造成障碍。

3. 适时反馈

在客户倾诉的过程中，推销员不能只是被动地"傻傻的"接收信息，而要适时地作出能让对方清晰接收到的反馈。当客户讲到要点、重点时,推销员最好能够适当地表示赞同或理解。比如,你可以有意识地重复客户说的某句你认为很重要的话,这样能让客户感觉到你对他的陈述的重视。

4.边倾听边记录

在客户倾诉的过程中,很有可能包含很多重要信息,对于这些重点,推销员一定要做好记录。比如与需求有关的一些重要信息,一些重要的电话号码、联系地址,客户提到的一些特殊词汇、要求等。做记录不仅能够表明推销员的认真态度,而且还能为双方进一步交流积累更加翔实的信息。

总之,倾听不仅是一种对信息的吸纳,更是对别人的尊重。推销员要想成为伟大的推销员,就应当时刻谨记,主动寻找客户的兴趣点让客户诉说,在客户面前做一名忠实的听众。如此,客户才会对你产生好感,提升对你的认同度,才能提高成交的概率。

四、塑造良好的个人形象和职业形象

个人形象会直接决定你给他人留下的印象,而客户对销售员的印象会对销售产生非常重要的影响。如果推销员给人的印象良好,客户自然会喜欢他,起码不会对其产生讨厌或反感情绪,这就为推销员进行下一步的销售乃至与其长期合作打下了基础;反之,如果客户看见推销员就产生一种厌烦情绪,那么推销员就会失去与客户交流的机会,销售自然难以成功。推销员要想让客户对自己留下良好的印象,首先就要做好自己的个人形象管理。

试想一下,一个衣着邋遢、说话大大咧咧的人,肯定会给他人一种素质低、缺乏修养的印象,这样的销售员会让客户没有安全感,从而难以获得客户的信任并签下订单。所以,销售员一定要注意自己的个人形象,至少要保证自己的服饰穿着、外貌发型干净整洁得体。同时,还须注意自己的言行举止,做到谦恭、礼貌、优雅、文明。只有形成了良好的言行举止、干净阳光的外在形象、富有魅力的语言能力,才能全面提升自己的职业形象,让自己在第一时间获得客户的好感和信任,为接下来的签单扫除障碍。

五、不断学习,具有坚实的专业知识和技能

所谓"活到老,学到老",销售员也需要不断地学习,提升自己的专业知识和销售技能。要想成为一个伟大的销售员,首先需要掌握以下六类知识,并且对于每类知识都要归纳提炼出核心内容,在面对客户的提问和质疑时要能够准确、简要,并用一种通俗、新颖的方式表达出来。

①有关行业的知识:包括客户行业、自己所在的行业。了解客户行业大致情况、发展趋势等信息,做到在销售之前就对客户的行业有比较充分的了解,这样才不至于在销售过程中出现无法针对客户所在行业进行交流的状况。

②有关企业的知识:包括企业概况、企业优势、企业战略。首先要对自己所在企业的情况有非常深刻的了解,才能流畅地将其介绍给客户,让客户对企业产生信任。同时也

要根据企业的优势和战略,调整自己的销售话语和方式。

③有关产品的知识:包括产品的技术、产品的优点、产品的利益。这方面的知识是非常重要的,如果对自己销售的产品都不够了解,那么又如何让客户接受你的产品呢?所以,要充分了解销售的产品的技术、优点及其带来的利益,并能够用一种有吸引力的方式将其介绍给客户。优秀的销售员在产品上的知识可以称得上是一位"专家",他们不仅对自己的产品了如指掌,还对其他竞争产品的技术、特点也有充分的认识。

④有关竞争的知识:包括市场状况、竞争情报、同行优劣。所谓"知己知彼,百战不殆",在面对竞争者时,我们也要充分收集对方的信息,了解整个市场的状况、竞争者的情况、同行优劣特点。这样才能在持久的竞争中处于主动地位,灵活地根据市场及竞争者情况进行策略调整,从而立于不败之地。

⑤有关客户的知识:包括客户的现状、客户的未来、客户的需求、解决的方案。在销售过程中,对客户的了解程度也是决定销售能否成功的重要因素,特别是对客户需求的把握,更要准确、翔实。而最终的解决方案也往往是基于对客户的现状、未来和需求的信息上提出的,所以解决方案是否能得到客户的认可,取决于对客户知识的掌握是否充分。

⑥业务外的知识:包括健康养生知识、爱情婚姻知识、子女教育知识、体育军事知识、文学艺术知识、地理历史知识等。业务外的知识是非常丰富、庞杂的,所以需要在日常生活中多多学习、积累各个方面的知识。在与客户的交流中可以提起客户的兴趣爱好,投其所好,让整个销售沟通充满生机,使沟通气氛更加活跃。同时,也能在最短的时间内增加客户对你的好感,获得客户的喜爱和认可。

总之,作为销售员,要广泛学习,涉猎百科,让各种知识在销售工作中交叉运用,从而提高自己的综合销售能力。

六、优秀的客户沟通能力

优秀的客户沟通能力并不意味着能说会道即可,它包括更深刻、更广泛的内涵。首先,在语言表达方面,应做到自然大方、真诚自信,表达观点要清晰明了、简洁流畅,把握好说话的语气、语调、语速。其次,在沟通的礼仪方面,要注意说话时的表情和肢体,做到自然不扭捏、热情礼貌、真诚以待。此外,沟通前的准备工作也是十分重要的。在沟通准备上,要预先练习沟通的内容,明确沟通的要点和目的,必要的时候可以准备好一些见面的小礼物,还要注意一些其他的小细节,比如着装要根据沟通地点的不同而变化,交流的时间长短也要把控好,既不能太短而没能表达清楚,也不能过长而导致客户的厌烦。做到了以上提到的各项能力、准备之后,只需要带着积极的心态、愉悦的心情面对客户,就离成功的订单不远了。

最后,需要强调的一点就是以上的要点都要勤学苦练,多多实践,才能真正地培养自己的亲和力,让客户愿意与你沟通;增强自己的知识能力,展现你的专业水平;锻炼自己的沟通能力,增加客户对你的好感,获得客户的喜爱与认可;坚定自己的意志力,在拒绝中成长、收获,成为伟大的销售员。

本章小结

人员销售是促销组合中最有效的一种工具,在市场营销中具有独特的重要作用。相对于营销战略来说,销售技巧就是战术。销售是一门学问,更是一门技艺。销售活动是一个工作流程,成功不是靠运气,而是靠销售人员脚踏实地地做好每一步流程才能实现的。

仅仅了解这些技巧是远远不够的,必须将这些技巧变成销售习惯和本能,灵活地使用这些销售技巧。

一位销售大师曾经说过:"只要具备了成功销售的能力,你就拥有了白手起家成为亿万富翁的可能。"世界上有许多知名大企业家都是从一个销售员做起,最终打造出属于自己的辉煌事业。只要你在理解本章内容的基础上多做练习,你就迈出了通往成功的第一步。

思考题

①在销售拜访前,应该做些什么?
②在开始访问阶段,如何能给客户留下好的印象?
③如何进行需求调查和能力证实?
④处理异议和成交晋级的步骤分别是什么?
⑤销售拜访结束后,应该做些什么?
⑥SPIN 提问技巧中有哪几类问题?
⑦什么是 FABE 营销法?
⑧请简要概述营销人员素质建设的要点。

本章参考文献

[1]菲利普·科特勒,凯文·莱恩·凯勒.营销管理[M].13版.王永贵,于洪彦,何佳讯,等译.上海:格致出版社&上海人民出版社,2009.

[2]吴建安,王旭,姜法奎,等.现代推销学[M].3版.大连:东北财经大学出版社,2011.

[3]吴健安.市场营销学[M].3版.北京:高等教育出版社,2007.

[4] Ian D. Wyatt, Daniel E. Hecker . Occupational changes during the 20th century[J]. Monthly Labor Review 2006(3).

[5]菲利普·科特勒,加里·阿姆斯特朗.市场营销[M].俞利军,译.北京:华夏出版社,2003.

[6]武亮.销售新手快速入门[M].北京:化学工业出版社,2012.

[7]吴健安.现代推销理论与技巧[M].北京:高等教育出版社,2005.

[8]尼尔·雷克汉姆.销售巨人:大订单销售训练手册(理论篇+实践篇)[M].石晓军,译.北京:中华工商联合出版社,2010.

[9]杰弗里·吉特默.销售圣经[M].陈召强,译.北京:中华工商联合出版社,2009.

[10]杨响华.营销就这么简单:24堂有效营销策略课[M].北京:化学工业出版社,2016.

第十五章
社交风格与销售策略

☆ 掌握社交风格的分类
☆ 理解不同社交风格的行为特点
☆ 了解自我社交风格
☆ 掌握灵活应变的能力
☆ 了解针对不同社交风格客户的销售策略

导入案例
小宇的烦恼

虽然销售员向客户销售的是同样的产品或服务,但却不能使用同样的方法去销售。如果你用同样的销售技巧或方法去面对所有的客户,有的客户会兴高采烈地接纳你,而有的客户却无动于衷,甚至感到厌烦。成功的销售不能忽略的最基础的东西就是一个有效的销售流程,如前一章所述。除此之外,如果说还有一个特性,而这个特性能使销售人员的优劣一下子被分辨出来的话,那么它无疑是灵活应变的社交风格与销售策略。正是销售人员的这种能力,让客户为自己的购买决策感到物有所值,让客户珍视、感激并期待着再次与你合作,以从中得到更长久的满足感。

销售人员是一种经常与陌生人进行互动的职业。人类的行为是多变的,不同的人对于相同的信息会有不同的反应。我们对于熟悉的人往往能够采取比较正确的反应,可是在与陌生人相处时,却经常会感到茫然,怎样才能快速消除这种与陌生人之间的屏障?怎样才能更好地理解客户,和客户快速建立起信任,并展开更多的互动?了解每个人的行为风格,掌握调适的方法和应对策略,对于销售工作是大有好处的。

学好这一章,会让你对自己的社交风格有一个准确的认识及定位,会让你知道如何最大化地发挥自己的社交风格中的天然优势,也知道如何弥补自己的社交风格中的不足。学好这一章,能教你轻松地辨识他人的社交风格,以便你更加理解周围同学、老师、家人、朋友的行为,从此你会变得更宽容、更豁达,更容易接受人与人之间行为上的差异,也有利于你建立更加和谐的人际关系。学好这一章,会让你在将来的工作岗位上减少与同事的摩擦,建立良好的同事关系;会让你与上司之间的沟通更顺畅,从而赢得更多的职业发展机会;会使你以客户喜欢的方式与其相处,使你的销售成功率提高,绩效更佳。

第一节 社交风格的分类

一、社交风格的起源及不同学派

目前市面上有不少针对人们社交风格分类的图书,各种专业与非专业的社交风格测评也层出不穷。例如,目前国内最知名的要数乐嘉的色彩学派(红色、黄色、绿色、蓝色)。看过大型相亲节目《非诚勿扰》的朋友,对乐嘉一定都不陌生。虽然色彩学派并不是乐嘉的原创,其四种颜色的划分早在三四十年前就在美国十分流行。但该理论经过他的精心包装和宣传,能够在平常百姓中普及开来,实则不易和可贵。除此以外,还有动物学派(猫头鹰型、孔雀型、老虎型、无尾熊型)、托马斯国际公司的字母学派(DISC)等。

本书介绍的这种社交风格分类方法是由美国著名的维新企业管理顾问公司(Wilson Learning)在20世纪70年代初推出的培训课程。该理论是基于维新公司通过对全球超过200万的个体数据经过采样建立的,其权威性毋庸置疑。目前这门课程在全球已经以19种语言讲授,拥有了超过100万名学员。

分析种种社交风格的分类来源要追溯到古希腊著名医生希波克拉底提出的"体液(humours)学说"。希波克拉底最大的贡献是把医学从宗教和迷信当中分离了出来,他认为所有的疾病都不是神灵的作用,而是有自然的原因。他在恩培多克勒的"宇宙论"启发下,提出了著名的"体液学说"。他认为人体由血液(blood)、黏液(phlegm)、黄胆(yellow bile)和黑胆(black bile)四种体液组成。

后来古罗马著名医生盖伦提出了气质这一概念,用气质代替了希波克拉底体液理论中的人格,形成了四种"气质学说",此分类方式一直在心理学中沿用至今。他将人的气质分为:性情急躁、动作迅猛的"胆汁质";性情活跃、动作灵敏的"多血质";性情沉静、动作迟缓的"黏液质";性情脆弱、优柔寡断的"抑郁质"。

1921年,著名的瑞士心理学家卡尔荣格将两种态度类型(内倾型和外倾型)与四种机能(感觉、思维、情感、直觉)组合,描述了八种性格类型,即外倾感觉型、内倾感觉型、外倾思维型、内倾思维型、外倾情感型、内倾情感型、外倾直觉型、内倾直觉型。

虽然学派众多,但其内容并无矛盾,且多互为补充。各学派大致的对应关系如表15-1

所示。

表 15-1 社交风格的不同学派

维新公司	干劲型	表达型	分析型	亲切型
乐嘉色彩学派	黄色	红色	蓝色	绿色
动物学派	老虎	孔雀	猫头鹰	考拉
字母学派	D	I	S	C

二、社交风格的分类

(一)人类是有习惯的动物

社交风格理念关注的是可以被观察到的行为,而不是感受或者想法。一个人最外在的是行为(behavior),行为是可以被观察到的、可衡量的、外在的行动,是人们说出来的或者做出来的。在行为之内的是感受(feeling),感受是内在的情绪,不可以被直观地看到,有时可以通过行为流露出来。一个人最内在的是想法(thinking),想法是客观存在、反映在人的意识中经过思维活动而产生的结果,是人类一切行为的基础,如图 15-1 所示。

图 15-1 行为、感受、想法

社交风格类型的划分不是对智商、天赋、性格、人格、品质、天资的测评,它不能评估行为的正确性,也无法帮助你去研究人们的头脑或者内心。你无法知道你的客户、老板、同事,甚至是家人、朋友他们在想什么或者有什么感觉。但是,你可以观察到他人的行为,密切地观察和倾听,可以使你能够看到和听到他们做了什么,或者说了什么;他们的行为可以告诉你,或者向你表明如何赢得他们的信任,如何带给他们信心,如何让他们愿意与你建立良好的人际关系。

行为科学的研究人员发现,有 75% 的人与你的行为习惯不同。比如,有的人习惯将手表戴在左手,而有的人习惯戴在右手;有的人习惯将手表的表盘朝向外面,而有的人习惯将表盘朝向里面;有的人习惯将单肩包背在左肩,而有些人习惯背在右肩;有的人习惯在床上睡觉朝左睡,而有的人习惯朝右睡;请随意伸出一只手,有的人不自觉地伸出的是右手,也有的人伸出的是左手;请将伸出的这只手握拳,有的人拇指在其他手指之外,有的人拇指在其他手指之内;请将你的双手交叉,有的人左手拇指在上,有的人右手拇指在上;有的人说话喜欢大呼小叫,而有的人却总是轻言细语;有的人成天喜笑颜开,有的人却成天愁眉不展。人们有太多的不同行为习惯,人类是有习惯的动物。每个人都有自己最舒适和最自然的说话、做事、决策、利用时间、对待压力的方式,而且大多数人每次都是用同一种方式去做,这就是习惯。

习惯有好坏之分吗?答案是否定的。用左手写字还是用右手写字没有好坏之分;表戴在左手还是右手也没有好坏之分;包背在左肩还是右肩仍然没有好坏之分。但改变习惯会如何呢?请将你一只手上的表取下来,戴到另一只手上,感觉如何?请改变你握拳的方法,改变两手交叉的方法,感觉又如何?习惯一旦养成,改变它会觉得不舒服、不自然。人们往往用自己舒适的方式与人交往,但对他人而言却不一定是舒适的。

社交风格就是人在行为中显示出的影响方式和表达方式的模式,这种模式帮助我们预测这个人习惯用哪种方式与人相处。我们用影响方式和表达方式这两个维度来对社交风格的类型进行划分,到底什么是影响方式和表达方式呢?

(二)影响方式和表达方式的含义

影响方式(assertiveness)是指在他人看来,一个人试图影响别人的想法和行为的方式。每个人都在试图影响他人,但使用的方式不同。我们把影响方式的标尺从左到右进行划分,如图 15-2 所示。在标尺左边,我们把它称为征询导向影响方式,标尺右边称之为指令导向影响方式。

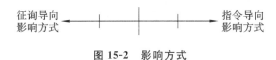

图 15-2　影响方式

在征询导向的这一端,人们倾向于用更加微妙和间接的方式去影响别人。他们通常先提出问题,然后通过给出建议、想法,而不是采用强势的、宣布式的方式告诉别人,或者直接告诉别人结论,在非语言的表达方式上也同样微妙。在指令导向的这一端,人们在说话和肢体语言方面则更加外露。他们在谈话中掌握话题和推进速度的主动权,他们非语言的表达方式也更加直接,如表 15-2 所示。

表 15-2　影响方式的行为表现

征询导向	指令导向
问问题	告诉
让他人主导社交	主导社交
避免使用权利	趋向于使用权利
一般程度的主见	强烈的主见
安静	好斗
避免危险	冒险
行动慢	行动迅速
合作	竞争
语速慢,经常停顿	语速快,经常很坚定
很少打断别人	经常打断别人

续表

征询导向	指令导向
很少使用声音来强调	经常使用声音来强调
陈述方式多为条件式	陈述方式多为宣布式
身体姿势向后仰	身体姿势向前倾

例如,一群朋友计划去聚餐,有些人会提议去这吃好,去那吃不好,甚至会因为意见不统一而争执不休,这些人总是习惯去影响别人,他们的影响方式倾向于指令导向。而另外一些人总会说随便吃什么都行,他们不习惯去影响别人,他们的影响方式倾向于征询导向。

你或许已经开始考虑自己位于标尺的什么位置,其他人位于标尺的什么位置,这样很好,但千万不要担心有关对错或者好坏的问题。影响方式与习惯一样,没有好坏之分。没有任何研究显示,征询导向方式或指令导向方式在影响他人方面有明显优势。

表达方式(responsiveness)是指在他人看来,一个人与他人相处时表达自己情感的方式。表达方式的标尺从上到下放置,如图15-3 所示。标尺上端的叫作任务导向表达方式,标尺下端的叫作人际导向表达方式,而表达方式的行为表现如表 15-3 所示。

倾向于人际导向的人在沟通中更加自如和开放地表达自己的情感,他们通常倾向于关注感受和关系方面的问题,他们认为:建立了良好的人际关系之后,任务方面的问题就会变得更容易解决。而倾向于任务导向的人一样能感受到同样多的情感,他们只是在对待具体的事或人的时候采用的表达方式不同,在表达情感方面更加保守。他们在大多数情况下,首先关注任务层面,而不是和他人分享他们的个人感受,或谈论个人的问题,只有当工作上的问题已经得到解决以后,他们才会开始谈论一些个人的话题。

图 15-3 表达方式

表 15-3 表达方式的行为表现

人际导向	任务导向
先谈论人际关系和感受	先谈论任务和事实
经常与他人交流个人感受	很少与他人交流个人感受
受他人感觉牵扯	避免和别人牵扯
自我放纵,寻求注意	自信的,独立的
不在乎做事效率	注重于做事效率
不精确的、笼统的、快乐的、温暖的	精确的、具体的、正式的、呆板的
面部表情较多	面部表情较少
手势较多,幅度较大	手势很少,幅度很小

例如,一群人去看同一部感人的影片,有些人看完就互相表达自己的情感,宣泄自己的情绪,这些人的表达方式倾向于人际导向。而另一些人看完显得很平静,与人交流的更多是有关剧情的逻辑性、合理性,这些人的表达方式倾向于任务导向。

同样,表达方式也没有更好或更坏的区别,只是不同的习惯而已。

(三)社交风格的分类

用影响方式和表达方式两个维度作为坐标,交叉的两个维度划分出了社交风格的四个象限,如图15-4所示。在社交风格矩阵中:

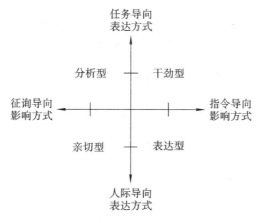

图 15-4　社交风格矩阵

矩阵中点右边区域表示的是更加倾向于指令导向的人,矩阵中点左边表示的是更加倾向于征询导向的人;

矩阵中点上边区域表示的是更加倾向于任务导向的人,矩阵中点下边表示的是更加倾向于人际导向的人;

位于左上方的人(倾向于征询导向、任务导向),称之为分析型(analytical)的人;

位于右上方的人(倾向于指令导向、任务导向),称之为干劲型(driver)的人;

位于左下方的人(倾向于征询导向、人际导向),称之为亲切型(amiable)的人;

位于右下方的人(倾向于指令导向、人际导向),称之为表达型(expressive)的人。

统计结果显示,分析型、干劲型、亲切型、表达型这四种类型在人群数量上基本均衡。在你碰到的所有人中,你只能和其中大约25%的人保持一致,这些人与你同属一种社交风格类型。你与他们在影响方式和表达方式上都很相似,你与他们相处和沟通时会觉得很自然、很舒适。你与50%的人在某些方面保持一致,这些人是与你相邻的社交风格类型,你或者在影响方式,或者在表达方式上与这些人相似。例如亲切型的人,在表达方式上与相邻的表达型的人相似,在影响方式上与分析型的人相似,你与这些相邻区域的人相处时会觉得舒适感稍差。而剩下25%的人,是与你的影响方式及表达方式完全不同的人。不管你位于矩阵的哪个区域,你都有一个对角区域。例如,亲切型和干劲型对角,分析型和表达型对角,你与对角区域的人没有任何相近之处,你与他们沟通起来会感觉最不自然、最不舒服。

没有证据表明哪种社交风格较好甚至更好,只是各有不同的特点而已。

第二节 不同社交风格的行为特点

一、表达型社交风格的特点

表达型的人在影响方式上倾向于指令导向,在表达方式上倾向于人际导向。他们积极乐观、情感外露、精力充沛、富有激情、在社交活动中采取主动、才思敏捷、富有灵感、容易兴奋、善于表达、喜欢有听众、希望获得掌声和认可、善于激励和鼓舞他人、行动迅速、节奏快、喜欢新鲜变化和刺激、相信直觉、敢冒风险。他们的价值观是希望自己能够在人群中脱颖而出,受到关注,希望自己是独一无二的,并能表现出卓越的领导力,同时重视他人对自己工作成绩的肯定和宣传。

表达型的人常常被误认为他们很轻浮,热衷于讲故事而偏离了工作主题,并花费过多的时间去建立关系。

专栏 15-1
表达型风格的领导层对公司的影响

表达型的人永远积极快乐,有人说表达型的人发明了飞机,分析型的人发明了降落伞;表达型的人发明了游艇,分析型的人发明了救生圈。面对半杯水,表达型的人会说"太好了,还有半杯水",分析型的人却说"真糟糕,只剩下半杯水了"。表达型的人天性里对于快乐的向往,使他们常常童心未泯,他们懂得享受生命,不管他们从事的是什么,即便正在苦干,也显得乐在其中,例如射雕英雄传中的黄蓉、周伯通、洪七公。表达型的人出众的表达能力与生俱来,娱乐类节目的主持人常以表达型的人居多,例如谢娜、小S、李咏、朱丹等。很多广告公司的天才创意人员均来自表达型的人。表达型的人做事凭直觉、易冲动,例如健身俱乐部年卡打折,表达型的人听说后最兴奋,立即去买,并号召周围的朋友都去买,可去健身没几天,可能连卡都不知丢哪去了。

二、干劲型社交风格的特点

干劲型的人在影响方式上与表达型一样,倾向于指令导向,而在表达方式上倾向于任务导向。他们关注任务的结果,喜欢主导完成事情、不达目的誓不罢休、行动迅速、意志坚强、强烈的进取心、强烈的求胜欲、不畏强权、喜欢冒险、注重效率、有主见并坚信不疑、与他人谈话直截了当一针见血、自信、不情绪化。他们的价值观是希望掌控一切,如时间、预算、人员等,希望被赋予更多的控制权,希望在给予各种备选方案和可能性之后,作出自己的决定。

干劲型的人常会被误解为不近人情、蛮横、铁石心肠。

干劲型的人求胜欲很强,如果说亲切型"以和为贵",则干劲型信奉"胜者为王,败者为寇""宁做鸡头不做凤尾",例如美国肯尼迪家族世代流传的信念都是不能甘居第二。历代开国造反皇帝绝大多数是干劲型的,如秦始皇、刘邦、赵匡胤、忽必烈、成吉思汗、朱元璋、努尔哈赤、拿破仑、亚历山大大帝等。干劲型对于斗争的欲望是无处不在的,有一次希拉里去加油站,工作人员调侃说"你真幸福啊,嫁给了一个做总统的老公",希拉里冷笑一声,回道:"如果我嫁给你,你也会是美国总统的。"干劲型抗压能力极强,如史玉柱当年的巨人大厦跌到低谷,后来做脑黄金、脑白金又翻盘,如今做网游《征途》很成功,越挫越勇。干劲型是目标导向的,他们总是给自己定下一个又一个的目标去达成,例如销售员提前5天完成了当月的任务,表达型的兴高采烈,邀上朋友大开庆功宴;而干劲型依旧埋头苦干,定要争个冠军方能罢休。民营企业家中干劲型最多,分析型其次,表达型再其次,亲切型最少。为何干劲型在企业家中成功的比例最高?因为他们的目标和欲望永无止境,抗批判、抗压力的能力很强,抗挫折能力强。

三、分析型社交风格的特点

分析型的人在表达方式上与干劲型一样,倾向于任务导向,在影响方式上倾向于征询导向。他们关注任务的过程、程序、规则和制度,喜欢事实、数字、逻辑和原因,思想深邃、独立思考、善于分析,富有条理、作决定之前寻找确定性的数据和证据、公事公办、坚守原则、追求完美、沉默寡言、冷静谦逊、与外界互动的典型方式是发问,不喜欢主动与不熟悉的人建立关系。他们的价值观是希望他人认可自己的工作结果和专业技能,通过以正确的方式作出正确的决策来提升自己的威望。

专栏15-2
干劲型领导层对公司的影响

分析型的人常常被误解为没有幽默感、感情淡漠、优柔寡断、过于挑剔、喜欢说教、不会享受快乐。

分析型的人天性爱思考问题,从小就像个"十万个为什么"。成年以后的分析型的人逐渐成为伟大的科学家、艺术家,如米开朗琪罗、达·芬奇等;哲学家如苏格拉底、柏拉图、亚里士多德等;科学家如牛顿等。分析型的人内心恐惧热闹的人群,在孤独时往往思维最发达,宁愿寂寞也不愿凑热闹,宁愿三两个好友平淡或畅快地聊天,抑或不言相对而坐。分析型的代表人物有高仓健、梁朝伟、林黛玉等,《细节决定成败》的作者汪中求先生也是典型的分析型。分析型的人计划周详、注重规则,例如一群朋友去旅游,费用由分析型的人管理会很有节制,绝对不会超支。分析型的人考虑全面、迷恋细节,例如问"树上有10只鸟,打了一枪,还剩几只",分析

专栏 15-3 分析型领导层对公司的影响

型的人通常会思考半天后问:"枪是有声还是无声;有没有耳聋的鸟;有没有怀孕的鸟;有没有飞不动的鸟;一枪会不会打死两只;开枪的人眼花不花;是真的十只吗;十只鸟都在笼子里还是在外头;如果打死的那只挂在树上,就只剩一只;如果打死的那只没有挂在树上,就一只不剩。"

四、亲切型社交风格的特点

亲切型的人在影响方式上与分析型一样,倾向于征询导向,在表达方式上倾向于人际导向。他们和睦包容、追求人际关系的和谐、努力满足每个人的需求、奉行中庸之道,喜欢把人与人之间的矛盾大事化小、为人低调、善于合作、乐于助人、善于接纳他人的意见、追求简单随意的生活方式、在沟通中对他人有高度的信任感、擅长让别人感觉舒适。他们的价值观是希望自己是团队里的一部分,非常重视自己得到他人的接纳,以及自己对他人是否产生了积极影响。

亲切型的人常被误解为害怕风险、行动缓慢、过于强调一团和气、没有结果。

亲切型的人乐知天命、与世无争的特质,常被人认为容易受骗、无心计和手腕、该争取的不争取,例如郭靖、阿甘、许三多等。"将军额上能跑马,宰相肚里能撑船"形容的也是亲切型的人。亲切型的人天性宽容、不愿记仇,例如南非前总统曼德拉,在一次种族歧视事件中被人将其头像换成了大猩猩。当政府要员们为他义愤填膺、勃然大怒时,他却慈祥地一笑:"看我像大猩猩吗?"亲切型追求平稳、不喜欢变化、淡泊明志,有时候得来全不费功夫,甚至成为最终的胜利者,例如不少亲切型的人懒得跳槽,最后却成了公司忠诚的高管,而那些早早跳槽的人,或许到头来又重回公司做他的下属。

专栏 15-4 亲切型领导层对公司的影响

五、不同社交风格的特点比较

请思考下列的一组问题:
①下列描述分别属于哪种社交风格?
A.用什么猫捉不重要,捉到老鼠最重要。
B.捉到老鼠很重要,用什么猫捉和怎么捉同样重要。
C.捉老鼠并不重要,捉老鼠好不好玩最重要。
D.你们嫌不嫌烦啊,老鼠不用去管它,放在那不是也蛮好嘛。
②下列描述分别属于哪种社交风格?
A.选择另一条路下山,动机是挑战一条更困难的线路。
B.选择另一条路下山,纯粹是因为走同样的路、看同样的风景太无聊。
C.选择走老路下山,觉得走新路很麻烦,还是原路返回方便省心。
D.选择走老路下山,觉得走新路可能有风险,还是原路返回安全稳妥。

③下列描述分别属于哪种社交风格？

A. 最发达的是嘴(喜欢表达)。

B. 最发达的是脑(善于思考)。

C. 最发达的是眼(眼光犀利)。

D. 最发达的是耳(注重倾听)。

④下列描述分别属于哪种社交风格？

A. 带给我们的是激情和快乐。

B. 带给我们的是稳重和信任。

C. 带给我们的是勇气和坚定。

D. 带给我们的是轻松自然、没有压力。

⑤下列描述分别属于哪种社交风格？

A. 是不喜欢被规则束缚的人，偶尔不按规则出牌会觉得新鲜有趣。

B. 是打破规则的人，他们更希望由自己来制定规则而不是遵守规则。

C. 是害怕违反规则的人，但可能因为懒散而无法达到规则的要求。

D. 是最遵守规则的人，并且竭尽全力做到规则内的最好。

⑥下列描述分别属于哪种社交风格？

A. 总是期待在新款式刚刚出来的第一时间立即拥有,觉得"豆腐要趁热吃"。

B. "不求最好但求最贵"，只要能够凸显身价和地位的都是不错的。

C. 对于新产品的面世，除了相信价格会走低，觉得性能不一定稳定，宁愿经过时间的考验。

D. 很多朋友都买了，而且也建议我买，我才买，绝不做"第一个吃螃蟹的人"。

⑦亲人病重，不同社交风格的人用不同的方式来表达，下列描述分别属于哪种社交风格？

A. 一边无微不至的照料，一边唠叨责怪，把照顾亲人当作一件工作严阵以待。

B. 以解决问题为主，找最好的医院、医生、药物，但会忽略情感的关怀。

C. 是最轻松舒服的陪护人，让病人觉得生病也很幸福温暖。

D. 把病人逗得乐呵呵，把病人也被影响得乐观开朗起来。

⑧下列描述分别属于哪种社交风格？

A. 最容易和他人发生正面冲突，斗争本身就是一种乐趣。

B. 与他人的冲突固执而不妥协，内心停在"秀才遇见兵，有理说不清"的境界，用隐性手法表示内心的愤怒，冲突的持续时间最长。

C. 最不容易和他人发生冲突，完全做到"我不入地狱，谁入地狱"的忘我宽容境界。

D. 也容易与人冲突，但会有错就认，不记仇，一有开心事就忘了。

⑨下列描述分别属于哪种社交风格？

A. 关注任务的结果　　B. 关注任务的过程

C. 关注自我的感受　　D. 关注他人的感受

⑩下列描述分别属于哪种社交风格？

A. 支持专家　　　B. 系统专家　　　C. 社交专家　　　D. 控制专家

在一些行业、一些职业及一些文化背景下，确实存在某些社交风格比例略高的情况。例如，在快销、奢侈品或产品周期短的公司，销售人员以表达型为多；在软件、通信、产品周期长且需要专业性的公司，销售人员以分析型为多；从事服务性的工作，以亲切型为多；领导干部以干劲型、分析型为多；娱乐节目的主持人以表达型偏多，但思想类、纪实类的主持人以分析型、干劲型偏多。请注意，这并非绝对。例如演员以表达型为多，也有分析型的梁朝伟、黎明，亲切型的周润发，干劲型的成龙。例如，保险推销员并非都是表达型，分析型的经过训练和打磨也能游刃有余，而回到家中用安静来消化安静，用思考来咀嚼思考。例如，不是所有会计师、工程师、银行工作人员都是分析型的，为了胜任这份职业，表达型的经过训练，做事也能谨小慎微，而在生活中又原形毕露、无拘无束了。并非所有国家领导人都是干劲型的，也有表达型的克林顿，亲切型的周恩来、温家宝、卡特等。其实，不同社交风格的人都能做好同样的工作。

不同的社交风格还有很多行为特点的不同，如表 15-4 所示。

表 15-4　不同社交风格的比较

社交风格	表达型	干劲型	分析型	亲切型
主要优势	精力充沛	善于掌控	有条有理	乐于支持
基本需求	认同与成就	权利与成就	秩序与安全	合作与安全
支持他们的	远见和直觉	结果和行动	原则和想法	关系和感受
对个人价值的衡量	赞赏	掌控	尊重	认可
他们努力追求	兴趣	高效	准确性	合作
动机	快乐	控制	完美	稳定
不喜欢	循规蹈矩、繁文缛节	无效率、优柔寡断	无条理、无规矩	不重情感、遇事急躁
害怕	被别人挑剔	被利用	突然变化	不讨人喜欢
工作风格	与他人一起共事	独立	相对独立、采取有条理的工作方式	喜欢与他人一起工作
对于完成任务的看法	通过他人的参与共同完成目标	以尽可能短的时间获得最大的效果	得到结果的过程和结果本身一样重要	结果是由人们通过共同工作一起实现的
工作中的自然优势	善于激励和强化某项行为	发起挑战和监督进展	计划性和组织性	提供辅导和咨询服务
作决策	快速、凭直觉	快速、果断	慢、反复权衡	与别人协商
时间观	时间观弱、较随意	时间观强，注重效率	时间观强，很精确	时间观弱，时间可被任何人占用
弱点	不拘小节、专注力弱、不善执行	不善倾听、无耐心、不重情感	过于注重细节、挑剔、应变力不强	过于敏感、不果断、无大志

当动物遭遇危险时,肾上腺素急速上升,在瞬间需要作出决定,是留下来作战,还是逃跑。人类在寻找应对压力途径方面走过了漫长的道路,但面对压力的原始本能反应仍然是自我保护。在应对压力时,在影响方式中倾向于征询导向的人(分析型、亲切型),倾向于逃避(图15-5)。

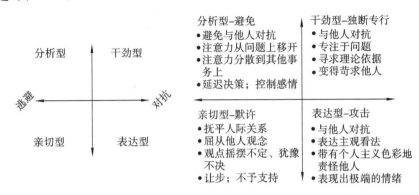

图15-5 应对压力的第一反应行为

由于防卫行为的复杂性,逃避并不一定意味着他们会明显地从你面前走开。亲切型的人倾向于默许、放弃,而不是就原则性的问题进行斗争(好吧,你想怎么样就怎么样吧)。分析型的人倾向于回避、不回复你的电话或邮件、推迟和你见面,把你的事情放入较低的优先处理级别中(对不起,还没有时间考虑这些细节,我们能以后再谈这件事吗)。两者都是逃避,但是做法却十分不同,一个侧重于情感方面,一个侧重于任务方面。

影响方式中倾向于指令导向的人(干劲型、表达型),则倾向于对抗、斗争和挑战。他们的选择往往是基于自己的原则和立场。干劲型的人会变得比平时更加强调控制权,不会留下任何不确定的事情(我是不会按照这种方法做的,让我来告诉你,你该做些什么)。表达型的人通常有情绪上的表示(我简直不能相信你会对我做出这样的事情)。

专栏15-5
与表达型客户交往的小故事

六、识别他人的社交风格

如何识别出他人的社交风格呢?首先,我们需要对上述的理论有所掌握;其次,我们需要在平时的生活中多观察他人的行为习惯,观察他人的影响方式是倾向于指令导向还是征询导向,他人的表达方式是倾向于任务导向还是人际导向,作出判断后,经过时间去验证。然而,当你作为一名销售人员,你需要每天与形形色色的人打交道,当你与对方进行初次接触时,就需要迅速判断对方属于哪种社交风格,以便帮助你顺利开展工作。如何快速地识别出对方的社交风格呢?观察对方的非语言和语言的信息,可以帮助我们。这些非语言及语言信息被称为风格指示剂,如表15-5所示。

表 15-5　风格指示剂

	表达型	亲切型	干劲型	分析型
脸部表情	很多表情	温和有笑容	少变化	少变化
眼神接触	多方注视	注视寻求接纳	直接、凝聚	不凝视、但想答案
说话速度	快速	慢、有时停下	快速有力	从容不迫
声音	大声	柔软温和	控制声量	适中
音调	忽高忽低	流畅	单调、重点强调	单调
姿势	充满活力	放松	正式、僵硬	僵硬、少活动
身体活动	多种变化	慢、柔和	有些快速、有力	少姿势
说话重点	人	人	工作	工作

第三节　自我社交风格测试

到这里，毫无疑问你已经从前两节中对自己的社交风格有了零星的了解，你是否正在好奇"我到底属于哪一种风格"，这是个好的信号，证明你愿意运用新的知识来认识自己。为了帮助你更好地学习，建议你在学习下面几节前，先做一下自我测评。

请回答以下AB两套题。如果左边的描述更接近你的实际情况，请给自己五分及五分以下；如果接近右边的描述，请给自己六分及六分以上。请如实回答，以保证对你自己有更准确的认识。

A套题

①面对风险、决定或变化反应迟缓谨慎 1 2 3 4 5 6 7 8 9 10 面对风险、决定或变化反应迅速从容。

②与大伙一起讨论时不常主动发言 1 2 3 4 5 6 7 8 9 10 与大伙一起讨论时经常主动发言。

③强调要点时不常使用手势及音调的变化 1 2 3 4 5 6 7 8 9 10 强调要点时经常使用手势及音调的变化。

④表达时常使用较婉转的说法，如"根据我的记录""你可能以为" 1 2 3 4 5 6 7 8 9 10 表达时常使用强势的语音，如"就是如此""你应该知道"。

⑤通过阐述细节内容强调要点1 2 3 4 5 6 7 8 9 10 通过自信的语调和坚定的体态强调要点。

⑥提问用来检验理解、寻求知识或更多的信息1 2 3 4 5 6 7 8 9 10 提问用来增强语言气势、强调要点或提出异议。

⑦不爱发表意见1 2 3 4 5 6 7 8 9 10 愿意发表意见。

⑧耐心、愿意与人合作1 2 3 4 5 6 7 8 9 10 性急、喜欢竞争。

⑨与人交往讲究礼节、相互配合1 2 3 4 5 6 7 8 9 10 喜欢挑战、控制局面。

⑩当对一点没有什么大不了的小事的意见有分歧时,不愿意坚持自己的观点并很可能附和他人的观点1 2 3 4 5 6 7 8 9 10 辩论出究竟。

⑪含蓄、节制1 2 3 4 5 6 7 8 9 10 坚定。

⑫与人初次见面时目光间断性注视对方1 2 3 4 5 6 7 8 9 10 与人初次见面时目光长久注视对方。

⑬握手时较轻1 2 3 4 5 6 7 8 9 10 紧紧握手。

B套题

①戒备1 2 3 4 5 6 7 8 9 10 坦率。

②感情不外露,只在需要别人知道时才表露1 2 3 4 5 6 7 8 9 10 无拘无束地表露,分享情感。

③多数时依据事实或证据作决定1 2 3 4 5 6 7 8 9 10 多数时根据感觉作决定。

④就事论事、不跑题1 2 3 4 5 6 7 8 9 10 谈话时不爱专注一个话题。

⑤讲究正规1 2 3 4 5 6 7 8 9 10 轻松热情。

⑥喜欢干事1 2 3 4 5 6 7 8 9 10 喜欢交友。

⑦讲话和倾听时表情严肃1 2 3 4 5 6 7 8 9 10 讲话或倾听时表情丰富。

⑧表达感受时不太有非语言的反馈1 2 3 4 5 6 7 8 9 10 表达感受时有非语言的反馈。

⑨喜欢听现实情况、亲身经历和事实1 2 3 4 5 6 7 8 9 10 喜欢听梦想、远见和概括性信息。

⑩对人和事应对方法单一1 2 3 4 5 6 7 8 9 10 对别人占用自己的时间灵活应对。

⑪在工作和社交场合需要时间适应1 2 3 4 5 6 7 8 9 10 在工作或社交场合适应很快。

⑫按照计划行事1 2 3 4 5 6 7 8 9 10 做事随意。

⑬避免身体接触1 2 3 4 5 6 7 8 9 10 主动进行身体接触。

分别得出两套题的总分后,在下图中确定你的位置及所属的社交风格。

在横轴中标出与A套题的总分相对应的位置作为A点;

在纵轴中标出与B套题的总分相对应的位置作为B点;

画一条垂直线经过A点,再画一条水平线经过B点。

两条直线相交的C点,反映你比较自然的社交风格倾向。

举例:小宇A套题总分96,B套题总分102,属表达型。

请在下图中确定你的位置及社交风格。

如果你已经测出了自己的社交风格类型,请与熟悉你的人核对一下结果。请注意,或许你的自测与他人对你的判断不一致,别着急,暂时以你的自测结果为准。或许他对

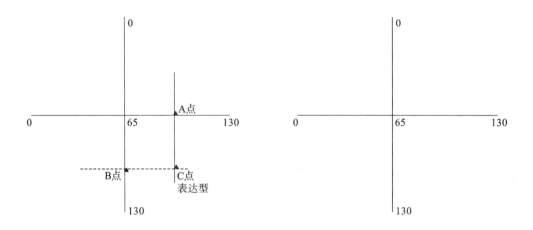

你并不够了解,或许是他判断错误。或许你是分析型的,而他比你更分析,所以在他眼中,你不是分析型的。其实同属一种社交风格的人,也会有差别。例如,你有四个朋友都是干劲型的人,但把他们的行为放在一起进行比较时,就会发现其中第一个人可能比其他三人更加倾向于指令导向,第二个人比其他三人更倾向于征询导向,第三个人比其他三人更倾向于任务导向,第四个人可能比其他三人更倾向于人际导向,不要让这些小的差异把你迷惑住了。

【问题讨论】

请思考:

①在生活和工作中,那些对你很重要的人,他们的社交风格类型是哪种?

②为了和这些人相处得更加融洽,你需要在行为上作出怎样的调整?

第四节 灵活应变的能力

我们仅仅了解社交风格的不同、识别对方的社交风格还不足以帮助你改善沟通技能、建立成功的人际关系。你需要掌握灵活应变(versatility)的能力,即根据他人的社交风格,调整你的行为,以使他人感到舒适的技巧。

人类是有习惯的动物。习惯帮助我们去做一些重复的工作而不用思考,习惯设定了我们的舒适区。每个人都有自己的舒适区,舒适区是我们在日常生活中,做一些常规事情时习惯遵循的方式。当人们之间存在差异的时候,有人需要作出变化来适应这些差异,否则,沟通就会变得十分困难。如果你学会了灵活应变的能力,你就能够在面对因不同社交风格带来的挑战中掌握主动、一路领先。

灵活应变不是指在沟通过程中调整自己的行为，让自己感到更舒适。相反，令他人感到舒适是灵活应变的实质精髓。那些有卓越沟通能力的人，让我们不得不赞叹他们在培育人际关系方面的才能。他们都有一个共同的诀窍，那就是让与他们相处的人感觉到舒适自在。没有舒适感，你的人际关系就会面临失败，你的工作绩效就会让人大跌眼镜。灵活自如和成功地建立起富有成效的人际关系意味着有时你要有目的地承担起一定程度的不舒适感，这是现实，而且永远都不会改变。不管你对社交风格有多了解，这一点也许永远都是一个挑战，你需要调整自己的舒适区，以适应他人对于沟通的需要。

专栏 15-6 销售中灵活应变的重要性

因为有 3/4 的人的社交风格和你不同，为了提高与他们之间的沟通效率，为了使他人获得舒适感，你需要在 3/4 的情况下延伸自己的舒适区，你不得不使用一些对你来说不那么容易的沟通方式。有时你需要调整自己的影响方式，有时你需要调整自己的表达方式。对于处于对角线区域的人，你则需要同时调整两个维度。例如，干劲型的人向分析型调整时，需要增强征询导向；干劲型的人向表达型调整时，需要增强人际导向；干劲型的人向亲切型调整时，既需要增强征询导向，又需要增强人际导向，如图 15-6、表 15-6 所示。

图 15-6　行为方式调整策略

表 15-6　如何针对征询、指令、任务和人际导向调整自己的行为

面对亲切型和表达型的人，如何更加倾向于人际导向	面对分析型和干劲型的人，如何更加倾向于任务导向	面对干劲型和表达型的人，如何更加倾向于指令导向	面对亲切型和分析型的人，如何更加倾向于征询导向
表达你的情感	作好充分的准备，以书面形式将资料归档	直指要害	不要催促

续表

面对亲切型和表达型的人,如何更加倾向于人际导向	面对分析型和干劲型的人,如何更加倾向于任务导向	面对干劲型和表达型的人,如何更加倾向于指令导向	面对亲切型和分析型的人,如何更加倾向于征询导向
表达你的赞赏	专注且基于事实	愿意发表不同意见	回应式倾听
愿意在个人关系上花时间	通过提问的方式表达观念	主动发起一段对话	分担责任
进行适当的闲聊和交际活动		根据信念采取行动	提供保障
		主动提供信息	

上一节介绍过不同的社交风格在压力下有不同的行为反应。我们在应对时,也需要区别对待。对于压力下的对抗行为,我们的应对策略是"中和"。对于逃避行为,我们的应对策略则是"干预",如表15-7所示。

表15-7　如何应对压力下的各种社交风格

社交风格	第一反应行为	你的回应
分析型	逃避-避免	干预
亲切型	逃避-默许	干预
干劲型	对抗-独断专行	中和
表达型	对抗-攻击	中和

为了"中和"在人际关系中处于攻击,或者独断专行的对抗行为,你可以使用以下的方法。

①允许他人释放、表达自己的感受。你的目标是消除对方防卫、对抗的态度,从而让你可以去识别在他愤怒的背后隐藏的真正的问题到底是什么。

②倾听他人的顾虑,而不去批评或辩驳。

③不要打断,也不要纠正。

④倾听他人沮丧的感受,你的目标是:表现出你愿意接纳别人与你的不同之处,以及重视、珍惜你们之间的关系。

⑤保持关注、放松,不要对抗。

⑥询问足够的问题,让对方自然地开始和结束表述。

如果你处理的是逃避行为,你可以使用下面一些"干预"的方法。

①表现出真心诚意的关注。

②让他人知道你已经了解到他的感受,让他确信即使不同意你的想法也不会产生任何问题。

③把问题放到桌面上公开讨论,而不是忽略它。

④尝试发现问题的症结,这一点在开始时会比较困难,征询导向的人在处于逃避状

态时,往往喜欢表现得含糊且处处回避。

⑤坚持,但是不要逼迫对方。

⑥与对方分享你对于这个问题的看法,这能够激励对方更加开放地表达他们的顾虑。

灵活应变能力的真正威力是去运用你现在已经学到的所有这些技巧,而不仅仅是知道而已,记住,我们的习惯不会自己消亡。习惯在很多时候会妨碍我们扩展自己的领悟能力和学习新事物的能力。习惯有时候也难以改变,所以当我们想用新的方法去看待事物和做事情时,如果一不留神,自然而然又回到了自己的舒适区里,并使用自己那些习以为常的行为方式与人相处。灵活应变是一种暂时调整影响方式和表达方式的意愿和能力。对于建立和保持人际关系来说,关键取决于你愿意付出多大的努力去走出自己的舒适区,从而换取让人产生舒适的感觉。

专栏 15-7
TA 属于哪种社交风格——掌握灵活应变能力

第五节 针对不同社交风格客户的销售策略

在经济繁荣、业务非常兴旺的年代,灵活应变也许显得不那么重要。在那时,如果销售人员跟某个客户谈不来,或者跟这个客户建立合作关系太难了,完全可以放弃这个商机。然而,在今天的经济环境下,灵活应变显得越来越重要。研究显示,在销售领域高度的灵活应变能力和高绩效之间呈现显著的正比关系。如果销售人员能够准确地判断客户的社交风格,针对不同社交风格的客户制定不同的销售策略,顺利迎合客户的口味,与之打成一片,那么一定会给销售工作带来意想不到的顺畅和便利,达到事半功倍的效果。

但通常,你很难直接从客户那里听到这样的信息:"你的销售风格需要调整啊!你要适应我的社交风格和购买风格,不然我就去其他愿意适应我的人那里去购买了啊!"通常客户不会发出这类信息,只会体现在他们的行为当中。

成功的销售要从让你的客户在与你的交往中感觉舒适开始,而你自己是否舒适却是次要的,让客户感觉舒适是灵活应变的关键所在。为什么让客户感到舒适对我们来说如此重要呢?因为没有它,客户不会透露很多有关自己需求的信息给你;不会着眼于你的解决方案如何能够帮助他们解决困难和问题,反而会在你所推荐的解决方案中挑刺,而且不会以

专栏 15-8
与亲切型客户交往的小故事

开诚布公的方式告诉你。在销售过程中,客户对你感觉舒适和产生信任并不是"可有可无"的附加条件,而是使一个好的销售流程能够顺利地进行下去的必备条件。当你的客户感到舒适时,在很多方面得到好处的反倒是你。这些好处可能是你将从客户那里获得更准确的信息,令你要提交的解决方案更符合客户的要求,或者获得更多客户的帮忙和支持来完成你的销售,甚至为你与客户建立长期的合作关系奠定良好的基础。

还记得前面一章所介绍的销售过程的各个阶段吗?一个完整的销售过程包括:销售拜访前(确定客户、准备预约)、销售拜访中(开始访问、需求调查、能力证实、处理异议、成交晋级)和销售拜访后(售后跟进)。在各个阶段,针对不同社交风格客户的销售策略是不同的。

一、销售拜访前

在与不认识的客户第一次见面之前,争取提前作一些准备,预估客户的社交风格。你可以先跟认识该客户的人聊聊,即使对方对社交风格理念一无所知,你也可以提一些与社交风格相关的问题,帮助自己提前掌握一些信息。例如,"他通常语速快还是慢?他是否习惯使用许多手势或面部表情?他通常守不守时?他是不是以大量的数据来支持某个观念?"等。当你在询问这些信息时,要考虑说话者的社交风格。在一个表达型的人眼中,另一个表达型的人说话速度不一定很快;一个亲切型人说的大量数据和一个分析型人说的大量数据具有不同含义。

二、销售拜访中

即使在见面之前没有机会获得足够多的信息帮助你判断对方具体的社交风格,那么你可以把开始访问部分作为早期识别社交风格的机会。你需要对他的一系列行为进行观察,包括语言和非语言的信息,还记得前面讲到的风格指示剂吗?请使用多条线索来确定对方的社交风格。例如,光是说话大声这一个特征,并不意味着你正和一个干劲型或表达型的人打交道。

专栏 15-9 应用风格指示剂确定客户社交风格

【问题讨论】

销售代表小珊是个分析型的人。一次,她在拜访一个表达型的客户之前,花了好几天的时间准备了充分的资料,她信心满满地去拜访这位客户。在她与这个客户开始交谈时,这位客户十分健谈,眉飞色舞地夸耀自己昨天的一场精彩演讲,她并没有作出任何语言和非语言的回应,而是缓慢地从公文包中拿出早已准备好的厚厚的产品资料向他展示。客户毫无兴趣地立即拒绝了她,这令她伤心不已。如果你是小珊,你会怎么做?

在拜访表达型的客户时,给你一些建议:

①首先让他们看到"全局",简明扼要地把目的讲清楚,并让他们看到

你对这个项目充满热情和期待；
②跟他们分享一些可能是"独家新闻"的消息或者你们都认识的人；
③向他们提供来自重要人物的推荐或者认可；
④倾听，然后用语言和非语言信息作出反应；
⑤了解并认可他们的愿景和目标，激发他们的能量和热情；
⑥给予他们个性化的赞扬；
⑦提供一些具有附加价值或独特意义的建议；
⑧坦诚地分享你对他们想法的感受和兴趣；
⑨保持快节奏，要有重点；
⑩提供激励的言词鼓励他们作决定；
⑪争取让他们把承诺付诸文字，并在达成协议后共同庆祝。

【问题讨论】

销售代表小勇是个亲切型的人，喜欢拥有和谐的人际关系，希望得到同事和客户的广泛认可。一天他拜访了一个干劲型的客户，这个客户很深沉，一言不发。小勇怕冷场，就开始与他寒暄，问及他太太的职业、孩子有多大、平时有什么兴趣爱好……还没来得及谈论产品，就被客户下了逐客令。这次拜访令他十分苦恼。如果你是小勇，你会怎么办？

在拜访干劲型的客户时，给你一些建议：
①准时或比预约的时间提前达到，准时开始，准时甚至提前结束；
②直入主题、切忌闲聊；
③让他尽早知道你将采取的行动能给他最关注的事情带来哪些影响或价值；
④尽早地向他们提供有见地的信息；
⑤通过询问让他们主导对话的方向；
⑥只提供与主题密切相关的信息，不要介绍太多琐碎的细节；
⑦在展现自己的能力时，不要过多地描述你做了什么，而应介绍你取得了什么成果；
⑧当你希望他们承担风险时，先让他们了解成功的可能性；
⑨语气坚定，减少手势和表情，保持快节奏；
⑩快速总结行动方案；
⑪对可能遇到的异议提前作准备；
⑫提供更多的选择和备选方案，让他们成为决策的最终决定者。

【问题讨论】

销售代表小刘是个表达型的人，有一次他拜访一个分析型的客户。一如惯常的习惯，他一见客户就热情地与客户握手，与客户谈起最近的奇闻趣事。自己讲得津津乐道，客户却不为所动。当客户问及产品特性的很多细节时，他却因事先没有充分准备材料，而以失败告终。如果你是小刘，你会怎么做？

在拜访分析型的客户时，给你一些建议：
①确保在见面前，彻底研究对方的情况和需求，全面考察所有的数据和文件；
②不要以闲谈的方式开场，以询问一些具体的、查询事实的问题作为开始；

③实事求是地展现你在相关领域所具备的知识、背景和独特的才干;
④语速慢一点,保留一些停顿时间让他可以思考和提问;
⑤态度严谨,保持低调,克制情绪;
⑥杜绝任何你想掌控对话的倾向,主动询问他的想法,认真聆听不要打断,做好记录;
⑦通过提问的方式来表达你的观念,而不是以指令的方式直接告知对方;
⑧以事实支持你的想法和观点,尽可能地提供一些细节;
⑨提前准备好你可能需要回答的问题;
⑩如果无法当场回答,可提议经过确认之后再回答他,不要想着蒙混过关;
⑪不要以"其他人就是这么做的"为理由作为你推荐某个方案的依据;
⑫针对双方的核心关注点,提供详尽的计划(尽可能是书面形式)。

【问题讨论】

销售代表小燕是个干劲型的人,喜欢高效率的工作,善于控制自己的时间。一次,她在与一个亲切型的客户进行交谈时,她出于习惯并没有给客户太多的时间来表达,而是马上向他推荐了早已准备好的产品计划。整个拜访被她把控得很紧,客户几乎没有说话的机会。如果你是小燕,你会这么做吗?

在拜访亲切型的客户时,给你一些建议:
①讨论正式工作话题之前,适当闲聊;
②发自内心地关注他们个人层面的目标、信息及需要的帮助等;
③与他们建立信任关系比证明你的资质更重要,并将对他们的支持和对你们之间关系的重视贯穿始终;
④放松、自然,注意语速、语气和肢体语言,以舒缓的节奏把握进程;
⑤在认真倾听时,给予他们丰富的语言和非语言的回应;
⑥以委婉的方式征得他们的承诺,不要给他们太大的压力;
⑦不要把你的想法标注成新的或独一无二的,他们不喜欢冒风险;
⑧在征询他们的意见时,不要催促他们作决策,要表现出足够的耐心;
⑨找出还有谁会对决策产生影响;
⑩当达成协议时,需要向他们提供一定的保证(如以书面形式把你承诺提供的资源列出来)。

在销售拜访中,针对不同社交风格有不同的销售策略,如表15-8所示。

表15-8 针对不同社交风格的销售策略

	表达型	干劲型	分析型	亲切型
时间运用	不用关注时间	守时、高效	守时、有计划	不给时间压力
拜访节奏	快而无章	快速、有效	缓慢、有效	闲散、不紧迫
拜访氛围	热情、欢快	严肃、工作氛围	商业氛围、尊重他	真诚、友善
拜访着装	适当增加一些亮点	正式	严谨、保守	轻松、自然

续表

	表达型	干劲型	分析型	亲切型
产品销售重点	着重介绍产品的独特性	着重介绍产品的效果	全面介绍产品的细节	介绍其他人使用产品的感受
异议处理	谈及其他人的解决方案和故事	立即而非以后解决异议	提供事实及证据	耐心、诚实地回答
如何成交	提供激励的言辞	提供多种备选方案	提供确凿的证据	提供承诺和保证

三、销售拜访后

作为销售人员,如果在销售过程中只涉及与一个单独的客户进行接触,那么销售工作就简单多了。不过现在这种情形越来越少了。在一个大订单销售或复杂销售中,利益相关者太多,可以施加影响的人太多,参与决策的人也不少,甚至还有设障找碴的人。也就是说,你必须要同时适应很多人的社交风格,这就更具有挑战性了,见表 15-9。

专栏 15-10
销售拜访后的跟进

表 15-9 针对不同社交风格的跟进方式

	表达型	干劲型	分析型	亲切型
跟进方式	组织非正式的交往活动	对自己作出的承诺采取快速行动,除非十分有必要,否则不要打电话/写邮件来打扰他	提供准确的阶段性报告,不要打过多的追踪电话	不断地上门拜访或写邮件,持续地传达你本人对客户满意度的关注和支持,做得更私人化一些

本章小结

使用社交风格技巧并不是建议你转化到另外一个社交风格象限,去变成另一个人;也不是让你改变本性、改变信仰,或者改变你对重要事情的看法;更不是让你受人掌控,或者欺骗别人。大家首先要做自己,如果你是个表达型,那么就做表达型的人好了,如果你是干劲型,就做干劲型的人好了。但是你能做的,是要在自己的舒适区内调整社交风格,有意识地为了让对方感到舒适而向对方的社交风格靠拢。

使用社交风格最重要的一点就是对人表现出真诚,发自内心的真诚,不是伪装的"真诚"。否则大家会怀疑你真正的动机,会令你的信誉和信任陷入危机。一定要把客户的最佳利益放在心上,并且要保证做到提供优质的服务。如果只是为了赚取自己的利益而去进行销售,那会让你的同理心、服务意愿等都大打折扣。那样的话,你也不会取得真正的成功。

我们的期望就是能给你一些光明,帮助你改变一些自己的行为,让你的客户更愿意与你成交。一旦你看到了这片光明,别闭上眼,它会一直照耀着你未来从事销售工作的道路。

思考题

①社交风格按哪两个维度来划分?这两个维度的含义分别是什么?

②社交风格可划分成哪四种?每一种社交风格的特点有哪些?

③你的社交风格属于哪种?你的父母、老师、好朋友、同事的社交风格又分别属于哪种?

④学会灵活应变的能力,对你而言有何好处?

⑤针对不同社交风格的客户,你有哪些应对的销售策略?

本章参考文献

[1]汤姆·克拉林格,迈克尔·兰巴赫,埃德·蒂特尔,等.社交风格手册[M].北京:东方出版社,2010.

[2]乐嘉.色眼识人:FPA性格色彩密码解读[M].上海:文汇出版社,2006.

第十六章
营销谈判

☆ 了解谈判的定义、分类、一般特征等
☆ 了解营销谈判与经济谈判、商务谈判的区分
☆ 了解营销谈判的特征与内容
☆ 熟悉谈判的各种基础理论,掌握原则性谈判及分配性谈判理论
☆ 掌握原则性谈判流程

说起谈判,尤其像微软和雅虎这样的谈判,很多人会觉得这只是谈判专家的事,和我们毫不相关。其实这种观点是片面的,每个人几乎每天都要进行谈判。比如在小时候想吃冰淇淋时必须答应父母先吃完米饭,想出去玩必须保证先写完作业;在购买生活用品时与小商小贩讨价还价;与同事协商工作上的分歧;向老板争取涨薪;和家人商量去哪里度假;与孩子商定他们应该何时熄灯睡觉;代表本公司与相关企业谈一个项目的合作;代表本国与其他国家进行经济、政治、军事的谈判等。当今世界是一张巨大的谈判桌,小到家庭纠纷,大到国际争端,不管你喜不喜欢、愿不愿意、接不接受,你都是一个谈判者。谈判是生活中无法避免的现实,我们每天都在不知不觉中与别人谈判。你事业的如愿、生意的成功、理想的实现、家庭关系和社会关系的和谐、生活的美满和幸福,都与谈判密切相关。

导入案例
微软收购雅虎谈判失败案例

谈判对于营销人员和销售人员就更加重要,因为他们谈判能力的强弱直接决定了企业利润的高低。据有关资料调查表明,企业在销售过程中因缺乏谈判技巧而造成订单或合同的损失,占企业经营成本的68%。正确掌握有效的营销谈判原则和技巧,不但使企业销售业绩明显增长,也能增强企业的长期经营信心。

第一节 谈判的概念

一、谈判的定义

谈判由"谈"和"判"两个字组成,"谈"是指双方或多方之间的交流和沟通,"判"就是决定一件事。美国谈判协会会长、著名律师杰勒德·尼伦伯格(Gerard I. Nierenberg)在其《谈判的艺术》一书中指出:"谈判的定义最为简单,而涉及的范围最为广泛。每一项寻求满足的需要,都是诱发人们展开谈判过程的潜因。只要人们是为了改变相互关系而交换观点,只要人们是为了取得一致而磋商协议,他们就是在进行谈判。"尼伦伯格对谈判的定义是基于将谈判置于最为广泛的前提下提出的,表明了除正式场合下的谈判之外,一切协商、交涉、商量、磋商等,都可以被看作谈判,也即广义的谈判。狭义的谈判仅指在正式场合下人们为了各自的利益动机而进行相互协商并设法达成一致意见的行为。

二、谈判的分类

谈判的涉及面非常广,如军事谈判、外交谈判、政治谈判、宗教谈判、科技谈判、文化交流谈判、经济谈判、商务谈判等。不同类型的谈判,其准备工作、运作、采用的策略不尽相同。了解谈判的类型,有助于谈判获得成功。谈判可按不同的标准,从不同的角度进行分类。

(一)按照谈判的性质划分

1. 一般性谈判

这是指一般人际交往中的谈判,包括:①家庭场合的,如夫妻间商量何时去哪郊游等;②公共场合的,如与送液化气罐的同志商量送至六楼愿付多少劳务费的问题等。一般性谈判是随意的、非正式的,双方无须作过多的准备,日常生活中几乎到处存在。

2. 专门性谈判

这是指各个专门领域中的谈判,包括教育领域中合作办学的谈判、金融领域中的信贷谈判、科技领域中的技术转让谈判、生产领域中的产品开发谈判、商业领域中的贸易谈判等。专门性谈判是一种有准备的正式谈判。

3. 外交性谈判

这是指国与国之间就政治、军事、经济、科技、文化等方面的问题或交流而进行的谈判。

(二)按照谈判的主题划分

1. 单一型谈判

这是指谈判的主题只有一个。例如,买卖双方只针对价格进行谈判,通常卖方期望价格越高越好,买方期望价格越低越好,双方都会内定自己所能接受的"临界值",尽量争取好的结果。因此,单一型谈判具有较高的冲突性。

2. 统筹型谈判

这是指谈判的主题由多个议题构成。例如,甲乙双方正在进行谈判,一个议题是关于价格问题,甲方要求至少 3 万元才能成交,而乙方则坚持最多只能 2 万元,双方不存在达成协议的可能;另一个议题是交货时间问题,甲方提出最早 6 个月才能交货,而乙方则要求最晚不超过 4 个月交货,双方同样不存在达成协议的可能。在很难找到双方都可以接受的妥协方案时,用统筹型谈判,协议就有可能达成,即如果乙方愿意在价格上接受 3 万元的成交价,那么甲方也愿意在交货时间上接受乙方不超过 4 个月的时间,双方彼此接受这个折衷方法,就可达成协议。在这种谈判中,双方已不再是"单一型谈判"中的激烈竞争的对手,他们一起合作,才会得到更多的利益。许多谈判者表现在一个问题上坚持自己的利益,而在另一个问题上接受对方的意见,因而使双方的冲突性随之减弱。

(三)按照谈判的地点划分

1. 主场谈判

这是指谈判某一方以东道主的身份在己方的场所进行的谈判。主场谈判是谈判各方力求争取的谈判类型,因为主场谈判有很多优势,如东道主方在谈判日程的安排、各种资料的准备、新问题的请示,以及在人员调动上,东道主谈判人员很容易建立起心理优势。

2. 客场谈判

这是指谈判人员或谈判组织到对方所在地进行谈判。客场谈判是一项难度较大的谈判,因为在谈判中要克服相当大的可测和不可测的因素。

(四)按照谈判的参与者划分

按照谈判参与方的多寡,可划分为双边谈判(只有两个谈判方)和多边谈判(有三个或三个以上谈判方)。多边谈判较双边谈判相比,因要考虑和顾及各方利益的划分和协调,所以复杂程度加深。

按照谈判各方参与人数的多寡,可划分为单人谈判(谈判各方只派一名代表参加谈判)和小组谈判(谈判各方派出两名以上的代表参加谈判)。单人谈判的优势有相对简单的人事问题,易于决定谈判时间、地点、方式等。但单人谈判的缺陷是谈判者的精神压力常常非常大,一个人势单力薄。小组谈判的优势在于小组成员可以各司其职、互相协助,大大减轻了谈判个人的精神负担。但谈判人员间能否互相协调、紧密团结,这一点对于小组谈判来说是一种考验。

三、谈判的一般特征

谈判之所以能够进行,并能够最终达成协议,取决于以下几个方面:一是双方各有尚未满足的需要;二是双方有分歧之处,又有共同的利益;三是双方都有解决问题和分歧的愿望;四是双方能彼此信任到某一程度,愿意采取行动达成协议;五是最后结果能使双方互利互惠。

四、谈判的三大要素

谈判要素的划分有多有寡,但必不可少的三大要素是谈判主体、谈判客体和谈判议题。若三者缺一,就不可能构成谈判。

1. 谈判主体

这是指在谈判中通过主动了解对方并影响对方,从而企图使对方认可自己利益的一方。谈判主体由关系主体和行为主体构成:关系主体是指在谈判中有权参加谈判,并承担谈判后果的自然人、社会组织,以及能够在谈判或履约中享有权利、承担义务的各种实体;行为主体是指实际参加谈判的人。谈判主体最大的特点在于具有充分的能动性与创造性。

2. 谈判客体

这是指在谈判中谈判主体主要了解并施加影响的一方。谈判客体是相对主体而言的,在某种条件下,谈判的一方可能是客体,但在另一种条件下,谈判的一方又可能是主体。谈判客体最大的特点在于其具有一定程度的被动性。

3. 谈判议题

这是指谈判中双方共同关心的并希望达成一致的问题。谈判议题最大的特点是它必须是双方共同关心并想解决的问题。

五、谈判的方式

1. 直接谈判和间接谈判

按照谈判双方的接触形式可分为直接谈判和间接谈判。

直接谈判是指在谈判活动中,参加谈判的双方当事人之间不需要加入任何中介组织或中介人而直接进行的谈判形式。直接谈判在商务活动中应用非常广泛,包括面对面的口头谈判和利用信函、电话等通信工具进行的书面谈判形式。

间接谈判是指参加谈判的双方或一方当事人不直接出面参与谈判活动,而是通过中介人(委托人、代理人)进行的谈判形式。这种谈判形式的优点如下:首先,中介人一般熟悉当地的环境,熟知谈判对方的行为方式,便于找到合理的解决问题的办法;其次,代理人身处代理的地位,没有直接的利益冲突,不易陷入谈判的僵局;最后,代理人在其授权范围内进行谈判,不易损失被代理人的利益。

2. 横向谈判和纵向谈判

按照议题的商谈顺序可分为横向谈判和纵向谈判。

横向谈判是指在确定谈判所涉及的所有议题后,开始逐个讨论预先确定的议题,在某一议题上出现矛盾或分歧时,就把这一问题暂时搁下,接着讨论其他问题,如此周而复始地讨论下去,直到所有内容都谈妥为止。这种谈判形式的优点在于议程灵活,多项问题同时讨论;不容易形成谈判僵局,便于谈判策略的使用。

纵向谈判是指在确定谈判的主要议题后,逐一讨论每一议题,只有在第一个议题解决后,才开始讨论第二个议题。这种谈判方式的优点在于每次只谈一个问题,程序明确,解决彻底,避免议而不决;其缺点是议程过于死板,当某一问题陷入僵局时,不利于其他问题的解决。

第二节 营销谈判概述

一、营销谈判与经济谈判、商务谈判的区分

(一)经济谈判

经济谈判(economic negotiation)是指经济交往的各方,为了寻求和达到自身的经济利益目标,就各种提议和承诺进行洽谈协商的过程。经济谈判的议题是关于整个经济领域的,如贸易谈判、资金借贷谈判、投资谈判、合资谈判、融资谈判、产品购销谈判、建筑工程承包谈判、技术谈判、生产协作谈判等,所以可以理解为凡是与经济活动有关的谈判都属于经济谈判。虽然有些谈判不可避免地涉及经济利益,如外交谈判、政治谈判、军事谈判等,但这些谈判常常围绕的是某一种基本利益,其重点不一定是经济利益,如外交谈判涉及的是国家利益,政治谈判关心的是政党的根本利益,军事谈判主要是关系敌对双方的安全利益。而经济谈判则十分明确,谈判者就是以获取经济利益为基本目的。人们通常以获取经济效益的好坏来评价一项经济谈判的成功与否。

专栏 16-1
"铁娘子"与欧共体首脑谈判案例

(二)商务谈判

我们有必要先了解商务的概念。狭义的商务即指商业或贸易,广义的商务是指一切与买卖商品服务相关的商业事务。可见商务仅仅是经济活动中的一部分,所以从谈判议题上讲,商务谈判仅是经济谈判中的一部分。商务谈判(business negotiation)是指人们为了协调彼此之间的商务关系,满足各自的商务需求,通过协商对话以争取达成某项商务交易的行为和过程。

专栏 16-2
中国在国际化肥市场的商务谈判案例

(三)营销谈判

虽然经济谈判、商务谈判及营销谈判没有严格的区分,常常被混为一谈,但我们认为,与经济谈判、商务谈判相比,营销谈判的议题范围更小。

专栏 16-3
饮料公司营销谈判案例

营销谈判(marketing negotiation)更多的是研究企业之间、个体经营者之间、企业与个体之间、企业与外商之间等经济实体在生产、经营与销售活动中为了满足自己的需要,沟通双方的营销意图,并最终达成协议所采取的协调各种生产、经营及销售关系的经济行为。

二、营销谈判的特征与内容

(一)营销谈判的特征

营销谈判的主要特征有:
①它是经营销售方面的谈判;
②它是在遵循价值规律的基础上进行的;
③它的主要功能是为市场经济条件下商品的生产和交换的发展开辟道路;
④它受制于政治、经济、法律等方面的深刻影响。

(二)营销谈判的内容

营销谈判以产品或劳务为中心,谈判的内容一般包括:
①产品种类,如产品名称、牌号、商标、型号、规格等若干内容;
②产品质量,如品质、技术标准、卫生标准、产品等级、产品包装等;
③产品数量,如成交总量及计量单位、发货批量等;
④价格,如基本价格、价格折扣率等;
⑤支付期限与方式,如规定货到后何时付款、现金或支票结算等;
⑥运货方式,如送货、提货方式等;
⑦保证措施,如坏损产品的退赔、质量问题的承担、产品的修理保养等;
⑧原有合同的重新谈判,在长期合同中,一般都有一些允许买主和卖主在合同截止期前重新谈判的条款或条件;
⑨违反协议的索赔,这是在合同义务不能或未能完全履行时,当事人进行的谈判。在商品交易的过程中,往往由于卖方交货因品质不符、数量短缺、包装不符合要求、延期交货,或者买方擅自变更条件、拒收货物和延期付款等情况而给对方造成损失时,都可能引起索赔(或理赔)。

有学者将营销谈判分为内部谈判和外部谈判。内部谈判,比如企业日常管理中企业内部的一些问题:员工之间的问题、工作关系的问题、工资的问题、公司的工作环境问题、合同问题等,这些问题经常需要经理、下属、同事之间展开谈判,这是对内的。外部谈判,比如对合作的条件、出货的合同、产品的数量、产品的价格等方面的谈判,经常是在公司与合作伙伴或顾客之间进行的。

尽管营销谈判与经济谈判、商务谈判等在议题范围、谈判内容上有所区别,但谈判的基础理论、一般技巧等适用于各种谈判。下面让我们一起来了解谈判的基础理论。

第三节 谈判的基础理论

谈判的基础理论包括谈判需求理论、整合性及分配性谈判理论、竞争性及合作性谈判理论、立场式与原则性谈判理论等。

一、谈判需求理论

尼伦伯格在其《谈判的艺术》一书中提出了谈判理论史上著名的谈判需求理论,该理论成功地运用了人类行为学、人类心理学等方面的知识,尤其是将马斯洛需求理论与谈判理论进行结合,阐述了非常独到的谈判策略。

需求是人类一切行为及动机的源泉,人的需求是指人为了延续生命和发展生命所必需的对客观事物的欲望。马斯洛将人的需求分为生理需求、安全需求、社交需求、尊重需求、自我实现需求。尼伦伯格认为,谈判的前提是谈判各方都要求得到某些需求的满足。也就是说,如果不存在尚未满足的需求,人们就不会进行谈判。要是在谈判中能够及时地掌握对方的需求,就可以探索、制定成功的谈判方法和策略。谈判行为就是要寻找有利于促进谈判实践,使谈判实践在满足对方的某种需求的前提下更好地满足自身的需求。

由于人们需求的多样性,在现实中谈判方法也是不同的。根据人类需求从低到高的秩序排列规律,尼伦伯格认为,人们具有的需求层次越低,谈判者的可控力越强,反之,则越弱。例如一个公司与另一个濒临破产的公司在论及企业的生存谈判中,只要能够满足对方的最低需求——生存需求,就很容易达成一致。从满足对方的生存需求出发制定的策略,要比从满足对方的自我实现需求出发制定的策略更容易取得成功。

二、整合性及分配性谈判理论

整合性谈判,犹如扩大馅饼,是一种旨在激励谈判双方获得双赢前景的谈判过程,也被称为双赢谈判。分配性谈判,犹如分割馅饼,是对于一份固定利益应分得多少而进行的协商,在其中双方都追求利益最大化并希望对方损失最大,又被称为赢输情境或零和情境。

(一)整合性谈判

许多谈判者一旦达成协议,就会自豪地把自己描述为双赢谈判。但仔细调查后却发现钱财被挥霍了,资源被浪费了,潜在的联合效用没有被开发出来。虽然大多数谈判者都是向着双赢的目标努力的,但双赢并非是折中、平均分配。双赢谈判的真正意义在于所有创造性的机会都被利用,并且没有把该瓜分的资源丢在谈判桌上。单个议题的谈判不会是双赢的,因为一方得到,另一方必然失去。所以即使在最简单的谈判中,也要找出不止一个议题。谈判者对议题的偏好、信仰和能力的不同形成了有利可图的联合利益。

整合性或双赢协议分为三个"级别",如图16-1所示。对于谈判者来说,级别越高,到达的难度越大,带给他们的收益也越大。第一级整合性协议,比不存在达成协议的可能性或各方的保留点更胜一筹。相对于他们协议以外的最佳替代方案(best alternative to a negotiated agreement,BATNA)来说,能够达成优于无协议可能性的协议,将会创造更多的价值。第二级整合性协议对谈判双方都更有利,即有些协议能比其他协议产生更高的联合收益。第三级整合性协议,指的是处于帕累托最优边界协议的解决方案。阻碍达成整合性协议的常见问题是虚假矛盾和定量馅饼。

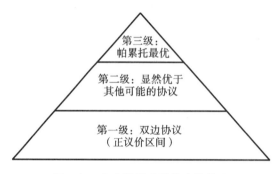

图 16-1　金字塔模式的整合性协议

大多数谈判的目标都是双赢(扩大馅饼),但谈判者所制造的这块资源馅饼最终不得不被分割掉。如果一位谈判者只看重如何扩大馅饼,那么他的情况并不会更好,这是因为对手将会收获所有的增值部分。所以谈判者不仅要会扩大馅饼,还需要集中精力索取资源,学会保护自己的利益。下面我们来了解分配性谈判。

(二)分配性谈判

卖方常常想为自己的产品服务争取高价,而买方只愿意付出尽可能的低价,双方各有自己的保留点。谈判双方保留点之间的区域为议价区间(bargaining zone)或可协议区间(zone of possible agreement,ZOPA)。在正议价区间内,谈判者的保留点是相互重叠的,即买方愿意出的最高价格高于卖方可以接受的最低价格。这个重叠区域意味着如果双方达成协议,要比采用BATNA(最佳替代方案)更好一些。如图16-2所示,卖方的保留点是11元,而买方的保留点是14元,买方愿意出的最高价格比卖方可以接受的最低价格高出3元,议价区间就介于11元和14元之间,或者说议价区间就在这3元之间。如果谈判者能够达成协议,那么结果肯定是介于11元到14元之间。如果各方未能达成一致,其结果便是谈判者把该赚的钱留在了谈判桌上。

有时议价区间根本不存在,甚至是负数。如图16-3所示,卖方的保留点是14元,而买方的保留点是12元,买方所能出的最高价格比卖方可以接受的最低价格少2元,这个负议价区间使得双方的保留点之间不存在正数的重叠。在这种情况下,因为谈判的拖延代价巨大,谈判者应该尽快确定是否存在正议价区间,如果不存在正议价区间,那么谈判

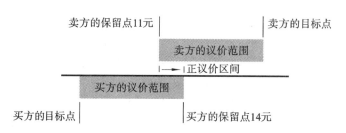

图 16-2　正议价区间

双方不应再浪费时间，而应运用其他的 BATNA 来达成协议。

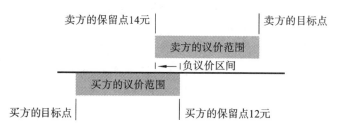

图 16-3　负议价区间

议价盈余是指双方保留点之间相互重叠的数额，它是衡量议价区间大小的一个尺度，即前面所述的"馅饼"。谈判的结果将落在议价区间的某个点上，但最终落在哪个点上是由什么决定的呢？很明显，每个谈判者都想让这个点尽可能靠近对方的保留点，这样可以使自己的那块馅饼最大化。例如前面图 16-2 的例子，卖方希望卖价接近 14 元，而买方希望以接近 11 元成交。谈判者所能获得的最佳经济成果，就是使谈判结果正好等于对方的保留点，从而使得对方同意交易，令自己获得最大的收益。最终协议与谈判者保留点之间的正数差就是谈判者盈余，如图 16-4 所示，双方谈判者盈余相加就是议价区间或议价盈余大小。

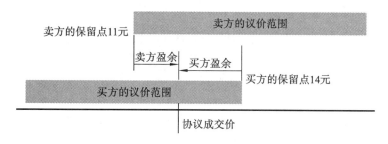

图 16-4　议价范围和盈余

谈判协议价落于议价区间的某点上，以及每个谈判者都试图使他的议价盈余份额最大化，这体现了谈判的混合动机（mixed-motive）特征。当正数议价区间存在时，谈判者会主动与对方配合以确保达成协议，但又会彼此积极竞争以便尽可能争取更多的议价盈余。

以下 10 条策略会帮助谈判者分得更多馅饼，虽然不能确保万无一失，但会大大提高他们为自己争取更多资源的能力。

专栏 16-4
投资谈判中的 BATNA 案例

①思考你的 BATNA(最佳替代方案)并加以改进。虽然 BATNA 会包含某些不确定性,然而不确定性并不能成为不考虑 BATNA 的借口。为了获得更大块的馅饼,谈判者一定要有一个完善的 BATNA。

②确定你的保留点,但不要透露出去。除非你要在保留点上达成协议,否则就不要在谈判过程中透露你的 BATNA 或保留价格。否则,对方只要在你的保留点上报价就行了,那样你就得不到任何盈余了。也不要撒谎、误报或夸大保留点,因为除了道德问题,夸大保留点实际上就缩小了议价区间,甚至把正议价区间变成了负议价区间,这将使你面临被拒绝的风险增大,对方可能宁愿选择 BATNA。只有在两种情况下,你应该诚实地说出你的保留价格:第一,当你的时间已经耗尽并已打算无功而返,而且你感觉到议价区间可能非常小,甚至可能是负数时;第二,你有个很好的 BATNA,有个咄咄逼人的保留价格,而且如果对方能勉强超过你的保留点或与之相当,你也非常愿意接受。

③调查对方的 BATNA,并估计对方的保留点。关于对手,你能获得最有价值的信息就是他的保留点。知道这个信息后,你的报价几乎不用比他的保留点高多少,从而可将议价盈余据为己有。

④设定高期望值。你永远也不会得到比第一次报价更好的价格,而你的第一次报价就代表了谈判中最重要的定位点。有些谈判者思考了BATNA 并设立了恰当的保留点,却没有考虑期望值和目标点,结果在心理上被你的保留点所"禁锢"。谈判者还要避免赢家的不幸,即由于你的初次报价过于慷慨,导致对方马上就接受了,这个结果表明你设定的期望值不够高。所以在谈判中将你的期望值设定得高一些,不失为明智之举。但这并不意味着过分的要求,如果你的要求太过分了,就会冒着破坏合作关系的风险。

专栏 16-5
报价的策略

⑤率先出价(如果你准备充分的话)。率先出价可以保护谈判者免于在听到对方的出价后受到类似的定位影响。你的初次报价不应该是一个区间,而且从策略上来讲,使你的初次报价比对方的保留点略差一点,然后讨价还价至对方的保留点。

⑥如果对方先出价,就立即重新定位。还价会产生两种效果:首先,它降低了使对方的初次报价成为谈判定位点的可能性;其次,表明你有进行谈判的意愿。不要根据对方的报价调整你的 BATNA,也不要调整你的目标,不要被对方的报价所"定位"。

专栏 16-6
谈判中让步的艺术

⑦为让步做计划。大多数谈判者在谈判中都是准备要让步的,须考虑:第一,让步的模式;第二,让步的幅度;第三,让步的时机。

⑧运用事实来支持你的报价。报价时提供一个看起来客观的理由,并使对方相信你的理论。如果你的理由标榜着公平、平均分配、退让,那么它们将更具影响力。

⑨采用公平准则。谈判者应该认识到公平是一个主观臆断的概念,

可以用它来作为与对手讨价还价的策略。而当对手提出的公平论据不能服务于你的利益时,谈判者也应同时作好抗辩的准备。

⑩不要被"平均分配"的把戏所欺骗。"平均分配"是谈判中惯用的技巧,它本身带有诱人的、甚至是利他主义的色彩,似乎没有什么理由拒绝与对方折中达成一致,平均分配会有什么问题呢?它的问题在于,它是主观臆想所达成的。建议平均分配的人往往是占据优势地位的人,因此在接受或提议平均分配之前,要确保定位点是对你有利的。

三、竞争性及合作性谈判理论

人与人之间的关系通常分为相互独立、单向依赖和相互依赖的关系。国际冲突管理协会前任主席罗伊·J.列维奇(Roy J. Lewicki)和美国学者布鲁斯·巴里(Bruce Barry)及加拿大学者戴维·M.桑德斯(David M. Sanders)认为谈判各方之间是相互依赖的关系,通过谈判产生的结果会比单打独斗产生的结果好。当然BATNA会左右相互依赖的关系。

专栏 16-7
对等退让就是"公平"的吗?

虽然关系上相互依赖,但目标上可能统一,可能对立。如果各方的目标相互制约,一方目标的达成会阻碍其他方目标的实现,如同只能有一名胜利者的比赛,各方都希望在有限的资源中瓜分最大的份额,这种谈判称为零和谈判、竞争性谈判或分配性谈判。相反,如果各方的目标联系得非常紧密,一方目标的实现有助于其他方目标的实现,这种谈判被称为非零和谈判、合作性谈判或整合性谈判。当各方都处于相互依赖的关系时,各方都在对其他方施加影响,相互协调贯穿于谈判的全过程。

在竞争性谈判中,谈判者常采用非赢即输的策略,谈判的目的就是为了索取价值。在合作性谈判中,谈判者常采用双赢的策略,谈判的目的就是为了创造价值,也就是设法通过挖掘更多的资源,或者通过发现一条能够使各方共享和协调利用现有资源的独特途径来使各方达到目的。当然大多数谈判是价值索取和价值创造过程交织在一起的,谈判者要善于熟练运用这两种谈判策略。

创造价值和索取价值之间的关系如图16-5所示。创造价值的过程先于索取价值的过程,原因有二:一是因为在双方没有关注利益分配的问题时,双方合作创造价值的效率高;二是索取价值包括竞争型谈判过程,在合作型谈判中引入这些过程必须慎之又慎,否则可能损害双方之间的关系并使谈判脱离正常轨道。

四、立场式与原则性谈判理论

成功的谈判可以通过三方面的标准来进行衡量:如果有达成共识的可能,就应该达成明智的协议;谈判应该有效率;增进或至少不损害双方的关系。明智的协议是指协议尽可能保障双方的合法利益,公平地解决双方的利益冲突,协议持久性强,并考虑到社会效益。

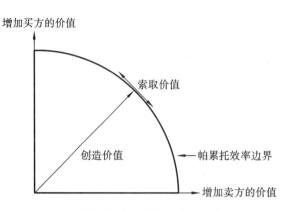

图 16-5　创造价值、索取价值和帕累托效率边界

立场式谈判包括强硬型谈判(求赢谈判)和温和型谈判(纳输谈判)。其中前种理论在立场上争执不休,以求达到自己单方面所期望的目标。它的缺点是导致不明智协议的产生、效率低下、损害双方关系。后种理论是在谈判中不把重点放在求取胜利上,而是抱着吃亏认输的姿态,采用以妥协达成协议的做法,其缺点是达成的协议明智度极低、受到强硬者的伤害、破坏双方关系。在立场上纠缠不清会使双方无法实现上述三个基本标准。

近年来,美国哈佛大学通过制定"哈佛谈判研究方案",并与一些知名学者和谈判专家一起研讨此项研究方案,从而提出了一种新的谈判理论——原则性谈判。美国学者罗杰·费希尔(Roger Fisher)和威廉·尤里(William Ury)是这一理论的主要代表人物。原则性谈判是根据事情本身的是非曲直寻求解决方案,而不是进行一场各执己见的讨价还价,这种谈判方式建议双方尽可能实现"双赢"。在下表中将原则性谈判与温和型、强硬型谈判作了对比,如表 16-1 所示。原则性谈判吸取了温和型谈判和强硬型谈判之所长而避其之短,强调公正原则和公平价值。原则性谈判的原理是在道理、原则上强硬,对人则采取温和的态度。这种谈判理论同现代谈判强调的实现互惠合作的宗旨相符,已受到社会的广泛推崇。

表 16-1　原则性谈判与温和型、强硬型谈判的比较

立场式谈判		原则性谈判
温和型	强硬型	
对方是朋友	对方是敌人	双方能解决问题
目标在于达成共识	目标是要占上风	目标在于有效、愉快地取得明智的结果
为彼此关系作出让步	为彼此关系要求对方让步	把人和事分开
对人和事采取温和态度	对人和事采取强硬态度	对人温和、对事强硬
信任对方	不信任对方	谈判与信任无关
容易改变立场	坚守立场	着眼于利益,而不是立场
给予对方优惠	威胁对方	探讨共同利益

续表

立场式谈判		原则性谈判
温和型	强硬型	
亮出底牌	掩饰自己的底线	避免谈底线
为达成协议愿意承受单方面损失	把单方面优惠作为达成协议的条件	为共同利益创造选择方案
寻找对方可以接受的单方面解决方案	寻找自己可以接受的单方面解决方案	寻求多种解决方案，以后再作决定
坚持达成共识	坚持自己的立场	坚持使用客观标准
避免意志的较量	坚持在意志的较量中取胜	争取基于客观标准而非主观意愿的结果
迫于压力而妥协	给对方施加压力	坚持并欢迎理性方法，只认道理，不屈服于压力

我们认为，以上各种谈判理论均适用于营销谈判。在营销谈判中，尤其需要掌握原则性谈判和分配性谈判。下面我们向大家重点介绍原则性谈判。

第四节 原则性谈判

一、原则性谈判的四个基本要素

（一）把人和事分开

谈判者是人而非机器，人是有强烈情感的生物，所以在谈判时，感情容易同问题纠缠在一起，人际问题经常与实质问题纠缠在一起。其实每个谈判者都有两方面利益，实质利益和关系利益。每个谈判者都想达成满足自己实质利益的协议，除此之外，谈判者也应重视保持与对方的关系。在营销谈判中，与内部员工、外部客户、供应商、分销商、同行、政府、所在社区等维持关系的意义远远高于某次谈判的结果。因此，在解决实际问题之前，应把人际问题与实际问题分开处理。谈判者应该是肩并肩地工作，一起解决问题，而不是相互攻击。解决各种人际问题可以从以下三方面着手。

专栏 16-8 谈判的原则——尊重对方

1. 认知

人们往往只看他们想要看到的东西。在大量的详细信息中,他们挑选出那些能验证自己最初认知的事实,把注意力放在这些事实上,而忽略或歪曲不符合他们认知的信息。冲突常常不在于客观现实本身,而在于人们的思维方式上。例如一场交通事故,双方都认为是对方造成的。虽然经过事故鉴定认定是由一个行驶了 3 万多公里的轮胎爆裂造成的,但双方仍会为该由谁来赔偿损失而争论不休。尽管寻求客观事实十分有益,但最后构成谈判的问题却不是这些事实,而是双方对于事实的不同认识。因此,解决认知问题有以下五种办法。

①站在对方的角度换位思考。你对世界的认知取决于你所处的位置。例如,房客与房东在商谈续租问题时所持的态度截然不同,如表 16-2 所示。能站在对方的角度考虑问题,是谈判者应该掌握的最重要的技巧之一。

表 16-2 房客与房东的不同看法

房客的看法	房东的看法
房租已经很高了	很久没有加房租了
由于其他费用增加,所以我不能再多交房租了	由于其他费用增加,所以我提高房租,增加收入
房间需要粉刷	他不爱惜房子
我知道类似的房子,有人出的房租比我便宜	我知道别人要租这样的房子得花更多的钱

②不要以自己的担心推测对方的意图。人们习惯于往坏处去理解别人说的话和做的事。人们往往不自觉地从固有的认识出发,作出怀疑的解释。这些习惯的代价就是任何有助于达成协议的来自对方的新建议都会被你一脚踢开,你不会想到或是根本不愿意对立场作出丝毫改变。

③讨论各自对问题的认识。谈判中司空见惯的一个错误是,一方认为另一方关注的某个问题并不重要,那么这个被一方认为无足轻重的问题将会成为达成协议中的极大障碍。消除认识分歧的一种办法是,亮出各自的想法,与对方进行坦诚的讨论。

专栏 16-9
海洋法大会
技术转让谈
判失败案例

④让对方参与其中。如果对方没有参与谈判,他们当然不太可能接受谈判结果。如果双方都为协议提出了自己的意见,达成共识就容易多了。假如正在讨论的解决方案是双方逐步认可的,整个谈判过程将更具说服力。一个充分考虑了双方建议的提案会让每个人都有成就感。

⑤保全面子。人们在谈判中坚持己见,往往不是因为谈判桌上的建议本身不能接受,而只是不想表现得在对方面前败下阵来。如果改变一下措辞,或者换一种形式,对方会欣然接受。

专栏 16-10
问题反馈的
方式

2. 情绪

在谈判中,尤其是在激烈的争执中,情绪本身比说话更重要。情绪波动会使谈判迅速陷入僵局或使谈判破裂。处理情绪问题的方法如下。

①首先承认并理解自己和对方的情绪。在谈判中要留意自己的情绪,不妨将自己的感受记下来(如紧张、心烦意乱、担心、生气等),同时写

下你希望的感觉(如自信、轻松等),用同样的方法记下对方的感受。如果对方是请委托人参与谈判,你应该记住,情绪问题不仅谈判者有,其委托人也会有。把情绪表现出来,并承认有情绪是正常的。与对方谈谈他们的心情,也谈谈你自己的。例如,"我们感受到了不公正的对待,因此心烦意乱。我们担心即使达成协议,也很难遵照执行。无论这种想法是否合乎情理,这就是我们的顾虑。不知你们是否也有同样的担心"。只有从埋在心底的情绪包袱中解脱出来,才可能集中精力去思考问题。

②让对方发泄情绪。在谈判中,对付人们生气、沮丧等消极情绪的有效办法是让他们把坏情绪发泄出来。你不要打断对方,而应继续待在那里,直到他说完为止。

③不要对情绪的冲动作出回应。当对方在宣泄情绪时,千万要控制住自己的情绪,不要有所回应。一旦你没控制住,作出了冲动的回应,这不仅会导致激烈的争执,使谈判无法继续下去,说不定还中了对方的圈套。

④采取象征性的姿态。给对方带来积极情绪的行动,如一声道歉,可以有效地化解敌对情绪,哪怕你并没有承认对某种行为负责或承认有伤害对方的意思。道歉是一项成本最小而收益最大的投资。

3.交流

没有交流就无法进行谈判,谈判就是双方为达成共识而相互交流的过程。然而相互交流并非易事,一起生活 30 年的夫妻,交流起来还难免会产生误解,更何况相互不了解的人之间出现的交流不畅。交流中存在以下三大障碍。第一,谈判者之间并不一定直接交谈。谈判各方经常会放弃与对方进行交流,不去努力与对方携手合作以达成共识,而是转而力图说服第三方或旁观者倒向自己一边。第二,即使你直接明了地与对方交谈,他们也不一定在听。在谈判中,你可能一直忙着思考自己下面该说什么,怎样回应对方刚才提出的问题,或者构思下一步的方案,于是忘了注意听对方正在说什么。第三,误解。那么如何才能解决交流的问题呢?

①认真聆听并理解对方的意思。在紧张的谈判中,做到听明白很难。你需要认真聆听,可以不时地插一句,"如果我没有理解错的话,你的意思是……",也可以在模棱两可处要求对方重复所说的话,如"你的理由很充分,看看我是否明白了,我的理解是……"。

②说出你的想法,争取对方的理解。相互辱骂或提高嗓门显然是没有任何说服力的。如果把谈判比作一场法律诉讼的话,其场面好似两个法官正试图就如何作出判决、达成一致而进行讨论。试着将自己置于那个角色,把对方当作自己的法官同事,你要和他共同努力取得共识。最好与对方建立私下、秘密的交流渠道。

③只谈自己,不说对方。在谈判中,双方往往花大量的时间谴责对方的动机和意图。如果只谈论问题对你自己的影响,而不说对方,这样你既

专栏 16-11
聆听和表达同样重要——美日谈判案例

表达了同样的信息，又不会使对方采取守势。例如说"我很失望"，而不是"你违反了诺言"，用"我们感觉受到了歧视"代替"你是个种族主义者"。

④有的放矢。在作出重要表态前，先弄清楚自己所要表达的意图或想得到的信息，力图有的放矢。

上面所说的方法对于解决认知、情绪、交流方面的问题通常能奏效，但处理人际问题的最佳时刻则是在问题发生之前。也就是说，在构建谈判策略时，要把人际关系与实质问题分开。在谈判之前，要了解对方，发现他们的好恶，并通过非正式途径与他们接触。比如谈判开始之前早到一会儿，利用这段时间相互聊一聊，越快与对方熟悉，谈判就越不费力。你可以在谈判一开始就以共同解决问题的态度对待谈判，用实际行动影响对方，使之愿意合作。为了便于谈判，双方最好坐在桌子的同一侧。如果相互间已经建立了信任的基础，那就再好不过了。

(二) 着眼于利益而不是立场

表面上看起来，这两个人的问题在于他们的立场发生了冲突，一个要开窗户，一个要关窗户。如果只注重他们的立场，就不可能找到解决问题的办法。管理员注意到双方的真正利益是呼吸新鲜空气和避免穿堂风，所以把立场与利益区分开来很关键。你的立场是你已作的决定，而利益是导致你作出这一决定的原因，是立场争执背后的动机，利益驱动人的行为。

专栏 16-12
利益高于立场——如何解决图书缩小争执

调和双方的利益而不是立场，是明智的解决办法。这种方法之所以奏效有两个原因：首先，每一项利益可以通过多种方式得到满足，人们往往只采取最显而易见的立场；其次，对立的立场背后不只有冲突的利益，还有更多的其他利益。

1. 利益的分类

人们通常会认为对方的立场与我们背道而驰，他们的利益也一定与我们的利益无法协调。如果我们的利益是要保护自己，那对方一定想攻击我们。其实不然，利益分为三种类型：共同的利益、不同的利益和对立的利益，如图 16-6 所示。共同的利益是双方都希望的，很容易达成协议。不同的利益，它对别人没有影响，是潜在互补的因素，是可以合作的，这是双方达成协议的最佳区域，是在谈判过程中我们要努力挖掘和利用的利益。正是存在不同的利益，达成协议才成为可能。对立的利益意味着一方获得，另一方失去，只是单方面获益，谈判时不予考虑。

专栏 16-13
西奈半岛争议的解决

2. 确定利益

专栏 16-14
生活中的谈判案例

注重利益而不在立场上纠缠的好处是明显的，但怎么去做呢？立场可能是具体明确的，而它背后的利益却可能不那么明显，不易捉摸，甚至互相矛盾，怎样才能理解谈判中所涉及的方方面面的利益呢？

①认识到双方都有多种利益。几乎在所有谈判中，每一方都有多种

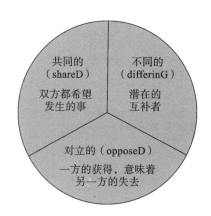

图 16-6　三种类型的利益

利益,而不只是一种。每一位谈判手都要对某些人负责,这些人可能是他的老板、客户、雇员、同事、家人,这些人的利益是他所关心的。理解这位谈判手的利益就是要理解他需要考虑的方方面面的利益。

②最重要的利益是人的基本需求。在寻找立场背后的潜在利益时,特别要注意人类最根本的需求,这在前面的谈判需求理论中论述过。只要一方认为自己的基本需求得不到满足,谈判就不会取得进展。

③询问为什么。站在对方的角度换位思考,问自己"对方为什么会这样做"。你应当把对方的利益作为你要解决的整个大问题中的一部分。

④列一张清单。要理清谈判各方不同的利益,最好列一张清单,想到什么就写下来。这么做不仅能帮助你记住这些利益,而且当你获得新信息并把这些利益按重要性进行排序时,它有助于提高评估质量。这样做也许能启发你如何满足这些利益。

专栏 16-15
墨西哥与美国的天然气谈判

3. 讨论利益

谈判的目的是实现自己的利益,只有与对方就此进行沟通,才能增加实现这些利益的可能性。对方可能并不知道你的利益是什么,你也可能不知道对方的利益所在。怎样才能建设性地讨论利益问题,而不致陷入僵硬的立场呢?

①形象地描述你的利益。如果希望对方认真考虑你的利益,你必须要让对方准确了解你利益的重要性和合理性。

②承认对方的利益。如果你希望对方重视你的利益,那么首先你就应当表明你重视对方的利益。你可以询问对方"显然你那样想一定是有原因的,我可以知道吗?""对你而言,你是否觉得……?""你的顾虑是什么?""真正的问题是什么?""如果……会有什么问题?""关于这个问题,你的担心是什么?"等。

③向前看,不回头。不要与对方争论已经发生的事情,谈谈你希望将来出现什么样的情况。不要要求对方解释昨天的行为,而应该问明天该谁做什么。

死抱着自己的立场不放是不明智的,努力争取自己的利益才是明智之举。对问题强硬,全力对付问题。对实质性问题采取强硬态度会激发创造性,促使双方找到有效的解决方案。对人要温和,全力支持对方。支持对方可增进双方关系,加大达成共识的可能性。所以要着眼于利益,而不是立场。

(三)为共同利益创造选择方案

专栏 16-16
死守立场导致谈判僵局案例

有这样一个故事:两个孩子争着要一个橘子,最终两人决定平分。结果一个孩子拿走一半后,吃了橘肉丢了橘皮,而另一个孩子丢了橘肉,用他那一半橘皮烤蛋糕。太多的谈判结果是平分橘子,而不是一方拿橘肉,一方拿橘皮。谈判者要善于将利益最大化,善于创造多种选择方案,然而创造多种选择方案并不容易。谈判者常会认为想办法满足对方利益就是跟自己过不去,所以只顾自己,这样容易形成片面的解决方案。为了寻求富有创造性的选择方案,你需要怎么做呢?

1. 寻求共同利益

①明确共同利益。从理论上来说,共同利益有助于形成共识,但在实际操作中,共同利益往往潜藏在谈判中,不是即时可见的。所以需要将共同利益明确地提出来,作为双方的共同目标,这将有助于促进谈判的进展。

专栏 16-17
谈判对立方也有共同利益

②融合不同利益。人们总是认为双方的差异会造成问题,却不知差异也能解决问题。例如想买股票的人认为股价会涨,想卖股票的人认为股价会跌,双方认识上的差异才促成了这桩生意。差异类型有利益差异、观念差异、不同的时间观、不同的预期和对风险的不同态度等,这些差异都有利于双方达成协议。让利益互相融合的一个有效办法就是在几个对你来说都能接受的方案中,找出对对方好处最大的方案。

2. 不要只寻求唯一的方案

①你可以从不同的职业、不同的学科角度去看待谈判面临的问题。

②你需要创造不同力度的协议。例如,你们无法就实质性问题达成一致,也许你们可以就程序性问题形成共识;如果无法达成永久性协议,也许可以达成一个临时协议;当你与对方不能达成重大协议时,你们通常可以达成次要的协议;倘若你们不能达成无条件的协议,或许可以达成有条件的协议。

③你也可以改变所提出协议的范围,把问题分割成小而好操作的几个部分。例如,对能为你的著书承担编辑工作的人,你可以建议:"先定第一章的编辑费为 500 元,看看以后的情况再说,如何?"

④将创造选择方案与评判方案分开。你可以组织一次集体讨论,为手头的问题找到尽可能多的解决方案,在讨论过程中无须停下来评判方案的好坏或者现实与否。先创造,再决定。

⑤给对方作决策提供方便。你要做的不是让对方觉得事情很难办,而是要让对方面临的选择尽可能简单明了。

在任何谈判前,先想出许多选择方案,然后从中进行选择;先开动脑筋,再作出决定;寻找共同利益和能够相容的不同利益;尽量让对方的决定变得容易。

(四)坚持使用客观标准

当双方利益发生直接冲突时,谈判者有可能因态度强硬而得到满意的结果。这种方法使寸步不让的一方得到好处,但也容易产生武断的结果。然而,在面对这样的谈判对手时,你可以告诉他,这不是单方面可以说了算的事情,你们的协议必须反映公平的标准,而不依赖于各自的要求。如果双方都用客观标准来解决问题,而不是强迫对方妥协,谈判就变得轻松多了。那么如何制定客观标准以及如何在谈判中运用客观标准呢?在谈判前有必要制定若干可供选择的标准,并仔细考虑如何将它们运用到你的谈判中去。

专栏 16-18
客观标准在生活谈判中的应用

1. 制定客观标准

客观标准包括公平标准及公平程序两方面。公平标准其实不止一条,它不应受各方意愿的干扰,在理论上应对双方都适用,如市场价值、专家意见、惯例、法律的评判、科学判断、行业标准、道德标准、公平待遇等。除了在实质性问题上使用公平标准,利用公平程序来解决利益冲突也是可以的。例如,使用两个孩子分蛋糕的程序,一个切蛋糕,一个先挑蛋糕,这样双方都不会抱怨不公平。在考虑程序方案时,还可以用排序、抽签、由他人来决定等。

2. 运用客观标准

在确定了公平标准及程序后,你如何就这些标准与对方进行讨论,有三个基本要点:第一,双方就每一个问题共同寻找客观标准;第二,乐于接受合理劝说以确定最合适的标准及其运用手段;第三,绝不屈服于压力。压力的形式有多种,如威胁、强迫别人相信或让步,你要让对方摆出理由,提出你认为适用的标准,除非基于客观标准,否则绝不妥协。

二、原则性谈判的流程

了解了原则性谈判的四个基本要素,到底在实践中该如何运用呢?一个完整的原则性谈判包括谈判前、谈判中和谈判后三步流程,如图 16-7 所示。

专栏 16-19
使用客观标准解决谈判僵局

(一)谈判前

俗话说:"谈判不是靠口才,而是靠准备。"谈判前的准备工作是谈判成功的关键,谈判桌上风云变幻,谈判者要在复杂的局势中左右谈判的发展,就必须作好充分的准备。只有作好了充分的准备,才能在谈判中随机

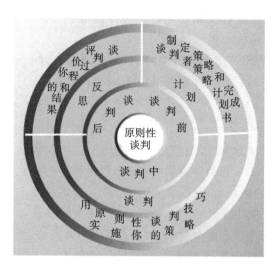

图 16-7　原则性谈判流程

应变,灵活处理,从而避免在谈判中利益冲突的激化。当你最终坐到谈判桌旁的时候,就会明白谈判前的准备工作会让你受益匪浅。二八法则同样适用于谈判:大约 80% 的努力应该用于准备工作,20% 的努力用于实际谈判。尽管多数人清楚地意识到准备工作的重要性,但他们并没有作好有效的准备。有效的谈判准备包括以下各方面。

1. 自我评估

①确定你的目标点或期望值。谈判者在谈判前应该问自己的最重要的问题是"我想得到什么?"

②确定你的最佳替代方案。BATNA 决定了谈判者准备何时离开谈判桌,退出谈判。只要条款优于 BATNA,谈判者就应该愿意接受;而只要条款比 BATNA 差,谈判者就应该拒绝接受。BATNA 并非由谈判者主观判断,而是取决于客观现实。BATNA 是动态的,所以谈判者应该不断地改善它们。BATNA 常会受到对方的影响和掌控,对方总要想方设法破坏你的 BATNA,他们会针对你的 BATNA 提供消极消息。你不应该因为对方精湛的说服技巧而改变自己的 BATNA,BATNA 只能依据客观事实和证据的变化而变化。建议你在谈判开始前,将 BATNA 写在纸上,放在自己的衣兜里。当你受到影响打算接受低于 BATNA 的条件时,就暂停谈判过程,把纸条拿出来看看,重新客观地审时度势。

③确定你的保留点。谈判者一旦确定了 BATNA,就可以设定自己的保留点了,即你可以接受的最低条件。

④明确谈判中的议题。谈判者应好好琢磨,尽量使单一议题的谈判拆分成多个议题的谈判,或者应该尝试增加议题。

⑤明确每个议题的替代方案。一旦确定了谈判议题,紧接着需要确定每个议题的替代方案。谈判者可以列一个矩阵,纵坐标为谈判中已明

专栏 16-20
薪酬谈判案例

确的议题,横坐标为多种替代方案。

⑥评估你的风险倾向。当涉及损失时,大多数人是风险追逐型的;当涉及获得的时候,大多数人是风险厌恶型的。谈判前需要评估自己的风险承受能力。

2. 评估对方

正所谓,知己知彼,百战不殆,在营销谈判中这一点尤为重要。了解对手越多,越能把握谈判的主动权,就好像我们预先知道了招标的底价一样,自然成本最低,成功的概率最高。不仅需要了解对方的谈判目的、心里底线、对方的利益和立场、对方的BATNA、对方公司的经营情况、行业情况、对方公司的文化、对方谈判人员的性格与禁忌等。还有一个非常重要的因素需要了解并掌握,那就是其他竞争对手的情况。比如,一场采购谈判,我们作为供货商,要了解其他可能和我们谈判的采购商进行合作的供货商的情况,还有可能和自己合作的其他采购商的情况,这样就可以适时给出相较其他供货商略微优惠一点的合作方式,那么将很容易达成协议。

3. 确定谈判组织

营销谈判是一项目的性、计划性很强的经济活动,常常需要组成一个谈判团队。谈判能否成功,往往是谈判人员各种能力的较量。谈判人员须具备的基本条件包括:良好的品德、较宽的知识面、精通的专业知识、很强的表达能力、优良的心理素质。在确定谈判队伍的人员构成时,须从组织构成、业务构成、性格构成、组织规模等多方面进行考虑。

①组织构成:一个谈判组织由谈判负责人、主谈人和陪谈人员构成。

②业务构成:是指各类职能专家的数量和比例,常包括工商管理专家、工程技术专家、法律专家、金融专家等。

③性格构成:在一个较为合理而完整的谈判团队中,人员的性格应该是互补的,并各自发挥不同的性格优势。

④组织规模:谈判小组成员数量的多少须根据实际需要和谈判性质来决定,一般直接上场的人员为3~5人,若是国际营销谈判,常控制在20人左右。人员多可以集思广益,给对手造成心理压力,但却增加主谈人的管理难度,意见不容易取得一致,也增加了谈判成本。人员少,便于协调和控制,但小组成员的负担要增加。

4. 制定谈判战略、策略及计划

在谈判前,制定有效的策略及计划是实现谈判目标的重要前提。在营销活动中,面对的谈判对象多种多样,需要根据谈判对象与谈判结果的重要程度来决定谈判时所要采取的策略。

①如果谈判对象和谈判结果对企业同样重要,那么就保持一种友好合作的心态,采用原则性谈判的策略,尽可能达到双赢。比如市场区域的划分出现矛盾,那么可以建议双方一起或协助对方去开发新的市场,扩大区域面积,将谈判的对立竞争转化为携手合作。

②如果谈判对象对企业不重要,但谈判结果对企业非常重要,那么就以积极竞争的态度参与谈判,运用分配性谈判的策略。

③如果谈判对象对企业很重要,比如长期合作的大客户,而此次谈判的内容与结果对公司并非很重要,那么就可以抱有让步的心态进行谈判,即在企业没有太大损失与影响的情况下满足对方,这样对于以后的合作会更加有力。

④如果谈判对象对企业不重要,谈判结果对企业也无足轻重,那么就可以轻松上阵,不要把太多精力消耗在这样的谈判上,甚至可以取消这样的谈判。

选择好策略后,开始做谈判前的计划书,通常包括谈判参与人员、谈判的日程安排、谈判的时间进度、谈判地点的选择、谈判场所的布置、谈判座位的安排等。

5. 模拟谈判

谈判计划作得再详尽,也不可能尽善尽美。为了更直观地预见谈判前景,可在谈判前彩排一下,一部分人扮演己方,一部分人扮演对方,模拟对方的观点、立场、风格等来与己方对阵。模拟谈判可帮助己方谈判人员从中发现问题,对既定的谈判计划作出修改或加以完善,还能使谈判者获得实际谈判经验,增强谈判能力。

(二)谈判中

谈判中既需要按照谈判前准备的计划书进行,又需要一定的灵活性。谈判中分为开局、磋商、成交三个阶段。开局阶段是指在适合的谈判气氛下,谈判双方彼此熟悉、相互介绍,相互研讨谈判目标、计划、进程,相互就谈判内容进行开场陈述的阶段,也称非实质性谈判阶段。在开局阶段,谈判双方陈述了各自的立场、观点和利益,交换了双方意见后,谈判就进入了最重要的磋商阶段,也称实质性谈判阶段。这一阶段会涉及讨价还价、僵持、让步、促成,该阶段是最能表现出谈判人员谈判能力与技巧的阶段。成交阶段是谈判的最后关键阶段,其主要任务是促使对方尽快地接受我方的谈判条件,抓住成交的时机促成谈判。成交阶段一定要记住你的 BATNA,确保你的谈判结果优于 BATNA。最后,应将所有谈判的结果形成文字,包括技术附件和合同文本,并约定好签约的时间和方式等具体操作性问题。

原则性谈判的四大要素在谈判中每个阶段的运用时机如表 16-3 所示。

表 16-3 谈判要素运用时机表

谈判中的流程		原则性谈判原则
开局阶段	始谈	把人和事分开
	摸底	
磋商阶段	讨价还价	着眼于利益而不是立场 为共同利益创造选择方案 坚持使用客观标准
	僵持	
	让步	
	促成	
成交阶段	签约	记住 BATNA

专栏 16-21 一个销售经理的谈判奇谋

不少关于谈判的图书会教读者如何使用各种诡计战术,如红白脸战术、锁定战术、环境压抑、故意推延、无授权、附加条件,甚至是故意欺骗、威胁、人身攻击等。但在营销谈判中,谈判对象和谈判结果对企业同样重要,即当实质利益和关系利益都重要时,请不要使用这些卑鄙伎俩。不要低估你的谈判对手,他们和你一样,也是经过训练的高手。哪怕他们的谈判能力不如你,可一旦他识破你的手段后,你虽然赢得了这场谈判,却失去了长久的合作伙伴。

(三)谈判后

在谈判后应该评价你的谈判结果,反思你的谈判过程。如果谈判结果没有达到你的预期,回顾分析一下问题到底出在哪,是哪方面准备不充分,总结失败的教训,以服务于将来的需要。

专栏 16-22
租房谈判案例

本章小结

当今世界是一张巨大的谈判桌,无论你喜不喜欢,你都是一个谈判者。谈判对于营销人员尤其重要,因为他们的谈判能力直接影响了企业利润。谈判之所以能够进行,是因双方都有尚未被满足的需要,而且双方都认同达成协议比单干获益更多。与经济谈判、商务谈判相比,营销谈判的议题范围更小,更多的是研究企业或个体经营者之间,在生产、经营与销售活动中为了满足自己的需要,沟通双方的营销意图,最终达成协议的经济行为。谈判的基础理论包括谈判需求理论、整合性及分配性谈判理论、竞争性及合作性谈判理论、立场式与原则性谈判理论等。其中原则性谈判理论受到社会的广泛推崇,它在道理、原则上强硬,对人则采取温和的态度,特别适用于营销谈判。

不要害怕谈判,如果你尚不熟悉谈判,或者不是某场谈判的合适人选,可以找委托代理人或专业人士来帮你谈判。要把谈判当作一场游戏,首先,你必须了解游戏规则,然后,你要不断地练习、练习、再练习,直到信手拈来为止。最后,你要到谈判桌前,打起你全部的精神玩这个游戏。当你知道自己正在做什么,而且相信自己有热情玩这种游戏时,谈判便是件很有意思的事情。

思考题

①什么是谈判?谈判的一般特征有哪些?
②营销谈判与经济谈判、商务谈判有何区别?
③谈判有哪些基础理论?其中分配性谈判应在哪些情境下使用?
④原则性谈判的四个基本要素是什么?
⑤在原则性谈判的谈判前、谈判中、谈判后分别该怎么做?

本章参考文献

[1]利·汤普森.汤普森谈判学[M].赵欣,陆华强,译.北京:中国人民大学出版社,2009.

[2]黄卫平,董丽丽.商务谈判[M].北京:机械工业出版社,2008.

[3]张迺英.推销与谈判[M].上海:同济大学出版社,2003.

[4]利·汤普森.汤普森谈判学[M].赵欣,陆华强,译.北京:中国人民大学出版社,2009.

[5]罗伊·J.列维奇,布鲁斯·巴里,戴维·M.桑德斯.列维奇谈判学[M].郭旭力,鲜红霞,王圣臻,译.北京:中国人民大学出版社,2008.

[6]罗杰·费希尔,威廉·尤里,布鲁斯·巴顿.Getting to Yes——无需让步的说服艺术[M].王燕,罗昕,译.北京:外语教学与研究出版社,2005.

[7]杨群祥.商务谈判——理论、实务、案例、实训[M].大连:东北财经大学出版社,2012.